N'oublie pas de vivre

Du même auteur

Récits, essais, journaux

Le Temps d'un regard, Hachette Littérature, 1978, Prix de l'Académie française.

Tant qu'il y aura des îles, Hachette Littérature, 1980, Prix des maisons de la Presse ; nouvelle édition, Éditions du Rocher, 2004.

Le Livre des listes, écrit en collaboration avec Marcel Jullian, Olivier Orban, 1980.

Franchise postale, écrit en collaboration avec Marcel Jullian, Mazarine, 1983.

Le Guetteur de rives, journal, Grasset, 1985.

Le Livre franc, Actes Sud, 1986.

Le Désordre et la Vie, journal, Grasset, 1991.

Le Journal d'un voyeur, journal, Grasset, 1997.

L'Or et le Rien, journal, Plon, 1999, Grand Prix Vérité.

Fugacités, Plon, 2001.

Nouveau Siècle, journal 1999-2002, Éditions du Rocher, 2003.

Il fera bleu, journal 2002-2005, Éditions du Rocher, 2005.

Les Années turbulentes, journal 2005-2007, Plon, 2008.

Romans

L'Eurasienne, Éditions Catinat, Saigon, 1950.

Mes rebelles, Éditions Catinat, Saigon, 1953.

Le Prince ou le Festin des fous, XO Éditions, 2006.

L'Inachevé, Séguier, 2009.

Anthologie

La Mémoire de l'encre, les 365 plus belles pages de la littérature française, Éditions N° 1, 2001.

Entretiens

Radioscopie I (entretiens avec Brigitte Bardot, le cardinal Danielou, Sylvain Floirat, Roger Garaudy, Jacques Mitterrand, Henri de Montherlant, Fernand Pouillon, Lucien Rebatet, Arthur Rubinstein, Siné), Robert Laffont, 1970

Suite des œuvres de Jacques Chancel en fin de volume..

Jacques Chancel

N'oublie pas de vivre

Journal 2007-2010

Flammarion

ISBN : 978-2-0812-5562-3

Est-ce la conséquence de toutes les années baroques, de ces crises à répétition, mais les Français, pour la plupart, désespèrent de l'avenir. C'est signe d'abandon, presque de lâcheté.

Pourquoi, loin de la politique, de l'économie, de l'argent devenu « fric », des inquiets et des pleureurs, ne ferions-nous pas simplement confiance à notre propre engagement, persuadés que l'autre mérite la meilleure attention, que toute existence est, malgré tout, un cadeau et que d'elle il faut abuser ?

Je retiens l'avertissement de mon père : « Le temps passe vite, n'oublie pas de vivre. »

Novembre 2007

On prête la formule à Marco Polo et aujourd'hui encore – inconscience ? – je la revendique : « Faute de pouvoir faire demi-tour, il faut aller de l'avant. »

***

Je me suis toujours défendu d'écrire un journal intime. J'observe, j'écoute, les autres me sont une constante réflexion. Mais, au bout du compte, je laisse poindre tant de sentiments que j'entre malgré moi dans ce que je refuse. La relecture des *Années turbulentes* m'a persuadé de ce dérapage et pourtant, au rayon de l'État, je n'ai rien dit de tout ce que je savais. Hélas ! Les allusions passent vite pour des récits.

***

Il est encore temps de célébrer deux moments d'importance : le 750e anniversaire de la Sorbonne, le 450e de la rencontre Montaigne-La Boétie dont l'accord parfait est devenu légendaire. Mais on n'y pensera pas, même pas une seule petite minute. La futilité ambiante condamne les médias à en faire des tonnes sur le vide absolu de quelques éphémères dans le vent. Des gens sans importance sont devenus têtes de gondole.

***

C'est une fin d'année tristounette, un novembre de froidure avec giboulées de grèves sur fond d'impopularité. Les syndicats devront se méfier désormais de leur base qui va à contre-courant des consignes données, se rebiffe. Oublions les motifs de la colère, observons-en seulement les conséquences et d'abord ce silence insistant des socialistes qui craignent de prendre parti, cette mise sur orbite ensuite de l'extrême gauche habile aux manipulations, cette surprenante tranquillité enfin du nouveau chef de l'État que l'on annonce sur son pont d'Arcole. Les manifestants pensent que la décision d'en finir appartient à la rue. Ils n'écoutent pas leurs chefs et pénalisent dangereusement leurs propres organisations. Bernard Thibault souffrira demain de son intelligence et de sa lucidité ; il avait vite compris que le combat n'était pas excellemment engagé : la CGT ne lui pardonnera pas d'avoir fait un pas en direction du gouvernement. « Traîtrise » d'avoir cru que négocier valait mieux que s'opposer ! Il faudrait à la France des syndicats puissants, adroitement dirigés, ils sont hélas dans le désordre et leurs troupes de plus en plus en minorité. Qui prendra le relais ?

***

Il y a une vingtaine d'années, à Saint-Pétersbourg, l'histoire, bellement contée par Helena, de deux collectionneurs russes venus à Paris au tout début du XXe siècle m'avait enthousiasmé. Sergueï Chtchoukine et Yvan Morosov avaient en effet acquis des centaines d'œuvres et parmi celles-ci un nombre incroyable de Picasso et de Matisse, alors totalement inconnus. Leur bonheur fut hélas de courte durée. En 1918, Lénine allait priver de leurs trésors ces mécènes éclairés. J'y pense sans cesse lors de mes visites à l'Hermitage où je regarde, ébloui, les tableaux de la période bleue, *La Danse* et *La Musique*. À Saint-Germain-des-Prés, rue de Seine, puis avenue Matignon, où je fais mon chemin des galeries, rien ne retient mon regard, je ne saurais dire s'il y a du talent dans les toiles des jeunes peintres exposés. Et je songe aussitôt à Chtchoukine et Morosov qui auraient peut-être trouvé là les génies de demain. Avoir l'œil n'est pas une mince affaire.

***

La grande affaire du jour semblait être l'arrivée du président du Venezuela à Paris. Hugo Chavez n'aura pu donner que ce qu'il a : rien. Gueule de truand, frimeur d'opérette, révolutionnaire de pacotille, il n'aura porté chez nous que des mensonges. On ne lui en demandait pas tant. Dans sa valse à trois temps, il promettait de délivrer Ingrid Betancourt, puis, moins sûr, de prouver qu'elle était vivante, enfin de voir ses tortionnaires ! Nous en restons là. Le pauvre Hugo est venu les mains et la tête vides, sans avoir convaincu personne, les guérilleros colombiens mènent toujours leur danse macabre, agissant à leur guise. Chavez, ce guignol en visite qui fait honte à l'Amérique latine…

***

Autre tromperie, mystérieuse circonstance : les six Français de l'Arche de Zoé, poursuivis pour enlèvement d'enfants africains, sont toujours en détention au fond de la cour de la maison d'arrêt de N'Djamena et on ne comprend rien à leur combat pas plus qu'à leur culpabilité. Il ne fait pas de doute qu'ils seront vite oubliés et puis, peut-être, libérés dans le plus grand secret et, au final de cet abracadabrant épisode d'une incidence humanitaire, rendus à un anonymat désiré.

***

L'Afrique, l'Amérique latine, les États-Unis : des continents aux dérives multiples. Bush en accusation permanente et qui n'aura tenu que par les peurs engrangées à hauteur des tours du 11 septembre 2001. Les langues se délient, les faiblesses du Président actuel deviennent apparentes, son échec en Irak est gravement dénoncé. Et maintenant le cinéma s'en mêle. Le nouveau film de Robert Redford, *Lions et Agneaux*, n'est que prétexte à défendre une Amérique humiliée dans les quotidiens massacres de Bagdad. Comment en sortir ? Existe-t-il un stratège guerrier différent ? Ne faudrait-il pas imaginer d'autres combats contre le terrorisme ? Cette réalisation ambitieuse se veut hymne à la paix, essai philosophique, critique des médias. On peut ne pas aimer une œuvre qui a des aspects trop bavards mais on se doit d'adhérer à la réflexion qu'elle impose. Excellent canevas pour un débat d'idées.

***

Il y a une Ligue communiste révolutionnaire, ce qui, au XXIe siècle, peut paraître anachronique… Il n'y a plus de parti socialiste, ce qui est un défaut de démocratie. Il y a encore Ségolène Royal, ce qui semble devenir la surprise : on ne sait plus ce que seront les combats politiques de demain. Mais une chose est sûre : il faudra compter avec Olivier Besancenot. Petit facteur excellemment doué pour les mauvaises nouvelles, le jeunot a du talent. Sa prédominance à la gauche de la gauche, ses 5 % obtenus à la présidentielle en font une figure de proue, parée pour affronter les vagues et rassembler les mécontents.

***

Toujours se méfier des honneurs, ne jamais être accablé par l'échec, s'en tenir pour cela à l'antique formule : il faut mépriser les hauts et repriser les bas.

***

On accole des superlatifs à tout ce qui bouge et souvent à des gens sans importance. On n'a pas de mots en revanche pour dire la noblesse et la géniale diagonale de Claude Lévi-Strauss, l'auteur de *Tristes Tropiques*, le plus grand anthropologue vivant au monde, fier de ses quatre-vingt-dix-neuf ans ce 28 novembre.

Sans doute sera-t-il le premier centenaire de l'Académie française. Je l'ai souvent rencontré, je me souviens surtout d'un ultime rendez-vous manqué, mon seul retard en quarante ans de pratiques radiophoniques. Il m'attendait au studio, quai Kennedy, j'étais à la Concorde, poussé hors les trottoirs par un automobiliste débutant mais fougueux... On l'avait averti de cet inattendu, il s'en était allé tristement jusqu'à son appartement tout proche, je ne l'ai pas revu, je lui ai écrit, il ne m'a pas répondu. Je n'étais pas coupable, mais pour lui, mon absence à la minute prévue, malgré les circonstances, était tout de même une faute.

***

Je reviens un instant au journal intime dont Renard, Gide, Green, furent les princes. J'en aime l'impudeur, qui, paradoxe, m'est pourtant étrangère. L'orgueil m'éloigne de tous ces déballages mais, chez les autres, j'en respire les parfums. Je plaide personnellement pour le journal intime, mes états d'âme n'ont pas le moindre intérêt, je tente simplement de ressentir l'air du temps et souvent, c'est vrai, je me laisse piéger. Écrire, c'est toujours s'exposer et forcément se perdre. Et je m'obstine. C'est en observant le monde que l'on se reconnaît, c'est en l'écoutant que je décèle mes limites.

***

Les *Écrits gnostiques* paraissent enfin dans la Pléiade et nous épuisent de 1920 pages difficiles mais édifiantes, ces textes nous délivrent des quatre Évangiles canoniques que l'Église, aujourd'hui encore, veut imposer à ses (presque) deux milliards de fidèles. Évidemment, le Vatican les considère comme hérétiques, la Vérité n'étant pas bonne à dire. Je n'ai jamais cru que l'on devait obéir sans tenter de comprendre, le catéchisme asséné de mon enfance m'a toujours révolté, je retrouve dans ces *Écrits* une part de lumière : le gnostique ne veut pas croire mais connaître. Il s'interroge sur les effets pervers d'un mauvais démiurge qui a permis tant d'honneurs. Il y aurait donc un autre Dieu que les « rebelles », au bout de leurs réflexions, ont distingué en la personne du Christ. Ces évangiles apocryphes, de Thomas, de Philippe – notamment – ne seraient-ils pas la révélation secrète de Jésus à ses plus proches disciples, sa véritable doctrine ? L'idée est plaisante. Le pape donnera-t-il un jour à connaître les trésors de ses caves ? Tout le mystère est dans ce qu'il cache.

***

Soleil automnal à Versailles. Beau rappel d'un passé glorieux. On sait ce que fut l'affaire du mobilier d'argent qui occupait les grands appartements du château au XVIIe siècle et qui devait être fondu en 1689 pour financer la guerre, vingt tonnes d'argent massif sacrifié pour un résultat décevant, des chefs-d'œuvre assassinés, outrage définitif aux plus grands orfèvres du temps. Des miroirs, des candélabres, des torchères, des trônes, des bureaux d'un prix exorbitant, massacrés, jetés aux oubliettes. On comprend mieux aujourd'hui l'absence de tels trésors français en admirant ce que les autres nations ont su, elles, sauvegarder. Pour redonner vie et grâce aux fastes de Louis XIV, l'équipe de la conservatrice Béatrice Saule, aidée par Jacques Garcia, a emprunté les pièces les plus significatives de « l'argent magnifiquement travaillé » à quelques cours européennes, au Danemark surtout. Je reconnais des pièces somptueuses que j'avais découvertes au château de Rosenborg, à Copenhague, l'année de notre *Échiquier* avec la reine Margareth : l'un des trois lions, le trône, les fauteuils. Du vif-argent ciselé par des artistes de génie.

***

Prémices du grand hiver. Nouveaux départs précipités d'amis de bonne compagnie. Tristesse de nos temps incertains. Ils partent, mes complices, comme appelés par les étoiles dont ils recevaient et nous offraient les éclats. Maurice Béjart à son tour glisse côté jardin, celui du paradis sans doute, dans l'universel qu'il avait tant fréquenté. Âme de la danse, célébré dans le monde, oublié par l'Institution française, peiné d'avoir dû choisir l'étranger pour installer sa troupe, il cultivait le mystère et le sacré, imaginant un théâtre du corps, une liberté des pas. « La chorégraphie telle que je la conçois, me disait-il, est un phénomène d'ordre spirituel. » C'était un visionnaire sans cesse improvisant : il n'écrivait pas ses arguments et ne laisse aucune indication concernant ses ballets. Tout était conçu dans les fièvres de l'instant, le bonheur quotidien que la mort de son compagnon Jorge Donn allait rayer de sa carte du tendre. J'avais appris le mal dont souffrait ce grand artiste ailé la veille d'un *Échiquier*. Maurice était abattu : « Je fais avec toi ma dernière émission, il fera lui, son dernier saut. Je n'aurai plus la force de créer après sa disparition, hélas annoncée. » Il n'a pas tenu sa promesse, tant mieux, mais il ne fut plus jamais le même...

***

Et maintenant Pierre Miquel. Il écrivait. Il publiait. Plus de cent ouvrages à son catalogue raisonné. Un travail remarquable consacré à la Grande Guerre. Historien, agrégé et universitaire, il aura créé une œuvre qui a su séduire un public populaire. La rigueur et l'ouverture lui étaient l'essentiel. Avec les plaisirs de la vie, nos partages d'amitié. Terrassé par une attaque cérébrale, Pierre a passé ses deux dernières années en totale solitude. Il y a trois mois, une amie qui le visitait m'avait appelé : « Il veut te parler. » Au bout du fil, pas même des mots, un bredouillis. J'ai fait des phrases, m'a-t-il entendu ? L'amie me persuadait hier encore qu'il m'avait reconnu !

Je n'oublie pas nos conversations interminables avec Alain Decaux, Marcel Jullian, du temps où, sur Antenne 2, nous bouleversions joyeusement le monde des médias. La poésie et le chant ensoleillaient nos réunions. On le traitait de « Poilu », il prenait cela pour un compliment, et lorsque nous étions seuls, il me demandait : « Dis-moi franchement ce que Georges Duby pense de moi. » Il était toujours impatient de savoir, son inquiétude remontait à une *Radioscopie* au cours de laquelle le grand historien avait déclaré : « Miquel est trop grand public. » Cette critique l'avait ébranlé et il n'en avait retenu que le côté le moins positif. Or Duby ajoutait : « Pierre a un vrai talent, il n'est pas de réussite gratuite. Son *Affaire Dreyfus* était remarquable. »

Pierre Miquel n'enveloppera plus nos rendez-vous des volutes de fumée échappées de sa bouffarde que l'on eût crue soudée à ses lèvres. Elles lui font là-haut un nuage.

DÉCEMBRE 2007

Je crois au partage, j'éloigne ceux qui méprisent, l'autre m'est une curiosité, une nécessité. Le créateur m'importe plus que le juge. (Je répète d'ailleurs à satiété que je ne suis pas assez vertueux pour juger.) J'apprécie les plaisirs simples, la courtoisie, quitte à paraître naïf. Et aussi la bienveillance. La surenchère du désespoir dont parlait Camus me désespère.

***

Ce ne sont pas des mots de poète, plutôt une plainte de souffrante, une dramatique adresse au monde : « Nous vivons comme des morts. La vie ici n'est pas la vie, c'est un lugubre gaspillage du temps. » Ainsi parle, dignement, douloureusement, Ingrid Betancourt dans une lettre à sa mère datée du 22 octobre. Comment accepter sans colère ce calvaire subi depuis près de six ans dans les refuges secrets des forces armées révolutionnaires de Colombie ? Comment ne pas s'émouvoir à la vue des images qui nous la rendent si désespérée, les yeux hagards, si amaigrie, enchaînée, l'horreur ? Profonde tristesse d'entendre cet appel au secours… « Je me sens mal, j'ai l'appétit coupé, l'esprit embrumé. » On devine qu'elle dit le minimum de son enfer de captive, seule femme parmi tant d'hommes, attendrissante amazone des forêts. Quel accord – humanitaire évidemment – peut-on trouver pour la libérer ! Il n'est pas pour ses geôliers situation plus déshonorante... et pour d'éventuels sauveteurs plus difficile. En effet, une intervention armée n'est pas souhaitable : ce serait la condamner à mort. Les monstres qui l'assiègent n'ont plus rien d'humain.

***

Des amis pressants me poussent à me présenter à l'Académie française ce prochain 16 janvier. Au fauteuil de Bertrand Poirot-Delpech. Je n'arrive pas à me décider. La peur d'un rejet sans doute. Maurice Druon et Jean-Denis Bredin vont encore m'accuser d'un trop d'orgueil. Et si c'était seulement un éclair de sagesse !

***

Définitivement choisi, Poutine aura une descendance, un tsarévitch sur son trône d'hiver. Curieuse Russie que Winston Churchill décrivait comme « un rébus enveloppé dans un mystère, au cœur d'une énigme ».

***

Exemplarité de la tradition russe au Théâtre des Champs-Élysées : le Philharmonique de Saint-Pétersbourg, orchestre légendaire créé en 1802, présente les trois dernières symphonies de Tchaïkovski. Il y a deux décennies, nous avions fait route ensemble d'un bout à l'autre de l'Union soviétique. De jeunes musiciens ont rejoint la formation, je ne reconnais plus que quelques rares cheveux gris mais Youri Temirkanov est toujours là, sourire sarcastique, gestes précis, whisky à portée de baguette, imperturbable et drôle. « Mon pays, me dit-il, est entré dans le nouveau monde. Je n'aurais jamais imaginé qu'il pourrait changer à ce point. La culture souffre partout des bouleversements de la société mais chez nous, en Russie, le modernisme béat fonce à marche forcée. Maintenir une élite devient un exploit, les nouveaux riches font maintenant du plus vulgaire une institution. Les valeurs traditionnelles volent en éclats. Je n'ai jamais été membre du parti communiste mais celui-ci, du moins, respectait les artistes. Combien de temps encore vais-je pouvoir conserver à mon orchestre l'une des premières places ? » Je le rassure.

***

Frédéric Beigbeder prétend que « les écrivains meurent pour qu'on les lise ». Il est vrai que les livres sont souvent écrasés par les mimiques des auteurs. L'homme au torse nu, aux tirages confortables, qui valait hier 99 francs s'en prend aux critiques littéraires : « Ils souhaitent la mort des écrivains parce qu'ils en ont marre d'être obligés de les lire, au lieu d'écrire ce satané chef-d'œuvre qu'ils n'écrivent jamais. » Généralement exact mais il y a tout de même des exceptions. Cherchons-les.

***

J'ai proclamé à différentes reprises que je n'écrirais jamais mes Mémoires, cet exercice majeur dans lequel se complaisent souvent des personnages qui n'ont pas eu la chance d'un destin. Il faut avoir magnifiquement vécu, assuré de hautes responsabilités, obtenu des triomphes, souffert l'anathème pour oser un tel récit. En revanche, je peux, à mon âge, limiter les souvenirs à une adolescence prolongée et tenir ma promesse : revenir dans un texte court aux vingt-trois premières années de ma vie, celles d'un périlleux apprentissage. C'est mon projet pour 2008. On peut reconstruire son passé et même le construire. Nous ne sommes plus nombreux dans ma situation à être liés par la même mémoire. Que d'amis disparus ! Quel lointain territoire cette Asie de mes vingt ans : je vais réapprendre à l'habiter.

***

« De mon temps » disent encore certains de nos contemporains ! Et les voilà sur leur lancée qui bénissent les années d'autrefois, jetant aux orties les changements d'aujourd'hui. Je les plains de courir ainsi après leur jeunesse. On peut se souvenir du passé mais ne se souvenir que de lui contraint à une angoisse dont la transmission est coupable. Vive le présent, vive la grâce de l'éphémère.

***

Un chef d'État lance un appel solennel au commandant d'une armée de guérilleros terroristes... Voilà qui est unique dans les annales de la politique des nations. Nicolas Sarkozy demande fermement à ce mafieux de libérer Ingrid Betancourt. Prise de risque calculée, coup de bluff pour un coup de théâtre ? Nous verrons bien. L'audace vient à point... immédiatement après la découverte de la vidéo montrant l'otage en fâcheuse posture, après la lettre bouleversante dont Match nous donne la totalité. Quelques-uns, toujours pessimistes, diront que l'Élysée prend ses aises avec les usages et les précautions. Sans doute, pour eux, eût-il fallu, une fois encore, ne rien faire !

***

Napoléon III et Eugénie tiennent dans mes Pyrénées une place de choix, ils y furent des bienfaiteurs. Et hélas, ailleurs, des réprouvés ! J'avais oublié que la France leur avait réservé un sort plutôt injuste dicté en partie par Victor Hugo qui les haïssait. Après la défaite de 1870 il leur fallut trouver refuge en Angleterre où ils reposent encore aujourd'hui dans l'abbaye de Saint-Michel, aux limites des comtés du Hampshire et du Surrey, qu'aucun Français ne visite. Leur souvenir nous revient en mémoire par l'appel de Christian Estrosi, secrétaire d'État chargé de l'Outre-mer, qui souhaite le retour de leurs cendres dans notre pays. Admiration tardive après tant de querelles. Ne conviendrait-il pas de les laisser sur cette terre d'accueil où ils se sentirent enfin apaisés !

***

Mes adorables demoiselles toujours aussi habitées de grâce et de perfection : les sœurs Labèque au Théâtre des Champs-Élysées. La tendresse et le souvenir. Katia et Marielle, gourmandes, généreuses. Je les ai connues, accueillies, à leurs débuts lorsqu'elles n'étaient encore que des enfants. Elles furent mes pensionnaires, je reste leur ami. Quel duo de pianistes, célébrées dans le monde entier. Mieux acceptées à l'étranger que dans leur propre pays et pourtant si fidèles à leur basquitude. Elles sont à toujours mes préférées, mes drôles de dames. Katia parle, Marielle sourit, approuve. Katia la « folle », Marielle la « sage ». Des rôles, depuis l'enfance, merveilleusement distribués. Ce soir – c'était à la vérité l'après-midi –, elles ont choisi Debussy, Schubert, Satie et Ravel. Un triomphe devant une salle comble. Et quatre bis en supplément dont un extrait de *Rhapsody in blue* de leur cher Gershwin. Deux heures de pur bonheur.

***

Deux Wagner en quarante-huit heures. Le premier – *Tannhäuser* – je l'écoute à l'opéra Bastille, le second – *Tristan et Isolde* –, je le vois sur Arte en direct de Milan. Accents furieux de la tragédie. À Paris, c'est la passion qui nous est contée, celle d'une femme qui s'oppose à tous les hommes pour défendre celui qu'elle aime, c'est Elisabeth que l'on admire sous les traits d'Eva-Maria Westbroek, lumineuse soprano, que j'avais découverte dans *Electra* de Strauss, qui était somptueuse dans *Le Dialogue des carmélites*. Un *Tannhäuser* de prestige servi par la remarquable interprétation de l'orchestre dirigé par Seiji Ozawa : l'absolu du talent.

À Milan, le lendemain, magnifique ouverture de la Scala où brille dans Isolde la sublime Waltraud Meier, émouvante et toujours digne après tant d'années d'exercices vocaux. Quelle affiche. Daniel Barenboim à la baguette et, à la mise en scène, Patrice Chéreau qui, ici du moins, n'abîme pas la musique. Du grand art.

***

Sa tente bédouine dans le désert de l'hôtel Marigny, son allure dédaigneuse de seigneur de la guerre, sa longue cape élégamment drapée sur sa chemise verte, son écharpe qu'il veut romantique et, surtout, son indifférence totale à ce qui n'est pas lui : Muammar al-Kadhafi dans la superbe de sa visite au peuple de France. La Libye fait son marché dans les popotes de la République. L'Élysée, l'hôtel de Lassey. Le terroriste avéré et repenti inquiète un monde politique qui pourtant lui fit la cour ; le mousquetaire des sables n'admet pas la moindre critique sur ce qui le condamne et avance sa parade : « Avant de parler des droits de l'homme, clame-t-il, il faut vérifier si ces droits sont accordés aux immigrés. » Imprévisible ce mannequin !

***

L'écrivain Calixthe Beyala nous rappelle ce proverbe africain : « Si tu rencontres un étranger, avant de le repousser, méfie-toi, tu es peut-être devant ton frère ou devant ton miroir. » L'adage concerne Kadhafi dont la dame de lettres fait un éloge inattendu.

***

Très attendue rétrospective de longs métrages pour cet hommage de la Cinémathèque française à Pierre Schoendoerffer : *Le Crabe-tambour*, *La 317e section*, *L'Honneur d'un capitaine*, *Diên Biên Phu*. Tout le panache d'un mousquetaire du XXe siècle, mais aussi sa hantise d'une jeunesse ardente et massacrée. Nous étions ensemble dans cette Indochine qui ne cesse jamais de nous rattraper, je m'étais réjoui de l'accueillir là-bas, immédiatement après la mort du cameraman Georges Kowal, l'ami des moments les plus douloureux, dont le beau visage restera présent jusqu'au bout de ma vie, frappé au combat et filmant encore avant de tomber. Pierre est de la même trempe, je l'ai vu s'aventurer dans la sinistre cuvette et puis revenir après la longue marche du désastre, marqué à tout jamais par ce massacre. Diên Biên Phu, sa déchirure. Toujours debout, l'homme. Nous nous retrouverons en janvier et nous parlerons encore de Joseph Conrad, de Jack London, de Joseph Kessel et de Jules Verne. Entre nous, pas de littérature assise où même parfois... couchée.

***

Je ne comprends rien à ce procès. Nous ne saurons donc jamais qui a tué le préfet Érignac. Qui a tiré ? Yvan Colonna est condamné à perpétuité mais sur quelle preuve ! Il fait appel et demeure la lâcheté de l'omerta, le silence coupable. Le mystère comme seul alibi.

***

Ce que la loi exige – « Chacun a droit au respect de sa vie privée » –, le phénomène Internet l'abîme. Le développement de cette usine à images volées nous met tous sur orbite en massacrant l'anonymat, ce fragile privilège d'autrefois. Ainsi Laure Manaudou se retrouve à son insu, nue, dans des positions compromettantes. Il n'est plus de frontière entre information et piratage, simple souci d'actualité et évidente perversion. Le piège est d'autant plus détestable que les grands médias versent désormais dans la futilité en reprenant ces « informations ». La rivalité entre télévision et Net sera telle bientôt que le pire s'affichera sur tous les écrans. L'intimité n'est plus une chasse gardée. Le président de la République en fait encore l'expérience ; ses moindres gestes sont observés à la loupe, sa promenade à Disneyland en compagnie de la belle Carla occupe la une de toute la presse, on va même jusqu'à prétendre qu'il se met en scène. Devrait-il se cacher comme tant d'autres pour que ce soit acceptable !

***

À la prise d'Antenne 2, en 1975, avec Marcel Jullian, mon frère de fièvres, nous avions pondu cette courte note à l'adresse de tous les créateurs-maison : « Désormais vous serez libres et donc forcément en danger. » La liberté inquiète ceux qui, la proclamant, ne savent pas en faire leur règle de vie, elle paralyse les besogneux qui parlent d'elle avec des trémolos. Dans son ouvrage, *Les Antimodernes*, Antoine Compagnon cite ce passage de Chateaubriand : « Les Français n'aiment point la liberté ; l'égalité seule est leur idole. Or l'égalité et le despotisme ont des liaisons secrètes. » Il aurait pu ajouter : l'égalité naît de la jalousie.

***

Cette note sur Pierre Soulages recueillie au cours de notre *Radioscopie*, retrouvée ce matin dans mes carnets : « Mon geste, disait le grand peintre, n'est jamais intentionnel, je vois après coup sur la toile ce que je n'aurai su prévoir. Je ne réfléchis pas avant mon travail, j'analyse l'œuvre seulement à la fin, je suis par elle dépassée. Ce que je fais – et c'est mon credo – m'apprend ce que je cherche. » Picasso procédait de la même manière mais avec une vraie certitude : « D'abord je trouve, ensuite je cherche. » À la vérité, toute création obéit à des signes mystérieux qui dépassent l'entendement.

***

Encore et toujours cet inquiétant Internet. La saga people n'est plus qu'une aimable plaisanterie ! Les dérives racistes prennent maintenant un tour scandaleux, la toile devient vert-de-gris, ressuscitant partout la bête immonde. Des sites par milliers diffusent, sans être interrompus, les slogans d'une idéologie criminelle :

« Comment être un bon nazi français » ; « Les noirs et les juifs n'ont pas d'avenir », « Soyez kamikaze si vous ne voulez pas d'arabes » ; « Blanc aime ta race, sauve ton peuple. » La croix gammée, le signe SS, le nom d'Hitler sont salués par des nervis qui officient aux Amériques. Ne faudrait-il pas entrer en résistance ?

***

L'imitation, surtout en art, est la plaie du siècle mais il faut relativiser et je reviens à Proust : « Le plagiat humain auquel il est le plus difficile d'échapper pour les individus (et même pour les peuples qui persévèrent dans leurs fautes et vont les aggravant) c'est le plagiat de soi-même. »

***

L'identité française alimente une curieuse polémique. Les « gens » venus d'ailleurs composent un paysage « étranger » dont j'admire les couleurs. La peur d'une occupation de masse inquiète les nationaux. L'« intégration » serait-elle devenue un gros mot ? Ne suffirait-il pas de dire, de proclamer, une seule et évidente petite phrase · « On est du pays que l'on aime. » Et j'entends quotidiennement, issus de l'immigration, des passionnés de notre France, échappés de lointaines contrées, annoncer fièrement ce que bien des personnes de chez nous, de vieille souche, percluses dans leurs certitudes d'appartenance, n'osent plus déclarer : un grand amour pour le pays. Écoutons les autres. Ainsi, François Cheng, le Chinois : « La langue française est ma chanson intime. » Ou Robert Maggiori, le philosophe : « Accroché à Montesquieu, vous l'êtes au monde entier. » Ou Sofia Okotoré : « Tous les pays démocratiques sont français. » Nous ne répéterons jamais assez que le métissage est un phénomène heureux.

***

Curieusement, les cimetières sont la vie. Celui d'Argelès-Cazost, sur la route du col d'Aubisque, regarde le Hautacam et le Viscos. Au grand soleil de ce froid samedi d'avant les fêtes, j'y retrouve mes parents et entretiens là une conversation intime. J'en arpente les allées à la découverte de tombes qui font ressurgir un monde disparu, des noms si familiers dont je peux raconter l'histoire.

***

Épilogue burlesque d'une année riche en fantaisies dérisoires. Pour cause de photos réalisées voilà trois ans et jugées choquantes, notre Miss France 2007 serait condamnée à démissionner. Le ridicule le dispute à la bêtise, les vraies valeurs sont piétinées, on voudrait faire passer cette cérémonie de la prétendue beauté pour un conte moral. Valérie Bègue, la Réunionnaise, subit la colère de Mme de Fontenay, douairière du grand cirque de décembre. Que sont les photos maladroites privées, bassement exploitées, comparées à l'étalage que l'on fait, très officiellement, de tous ces corps d'adolescentes offerts aux millions de téléspectateurs de passage. Si l'on s'abaissait à juger, c'est par là qu'il faudrait commencer !

***

La blague favorite d'Imre Kertész, prix Nobel de littérature en 2002, répondre à la question « Quelle est la différence entre un optimiste et un pessimiste ? » : « Le pessimiste est mieux informé. »

***

Écrasée dès son retour d'exil sous le joug d'une dictature militaire, elle défendait, musulmane élevée en occident, des valeurs universelles face à l'Islam le plus radical... qui l'a assassinée. La lâcheté du terrorisme est évidente, mais la traîtrise du gouvernement pakistanais est scandaleuse. Benazir Bhutto s'est envolée sur les ailes de son long foulard blanc, victime annoncée de l'extrémisme. Le monde va pleurer cette mort, s'en prendre à Al-Qaïda. Nous garderons le souvenir d'une femme d'exception, libre, audacieuse, si belle.

***

Ce proverbe chinois comme simple invite de fin d'année à tous ceux qui ne se souviennent plus des bienfaits qu'ils ont reçus de leurs semblables : « Celui qui boit l'eau du puits ne doit pas oublier celui qui l'a creusé. »

***

L'homme des bords de Loire s'est abandonné aux courants et remonte le fleuve. Le grand âge et la solitude l'avaient déjà préparé à l'ultime croisière. Julien Gracq de Saint-Florent-le-Vieil, quatre-vingt-dix-sept ans, a sans doute rejoint le « rivage des Syrtes » où naquit sa légende, où, rompant avec le Goncourt, il signa ses refus. J'aimais son *Balcon en forêt*, beau récit sur la guerre, sa vie au ralenti dans un climat de peurs. J'aurais tant voulu l'accueillir à *Radioscopie*, je l'avais invité, il m'avait répondu en quelques lignes courtoises : « Votre proposition me touche, un écrivain – pourquoi le cacher – se trouve toujours heureux de mériter l'attention de ceux qui le lisent. Mais je me suis retiré de ce que l'on appelle *les honneurs*. Pardonnez à ce *non*. » Je regrette cette absence, nous aurions parlé rugby, nature et accessoirement de Stendhal, Chateaubriand et, sans doute, de Joseph Delteil qui l'admirait et le jalousait : « Julien, me disait-il, est comme moi, et il l'a écrit, une survivance folklorique de l'ancienne société des gens de lettres. Ce qui nous unit ce sont nos passions simples, la terre, les arbres, les mots, la détestation du monde. Ce qui nous sépare ce sont les études. Normale Sup contre école communale et plus encore André Breton. Ce dernier respectait Julien et me détestait. » Tous les deux partageaient le même secret, ils avaient choisi les silences et l'immobilisme. Pour voyager il ne leur était pas nécessaire d'aller au bout du monde. Le rêve était leur valise la plus précieuse.

***

Hier un grand écrivain, aujourd'hui un grand éditeur, qui demain ? La faucheuse, cru 2007, fait de sacrés ravages, des coupes sombres, Christian Bourgois n'aura même pas célébré un dernier Noël, j'observe l'ultime photo que l'on connaît de lui, la maladie lui a dessiné une tête d'athlète comme une épouvante. Nous nous étions promis de beaux lendemains dans l'univers du livre, je regrette d'avoir sacrifié à d'autres engagements, je l'ai tant admiré. Grâce à lui, j'ai découvert García Márquez, Jünger, Soljenitsyne surtout. Il n'était pas causeur mais il pensait juste.

***

Étrange correspondance, cadeau hélas embrumé par l'anonymat. Je reçois, ce matin, sous enveloppe festive, un Agenda de l'année 2004, totalement couvert de notes, du 1er janvier au 2 décembre. C'est écrit à la plume, encre bleue. Quelques lignes – six – signées d'un approximatif « J.Q. » précisent l'intention : « Sachant que vous aimez les belles pensées, je viens jouer les pères Noël au féminin, avec quelques blagues en sus. Quant aux dernières pages non inscrites, elles sont pour vos annotations personnelles… avec mes salutations distinguées. »

Dans l'impossibilité de répondre pour cause d'absence d'adresse, je recopie à l'intention de la « dame » quelques-unes de ses citations (il y en a bien trois cents). Ce sera mon Merci :

Il faut toujours suivre sa pente pourvu que ce soit en montant (Gide).

L'amour est la seule chose qu'aient les sots pour se grandir (Balzac).

Les femmes sont des chattes qui retombent toujours sur leurs pattes (proverbe persan).

Toutes les grandeurs du monde ne valent pas un bon ami (Voltaire).

Tout le monde veut transformer l'humanité, mais personne n'a l'idée de se transformer soi-même (Tolstoï).

La haine c'est la colère des faibles (Daudet).

Écrire est une façon de parler sans être interrompu (Renard).

Une seule citation n'est pas accompagnée du nom de l'auteur. Serait-elle de ma « dame » ? L'élégance, c'est le bon goût plus un brin d'audace.

***

Premier Noël de ma petite Philippine (quatre mois et déjà des sourires ravageurs). La famille comme seul refuge d'un monde en désordre. Et mes Pyrénées blanches pour splendide décor. Note noire dans ce bleu, ce soleil de fin d'année, l'effrayante vieillesse, ce naufrage, de Macao notre chien d'ici, notre montagnard, hier énorme, aujourd'hui rapetissé par la souffrance, ragaillardi tout de même par notre présence. Pour combien de temps ?

***

Nos enfants reçoivent leurs amis. J'ai bien entendu leur invitation courtoise, discrète, à rester près d'eux mais je considère qu'ils seront plus libres sans nous et ils le comprennent avec une bienveillante satisfaction. Nous mettons donc le cap sur Saint-Jean-de-Luz, plus précisément Ciboure, chez les Carle où mon filleul Vincent me ridiculisera une fois encore… au billard. Je quitte ma Bigorre, je passe en Béarn, nous voici au pays basque dont je croyais connaître tous les contours. Illusion ! Je découvre ce 31 décembre un lieu unique. Philippe m'entraîne par Ainhoa, au sommet d'un col espagnol, le Pico Gorramakil, sur les dix kilomètres de lacets de Gorgamendi. Époustouflant de beauté. Une vue panoramique de la province, une incroyable sensation de vastitude, et la solitude pour permanente compagne dans ce lieu pourtant ouvert à toutes les escapades. Sur les flancs des collines, à mille mètres, des troupeaux de chevaux sauvages, les fameux Pottoks. J'aime ce coin ignoré des foules : nous reviendrons à l'été.

Janvier 2008

Tous ces messages d'amitié qu'accueille ce matin mon portable et dont certains ne sont pas signés comme si je devais d'évidence reconnaître leurs auteurs.

***

Le Temps d'un regard, premier tome de mon journal personnel, me force à remonter le temps. Martine l'a déposé sur mon bureau, comme un rappel du temps qui passe. Je l'avais oublié, la couverture est de Folon – un œil en cage... qui s'évade –, c'était il y a juste trente ans, chez Hachette Littérature : je m'étais enfin décidé à publier mes petites visions des jours. Jusqu'à cette date et depuis l'adolescence je me contentais de noircir des carnets pour moi-même et l'éternité d'une malle qui ne sera jamais ouverte.

Entre ce *Temps d'un regard* (1978) et *Les Années turbulentes* (2008), j'aurai grossi ma rubrique « Du même auteur » d'une trentaine d'ouvrages – récits, essais, romans, chroniques – qui ne sont pas mieux que des objets de ma curiosité... et des bornes pour ma mémoire. Le 1er janvier 1978 nous étions encore aux affaires sur Antenne 2, notre diable de maison construite trois ans plus tôt au bout de quelques nuits d'insomnie. Ce soir-là et la veille, nous faisions la navette entre Cognacq-Jay et les Buttes-Chaumont à la rencontre de compagnons qui animaient leurs émissions en direct. Marcel Jullian présentait ses derniers vœux de président, il avait été trop brillant, trop libre, trop efficace, la politique le chassait. Je souhaitais le suivre, il m'en empêcha : « Tu es de la boutique, reste. Il faut continuer le combat. » Pierre Miquel qui lui aussi nous a quittés m'avait, à ce moment, rappelé une phrase du Coran : « Lorsque tu es décidé, agis : tes hésitations sont plus graves que les risques que tu crains. » J'ai donc poursuivi sur les chemins de l'audiovisuel.

À la date du 1er janvier 1978 j'écrivais : « Je vais devoir m'habituer à cette nouvelle année, apprendre à en dire le chiffre et recommencer le compte des jours ; pour me persuader qu'ils ont compté. » Je confirme.

***

Que de gens assistés !

Combien est astreignante l'impatience ! Vivre en bonne harmonie avec soi-même c'est d'abord se délivrer de l'attente, ne rien espérer des autres, ne compter que sur soi, inventer un monde plutôt que de le subir. Aimer me paraît être la bonne formule.

***

Un Premier de l'An qui nous aura réservé par deux fois des tourbillons musicaux dans la plus pure tradition viennoise. Une lumineuse croisière pilotée par des chefs d'excellence qui ont le génie de faire danser les cordes. Georges Prêtre d'abord, sur France 2, en fin de matinée en direct de la capitale de la valse, au cœur de cette Autriche où l'Orchestre Philharmonique, en ce 55e concert, virevolte sur des partitions de Strauss. Prêtre, premier Français invité, maestro magnifique, parfois boudé par les intellos parisiens de la musique, ici remarquablement célébré par un milliard de téléspectateurs. Herbert von Karajan ensuite, aux belles heures de la nuit, sur France 3, à la tête de la même formation… mais en 1987.

Rediffusion bienvenue qui glorifie le centenaire de la naissance d'un chef d'exception. Bonheur de retrouver deux hommes exceptionnels qui furent mes pensionnaires à l'*Échiquier* et dont j'aurai eu le privilège de partager beaucoup de leur vie. Je ne dissimule pas ma chance.

***

Chez Philippe Bouvard qui me reçoit, m'asticote à propos des *Années turbulentes*, cette question à laquelle je ne sais répondre : « Qui a dit : “Et avec quelle quantité d'illusions ai-je dû naître pour pouvoir en perdre une chaque jour ?” »

C'est de Cioran.

***

Clara Rojas et Consuelo Gonzales arrivent libres à Caracas après six années de captivité aux mains des forces armées révolutionnaires colombiennes. Adieu la jungle, les marches forcées, l'esclavage, fini le calvaire. Même constat chez ces deux femmes : « Nous sommes en train de renaître. » Terrible inquiétude à cette libération : les FARC, ayant fait leur « bonne action », ne se précipiteront pas pour rendre Ingrid Betancourt à sa famille. Interminable attente.

***

À l'Élysée ils étaient près de sept cents, espéraient des nouvelles de Carla Bruni, eurent confirmation que la chose était sérieuse, furent peinés de ne pas connaître la date du mariage. Bagatelles pour une alliance, cocasses étonnements, douce humeur du temps. Convenons toutefois que l'essentiel du discours présidentiel ne s'accordait pas à ce climat romanesque. Nicolas Sarkozy, inspiré par Edgar Morin qu'il avait rencontré la veille, dans un amusant croche-pied à la gauche, appelait à une nouvelle renaissance que nous désignerons désormais « politique de civilisation ». Nous devrons compter demain avec l'ensemble des caractères communs aux vastes sociétés les plus évoluées. Beau sujet pour le prochain bac.

***

Il n'est pas de ma famille mais j'apprécie qu'il ne se soit jamais trahi. Philosophe marxiste, normalien du clan des révolutionnaires de boutique, Alain Badiou ne cache pas sa nostalgie au seul souvenir de Lénine ou de Trotski ou de Staline (au choix !). Dans son dernier libellé *De quoi Sarkozy est-il le nom ?*, il compare les électeurs du président à des « rats ». Cela fait une immense souricière et prolonge une vieille rengaine. On se souvient de Sartre qui aurait, me dit-on, regretté sa formule lapidaire : « Tout anticommuniste est un chien. » Permanent aveuglement des élites !

***

On eût pu s'attendre à un « Journal de Matignon » mordant, cruel même ; tous les éditeurs rêvaient d'une attaque en règle du pouvoir actuel. Dominique de Villepin brouille les cartes en rompant totalement avec la politique. Pas un mot sur ses jours sombres de Premier ministre. Son *Hôtel de l'insomnie* – le titre dont on se souviendra – fait la part belle aux écrivains, aux poètes, aux peintres qui sont son seul souci. Il a cette phrase au final : « Avec le ciel et le vent, il y a d'autres vies à vivre. » Avec la solitude aussi.

***

C'était dans les années 80, au plus fort de l'ascension de la gauche française. Je donnais une conférence à Bordeaux à l'occasion de la sortie de mon livre *Tant qu'il y aura des îles*. J'avais parlé du fatal observantisme de certains intellos parisiens qui accordaient encore à Mao des vertus singulières. Mes séjours en Indochine, en Chine – huit ans ! – autorisaient une saine réflexion sur la face noire de ces lointains Asiatiques. J'en savais les cruautés. À la fin de la réunion, je fus interpellé de méchante manière : « Seriez-vous de l'école de Simon Leys qui n'en finit pas de combattre la fière révolution culturelle chinoise. Vous ne pourrez jamais admettre que Mao fut à la vérité un prophète. » Le petit monsieur qui pensait m'accabler fut aussitôt hué par la salle, j'étais heureux : il venait de me faire compliment. J'ai toujours eu pour Simon Leys la plus vive admiration. Sociologue reconnu aujourd'hui par toutes les instances politiques, il avait, dix ans plus tôt, agacé l'intelligentsia par ses essais qui mettaient en lumière les folies maoïstes. Pourquoi revenir à lui que j'avais oublié. J'apprends qu'il vit en Australie, je me plais à le lire. Son dernier ouvrage, *Le Bonheur des petits poissons*, est un trésor d'anecdotes, de propos légers sur les poètes, les écrivains, le monde des lettres qu'il a beaucoup fréquenté et que désormais il regarde de loin. Façon pour lui d'observer le temps présent sur les lignes de crêtes du passé. Beau livre d'évasions.

***

Les philosophes, les sociologues, les essayistes auraient-ils tué la littérature ? Ne sommes-nous pas tombés dans les excès d'analyse à tous crins ? Il n'y a pas si longtemps il y avait encore, pour nourrir l'imagination, aiguiser la polémique, le surréalisme, l'existentialisme, le nouveau roman. On pouvait parler d'une mode romantique. Aujourd'hui, de pauvres fumées sur des cendres, avec, par-ci, par-là, des colères sorties de quelques (plumes) solitaires. L'époque est molle, aplatie, il nous faudrait retrouver l'émerveillement des années 30 où l'on allait par la lecture de Morand à Camus, en passant par Mauriac, Aragon ou Montherlant. Dans l'explosion médiatique du moment, le talent, bizarrement, se cache, seuls émergent de jeunes anciens, Modiano, Le Clézio, Patrick Besson, des nouveaux, Nicolas Fargues, les courants que l'on appelle bêtement réseaux ne sont plus irrigués, le pouvoir d'accompagner le livre est passé du côté des émissions les plus burlesques de la télévision, ces fameux

« talk show » où s'éclaboussent de médiocrité quelques ignares en rut. Le pire de toutes les duperies comme seul critère !

***

On devrait imposer le port d'arme partout dans la campagne française. Je ne suis plus un familier de la chasse, mais la prolifération des sangliers m'inciterait à reprendre le fusil. Depuis trois ans – et je le vérifie encore ce matin –, les pelouses, les prés de Miramont, mon refuge pyrénéen sont saccagés par les hardes qui font chaque nuit leur massacre. Elles étaient treize, ces affreuses bêtes, à nous narguer hier à vingt heures, à peu de mètres de la porte d'entrée. Je lis dans *Le Nouvel Obs* qu'on en compterait un million dans notre cher pays. Dans le seul département du Gers, elles seraient la cause de plus de cinq cents accidents automobiles chaque année. À quand la grande, la nécessaire battue ?

***

La famille officielle est-elle à ce point démunie qu'il lui faille vendre aux enchères la garde-robe de son grand homme ? François Mitterrand aurait-il apprécié d'être ainsi dispersé en salle publique ? Ne seront proposées, me dit-on, que des « pièces emblématiques » : vêtements, manteaux surtout, pantoufles, objets personnels. Si, comme acheteur, je devais contribuer à ce dépeçage, je tenterais d'enlever le feutre, ce chapeau de dandy qui était sa meilleure couverture.

***

À intervalles irréguliers mon péché mignon à la quarantaine fut la cigarette que je mâchouillais assez grossièrement. Je m'en suis totalement débarrassé voilà dix ans, revenant au cigare qui est, lui, un vrai compagnon, une figure de style. J'en sais les désagréments imposés aux autres, j'ai toujours pris la précaution de n'indisposer personne dans les lieux publics, jusqu'à ce jour de janvier où la « goujaterie » des gouvernants poursuit sa litanie d'interdits et rassemble désormais devant les immeubles de bureaux des compagnies de fumeurs en rupture de travail, tous piétinant un effroyable gazon de mégots. Le tabac est mis en accusation comme la pire des drogues, la convivialité en prend un sacré coup, l'épicurien est montré du doigt ; qu'en sera-t-il demain ? Va-t-on, dans un même élan, sacrifier les plaisirs d'une bonne table, trouver au vin des dangers singuliers alors qu'il suffirait de permettre le raisonnable. Loin de ceux que la tabagie éprouve – et je comprends leur enfer –, il eût fallu inventer des fumoirs qui nous auraient, sans nul doute, débarrassés de cette nouvelle vulgarité des rassemblements de rues...

***

Il n'est plus loin du chef-d'œuvre ; le temps est peut-être venu pour lui de parader en « grand écrivain ». Il en a tellement rêvé, il a tant cru aux prédictions de sa mère : « Tu seras un génie mon fils. » Boris Schreiber qui, en parfait iconoclaste, séduit et agace, nous donne en ce début d'année un recueil de textes qu'il appelle « roman », que l'on peut juger comme une confession intime. Une réussite. Impudique, désespéré pour un rien, coléreux et drôle, il s'éblouit pour se rassurer de petites phrases faciles : « Il faut bien que je hurle pour qu'on m'entende, puisque personne ne me lit. » Coquetterie d'un auteur qui se voudrait maudit. Il oublie un peu vite que son ouvrage, *Un silence d'environ une demi-heure*, qui lui a valu le Prix Renaudot en 1996, a passé le cap des soixante mille exemplaires. Mais il a encore en mémoire la critique de Jacqueline Piatier – « On ne peut pas être riche et écrivain » – considérée comme une insulte, car il a de la fortune et des refuges aux États-Unis (et même une Rolls). « Moi, dit-il, le Russe juif, j'aurais été ballotté entre trois continents, une mère qui me faisait miroiter des triomphes littéraires et une épouse trop sévère pour vraiment le croire. Je me donne la liberté de penser que je suis un génie ignoré. On complote contre moi, je crie à l'injustice. » Je le connais assez pour lui faire constamment mes reproches : « Tu es un vrai écrivain, avec un style d'une rare élégance. Ne perds plus tes jours à te mortifier, ta désespérance c'est de la vanité. » Il en convient, n'en tient pas compte et nous en rions.

***

Les bonnes âmes annoncent un retour du religieux qui serait une « réalité incontournable ». Je préférerais cent fois un retour de la spiritualité. Ce qui est d'ailleurs le cas.

***

Nous avions dîné il y a trois semaines avec Carlos dans un bistrot gourmand de Montparnasse, invités par Jean-Paul Soulié, son ami d'enfance. Carlos se savait malade mais n'en montrait rien, sa bonne humeur était intacte, sa gentillesse toujours aussi communicative. Il aimait les bonnes blagues, les histoires salaces qu'il tricotait avec une irrésistible drôlerie. Il me disait ce soir-là, souriant : « Tu étais plus intéressé par ma mère que par moi. » C'est vrai, j'accueillais volontiers Françoise Dolto, laissant son chanteur de fils aux Carpentier. L'homme seul m'amusait. Il était la joie de vivre, un compagnon de plaisirs, il n'appartenait qu'à ses rêves de lointaines randonnées, les îles du bout du monde représentaient ses intimes ailleurs. Il doit être, aujourd'hui, au bord du Grand Lac, occupé à taquiner le poisson. En l'appelant le ciel a fait une bonne prise.

***

Pour son quotidien, *La Croix*, Jean-Claude Raspiengeas me demande de réagir sur la suppression de la publicité dans l'espace de la télévision publique. Nous nous rencontrons au Trocadéro. Je lui dis verbalement cette réflexion…

La suppression de la publicité dans le service public représente à la fois une chance historique et un danger. Quand nous avons créé Antenne 2, en 1975, nous misions surtout sur la qualité des programmes, sans négliger leur audience. Nous avons fait appel aux meilleurs pour animer les meilleures émissions : *Les Dossiers de l'écran*, *Apostrophes*, *Champs-Élysées*, *Stade 2*, *Le Grand Échiquier* (pardon de me citer), avec des noms comme Bernard Pivot, Michel Drucker, Armand Jammot, Pierre Tchernia, Michel Lancelot, Robert Chapatte et Roger Couderc ou l'immense réalisateur Jean-Christophe Averty. Nous inventions dix émissions par jour. Il régnait entre nous une créativité extraordinaire. On disait à l'époque que nous avions rassemblé des esprits tellement brillants qu'ils en étaient brouillons. C'est vrai : nous trouvions l'ordre dans le désordre...

Cette décision de supprimer la pub dans la télévision publique a le mérite de dissiper une ambiguïté. Dépendre à la fois de la redevance et de la publicité imposait des concessions. En calquant la publicité sur certains programmes, l'annonceur, en cas de mauvaise audience, était en droit de se plaindre. Songez que les chaînes publiques vont jusqu'à diffuser six heures de publicité par jour !

Le service public de la télévision regroupe France 2, France 3, France 4, France 5, France O, TV5. Le manque à gagner va sans doute s'élever à plus d'un milliard d'euros. Mais comme ni TF1, ni Canal Plus, ni M6 ne vont pouvoir accueillir toute cette manne, il est possible que les radios privées et la presse sortent vainqueurs de cette nouvelle donne. On va enfin passer de l'audimat au « qualimat » mais attention à l'excès inverse : favoriser l'élitisme, devenir ennuyeux.

J'ai la conviction que si ce virage est bien négocié, les Français vont redevenir fiers de leur télévision. Aujourd'hui, tout est possible ! Pourquoi ne pas se réveiller tout de suite ? Or, depuis l'annonce de cette décision par le président de la République, j'entends beaucoup de scepticisme. La société est plus marchande qu'avant. On ne raisonne plus qu'en termes de rendement et d'audience. Vous verrez, on retrouvera le plaisir des œuvres pour leur qualité, la richesse qui s'en dégage, l'élévation culturelle.

Le service public doit prioritairement se mettre à la recherche des talents. Aujourd'hui, avec la multiplication des chaînes, les chefs-d'œuvre ne dorment pas dans les tiroirs mais il arrive que des créateurs essentiels ne soient pas écoutés. On ne cesse d'inventer des éphémères et de remplir les soirées avec des rigolos. Je ne sens plus la volonté d'aller chercher des passeurs authentiques et populaires. Rappelez-vous l'appétit de lecture que suscitait Bernard Pivot avec *Apostrophes*.

Le Grand Échiquier invitait les plus grands interprètes et donnait envie d'écouter de la musique. Quand France Télévisions programme des adaptations de Maupassant qui trouvent un vrai public, quand elle diffuse *Des racines et des ailes*, *Thalassa* ou *Envoyé spécial*, elle remplit sa mission de service public que lui assigne le législateur : informer, instruire, distraire. J'ai toujours eu pour devise : ne pas donner aux téléspectateurs ce qu'ils aiment mais ce qu'ils pourraient aimer. C'est l'une des plus belles définitions du mot cadeau…

Cessons de rêver à la retransmission des *Perses d'Eschyle*, filmé par Jean Prat, cela remonte au temps où il n'y avait qu'une chaîne. Je pouvais regrouper trois générations devant *Le Grand Échiquier*, mais aujourd'hui, c'est l'errance totale. Moi-même, grand zappeur, je trouve mon bonheur un peu partout, sur les chaînes thématiques notamment. Internet va encore faire bouger les espaces.

Mais si ce nouveau dispositif ne fonctionnait pas, le risque de privatiser l'une des chaînes défaillantes pourrait surgir… L'ère qui s'ouvre est le temps de l'apprentissage. Même si je ne mésestime pas les écueils, ni les dangers d'une telle décision, je persiste à penser que c'est une chance historique. Sera-t-elle saisie ?

***

Au retour de Pékin un ami me rapporte un exemplaire de *Radioscopie* (années 70) traduit en chinois. J'admire la beauté des signes, je suis évidemment bien incapable de vérifier la qualité du travail. Je songe à Pouchkine – mon habituel visité à Saint-Pétersbourg – qui disait : « Merci à mes traducteurs, éditeurs, commentateurs. Vous portez mes lettres, mais c'est moi qui les ai écrites. » Partant de là, George Steiner qui m'est souvent complice proclame : « Dans mon enseignement, à la manière des traducteurs, je me compte comme un facteur. C'est un effet de la transmission. » Cela me rappelle que je suis moi aussi passeur, et même facteur. Facteur de paroles. Je les porte dans les boîtes aux lettres radiophoniques et télévisuelles de millions de foyers. Je reconnais mon privilège.

***

Voyage-éclair au Festival du livre de Nîmes où l'on me demande de plancher sur l'avenir de l'audiovisuel. Joyeusetés du train qui m'y conduit. Avec cette annonce du speaker officiel de la rame : « Le stewart vient de retrouver une dent sur le comptoir du bar. Le perdant est prié de se manifester. » Hilarité générale qui nous engage tous à une conversation que nous n'aurions pas eue sans cet incident. Près de moi, croulant sous les copies à corriger, un professeur de première technique. Totalement accablé par les fautes d'orthographe et l'ignorance crasse de ses élèves. Et qui nous compte ses étonnements : « Je ne peux plus parler de Berezina pour marquer une catastrophe ou d'épée de Damoclès pour signifier un danger : ils ne connaissent pas ces mots. » Je demande : « Alors, que faites-vous ? — Je passe mon temps, nous dit-il, à simplifier mes cours. »

***

L'annonce d'une perte exceptionnelle de cinq milliards d'euros due à la « fraude » d'un trader de la Société Générale – Jérôme Kerviel –, un génie de trente et un ans nous dit-on, suscite de nombreuses questions sur la mécanique qui a conduit à la catastrophe. Le virtuel dans toute son horreur ! Comme je ne comprends strictement rien, je ne peux rien en dire. Pur divertissement d'ignare.

***

Grand peintre, admiré par Picasso, témoin des effervescences artistiques du XXe siècle, Ladislas Kijno parle avec force, turbulents éclats de voix, littérature, philosophie, politique et... peinture. Je l'ai tiré ce soir de sa retraite de Saint-Germain, accueilli chez nous, présenté à des collectionneurs qui sont sous l'emprise de cet ogre. Inventeur des « papiers froissés », créateur de savants assemblages de formes et de couleurs, amoureux des icônes, le bon Lad au cœur de ses quatre-vingt-cinq ans, me paraît être plus que jamais une réincarnation de Gauguin qu'il porte au plus haut d'une solitude choisie et, pour lui-même, aujourd'hui souhaitée. Hélas et tant mieux, ses amis ne lui laissent guère le temps de s'abandonner au silence : il est trop plein de souvenirs. Polonais d'origine mais russe aussi de plus lointaine tradition, Kijno est par décision urgente cent pour cent Français : « J'ai choisi mon pays, clame-t-il à tous les vents. La France a été sauvée par des gens venus d'ailleurs. » Il a raison.

***

Tristesse ! J'apprends à l'instant que le quatuor Alban Berg, légendaire ensemble viennois de musique de chambre, donnera son dernier concert le 13 mai au Théâtre des Champs-Élysées. C'est la fin d'une glorieuse aventure qui aura duré trente-sept ans. La mort de l'altiste du groupe aura précipité sa chute. On se souviendra de la magnificence des cordes, de l'abouti de chaque interprétation, de la perfection des accords. Nous voilà déjà en nostalgie pour écouter les quatuors de Beethoven.

***

Dans *Une biographie affective* qui est une chanson intime dédiée à son père, « le grand Louis », Françoise Seigner nous conte la soirée d'adieux que j'avais consacrée au superbe sociétaire de la Comédie-Française. J'en garde un souvenir attendri. C'était en 1974. La Maison de Molière avait fait le plein. « Tout était retenu quelques heures seulement après l'ouverture de la location. Dans les jours d'après, les places se revendaient au marché noir. » Françoise nous rappelle – et je n'ai rien oublié – que « le public, à l'heure du spectacle, se pressait sur les marches, sur les strapontins, de vraies grappes humaines ». Quelle affiche ! Après les trois coups frappés du brigadier par Elvire Popesco, vinrent en litanies Micheline Boudet, Jean-Claude Brialy, le pianiste Aldo Ciccolini, la cantatrice Christa Ludwig, Paul-Émile Deiber, Raymond Devos, Claude Bessy (dans *La Mort du cygne*), les Compagnons de la chanson, Jean-Pierre Marielle, Jean Rochefort, Francis Perrin, Pierre Dux, Jean-Laurent Cochet, chacun dans un numéro inédit. Pour ce gala donné en son honneur, Louis Seigner n'avait pas ménagé sa peine. Il joua successivement des extraits du *Bourgeois gentilhomme*, de *Crime et Châtiment*, des *Temps difficiles*. J'entends encore les tonnerres d'applaudissements. Pierre Dux m'avait réservé la direction d'une exceptionnelle veillée qui nous tint en bonheur jusqu'à quatre heures du matin. Je nous vois sur la scène. Aux côtés du doyen Seigner avaient pris place Jean Gabin et Jean-Paul Belmondo, intimidés par l'accueil qui leur fut réservé. Superbes images d'un étonnant feu d'artifice qui, hélas, jamais ne se renouvela. Il y avait là Jacqueline Maillan, Jacques Charon et Robert Manuel chantant en portugais sur un rythme de samba, Jean Poiret dans un entretien littéraire avec Michel Serrault, Colette Renard, Pierre-Jean Vaillard, Odette Laure...

Françoise Seigner – et elle a raison – fait la part belle à la séquence la plus comique, la plus talentueuse qu'il m'ait été donné de voir dans un théâtre. J'avais accueilli Robert Hirsch qui composait une vieille Agnès, acharnée malgré son dentier défaillant et sa mémoire... hésitante, à réciter une version fantaisiste de *La Cigale et la Fourmi* : « La cigale et la petite fourmi » avec gags en cascade, en présence de la nouvelle Agnès, Isabelle Adjani et du burlesque Jacques Charon. Ce moment de haute comédie est un pur chef-d'œuvre. Arletty que Gabin avait saluée d'un chaleureux « Oh ! Tu es là mon Arlette ! » était aux anges. À l'aube, après l'hommage, elle me disait : « Hirsch, Charon, la petite Adjani… voilà le plus glorieux trio de comédiens. Nous, les vieux, on ne fait pas le poids. »

Je lis Françoise (Éditions du Rocher), j'entends Louis, je retrouve les nouvelles « Seigner » (triomphe d'héritières) sur toutes les scènes. Admirable saga familiale qui ne saurait s'éteindre.

***

L'émotion la plus intense qui va jusqu'aux larmes et me dévore. Ce bonheur d'entrer en musique comme on va au miracle, celui d'une œuvre géniale, le Concerto n° 1 de Brahms, servie, offerte ce soir par un interprète exceptionnel : Daniel Barenboim. Souvenirs surtout de moments forts partagés ici, à Pleyel, lorsque notre immense pianiste dirigeait l'Orchestre de Paris – quinze années durant –, phalange retrouvée après une trop longue absence. C'est dans cette même salle, aujourd'hui restaurée, que j'avais organisé l'*Échiquier* de Daniel et entretenu la fameuse conversation avec Elie Wiesel, jugeant sans appel qu'on ne pouvait se commettre avec Wagner. Barenboim pensait au contraire qu'il fallait en finir avec cette haine. La tolérance qui est son arbre de vie le conduit encore à jouer le rôle d'un messager de paix : juif, israélien, il vient de prendre la nationalité palestinienne pour tenter la difficile (impossible ?) alliance. Je l'écoute, envoûté par sa passion, sa fidélité et la partition, l'excellence de son art et j'admire dans le même temps l'éclat de l'Orchestre de Paris, son admirable chef, Christophe Eschenbach. Oui, seule la musique peut gommer les tourments !

***

Simone de Beauvoir et Françoise Sagan, réinventées par d'excellentes biographies, au sommaire du magazine littéraire de

François Busnel, sur *Direct 8*. Il faut reconnaître que nos deux « monstres » sont partout à la fête : rançon bienheureuse de deux carrières – deux vies plutôt – rondement menées dans une exceptionnelle liberté de ton, des randonnées romanesques. Invitées sur le plateau de la chaîne Bolloré, Danièle Sallenave – *Castor de guerre* – et Annick Geille – *Un amour de Sagan* –, fortement imprégnées de leur sujet, découvrent d'étranges similitudes entre ces deux personnages : deux femmes amoureuses qui ont du mal à aimer. La première – Beauvoir – bellement encombrée de Sartre, l'autre enrichie de Bernard Frank.

Interrogé sur le nouveau tome de mon Journal, *Les Années turbulentes*, j'accompagne les auteurs de ces récits également « turbulents », je les écoute et j'imagine aussitôt le face-à-face des deux indépendantes qui jamais ne se rencontrèrent. François Busnel paraît enthousiasmé par ma proposition, Danielle Sallenave et Annick Geille prennent la balle au bond. Elles promettent d'écrire la pièce de théâtre qui nous offrira le dialogue de ces deux stars de la littérature française du XXe siècle. Il leur suffira de puiser dans les romans de l'une et de l'autre. Les femmes d'aujourd'hui leur doivent tant ! Nous aurons ainsi, sur une même scène, *Le Deuxième Sexe* et *Bonjour tristesse*. Tout sera dit !

***

Bruno Le Maire, normalien, ancien directeur de cabinet de Dominique de Villepin, relate dans son livre *Des hommes d'État* ses deux années passées à Matignon. Il y évoque la complexité des relations entretenues par les personnages les plus en vue de la galaxie politique : « Comment deux hommes – Sarkozy et Villepin – qui se sont voué une admiration réelle peuvent-ils céder, peu à peu, sous le poids des événements et des entourages, à la haine ? » À la méfiance… serait plus juste !

***

Le bouddhisme enseigne que la vie humaine est éminemment précieuse. On s'en serait douté mais il est bon de le répéter et d'écouter sur ce thème le dalaï-lama : « Le désenchantement qui nous envahit parfois ne veut pas dire que l'existence ne vaut pas la peine d'être vécue, mais que nous n'avons pas encore clairement identifié ce qui peut lui donner un sens. » Cherchons mes amis. Moi j'ai trouvé : la curiosité.

FÉVRIER 2008

Strasbourg sous une pluie qui n'arrive pas à froisser les beautés architecturales de la ville. Discussion à la librairie Kléber à propos de mon dernier livre *Les Années turbulentes*. Questions pertinentes sur la littérature, la musique, la télévision.

— Qu'aurez-vous retenu de toutes vos aventures audiovisuelles ? me demande une jeune fille.

Cela se dit en peu de mots. Je réponds aussitôt :
— Elles m'ont fait grandir.

Rares en effet sont les activités qui permettent d'être à la fois si proche des autres et donc de soi-même. J'ai lu hier dans un journal que Robert Musil nous voit tous comme de « petits flocons de neige égarés en plein été ». Les tempêtes, c'est vrai, n'y peuvent rien.

***

Strasbourg encore pour une petite heure de vagabondage. Je redécouvre la ville, véritable paradis pour le piéton : la majorité des rues est interdite à la circulation. Partout des maisons aux façades Renaissance et dont les portes sont rehaussées de sculptures. Je m'attarde à l'intérieur de la cathédrale. Goethe, me dit-on, aimait à grimper sur la plateforme pour admirer le coucher de soleil. Beauté des rosaces, des vitraux, des dentelles de pierre, mystère entretenu de l'horloge astronomique. Si peu de temps pour de tels chefs-d'œuvre.

***

Le Tchad, une fois encore, sous l'effet des habituels brigandages. Une dictature chasse l'autre. Et la France qui s'en mêle. Souvenons-nous de cette réflexion qui est de Bismarck, me semble-t-il : « La diplomatie sans les armes, c'est la musique sans les instruments. »

***

Facétieux notre président qui convole en romantiques noces au cœur même de l'Élysée. Nul doute que la première dame de France fasse sensation au printemps, en Angleterre. Elle aura sa cour à Buckingham, Rania de Jordanie s'est trouvé une rivale.

***

Les entretiens de Frédéric Taddei sur France 3 sont devenus en une seule saison le rendez-vous obligé des intellectuels de tous bords. Trop de monde parfois autour du maître de cérémonie, ce qui suscite de la confusion dans les échanges mais, toujours, l'aigu de l'intelligence. La Société Générale et son aventurier-trader animent ce soir la conversation. Je n'irais pas jusqu'à prétendre que j'ai tout compris mais je retiens que le mystère reste entier. Je note au passage – pour « expliquer » cet imbroglio, cette pagaille – la réflexion de l'un des participants : « On a besoin d'ordre pour vivre mais aussi d'un peu de désordre pour survivre. » La formule n'est pas faite pour me déplaire : j'avais, dans un précédent tome de mon Journal (1991), défendu cette équivoque théorie. Cela s'appelait *Le Désordre et la Vie*.

***

À la veille des municipales, les grands de la politique font leurs habituelles magouilles et s'inventent des dauphins pour investir les citadelles françaises. Ils devraient se souvenir de l'avertissement d'André Labarrère qui fut le « maire aux fleurs » de Pau : « Le destin des dauphins est de s'échouer sur les plages. »

***

La télévision est-elle libre ? Mauvaise question. N'existent que des hommes libres.

***

La publication des *Années turbulentes* m'oblige à pas mal de sorties. On m'engage à parler, à répondre et je me surprends à dire que l'ennui ne m'a jamais saisi, que tout est arrivé par hasard, que la mort côtoyée à dix-huit ans ne m'inquiète pas mais que la peur de ne pas assez vivre pourrait bientôt me taquiner. Ce que l'on balance de balivernes lorsqu'on nous lâche !

***

La popularité occupe les esprits. Hier on célébrait les gens bien, aujourd'hui on accable les gens célèbres. Seule solution d'avenir : l'anonymat.

***

Il manque du monde sous la Coupole mais le remplissage n'est pas la panacée. Les vingt-sept académiciens présents aux assises de février ont rejeté les sept candidatures aux deux fauteuils à pourvoir : ceux de Bertrand Poirot-Delpech et Henri Troyat. Du noir dans le vert : Dominique Bona que l'on pensait d'avance immortalisée, Gonzague Saint-Bris et Michel Schneider qui y croyaient dur comme fer sont priés de rêver encore quelque temps. Les bicorneux sont fiers et démoniaques. Une saine lucidité impose de ne jamais compter sur leurs promesses. Se souvenir toujours de l'injonction faite par Edgar Faure à un postulant qui s'étonnait de n'être pas retenu : « Je vous ai donné ma parole, vous ne voudriez pas en plus que je vous accorde ma voix. »

***

Il y a cent cinquante ans, Bernadette Soubirous entendait des voix et laissait par la suite la voie libre à la plus grande (sainte) opération commerciale du XXe siècle. Mes voisins de Lourdes, bigourdans évidemment, snobaient aussitôt le château fort pour s'approcher de la grotte qui prenait des allures d'île aux trésors. Sur le plan spirituel, le miracle était accompli, côté fabricants de chapelets, la grâce marchande s'annonçait évidente. Aujourd'hui, la célébration des apparitions dans une cité devenue mariale conduit des foules de pèlerins sur les immenses esplanades qui vont aux cathédrales, tout au long du gave : sept millions de visiteurs sont attendus cette année. Et parmi eux des amis qui ont choisi de venir dans notre vieille maison de Miramont pour mieux aborder ensuite les chemins de la grotte (à douze kilomètres). Je les accompagnerai bien sûr ; là-bas je ne suis plus qu'un guide mais je n'aurai pas à jouer des coudes : je connais mes classiques promenades, il suffit d'y porter le pas tôt le matin avant l'effroyable cohue. À cette heure, l'invisible et l'indicible portent encore à la réflexion…

***

On ne saurait parler de mensonges, ce furent des silences. On ne nous disait jamais au catéchisme que Jésus était juif, on nous cachait à l'école les horreurs de la Révolution française. L'ignorance les arrangeait tous. C'était peut-être une précaution. À l'adolescence me fut enfin révélée la vérité de ces sujets d'importance. Un cousin, Théophile Caillabère, prêtre (et poète) à Saint-Pé-de-Bigorre, ne me fit pas mystère des pauvres tromperies de l'Église. Je me souviens surtout d'un premier voyage en Vendée où un druide de bonne compagnie m'apprit les ravages des « colonnes infernales » qu'aucun livre d'histoire ne mentionnait. Fragilité des manuels scolaires. J'en retrouve ce matin le tracé dans un ouvrage collectif *Le Livre noir de la Révolution française*. Effrayante époque où de furieux « fascistes » lançaient ces cruels slogans : « Détruisez la Vendée » ; « La Vendée doit être un cimetière national » ; « Ils seront tous exterminés » ; « La race est maudite ». Au final de cette honte, plus de cent mille morts. Serait-ce bien là que Lénine, Staline et Pol Pot ont trouvé leur inspiration ?

***

Elle est mieux que belle et désirable. Bien plus. Toute intelligence, toute finesse et je la devine ainsi dans l'entretien qu'elle accorde à Christophe Barbier pour *L'Express*. Je ne connais pas Carla Bruni-Sarkozy, je ne l'ai jamais rencontrée, je n'aurai vu que son image. Ses mots me touchent. À l'heure où elle apprivoise une fonction inédite et périlleuse, elle affirme sa liberté et un vrai tempérament d'artiste. Son ton est juste : « Je n'ai pas été surprise, je suis submergée » ; « Je croyais que l'univers de la politique était respecté. Or, il est logé à la même enseigne que celui du spectacle » ; « Très jeune, j'ai appris une chose : l'endroit d'où parlent les médias n'est pas celui où je suis » ; « Je suis donc première dame jusqu'à la fin du mandat de mon mari, et son épouse jusqu'à la mort » ; « Entre Nicolas et moi, ce ne fut pas rapide, ce fut immédiat » ; « Je suis fière et heureuse. Je ferai de mon mieux. » Parfait. Rien à redire.

***

L'Internet, machinerie superbe, ne serait-il, au final, que l'outil affligeant de tous les viols d'intimité ?

***

Des salves d'or pour Henri Salvador qui fait son dernier bond après un dernier éclat de rire. Le grand saut dans ce qu'il appelait « l'étrange inconnu ». Nous fûmes ensemble pensionnaires des Buttes-Chaumont, ce haut lieu de la création télévisuelle. Nous étions (presque) propriétaires des studios qui nous accueillaient. On se visitait. À l'époque, gentleman turbulent, pantalon blanc, veste rose, il faisait semblant de trembler devant sa femme Jacqueline qui orchestrait tous ses délires. Il doit voler ce matin au-dessus des nuages, dans le bleu retrouvé, peut-être même a-t-il atterri à Cayenne. Il me disait : « Je reviendrai aux sources... mais dans cent ans seulement. »

***

Salvador était immense dans son domaine enchanté du divertissement et la presse, justement, par pages pleines, lui rend hommage. Avec lui, mais dans un autre convoi, un grand écrivain s'en va, beau désespéré de la littérature, faiseur de gouffres où il pensait trouver la lumière : il avait obtenu le prix Renaudot... puis on l'avait oublié. Boris Schreiber nous quitte dans un silence qui – je le sais – ne durera pas une éternité. À cette heure triste, pas une seule ligne dans les journaux sur cette disparition qui me trouble. Ignorance des médiocres.

***

On me demande d'écrire sur la guerre des clans à l'Élysée, on me souffle même le titre de l'ouvrage : *Les Cocus et les Héritiers*. Je me garde encore d'entrer dans ce genre de complot, toutes les grandes institutions – les petites aussi – souffrent du mal atroce des ambitieux et des pervers. C'est une vérité de La Palice. Les règlements de compte font partie de la courtisanerie ambiante : tout homme de pouvoir est souvent trahi par ses proches et les trahit. On connaît la formule de Talleyrand. « Les cocus, c'est fait pour être oubliés, les héritiers, pour être guillotinés. » Il suffit d'attendre.

***

Même si l'on considère parfois l'optimisme comme un peu bébête, il convient de ne pas céder au pessimisme dont de belles consciences nous abreuvent. Croire en l'avenir est manière de choisir son propre chemin. Vivre quoi qu'il arrive.

***

Il y a vingt ans, à Jérusalem, j'offrais un *Grand Échiquier* au quarantième anniversaire de la création de l'État d'Israël... 1948-1988-2008. Six décennies déjà ! Et un présent encore bousculé. En Terre Sainte de nouveaux vents se sont levés, les religions révélées que l'on voulait stimulantes ne cessent plus d'être meurtrières. Quel avenir pour un monde dont la dimension tragique devrait être liée au spirituel et qui s'enfonce dans le religieux ! L'Europe qui est le grand sujet du temps pourrait tenir un langage de combat dans cette affaire et Elie Barnavi, ancien ambassadeur d'Israël en France, en donne l'argumentaire : « Il faut dire aux Palestiniens : encore un attentat suicide et vous pouvez faire votre deuil de notre soutien. Il faut dire à Israël : encore un colon dans les territoires et nous suspendons nos accords. Car quoi que fassent les Palestiniens, la colonisation est illégitime, et quoi que fassent les Israéliens, le terrorisme est illégitime. » Déclaration courageuse que personne, hélas ! n'entendra.

***

J'avais dîné chez lui au début du mois, en famille, avec Nathalie, sa femme qu'il appelait « l'intello » et sa fille de onze ans, l'adorable Prunelle, je le retrouvais en fin d'après-midi quelques jours plus tard. Le mal le tenaillait. Je demandai : « Mais de quoi souffres-tu ? » Il avait souri : « D'épuisement. » Il n'a pas résisté à un effondrement qui lui ressemblait si peu. Il a attendu la nuit pour nous fausser compagnie, ses parents l'attendaient au profond de la terre de Jérusalem.

Alain Ayache était un hussard qui tutoyait l'obstacle à chaque seconde, un solitaire qui savait rassembler, un ami exigeant, d'une fidélité à toute épreuve. Du professionnel de la presse, on a tout appris, de l'homme, on ne pouvait percer les secrets. Son exubérance d'apparat dissimulait une pudeur extrême. Que retenir d'Alain, ce prophète rêveur des temps modernes ? D'abord tout ce que publiquement notre complicité m'interdit de dire, mais surtout, et plus important, sa déclaration d'amour à son « ange de fille », cette *Lettre à Prunelle*, magnifique, traduite en une dizaine de langues, véritable enseignement pour les enfants du monde. Plus essentielle à son cœur que sa dizaine de journaux.

***

Me voilà embarqué dans cette commission voulue par le président de la République et qui aura charge de réfléchir sur l'avenir de l'audiovisuel public. Il nous faudra déminer un sujet devenu sensible : la suppression de la publicité à la télévision. Jean-François Copé, président de cette instance, souhaite installer quatre ateliers d'études et de décisions : on me confie dès à présent la mission d'organiser la nouvelle gouvernance de France Télévisions. Dure épreuve !

***

J'étais déçu, malheureux, presque humilié : Serge Kampf et Serge Blanco, mes camarades de jeu, m'ont persuadé du « côté positif » de la défaite du Quinze de France devant l'Angleterre. « Cet échec, affirment les deux Serge, permettra à l'équipe de grandir… L'arrivée de jeunes inexpérimentés mais brillants a donné du sang neuf, disons différent, à tout le groupe… Marc Lièvremont, l'entraîneur, prépare un avenir qui peut nous ouvrir grandes les portes de la prochaine Coupe du Monde. » Un rugby de conquêtes et d'audaces nous serait-il dès à présent promis ? J'en ai rêvé en quittant le Stade de France.

***

Il y avait sur les plus hautes marches de la 80e cérémonie hollywoodienne des stars de belle compagnie, Julie Christie, Cate Blanchett, Laura Linney, Ellen Page, et c'est une petite Française, interprète de la grande Piaf, qui l'a emporté : Marion Cotillard, trente-deux ans, a collé de nouvelles ailes à « la môme » en obtenant l'oscar de la meilleure actrice. Beau succès, trop longtemps attendu et qui fait resplendir notre cinéma outre-Atlantique. Marion a su séduire les Américains par une disponibilité à toute épreuve et des mots simples, choisis, propres à les émouvoir : « Merci la vie, merci l'amour… c'est donc vrai qu'il y a des anges dans cette ville. » Les dieux de La Mecque du septième art ont fait le reste en l'applaudissant à tout rompre, ce qui constitue un ticket d'entrée dans leur cénacle si fermé. Pour notre lauréate, couronnée de tant de lauriers, le plus difficile désormais est à accomplir…

***

Invités par le ministère de la Culture, des personnages brillants traquent les anglicismes inutiles que le snobisme d'aujourd'hui fait fleurir en tous lieux. Nous n'allons pas en faire la liste, il y faudrait des pages mais une expression vaut la peine d'être entendue : il s'agit de *rave party*. Jean-Pierre de Beaumarchais propose de remplacer la chose par un seul mot : bacchanale. Applaudissons.

***

La véritable insolence consiste aujourd'hui à sortir des sentiers battus, à ne pas accabler le président de la République. C'est, d'évidence, faire preuve d'indépendance, de totale liberté, car la mode est à la zizanie, au complot. Hélas, Nicolas Sarkozy a le tort de donner des armes à ses adversaires ; l'homme pressé accumule les petites phrases dévastatrices, se plaît à se mettre en danger et tout cela n'est que provocation. J'ai vanté la sérénité qu'il cultive en privé et défait en public. Dire la vérité conduirait donc à manier la brosse à reluire. À cette différence près que ses détracteurs lui font des courbettes lorsqu'ils le rencontrent et que les vrais amis le désertent.

***

« Chaque goutte de temps qui s'écoule me semble aussi précieuse qu'une gorgée de bon vin », écrivait Mishima.

***

Il avait cette voix grave qui plaît tant aux dames – du moins il le croyait – et une sage lenteur dans l'expression orale qui lui donnait une apparence de penseur. On l'avait fait pape du Nouveau Roman, ce qui eut longtemps le don d'énerver Nathalie Sarraute, ma voisine de l'avenue Pierre 1er-de-Serbie. Elle me disait en souriant : « C'est un cas d'imposture. » J'avais à cœur de le défendre car nous avions des complicités de gamins. Il m'amusait.

Alain Robbe-Grillet qui s'était illustré avec *Les Gommes, Le Voyeur*, révolutionnant les cercles de la littérature plus que la littérature elle-même, a soudainement disparu de l'arène sans avoir endossé le costume, coiffé le bicorne, que l'Académie française lui offrait. À quatre-vingt-six ans, il se sera donc accordé, une dernière fois, des libertés de galopin. Preuve d'un esprit d'extrême jeunesse.

***

Impromptu au Salon de l'agriculture. Personnages : un passant et notre président.

— Touche-moi pas, tu me salis…, dit le premier.
— Casse-toi, pauvre con…, rétorque le second.

Que manque-t-il à cet échange ? La parade, dernier refuge de la conversation. Il eût fallu répondre : « Seriez-vous propre ? »

***

L'insulte au chef de l'État est monnaie courante dans l'enfer des bains de foule : il y aura toujours un imbécile pour taquiner la vulgarité et… appeler la répartie, ce sursaut d'éloquence. On se souvient d'envolées qui sont désormais inscrites dans les annales. Un florilège de mots doux. Et d'abord le fameux « Mort aux cons » adressé à de Gaulle, ponctué de ce renvoi : « Vaste programme… » L'invective ensuite à François Mitterrand : « Fous le camp… Mitterrand » et l'ironie de ce dernier : « La rime est pauvre. » Le cri de haine enfin à Chirac : « Connard ! » et la sérénité du président : « Chirac. » En l'insultant, le ballot s'était présenté. Oui, la répartie, seule porte de sortie.

***

Je m'amusais de tous ces insolents qui croient juger la terre entière. Ils ne le font en vérité que pour épater leur entourage, séduire des gourous de pacotille, conforter des privilèges sans importance. Ils comptent parmi les plus médiocres mais la presse souffre de leur suffisance et perd, à cause d'eux, de sa crédibilité. La liberté de penser et d'agir tient à l'indifférence dans laquelle il convient de les garder. Je ne me veux d'aucun réseau, ni cercle, pas même d'un club qui conduit toujours à un certain enfermement. L'amitié ne se soucie pas d'étiquettes.

***

Toujours se méfier des raccourcis. Caricaturer les grands personnages du temps relève d'une audace peu glorieuse. Respecter l'adversaire est en revanche d'une saine élégance. Il fut un temps où des révolutionnaires de salon assez voyageurs tout de même pour envahir la rue s'en prenaient à de Gaulle : « Le fascisme ne passera pas », lui criaient-ils. Certains le comparaient au Führer et c'était oublier qu'il l'avait abattu. Caprices de la bêtise. Piquer des banderilles n'est pas à la portée du premier venu. Il y faut du talent et les opposants du jour, fussent-ils dans une réalité dérangeante, n'ont que de la hargne.

***

Un accident vasculaire cérébral a conduit hier Maurice Druon à l'hôpital des Invalides où je le visite. Le perpétuel n'a rien perdu de sa brillance, de son pouvoir de persuasion, sa voix de cathédrale est encore là pour m'indiquer le chemin : « On ne discute pas, tu te présentes au fauteuil d'Henri Troyat que tu as bien connu, je viens d'en parler à Hélène. » L'insistance a déjà quelques années, il la partageait avec Maurice Rheims qui me voulait aussi sous la Coupole. Ce serait pour avril. Je ne veux pas le froisser mais accepter n'est pas conforme à mes vœux, moi qui m'honore de n'appartenir à aucun club. Sensible à l'amitié de mon illustre compagnon – je l'admire d'avoir écrit *Le Chant des partisans* avec Kessel –, je promets de réfléchir, le printemps qui vient m'y aidera ! En le quittant je m'attarde au pied du Dôme : l'Histoire va bien à son teint d'aristocrate du peuple, il est ici pleinement l'auteur des *Grandes Familles* et des *Rois maudits*. Il suffit de transposer.

***

L'histoire était poignante, exemplaire même. On a volé notre émotion ! La Misha de *Survivre avec les loups* n'a jamais existé, ses parents qu'elle disait raflés par les nazis n'étaient pas juifs, elle a triché sur toute la ligne, inventant sa marche de petite fille, sur trois mille kilomètres, à travers l'Europe. Son livre est une imposture. Elle vient d'avouer. Monique de Wael – son vrai nom – s'est construit un improbable récit : « Je me suis raconté, dit-elle, une autre vie, j'avais des parents catholiques et résistants, on a piétiné leur honneur, je me suis mise à détester les miens. J'étais humiliée, je me suis sentie juive, j'ai tout mélangé, tout menti. » Ce mensonge devenu épopée, best-seller, a été traduit en dix-huit langues. Je partage la tristesse de Bernard Fixot qui l'a publié, de Vera Belmont qui l'a mis en images dans un film que j'avais présenté avant Noël au Marignan.

Pourquoi une telle supercherie ? interrogent lecteurs et spectateurs. Pour un motif vieux comme le monde. Le rêve étant une création on se donne une autre existence pour se défaire de l'ordinaire des jours : l'imaginaire est ce qui tend à devenir réel.

Mars 2008

Ils ne viennent pas vendre leur dernier album, ni assurer la promotion de leur prochain spectacle comme d'ordinaire les y invitent des animateurs télé qui font de plus en plus office de maquignons. Ils débarquent à quarante ce soir sur mon écran, ardents de vraie générosité, fiers de sensibiliser les Français aux actions quotidiennes des Restos du cœur. Ils se disent « enfoirés » et de ce mot synonyme d'insulte ils ont fait une enseigne orgueilleuse de solidarité. En quelques années de brillantes démonstrations, cette nouvelle Académie du beau spectacle est devenue l'une des troupes les plus prestigieuses du monde.

***

Deux avertissements relevés dans *La Chute* de Camus : « Malheur à vous quand tous les hommes diront du bien de vous et Il ne suffit pas de s'accuser pour s'innocenter. »

***

Promenade sur les chemins pyrénéens de ma vieille famille, vagabondage entre deux vallées d'extrême beauté, celle de ma mère, celle de mon père, qui ont accueilli tant de générations. Au-dessus de Salles-en-Lavedan, une dame quasi centenaire me fait compliment : « Tu n'as rien perdu de ta curiosité… Tu es encore un enfant. » Je suis porté à la croire, on ne vit et meurt que de son enfance, c'est le vrai pays.

***

Jusqu'à cette nuit l'hiver était printanier, cette veille de printemps devient hivernale. Du grand blanc au réveil, Miramont sous la neige, montagnes encapuchonnées. Tourneboulées les saisons !

***

L'idée d'un remaniement court depuis un mois et reprend corps à la veille des municipales. On parle (entre autres) de Claude Allègre qui avait autrefois déclenché la colère du « Mammouth » et que certains, à l'Élysée, voient à la tête de la Recherche. L'homme, volubile, faussement hautain, calme pourtant dans ses excès, forcément agace et ne s'inquiète jamais d'un possible dérapage. C'est un caractère, l'esprit de diplomatie n'est pas de sa chapelle, il fonce souvent sans retenue, son humour peut être féroce ; nous étions ensemble au Festival du Livre de Nîmes où, fuyant un instant la foule, nous nous sommes retrouvés dans une auberge avec Luc Ferry. J'ai, bien sûr, posé la question : « Alors, bientôt ministre ? – Balivernes », m'a-t-il répondu, gentiment offusqué. Il mentait si bien que j'en étais réjoui.

***

Que de fois j'aurai parcouru (et raconté) mes routes d'enfance, chemins initiatiques dont jamais je ne me lasse, courses le plus souvent solitaires parce qu'accordées à des souvenirs qui ne sauraient être encombrés de bavardages. Ma Bigorre comme un cadeau.

***

David Goldstein vit à Jérusalem, passe par Paris, rêve d'Amérique et s'interroge sur son avenir : « Le futur existe, il suffit de l'inventer… mais pas en Israël. Je m'inquiète, chez nous on ne parle que du passé, des ghettos, de la guerre. La shoah nous obsède encore. Seuls les traumatismes agitent mon peuple, nous ne sommes occupés que de vengeance. Je devine des lendemains dangereux : notre disparition ne choquerait personne. » Je tente de le rassurer. En vain.

David Goldstein a voulu m'en persuader : « Ça ne finira jamais », disait-il. Il m'a rappelé des déclarations dont il pense qu'elles sont encore d'aujourd'hui, celle de Robert Brasillach dans *Je suis partout* : « Nettoyez-moi tout ça et surtout n'oubliez pas les petits. » Celle de Lucien Rebatet dans *Les Décombres* : « Je savais déjà à quinze ans qu'il fallait exterminer tous les Juifs. » Il est catégorique : « Nous sommes obligés de convenir qu'on peut naître salaud. » Il n'en démordra plus.

***

Dévergondages du langage qui n'a plus rien à voir avec une certaine modernité. Tout est désaccordé au cœur des grandes cités… mais aussi dans l'espace de plus en plus élargi d'une jeunesse soi-disant « branchée » qui perd ses racines. Le charabia deviendra-t-il demain un parler national ? Dans son dernier livre *Ce monde-là*, François Taillandier s'en inquiète : « Il ne faut pas laisser n'importe quel mot s'emparer de notre univers, car les mots finissent par être notre univers. » Ces mots qui créent le vide !

***

Les fondamentalistes du monde arabo-musulman ont décidé de boycotter le Salon du livre qui fait cette année d'Israël l'invité d'honneur. Initiative stupide, déficit d'intelligence et comme toujours chez ces gens-là, erreur grossière. C'est oublier que les écrivains de Tel Aviv ou de Jérusalem sont depuis toujours opposés à la politique de l'État hébreu, leur propre nation juive.

Ils luttent, eux aussi, farouchement, pour la création d'un État palestinien. Refuser de les rencontrer n'est pas de la bonne politique… mais rien ne saurait nous étonner. La simple idée de paix au Proche-Orient est devenue un leurre !

***

Le film de Dani Levy, *Mon Führer*, qui met aujourd'hui en images un Hitler dépressif ne me semble ni drôle, ni tragique, simplement grotesque, sans intérêt. Charlie Chaplin est pour l'éternité celui qui aura converti « la chose » la plus horrible en chef-d'œuvre : *Le Dictateur* est la parodie historique la plus aboutie. C'était en 1940. Comme un avertissement !

***

Je ne connaissais pas François Busnel mais son émission sur Direct 8 constituait l'un des rares magazines littéraires que j'aimais à suivre. Invité sur son plateau à parler de mon roman *Le Prince ou le Festin des fous*, j'avais constaté l'an dernier à quel point il savait lire ; contrairement à d'autres, il ne s'obstinait pas à résumer… la quatrième de couverture des ouvrages choisis. Je lui trouve l'exigence, le professionnalisme d'un Bernard Pivot. Il devrait en avoir les anciennes audiences. J'avoue maintenant mon impatience à consulter *L'Express* au premier kiosque venu. Olivier Orban me joint à Pau, m'informe que Busnel consacre son éditorial à mes *Années turbulentes*.

***

La cité béarnaise disserte à foison sur les vagabondages municipaux de François Bayrou… Je me rends à l'invitation de Marc Bélit, créateur du Théâtre national du Parvis et seule m'occupe ma conférence que je dois donner au Forum du centre Leclerc. Je visite la librairie, l'une des plus belles de France. Marc et sa femme Nicole me tendent *L'Express*. J'observe la colonne qui m'est consacrée. Pourquoi n'avouerais-je pas ce bonheur simple d'avoir été si bien compris. Tous les papiers sur mon récent opus étaient d'excellente facture – j'ai apprécié, dans *Match*, celui de Maurice Druon – mais il y a dans le commentaire de Busnel, totalement dédié au livre, un plus qui m'encourage à continuer. J'ai assez d'expérience de la chose pour deviner dans une critique ce qui tient à l'honnêteté.

***

Je ne pourrai jamais me satisfaire d'un abandon précipité par l'âge, il me faut encore des tempêtes. J'aime à mettre en pratique cette maxime rappelée par Patrick Timsit : « Les bateaux sont à l'abri dans les ports, mais ils ne sont pas faits pour cela. » Toujours le grand large, quitte à s'y perdre.

***

Il y a quelques années, comme tout le monde, je le regardais de loin, « droit dans ses bottes », arrogant, on pouvait le croire persuadé de sa supériorité. Puis je l'ai vu un jour à Miramont, entraîné chez nous par un cousin avec lequel, chaque année, depuis le lycée de Mont-de-Marsan, il fait des courses en montagne. J'ai apprécié cette fidélité, j'ai découvert l'envers du personnage pudique à l'extrême, timide même et donc forcément brutal dans ses décisions. Je le pensais insensible, or, inconsciemment, il ne rêve que d'être aimé. Et cet inattendu lui arrive en cette veille de printemps. Après tant d'années de réussites et d'échecs, de si pénibles traversées du désert, Alain Juppé reprend sa bonne ville de Bordeaux, conforte sa réélection (56,62 % des suffrages) et torpille sa défaite cuisante aux dernières législatives. Le cavalier est de nouveau en selle.

***

Marc Lièvremont a sorti son produit « rugby » d'un laboratoire monté à la hâte. Et comme devant les Anglais, nous avons subi l'affront face aux Gallois.

Peu importe la défaite, nous l'avons méritée. Nous ne saurions nous plaindre, ni même regretter. Nos Bleus faisaient des travaux d'école, passes acrobatiques, chandelles approximatives, les rouges de Cardiff éclataient d'enthousiasme, magnifiaient un esprit d'équipe. Magnifique journée pluvieuse dans le cadre exceptionnel du Millenium, l'un des plus beaux stades du monde. J'y étais... avec mes deux Serge (Kampf et Blanco), Henri, Claude, Igor et les autres.

***

Inutile d'aller signer au Salon du livre : il y a Gavalda !

***

La gauche a remis du rose sur la carte de France, c'est son printemps municipal. Il fera bleu demain, quoi qu'on en pense.

***

À ceux qui annoncent le pire, chantent le désespoir, appellent la fin du monde, cet avertissement de Georges Bernanos : « Si l'optimiste est un imbécile heureux, le pessimiste n'est trop souvent qu'un imbécile malheureux. »

***

« Si, désormais, la rumeur sert d'information, si les fantasmes servent de scoops, où allons-nous ? Si les grands journaux cessent de faire le tri entre les ragots et les faits, qui le fera ?... Est-ce l'avenir des contre-pouvoirs que de cracher en l'air avant d'être rappelés à l'exigence élémentaire de probité ? » Ce « bien vu » de Carla Bruni-Sarkozy illustre l'effroyable tendance du temps : les n'importe quoi de n'importe qui. Les déclarations des bavards inconscients qui annoncent « de source sûre » des invraisemblances n'ont pas toujours, heureusement, la gravité de certains SMS dévastateurs. J'en ai fait moi-même l'amusante expérience : sur la place de mon petit village d'Adast, une dame de bonne compagnie racontait, avec assurance, que ma femme était la sœur de Cécilia... et n'en voulait point démordre. Une autre, pour n'avoir pas à être moins informée, laissait entendre que j'avais vendu ma maison de Miramont à Nicolas Sarkozy : elle nous aurait vus sortir tous les deux de chez le notaire ! Balivernes insensées ! D'ailleurs, écoutez tout ce qui se dit autour de vous et vous aurez l'écho déroutant des ravages de la rumeur.

***

Dans son éditorial du *Point*, Franz-Olivier Giesbert rappelle quelques formules célèbres du Général :

L'autorité ne va pas sans prestige, ni le prestige sans éloignement.

Rien ne rehausse l'autorité mieux que le silence, splendeur des forêts et refuge des faibles.

L'ambition individuelle est une passion enfantine.

Comprenne qui pourra !

***

Trop de courtisans à l'Élysée... et pas assez d'amis. Mais, dans les temps d'avant, en fut-il autrement ?

***

Encore deux propositions nouvelles ! « Écrivez sur lui », me demande-t-on. Pourquoi ajouter à l'abondance ? Les librairies sont pleines de libellés consacrés au président. Et puis pourquoi dire le vrai lorsque le faux devient vraisemblable ? Jamais je ne ferai commerce de mes amitiés, par éthique personnelle je ne saurais briser la loi du silence. Je laisse à d'autres cette impudeur, cette traîtrise qui firent, par exemple, de Mitterrand la victime de Georges-Marc Benamou.

***

Elle fréquentait des mondes, tout lui était bonheur, l'aristocrate et le manant. D'une certaine tristesse elle avait fait son chant. Née inconsolable, claudicante, Louise de Vilmorin eut raison de tout, de ses mots, de ses amants, de ses insolences. Aujourd'hui encore, quarante ans après, elle séduit Françoise Wagener qui la visite comme on le fait d'un site archéologique. Biographe exemplaire, celle-ci parle d'une « manipulatrice de haute volée ». Exact si l'on considère que la manipulation est d'extrême qualité. Je l'ai vérifié sur RTL (où un mois durant, j'avais remplacé l'ami Bouvard). J'accueillais ce jour-là l'extravagante « Loulou », magnifique d'esprit, grande classe. Je lui avais posé cette question anodine :

— Quel regard portez-vous sur votre personnage si courtisé ?
— Je ne m'observe jamais... dans un miroir. Je refuse ce retour d'image. Je ne sais plus rien de mon visage depuis au moins vingt ans.

Je m'étais étonné, j'allais être surpris. Après trois heures d'entretien où elle enchaînait ses fameuses répliques – « Je t'enlacerai, tu t'en lasseras » ; « Je méditerai, tu m'éditeras » (adressée à Gaston Gallimard) –, nous prîmes un café dans le bistrot d'à côté. Nous étions installés sur les tabourets du bar, face à la grande glace. Et là, près de moi, elle minaudait en se regardant, repeignant ses joues, passant du rouge sur ses lèvres. Je crus bon de remarquer qu'elle jouait à merveille de ce miroir. Elle fut alors catégorique :

— Tais-toi, tu n'as rien compris. Je me regarde pour mieux me détester.

Elle m'avait tutoyé, ce qui n'était pas dans ses élégantes manières. Nous fîmes silence, un instant..., puis elle redevint magnifique.

— Pouvez-vous me raccompagner au Crillon où l'on m'attend ?

J'en étais heureux. Dans la voiture elle me parlait de Paris qu'elle ne reconnaissait plus, de Venise où elle aurait aimé vivre de nouvelles amours, de quelques erreurs qu'elle ne citait pas et plus nous roulions, plus elle se penchait vers moi jusqu'à s'affaler sur mon épaule. J'avoue m'être interrogé sur la conduite à suivre. Fallait-il oser un geste de tendresse ? Arrivés à l'hôtel, elle me pria de l'excuser, souriante, me mettant dans l'embarras.

— Un délicat accident de naissance a mis ma colonne vertébrale en souffrance, j'ai du mal à me tenir droite.

J'y repense aujourd'hui en lisant cette biographie de Françoise Wagener intelligemment titré *Je suis née inconsolable*. Et je comprends mieux l'épitaphe qu'elle a fait inscrire sur sa tombe de Verrières : *Au secours*. Cette femme comblée était à la vérité en détresse.

***

C'est une vieille lune, le monde est cruel, violent, mais nous devons reconnaître que la politique est le terrain le plus dangereusement exposé : la cruauté y est exercée pour ce qu'elle est, une sorte de meurtre rêvé. N'excluons tout de même pas les autres cercles ; les tueurs sont partout. Comment les combattre, les abattre ? Par l'indifférence.

***

L'entente amicale de notre cru 2008 : visite d'État de Nicolas Sarkozy en Angleterre, fastes très exceptionnels voulus par la Reine, discours et grands dîners. Et dans les brumes de Londres un soleil de passage : la sensation Carla. Classe, élégance, glamour. La presse sous le charme, unanimité parfaite : « Elle a remué les cœurs. » J'ai observé devant l'écran notre première dame. Superbe leçon de maintien, allure incomparable, majesté discrète qui du même coup faisait de Rachida Dati une simple majorette. À propos de Carla, on parle là-bas de Jackie Kennedy et de Lady Diana. J'ai aperçu une nouvelle Audrey Hepburn.

***

Il leur faudra boire la coupe jusqu'à la lie (l'hallali !). Les joueurs du PSG – vainqueurs de Lens en finale de la Ligue – auraient dû goûter à ce bonheur tant souhaité, savourer leur victoire, jouir d'un répit inattendu. Et voilà qu'une banderole d'une trentaine de mètres, déployée en tribune au stade de France, nuage encore leur avenir. J'ai scrupule à en rappeler la pitoyable inscription : « Pédophiles, chômeurs, consanguins : bienvenue chez les ch'tis. » Pis que méchanceté, vulgarité : incommensurable bêtise, ignorance crasse. À vomir.

***

Casse-tête chinois partout dans le monde à la veille des Jeux de Pékin. Il faut faire flèche de tout bois pour rendre sa dignité au Tibet... mais les sportifs ne sauraient être les cobayes de ceux qui parlent de boycott. L'urgence est politique : dans les jours qui viennent, les chefs des grands États de la planète devraient recevoir *officiellement* le dalaï-lama. Ce serait un signe éclatant de reconnaissance.

***

Je retrouve Jean-Claude Carrière pour un court entretien sur TPS Star. Ses contes philosophiques réunis sous le titre *Le Cercle des menteurs* sont pour la plupart des petits joyaux, des sujets à réflexion. Nous trouvons là des légendes, des énigmes, des devinettes qu'il faut lire en se gardant de toute interprétation personnelle. Dans ce qui est raconté, il est difficile de démêler ce qui est vrai et ce qui est inventé. Le réel et l'imaginaire, précise Jean-Claude, s'amusent, depuis longtemps, à s'unir, à se séduire, à se bouder et à se fuir. Est-ce Baudelaire qui a écrit : « L'imagination est la reine du vrai ? » D'un plein d'histoires j'ai retenu cette chimère :

« Un saint homme rêva d'une femme à la beauté incomparable. Elle le regardait et lui souriait. Il lui demanda :

— D'où te vient cette beauté merveilleuse ?

— Un jour tu pleurais, lui répondit-elle, et je me suis frotté le visage avec tes larmes. »

***

Toute faute d'amitié est une escroquerie.

AVRIL 2008

À ceux qui s'inquiètent de trop de réformes dans les politiques publiques, cette réflexion d'Edgar Faure : « L'immobilisme est en marche, on ne saurait l'arrêter. »

***

Pour la première fois le nombre des musulmans dépasse celui des catholiques : 1,3 milliard contre 1,1 milliard. La Carte du tendre des religions est quelque peu modifiée, et il serait temps de refuser le prétendu choc des civilisations pour entretenir enfin un dialogue des civilisations.

***

Dans son émission consacrée à Herbert von Karajan sur France 3, Alain Duault nous renvoie des images où je retrouve un peu de mes expéditions viennoises. Celles-ci surtout qui me sont chères : c'était après un enregistrement de *Turandot* dans la capitale autrichienne. Le maître qui aurait aujourd'hui cent ans m'avait convié à une répétition de notre *Échiquier* dans son rendez-vous de chasse, au milieu de la forêt où des hordes de cerfs faisaient galerie. La réunion était d'importance, nous devions régler le duo Placido Domingo-Ruggero Raimondi qu'accompagnait au piano Janine Reiss. Ils nous avaient rejoints à l'heure fixée, à la minute près. Rencontre d'exception. J'ai déjà dit à quel point Karajan ne savait pas, ne voulait pas dissimuler ses sentiments. Il appréciait Domingo – « Courtisan, sans doute, mais très professionnel » –, il se méfiait de Raimondi – « Trop grand, trop indépendant. » Il n'était que sourires pour le premier et froideur exagérée pour le second. Je lui en faisais reproche : « Vous êtes injuste. » Il souriait, j'aimais sa malice. « Il y a cent manières de dominer son sujet. Je connais leurs faiblesses, je les exploite. » Il avait pour chaque boutade ce mouvement leste de la main propre à redresser l'arrondi de sa chevelure. Je demandais : « Est-ce de la coquetterie ? » Il s'en amusait : « De votre part c'est de l'insolence. Je gonfle ma petite toison pour paraître plus grand, c'est plus malin que des talonnettes. »

Le portrait brossé ce soir par Duault ravive les souvenirs. Il y a dans ce rappel d'une vie toute l'admiration que l'on doit à un immense musicien, à un chef dont l'inspiration touchait au génie, à un fabuleux acteur qui avait porté sa gestuelle à la plus haute altitude. Souvenons-nous de ses mains, toujours en offrande, comme en prières. Grâce à Michel Glotz, son directeur artistique, son ami, j'aurai partagé près de lui de fabuleux moments. À la Philharmonie de Berlin, à Vienne, à Paris – trois jours ensoleillés aux Buttes-Chaumont –, assis à sa droite, aux commandes de son avion, à la barre de son bateau, dans sa maison de Saint-Tropez. Cet homme si redouté était d'une belle drôlerie, d'une courtoisie parfaite, doué pour l'aventure et les camaraderies choisies. On lui a reproché son erreur de jeunesse, ce signe maladroit au parti nazi qu'il haïssait. Visage glacé, il s'en expliquait : « Dérapage stupide d'un ambitieux à son tout-début. On passe ! »

***

Bonheur d'entendre la dernière sonate de Schubert qui n'est point autre chose qu'un voyage initiatique : Aldo Ciccolini, quatre-vingt-trois ans, l'un de nos plus grands pianistes, habite amoureusement la musique et nous offre, au Théâtre des

Champs-Élysées, son art de magicien. Tout le magique d'un concert dans la somptuosité presque irréelle d'une sonorité unique.

***

Étonnement, émotion, totale réussite : le Metropolitan Opera de New York essaime ce soir les notes glorieuses de Puccini partout dans le monde. En France, dix-sept salles de cinéma ont été mobilisées pour accueillir en direct la célébrissime *Bohême*, mise en scène par Franco Zefirelli en 1981 et qui tient toujours la rampe. Au Gaumont-Marignan des Champs-Élysées où Marc Welinski, l'initiateur, a eu la bonne idée de m'appeler, je me trouve au fond de la salle, pleine, déjà frémissante. On devine vite que le moment est singulier, il s'agit d'une première. Pas de visages connus, familiers de Bastille et Garnier – ils ont tort de bouder – mais probablement une foule d'initiés, cela s'entend aux conversations dans les rangs. De curieux aussi. La retransmission en direct, sur grand écran, en haute définition, image et son parfaits, commence à 19 h 30 précises. Magie de la télévision lorsqu'elle se hausse à de tels sommets de la plus brillante technologie. Éblouissements.

J'ai une certaine expérience des grandes envolées lyriques mais ici je suis éberlué par l'extraordinaire dispositif des prises de vues : des caméras sur la scène, au-dessus de la fosse, dans la salle, au balcon, en coulisses. Nous sommes transportés en gros plans sur les toits de Paris, dans Montmartre en fête, avec ses fanfares au café Momus en ébullition. Nous découvrons les changements de décors, magnifique travail des machinistes, nous nous retrouvons surtout au plus près des chanteurs dont on remarque la véritable qualité de comédiens. Le spectacle est superbe, la distribution exceptionnelle : Angela Gheorghiu domine la situation, la tessiture de sa voix est splendide, il y a chez elle une beauté d'expression, un enthousiasme, une fragilité aux dernières minutes qui précèdent la mort. Magnifique Mimi. Ramon Vargas, en Rodolpho, est lui aussi excellent. Il ne m'avait pas séduit dans *Louisa Miller*. J'aime ici sa force et ses délicatesses. Bonheur également d'apprécier notre Français, Ludovic Tézier, qui donne tout son charme au personnage de Marcello. L'émotion passe, le talent est là, on applaudit au même rythme que les passagers du MET. Surprenante soirée. Il faudra d'autres salles, un plus vaste public encore la prochaine fois. Ce sera le 26 avril car, à cette date, tout recommencera. Avec *La Fille du régiment* et Nathalie Dessay. À ne pas manquer. Sous aucun prétexte.

***

La flamme olympique vacille dans les rues des capitales du monde. Farce tragique, incroyable cirque médiatique ! La cause tibétaine qu'il ne faut pas confier aux clowns de service méritait un maximum de dignité.

***

La flamme, encore. Les petits hommes bleus chinois censés la protéger auraient dû être mis aux fers aux premières incartades. Ils ont massacré l'Ordre valeureux de l'Olympisme.

***

De l'Arche de Zoé, il a fait un tremplin. Mais pour quelles aventures ? Sorti de Fresnes en catimini, pimpant à ce retour, sa gibecière pleine de mots violents, Éric Breteau contre-attaque en maquignon peu vertueux trop enclin à vendre sa camelote. Il écume les plateaux de télévision d'une parole facile, lance à tous les vents un livre écrit au jour le jour durant ses cinq mois de captivité, distille le doute. Que faut-il croire de son obstination à vouloir sauver cent trois enfants du Darfour ? Il y a dans cet exercice un mystère aux parfums d'arnaque.

***

Ils avaient refusé Trénet, ils accueillent Dabadie. Ces messieurs (et dames) du quai Conti invitent l'art populaire sous la Coupole. Homme de bonne compagnie, notre Jean-Loup flirte désormais avec l'immortalité, espace très éphémère, s'en émeut avant que de s'en amuser. L'ardeur, l'opiniâtreté, la courtoisie lui auront permis de franchir tous les obstacles, sa mélancolie naturelle ajoutant un supplément de séduction. Ses lettres de créance ? Il a donné des mots aux fredonneurs, de l'humour au comique, du ciselé aux comédiens. Tout cela vous fait un habit de parade. Un habit vert.

***

Nourissier à l'ultime ivresse. Entre *L'Eau grise*, son premier roman, et *Eau-de-feu*, ce dernier opus, cinquante-huit années auront alimenté le fleuron de ses écritures jusqu'à le porter au naufrage. Au grand soir, attisant le bûcher, l'ami François emprunte au lyrisme pour assommer le désespoir, passe par l'incandescence pour effacer le sordide. Ce livre sur l'alcool, ses griseries, ses dégâts, descente aux enfers d'un couple – le sien – est une sorte d'opéra tragique, aussitôt devenu référence littéraire. Un roman de vie où les personnes se comportent en personnages. Il l'appelle Reine, il se nomme Burgonde. Mais, sur leur ligne de détresse, je ne vois que Tototte et François, ce dernier avouant sans honte sa culpabilité. Il faut avoir « du génie » pour oser un tel récit, affronter l'incendie, régler son compte à l'existence. La vieillesse n'est pas seule la cause de sa chute, la solitude, la démesure, les privilèges – ce sont des biens-nés – y ont leur part. La mort, désormais, déploie chez eux un pavillon noir. François aura perdu, dans le même temps, une épouse et un fils. On ne peut plus pleurer après ça.

Je ne rencontrais plus Tototte à mes dernières visites, dans sa maison du XVIe. Elle était tantôt à l'hôpital pour une cure de quelques jours, tantôt en vagabondage, il ne voulait pas savoir où ! Pour la raconter, il est à la fois cruel, raffiné, délicieusement débordé.

Cette *Eau-de-feu* ? Un grand livre. Des braises fumantes où l'on se brûle.

***

J'aurai plus vécu avec les livres qu'avec ma famille. Le moment est venu de me rattraper. Le temps presse.

***

L'insolence – qui n'est pas impertinence – leur paraît être une vertu alors qu'elle est seulement le pauvre alibi de leur médiocrité. Ils s'imaginent chroniqueurs, font office d'amuseurs, se voudraient critiques. Sur les plateaux de télévision ils affichent une face clownesque dont ils ne mesurent pas la veulerie. Accablés de certitudes, ils disent d'un livre, d'un film, d'une pièce de théâtre : « C'est bon » ou, le plus souvent : « C'est mauvais. » Ils ne savent pas la seule formulation valable : « J'aime » ou « Je n'aime pas. » Passagers des étranges lucarnes, ils ne sont pas spécialement cruels. Seulement commerçants d'une gloire qu'ils n'auront jamais. Le journalisme officiel se perd à les laisser prendre des situations qu'ils ne méritent pas. Leur narcissisme est une épouvante.

***

On le voulait au Panthéon, mais c'eût été l'emprisonner à tout jamais. Aimé Césaire appartient au grand large, il n'est pas d'autre temple à son prestige que la Martinique, l'île ancestrale. Laissons-le tempêter sur sa terre et arrêter le temps : avec sa mort tout commence. Il était prince des élites, il revient au peuple qui accepte désormais l'idée de négritude qu'avec Senghor il avait élevé au plus haut de l'espérance, désignant dans une même flamme poétique tous les humiliés de l'univers. Je relis son *Retour au pays natal*, magnifique cahier, publié il y a soixante-dix ans, aux accents lyriques, éblouissant de mots étranges, égratignés de surréalisme. Aimé Césaire, au dernier bond de sa vie, n'aura rien renié de son passé. Refusant l'hommage politique, il s'éloigne définitivement de la vanité des honneurs. « Ni Coupole, ni Nobel, ni médailles », disait-il. Simplement debout. Avec, pour ses obsèques qui n'ont de « nationales » que le nom, le chant de ses poèmes psalmodiés par des amis aux voix souffrantes. Émouvante évocation d'un homme qui fut au-dessus des communes mêlées, hommage mérité que la France, hélas, n'avait pas su rendre à Leopold Senghor, frère de combat.

***

Le naufrage d'un proche parent me conduit à fréquenter les tristes maisons que l'on appelle « médicalisées ». On rencontre dans les couloirs des vies qui se traînent. Et me revient ici cette boutade d'Alphonse Allais : « L'éternité, à la longue, ça devient lassant. »

***

Enfin du vrai dans le récit. À Caroline Fontaine qui l'interroge pour *Match*, François Bayrou conte l'épisode bigourdan que je relate dans *Les Années turbulentes*. Ce jour de 2005 où Nicolas Sarkozy a reçu chez moi, à Miramont, le voisin béarnais. J'écris ce qu'il dit : « On a déjeuné ensemble. Puis Chancel nous a laissés seuls dans la bibliothèque. Sarkozy m'a proposé de faire alliance contre Chirac, les deux jeunes contre le vieux. J'ai refusé. » C'est donc confirmé, je n'étais pas là, je n'aurais su mentir : l'an dernier, la « formulation » de Bayrou laissait croire que j'avais assisté à l'entretien et je fus assiégé par la presse pour en confirmer les termes. M'en voilà délivré.

***

La chanson court les gazettes, les écrans, la rue : « Il a changé. » Et l'erreur accompagne la rumeur. Ce soir, à la télévision, Nicolas Sarkozy est enfin lui-même, tel que je le connais, serein, courtois, précis, point défait par de prétendues certitudes. Pendant toutes ces années, je ne l'aurai rencontré qu'en privé, en amitié, refusant obstinément les oripeaux de la politique qui accompagne toute ambition nationale. Je ne suis occupé que de l'homme, je ne fréquente pas les palais, je méprise l'intrigue, je m'amuse au carnaval des courtisans. Après (presque) deux heures d'entretien, face à cinq confrères, peut-on croire qu'il montera dans les sondages ? Là n'est plus la question. Son impopularité nouvelle est une chance pour la France, elle lui permettra d'aller jusqu'au bout des réformes promises sans se soucier de plaire. À certains sommets, on ne réussit que dans le désamour.

***

Le plus intime, c'est ce que l'on cache, le plus ardent est dans la découverte, je cherche la vérité... et je sais que je ne la trouverai pas.

***

Le Belles Lettres comme on disait autrefois. La littérature comme on aime à l'aimer. L'édition aux inattendus si mystérieux. De quelle magie jouent Anna Gavalda, Marc Levy, Guillaume Musso, abonnés désormais aux trois cent mille exemplaires de tirage initial et propulsés quoi qu'il arrive au triomphe absolu. Il n'est pas de réussite gratuite, reste alors l'interrogation. Et là je sèche ! Dans son dernier livre *Je reviens te chercher*, Musso propose cette réflexion : « Et si nous étions tous à la poursuite de quelque chose que nous avons déjà ! »

***

Hilary ou Obama ? Une femme ou un Noir ? L'Amérique en plein dilemme !

***

L'obéissance irréfléchie conduit à l'abandon, souffle l'indifférence, propage l'ambiguïté. Comment peut-on accepter (et enseigner) des règles auxquelles on ne croit pas ? On s'en prend aux gourous qui inventent des sectes absurdes. Mais les gourous sont partout et leurs adeptes innombrables. En religion, en politique, en affaires. Le temps est venu de bousculer les vieilles barbes des cercles infernaux. L'indiscipline réfléchie est la dernière chance.

***

Il est anglais, professe au Collège de France et tient notre littérature comme sa chanson intime. Son audace est magistrale. Michael Edwards ne craint pas de s'émerveiller, ce qui chez nous passe pour de la provocation. L'humeur serait plutôt à la détestation. Je me retrouve dans son dernier livre, *De l'émerveillement*, où il porte sa capacité d'admiration, d'enchantement même, aux plus foisonnants sommets. Comment pourrions-nous vivre, repliés sur nous-mêmes, incapables de manifester la moindre émotion, égoïstement révoltés contre le talent d'autrui. Mes bonheurs de lecture, mon regard dans l'antre des musées, ma fréquentation du meilleur et – souvent – des simples ont attisé ma quête de merveilleux et, par le rêve aussi, enrichi le quotidien. J'entends d'Edwards l'écho d'un humanisme bienveillant. Toujours, pour moi, ce bonheur de vivre.

***

J'aime bien le franc-parler de Jean-Luc Mélanchon, sa marginalité agressive particulièrement originale à l'extrême de sa gauche devenue bourgeoise. Il navigue à contre-courant dans des eaux de plus en plus troubles. Il aime à rappeler l'aveuglement des siens qui, pour torpiller le Shah d'Iran, ont poussé Khomeyni au pouvoir absolu : « J'ai toujours été, dit-il, hostile à la confusion entre religieux et politique. » C'était valable et bien vu pour l'ayatollah, étonnant protégé de la France, expert en fatwas diaboliques, premier des fous de Dieu. Ce n'est pas le cas du dalaï-lama que Mélanchon habille de la même tunique et pourfend pour des motifs religieux. Le bouddhisme, qu'il en soit convaincu, est une philosophie.

***

Toujours cette même hantise ! Les grands de la planète, sans prendre le moindre risque, volent – seulement en paroles – au secours du peuple tibétain. Les petits aussi s'en mêlent et font commerce d'une générosité de circonstance. Comme j'aurais aimé les entendre aux heures tragiques du génocide cambodgien.

***

On se souvient : Paul Claudel torpillé par la grâce derrière un pilier de Notre-Dame… André Frossard persuadé de l'existence de Dieu à la seconde de leur rencontre. Des audacieux qui ne craignaient pas faire confidence de pareils coups de foudre. Des écrivains habités de ferveur… qu'un homme d'édition, de télévision (et d'écriture) rejoint aujourd'hui dans la même révolte spirituelle : Thierry Bizot plus enclin aux images païennes qu'au prie-Dieu s'est retrouvé l'an dernier séduit, dévoré, par… Jésus, au cours d'une réunion de catéchèse à l'église Sainte-Jeanne-d'Arc de Meudon. Je m'en étais amusé d'abord à notre dernière rencontre, sa sincérité, sa sérénité m'avaient ensuite touché. Il me parlait de cette révélation avec un calme inouï, un humour à faire basculer le doute. Drôle d'énergumène notre quadragénaire perdu dans son propre milieu plutôt voué à l'agnosticisme. Si courageux, car le témoignage public ne l'effraye pas : Thierry publie au Seuil *Catholique anonyme* (comme alcoolique !). Une confession émouvante et sans emphase, une provocation pour ses confrères médiatiques, qui considèrent la foi particulièrement ringarde. Pour moi, ce livre est un cadeau et une douleur : je ne serai jamais visité.

Mai 2008

La fronde étudiante de Mai 68, que les nostalgiques de ce temps incertain vont sans doute célébrer, reste comme l'une des dates historiques de la Ve République. Je me souviens de la fièvre extrême de ces soirs d'émeute que je suivais quotidiennement pour *Paris-Jour* : j'avais chaque matin ma pleine page de choses vues et entendues. Les combattants d'alors, leurs leaders surtout, aujourd'hui bourgeoisement installés, se préparent à conter leurs faits d'armes et on risque d'oublier, dans ce devoir de mémoire, celui qui sut enrayer l'engrenage de la violence. Il serait temps, enfin, de rendre un hommage solennel à Maurice Grimaud, préfet de police du Général tout au long de cette époque troublante qui aurait pu devenir tragique. Miracle si l'on a réchappé : un mort seulement, si mystérieux que personne n'en parle. Les historiens de l'avenir devront retenir la note du préfet Grimaud adressée à ses troupes le 29 mai 68, au lendemain de la nuit la plus folle : « Frapper un manifestant tombé à terre, c'est se frapper soi-même en apparaissant sous un jour qui atteint toute la fonction policière. » C'était dans cet enfer prévisible d'une audace inouïe.

***

Los Angeles dans sa singulière et magnifique perspective multiraciale après onze heures de traversée. L'Amérique que j'aime, que j'ai souvent rencontrée, que je connais si mal, qui m'inquiète. Que sont tous ces obèses traînant leur bière dans les couloirs de l'aéroport ! N'aurais-je vu que cette image, c'est, je l'avoue, un peu limité, mais le choc est là, violent. Hollywood, passage obligé de ma jeunesse journalistique, n'est plus loin, j'évite pourtant les retrouvailles. Je rêve du Grand Canyon, cap sur Las Vegas, le survol des terres est superbe.

***

La ville née du désert au XXe siècle m'avait paru, regardée d'en haut, d'une telle vastitude ! Sinatra ne reconnaîtrait plus son terrain de jeux, les vieux parrains de la mafia n'auraient pas pu prévoir une pareille extension de leurs vicissitudes... dans un cirque incroyable de fantaisies : Las Vegas, qui reçoit près de cinquante millions de visiteurs chaque année, n'en finit plus de repousser ses frontières. Ayant épuisé les plaisirs, elle est davantage, aujourd'hui, une cité du désir. Tout y est possible. À la seule condition que l'on sache sacrifier au gigantisme pour assurer le triomphe de l'épopée et du ridicule. Les colonnes de cette folie du Nevada sont romaines. Ailleurs on admire des monuments, ici on bute sur des temples. Les hôtels qui couvrent des hectares ne sont que d'immenses casinos où l'on trouve des salles de spectacles magnifiques, véritables cathédrales de plusieurs milliers de places, affichant les plus beaux programmes. J'y avais applaudi l'an dernier Céline Dion (qui devrait revenir en 2010), j'ai raté Elton John, je ne verrai pas Cher (elle est là ce soir... et je repars). Mais nous aurons fait, avec mon ami Serge, provision de jolis moments ; on ne peut qu'être noué d'admiration pour *Le Rêve* inspiré du cirque du soleil et qui est une féerie de jeux d'eau, une éblouissante gamme d'audacieuses acrobaties (avec plongeons de cinquante mètres). Parfaite maîtrise.

Amoureux du groupe Abba que j'avais accueilli sur l'écran à ses débuts, j'ai tenu à entendre la comédie musicale *Mamma Mia !* qui met en scène les chants si populaires de ce quatuor perdu. Nostalgie, sans plus. Souvenirs, tout de même, ce qui n'aura pas été le cas avec David Copperfield, magicien paresseux, beau parleur, trop bavard, qui surprend encore mais n'étonne plus. Bien sûr, il y a cette longue voiture surgie d'on ne sait où et qui naît d'un simple geste. D'accord c'est magique, mais pour le reste, pas la moindre poésie !

J'observe les images de la télévision, je suis aussi venu pour elle, pour comparer. Aucune raison de désespérer. Ici, c'est affligeant.

***

Courte excursion dans le Red Rock Canyon à une heure à peine de Las Vegas. Splendeurs des roches rouges, montagnes comme sculptées, cactus géants, silence et recueillement, si près, si loin de la fournaise.

***

Je crois aux petits moments singuliers, à ces brèves de voyage qui emportent la curiosité et n'ont rien à voir avec les envolées touristiques des promeneurs d'habitude : une heure au-dessus du Grand Canyon, des secondes d'infini devant le Taj Mahal, un regard très matinal sur les temples d'Angkor, une traversée solitaire dans les allées des merveilles du monde, valent plus que les sempiternelles excursions, longues, pesantes, programmées par des officines. La découverte est affaire personnelle, il convient de l'approfondir pour oser ensuite le partage, mais à cinq ou six, pas plus. L'effervescence est dans le regard que l'on porte au beau, que chacun d'entre nous imprime. On raconte mal un périple, on le vit, c'est tout, et les yeux en sont pleins. À cette heure où le temps passe plus vite, je voudrais retrouver la baie d'Along. Le pourrais-je ?

***

Ils en font des tonnes nos critiques d'art à propos des immenses plaques d'acier de Richard Serra qui se dressent, orgueilleuses, sous la verrière du Grand Palais. Leur gigantisme aurait l'éclat des chefs-d'œuvre. Le grand sculpteur américain, partout célébré, compte sur l'émotion du spectateur, passant distrait, s'interroge sur ce qu'il va ressentir et dans ce souci nous fait confiance. J'ai donc regardé de très près et ma perception du monde n'en a pas été modifiée. Ce que j'ai vu (revu) c'est le lieu, remarquable palais, la magnificence de l'espace, la lumière qui passe les toits de verre et qui mérite la visite, même à nu.

***

L'Académie Goncourt confie à Tahar Ben Jelloun et Patrick Rambaud les couverts de François Nourissier et de Daniel Boulanger (démissionnaires). Excellent choix. Deux écrivains de race, deux anciens lauréats, deux mousquetaires de bonne compagnie prêts à sacrifier aux bonheurs de la table Drouant. Bernard Pivot qui les accueille fait cette étonnante remarque : « La preuve que l'Académie n'est pas raciste, elle a élu un Arabe et un nègre. » Le premier, Tahar, nous vient du Maroc. Le second, Patrick, aura beaucoup écrit pour les autres. Tous les deux amoureux des bons mots, auront à cœur de retenir les bons livres.

***

En 1988, à Jérusalem, je consacrai mon *Échiquier* au quarantième anniversaire de la création de l'État d'Israël. Je nous revois dans cette cité mythique, entourés des remarquables musiciens de l'Orchestre philharmonique dirigés par Zubin Mehta, dans cet ocre des collines qui paraissaient miroirs de lumières. Beau souvenir, fête splendide marquée toutefois d'une petite déchirure : les fondamentalistes juifs me reprochaient d'avoir invité à témoigner des Palestiniens. Heureusement, Shimon Peres veillait qui, publiquement, m'en félicita. Broutilles sans doute à ce stade... mais éléments désespérants tout de même d'une tragédie continuellement en cours. J'y repense aujourd'hui, en cette année 2008 qui célèbre le soixantième anniversaire du retour des survivants de la Shoah à la Terre biblique. Car, avant que d'être une nation, Israël fut un refuge, celui des exclus qui rêvaient depuis des générations de la « terre promise », qui se donnaient sans cesse rendez-vous « l'an prochain à Jérusalem », qui venaient de partout, du Sud et de l'Est, du Maroc – ils furent deux cent mille Marocains dans les années cinquante – des juifs d'Éthiopie, les Falashas, que l'on dit descendants du roi Salomon et de la reine de Saba. Formidable peuple façonné d'une multitude de rencontres. Qui ne pardonne rien, ne croit qu'à ses propres pionniers, s'étonne qu'on ait pu demander à Elie Wiesel d'allumer la Torche du souvenir. « Nous reconnaissons ses qualités, disent les « purs », nous savons ses souffrances, mais il est un citoyen étranger. Elie a choisi de ne pas vivre en Israël, c'est son droit. Il n'est donc pas de chez nous. » On ne plaisante pas là-bas sur ces questions d'appartenance au sol. On n'admet pas non plus la moindre critique et juger maladroitement ce pays frise l'antisémitisme. Où en est-on ? Difficultés intérieures à Tel Aviv, pas d'État palestinien, toujours cette guerre larvée et ces questionnements incessants. Celui, entre autres, d'Avraham Burg, qui fut président de la Knesset : « J'ai répondu à une attente... J'ai été un Israélien. Et puis j'ai réalisé que quelque chose me manquait. Je me suis dit qu'avant d'être un Israélien j'étais un être humain et un juif. J'ai besoin d'Israël pour ne pas être persécuté... J'ai besoin de ma judéité pour ne pas devenir un persécuteur. » Mieux qu'une critique, une réflexion. Avraham Burg estime que nous sommes partout en manque de prophètes, de grands hommes capables d'inventer la situation idéale. Pour lui, pour beaucoup d'autres, la création d'Israël n'a rien d'un miracle, il n'y a pas dans cette affaire d'intervention divine, c'est une terre de choix bien au-delà, à cette heure, du refuge. Et puis, de grâce, ne mêlons plus le religieux au politique.

***

Un archéologue allemand, Helmut Ziegert, en est intimement persuadé : il a localisé à Aksum, en Éthiopie, les vestiges du palais construit il y a trois millénaires pour la reine de Saba, personnage de légende. Fut-elle l'amie, la concubine, l'épouse du roi Salomon ? Le mythe est encore étrangement actuel. S'y ajoute le mystère qui accompagne la dernière découverte : cette tranchée de quelques mètres serait-elle l'ouverture de la grotte où se cache l'Arche d'Alliance ? Verra-t-on un jour les Tables de la Loi données à Moïse sur le Mont Sinaï ? J'espère que cette aventure n'aura pas de fin. Si l'on devait trouver, que deviendrait la symbolique ?

***

Ça n'arrive pas souvent et c'est d'autant plus détestable lorsque subrepticement ça vous tombe dessus : tout à l'heure, à un feu rouge (qui se refusait au vert), la déferlante d'un rap jailli d'une voiture décapotée, presque coincée contre ma Smart, a déboussolé nos oreilles. Ce n'est pas la forme que je conteste, il faut accepter les accidents de l'époque, mais je plains le fond qui accuse une pauvreté accablante. Au-delà du martèlement du rythme qui emprunte aux prières des bonzes, le ridicule des mots aux prétentions guerrières et hélas sans aucune efficacité.

Comme le genre serait acceptable et utile si sur ce métier on collait des fulgurances de poètes. Que nous sommes loin de la grâce, de la splendide beauté du blues, revendication talentueuse des noirs aux heures sombres de l'esclavage.

***

Je n'avais jamais tant fréquenté le Sénat, j'y suis encore ce matin, au travail avec Jacques Valade, le regard distrait par la beauté des jardins du Luxembourg : la réforme de la télévision publique occupe beaucoup de nos journées. Nous ne sommes plus qu'à cinq semaines de la date de remise du rapport final de notre commission. Le 25 juin, cette affaire ne nous appartiendra plus. Aurons-nous été à la hauteur de cette tâche noble et ingrate ? Mettra-t-on à notre crédit l'aventure nouvelle d'une entreprise unique, totalement indépendante, ambitieuse, parfaitement en ordre ?

***

Tristesse. Cette fois, c'est fini, bien fini. Comme une page d'histoire de la musique qui se referme : le plus innovant ensemble du XXe siècle, le quatuor Alban Berg se retire, incapable de supporter la disparition de l'un des siens. Je me souviens du concert de 2005 où l'altiste Thomas Kakuska faisait sa dernière apparition, déjà marqué par la maladie. Il faudra attendre longtemps pour retrouver des cordes aussi rayonnantes.

***

Steven Spielberg accomplit sa dernière croisade, sa quatrième aventure dans l'invraisemblable, sa propre équipée sauvage. Le voilà en chasse d'une relique – un crâne de cristal –, sorte de graal nouveau pour aventurier d'une arche à jamais perdue. Avec le Pérou pour ligne de mire. L'échevelé est de la fête dans cette suite d'*Indiana Jones* portée par Harrisson Ford. Les critiques qui se plaisent aux scènes de ménage à la française vont se trouver déroutés par ces courses-poursuites impossibles, cette confrontation puérile des bons et des méchants, ces derniers étant ici des Russes de la guerre froide en 1957. Je peste de voir notre divine Cate Blanchett transformée en épouvantable général, affublée d'une perruque noire, hélas peu reconnaissable. J'ai vu le film en projection privée chez Maurice Lévy, j'en ai suivi les péripéties au rythme des impressions spontanées de Valentine, ma petite-fille choisie, que la cavalcade des morts-vivants, les acrobaties des singes sauteurs, la chevauchée furieuse des fourmis ravageuses ont quelque peu troublée. Je l'avoue, je me suis surpris à aimer cette recherche folle de temples oubliés, de trésors imaginaires.

Rêver sur des mondes perdus peut être une raison de vivre. Valentine était heureuse, j'avais ma récompense.

***

« Que faire d'un ami qui vous a trahi », me demande une jeune consœur de France 3. Réponse immédiate : on ne l'accable pas, simplement on l'évite. Il est une médecine bien plus efficace que la colère ou l'esprit de vengeance et que j'aime à partager : le devoir d'indifférence.

***

Ce Festival de Cannes que j'ai tant aimé et qui, quarante ans après 68, me saute aujourd'hui au visage (et au cœur) comme un souvenir froissé. Ces gens qui jugent les films, non pas avec insolence... mais empêtrés dans leurs certitudes, ce microcosme qui, deux semaines durant, pense très sérieusement qu'il n'y a plus de vie ailleurs !

***

On en fera une bibliothèque à son nom : tant de livres sur le président ! Tant d'analyses savantes, grossières – certaines même se voudraient impertinentes ! Une manne pour les libraires. À croire que le Nicolas le plus célèbre n'est plus qu'un produit de consommation courante, un gadget livré au commerce. La dernière livraison devrait séduire l'importante cohorte des ignorants, habitués à ne lire qu'un seul ouvrage chaque année : *Sarkozy et les femmes* leur sera ce viatique de printemps. On peut, on doit juger, critiquer sa politique mais comment dire l'homme lorsqu'on ne sait rien de lui et que seules sont observées les apparences, chez tous continuellement trompeuses. Je l'avoue, ces livres m'amusent, j'y note la prétention des affairistes du faux littéraire, la vanité des témoins qui ne craignent pas d'affirmer ce qu'ils ignorent, la tricherie des prétendus « proches » qui espèrent recevoir de leurs confidences un zeste de notoriété. J'écoute à ce bas niveau deux suffragettes de la mode qui ne furent jamais de la famille Sarkozy dans les années les moins fastes, que Cécilia en panne d'amitié fit venir à sa table, élevant leur indigence à hauteur d'Élysée et qui la trahirent à l'aube de sa nouvelle vie par crainte d'être éloignées de la cour présidentielle. Honte aux précieuses ridicules.

***

Chelsea et Manchester s'affrontent depuis cent vingt minutes. Il est plus d'une heure du matin à Moscou. Il pleut. Nous en sommes aux tirs au but, ce massacre de fin de partie qui donne un résultat mais n'honore pas le football. Nicolas Anelka a la victoire au bout des pieds, il frappe, Van der Sar réussit son saut de l'ange, détourne le ballon. Fatalitas ! Comme aurait pu le dire Chéri Bibi. Un carton rouge pour Drogba, une descente aux enfers pour Anelka. Décidément, la Ligue des champions n'aime pas Chelsea…

JUIN 2008

La beauté, ce matin, devrait prendre le deuil : Yves Saint Laurent, arbitre d'une élégance singulière, peintre des plus intimes mouvements de la mode, a définitivement fait ses adieux à la haute couture et, plus encore, à une époque qu'il ne reconnaissait plus. Les dieux de l'apprenti sorcier qu'il fut toute sa vie l'ont embarqué pour une ultime croisière. Les femmes qu'il a tant aimées et servies et magnifiées lui feront cortège au dernier défilé. Je ne l'aurai vu qu'une seule fois de son vivant, à Marrakech, amical, si courtois mais insaisissable. Je lui avais dit qu'il donnait ses plus belles lettres de noblesse à la séduction. Il avait souri. Je le jugeais attristé, girouette d'un monde fini. Mon père l'aurait invité dans son cercle fermé des Compagnons du devoir. Génial l'artiste !

***

Une peuplade de deux cent cinquante âmes, inconnue de tous, et dont nous avons vu les images filmées d'en haut vient d'être découverte en Amazonie. Il serait convenable de la laisser en paix, d'éviter de lui apporter les progrès de la civilisation. Conservons de grâce ces zones de mystère et souvenons-nous de cette réflexion de Chateaubriand : « Les forêts précèdent les peuples, les déserts les suivent. »

***

Désigné par le président de la République membre de la Commission pour la nouvelle télévision publique, je me tiens depuis trois mois à un devoir de réserve, refusant tout entretien dans les médias. Cela convient à mon éthique (et j'en demande pardon à ceux qui, quotidiennement m'invitent, me pressent de dire) : on ne saurait parler de travaux qui ne sont pas aboutis. Ce matin, au Sénat, est jour particulier ; la séance n'est pas houleuse, seulement attristée. Les parlementaires communistes quittent (sans plaisir) notre groupe de réflexion. Un temps (très court) nous voilà rattrapés par la politique. Je comprends leur déception – ils se croient sous l'emprise du pouvoir –, j'aurais été plus attentif à leurs remarques s'ils étaient allés jusqu'au bout de la mission fixée, quitte à s'en désespérer au final. Nous sommes nombreux à penser que l'on ne pourra juger notre affaire qu'après remise du rapport. Le sénateur Jacques Valade a bien résumé la situation, s'adressant aux « fuyards » : « Il n'y a pas pour vous plus de raisons de partir que pour nous de raisons de rester. » La messe est dite.

Dans ces assises, j'aurai beaucoup appris et conforté mes vieilles convictions sur le comportement humain. Il est amusant de constater à quel point certains esprits aiment à discourir, à prendre continuellement la parole, à vouloir imposer leurs certitudes. Sans doute suis-je moins enclin à penser qu'on pourra changer facilement la nature des performances télévisuelles. Mon expérience de patron de chaînes m'incite à conclure que la véritable approche se fait sur le terrain et qu'il y faut d'abord du talent, bien plus que des dogmes. En résumé, je me permets de rabâcher mon antique credo : « Donnons aux téléspectateurs non pas ce qu'ils aiment, mais ce qu'ils pourraient aimer. »

***

Il est tard. Presque minuit déjà. Nous parlons longtemps. Patrick (Poivre d'Arvor) paraît avoir digéré son éviction du 20 heures prononcée de façon si discourtoise : « J'ai tourné la page », me dit-il tristement. Je ne le crois pas mais je l'entends quand même serein, déterminé, en route d'évidence vers des ailleurs. Je ne m'inquiète aucunement pour son avenir préparé par trente années de brillants exercices, je n'accepte pas en revanche les pitoyables saillies des nouveaux mercenaires de la télévision qui vont d'une chaîne à l'autre sans pour autant inventer une différence. L'heure est à la facilité, le convenable n'est plus d'une extrême urgence, l'audiovisuel vit sa guerre de tranchées.

***

Juste avant le match Biarritz-Stade français, je déjeune au Crillon avec Serge Kampf, Serge Blanco et Rodolphe Belmer. Ce dernier affiche une mine réjouie : Laurence Ferrari l'a assuré hier soir de sa fidélité au magazine dominical de Canal Plus. Bonheur de pouvoir compter sur la présence d'une journaliste si talentueuse. Le lendemain, patatras ! Laurence Ferrari téléphone à Rodolphe pour l'informer d'une décision de dernière minute : « Je signe avec TF1. » On doit s'en étonner mais c'est hélas dans la logique du temps, dans l'incertain des promesses. Désolation sans doute et, de plus, prolongée au même moment par l'annonce du renvoi de PPDA, formulée par le patron de TF1, soufflée sur Roland Garros à la seconde où Federer s'effondre devant Nadal. Le Nonce cathodique vient de dégainer pour inventer son ordre nouveau. Ça ne se discute pas, loin de moi l'idée de juger, il m'a fallu moi aussi, parfois, changer la cible de mes tirs mais je m'honore du moins de l'avoir fait avec élégance. Voilà, c'est l'élégance qui partout fait défaut.

***

Après Nietzsche (Friedrich), l'Allemand, Jerphagnon (Lucien), le Français. Du premier on retient cette affirmation : « Ce n'est pas le doute qui rend fou, c'est la certitude. » Du second, j'entends cette réflexion dans l'oralité d'une conversation : « Les gens qui ont des certitudes sont sûrs de se coucher le soir aussi cons qu'ils se sont levés le matin. » Cela fait du monde !

***

« Je change la direction du *Journal du Dimanche*, je chasse le responsable de *Match.* » Sur i>Télé où je le reçois, Arnaud Lagardère nous fait cette confidence, mais ce n'est pas plus clair : Alain Genestar est donc viré ? Au fait pourquoi parler de lui encore aujourd'hui ? C'est la sortie de son livre *Expulsion* qui m'engage à en dire un mot. Mon confrère raconte dans quelles conditions il a publié, en 2005, la photo de Cécilia et Richard Attias, entreprise people du plus étrange effet. Je m'amuse à le lire ; il ne cache rien de son coup de fil à Nicolas Sarkozy un certain dimanche après-midi. Précisément, j'étais près de ce dernier, dans le jardin de Beauvau – il faisait grand soleil – à l'instant de cette conversation inattendue. Ce qu'écrit Alain est exact, le ministre a bien prononcé cette phrase : « Tu seras responsable d'un drame » mais je n'ai pas entendu la moindre menace. C'était seulement et déjà d'une glaciale indifférence. Personnellement, si j'avais été placé dans une pareille situation, je serais allé au-delà du mépris qui est un sentiment vulgaire.

***

La presse s'inquiète du romantisme exacerbé de Raymond Domenech abjurant sa compagne de l'épouser, en direct, sur des millions d'écrans, peu de minutes après l'élimination de l'équipe de France de football, au terme d'un Euro détestable. Laissons le sélectionneur à son affaire, observons le terrain, les joueurs, le climat général… et notre suffisance. Nous nous imaginions dans le camp des favoris. La grande illusion ! Et l'évidente conclusion : défaite amplement méritée.

***

Ce fut à Londres, certain soir, une fugitive mais miraculeuse vision. Je rejoignais Cyd Charisse par un petit escalier de bois qui menait à une mezzanine et mon regard, aux dernières marches, fut arrêté par de longues jambes, fines, élégantes, belles à prier. Elle vit mon émoi, elle s'en amusa, l'entretien s'en trouva plus amical. De notre rencontre je ne veux retenir que cette image, mon trouble devant un tel éclat. La femme m'inspirait plus que la star hollywoodienne, icône de la danse, aérienne dans ses arabesques dessinées au plus près de Fred Astaire et Gene Kelly. Je revis ce moment, elle s'en va à quatre-vingt-six ans, elle danse à jamais sous la pluie qui est toujours feu d'artifice.

***

Comme une fresque. Des lithographies, des eaux-fortes, des estampes qui sont le chemin dans l'univers de ses tableaux : Zao Wou-Ki s'affiche à la Bibliothèque nationale et ne craint plus de montrer ses encres de Chine qui, à son arrivée en France, auraient pu le faire passer pour un peintre « de là-bas ». Les thèmes qu'il aborde sont universels et s'il entend souffler encore le vent de ses origines, les couleurs de Cézanne ou de Matisse illustrent mieux ses vagabondages sur toile. Pour moi, il est un être de tendresse que j'aime à retrouver dans l'atelier de sa maison dont le plafond ouvert taquine le ciel.

***

Le meilleur, le plus grand, le plus beau… autant d'expressions artificielles employées à tout bout de champ et de ce fait sans intérêt. Quitte à fréquenter l'adjectif disons plutôt « exceptionnel » pour parler d'Alfred Brendel qui donnera bientôt à Vienne son ultime concert public. Dernière touche pianistique d'un maître qui, à soixante-dix-sept ans, se veut encore élève. Il est talent, honnêteté. Respectueux de celui qui l'inspire, fidèle au compositeur dont il devient le messager. C'est le chef-d'œuvre qui indique à l'interprète ce qu'il doit jouer et impose sa modestie. Nous brûlons hélas dans un bûcher de vanités. Nombreux en effet les solistes qui pensent pouvoir imaginer, donner un sens personnel à ce que le créateur a écrit et s'accorder ainsi un pouvoir complet.

Un vol manifeste. J'admire Brendel pour son obstination à offrir ce qui lui a été prêté. Il ne nous enverra plus ses bouquets de hautes couleurs. Un clavier orphelin. Encore un !

***

La lettre que je n'attendais plus, postée à Dublin. Qui remonte le temps et me rajeunit d'un bon demi-siècle. Elle est signée Jean-Pierre, seulement Jean-Pierre, ce qui me fait obligation de ne pas mentionner le nom mais j'ai immédiatement reconnu l'ami d'autrefois : « Un mot, écrit-il, je te dis adieu. J'ai accompagné de loin les tournants de ton existence bien huilée, je n'aurais pas eu pareille sérénité, j'étais voué dès le départ aux tourmentes. Je vis en Irlande, dans une ferme, enfoncé dans ma solitude, toujours absent du monde, mais en tenue d'apparat. Du blanc pour affronter le noir : je serai mort lundi, triste de ne pas avoir été choisi dans la galerie des portraits de ton bouquin *Tant qu'il y aura des îles*. J'aurais mérité pourtant, par mes folies, d'y tenir une petite place. » Pourquoi diable l'ai-je donc oublié ? Je le revois en le lisant, tragique et sublime, à la fois Oscar Wilde et Louis-Ferdinand Céline dont il revendiquait l'héritage. À Saigon, rue Catinat, dans les affres de la guerre, il n'était pas rare de le rencontrer l'après-midi, en redingote rouge, chapeau melon, canne à pommeau, gants blancs au plus fort du soleil. Il affirmait avoir été, à Paris, familier d'André Breton, il donnait au *Journal d'Extrême Orient* des articles surréalistes qui cadraient mal avec l'air du temps, participait aux colloques de l'Alliance française où ses provocations faisaient mouche et exhibait partout une femme sans âge, grande, squelettique, cheveux broussailleux, folle à souhait, dont on aimait à répéter qu'elle avait été l'égérie des paumés de l'intelligentsia parisienne. Son morceau de bravoure c'était Aragon : « Grâce à moi il lui était acceptable d'être aussi un homme. » Qu'est-elle devenue ? Disparue sans doute. Reste pour quelques heures Jean-Pierre. Cette fois il eût été détestable de ne pas en parler !

***

Depuis une vingtaine d'années nous nous rencontrions souvent mais le temps de la conversation nous paraissait compté. Peut-être en raison de ce que nous avions vécu ensemble et qui était du domaine de l'indicible ! Et puis il y avait eu la Fête de la musique, belle assemblée d'artistes réunis par Jacques Taddei au Musée Marmottan : Mikhaïl Rudy jouait Scriabine dans le feutré superbe des plus belles toiles de Claude Manet. Il m'a convoqué avant que de m'embrasser : « Viens demain à la maison, j'ai quelque chose pour toi, l'inattendu. » Et tout a aussitôt recommencé comme à Moscou et Leningrad en 1987. Je me suis laissé prendre au bonheur du rendez-vous dans sa *datcha* proche de l'avenue Mozart. En haut de l'escalier, au premier étage, il me tendait, pour m'accueillir, un livre, le sien, *Le Roman d'un pianiste*, plus précisément les cent soixante-dix-sept pages d'une épreuve pas encore corrigée. Martine m'accompagnait. Nous avons lu dans ses yeux la sérénité d'un survivant qui ose enfin se confier, le rescapé des purges soviétiques. Je l'avais reçu autrefois en personne déplacée, persécutée, c'était un fuyard qui avait choisi la liberté, nous l'avions caché durant des mois, puis, pour le protéger, j'avais pris le risque de l'exposer dans mes émissions : le pianiste prodige de l'Union soviétique devenait ainsi intouchable. Je retrouve dans le soleil de cet après-midi d'été un vrai citoyen du monde qui a su faire la paix avec son pays d'origine : « J'ai décidé de tout dire, d'affirmer enfin mes convictions intimes, j'ai dénoué mon cœur, j'ai tout écrit et sans l'aide de personne, en français, à ma manière. Le russe me liait à trop de mauvais souvenirs, il encombrait ma mémoire. Tu comprendras que je ne me suis pas trahi, tu verras quelle place tu tiens dans cet ouvrage. »

Mikhaïl – notre Miska – conte en effet notre expédition à l'Est où, appelé par la télévision de là-bas à composer un programme *Grand Échiquier* pour l'Union soviétique et le reste du monde, j'avais eu l'idée – dangereuse à l'esprit de certains – de faire revenir en héros celui dont le départ était considéré comme une trahison. J'avais des alliés en la circonstance, le service culturel de Moscou et surtout le chef d'orchestre Yuri Temirkanov qui s'amusait à saluer les agents du KGB postés à mes trousses. De cette aventure riche en épisodes plutôt heureux je retiens deux moments qui furent à Miska particulièrement douloureux. Le premier sur la place Rouge où André Flédérick faisait un plein d'images. Soudainement nous vîmes arriver une escouade de policiers coiffés de ces larges casquettes qui aiguisent la crainte. Je me souviens, Miska s'était jeté dans mes bras, paralysé par la peur : « Ils viennent m'arrêter. » Je tentai de le rassurer. Ils étaient souriants : « Avez-vous l'autorisation de filmer ? » Nous étions parfaitement en règle.

Le second moment de panique eut pour cadre la salle de concert dans l'immense studio de la télévision d'État. Les cent vingt-cinq musiciens de l'orchestre de Leningrad attendaient, silencieux, à leurs pupitres. Pas un mot à l'entrée de Miska. Il restait là, affolé, appuyé à son piano. L'instant dura toute une minute, une éternité. Yuri vint, parla. Et la formation, d'un même mouvement, se mit à applaudir. Frénétiquement. Rachmaninov était au programme. Au bout de l'interprétation, ce fut un concert… de larmes.

Tout un orchestre debout. Les archets tapotaient fort les instruments, ailleurs les applaudissements étaient nourris, le premier violon, sans doute le plus ancien de la formation, pleurait. Helena, notre interprète, me conduisit auprès de lui. Il souhaitait me dire quelques mots : « Merci de nous avoir rendu Mikhaïl qui était déjà à dix ans notre plus grand pianiste. Nous avons pour lui la plus grande admiration. Il est de ceux, très rares, qui ont refusé la dictature et ouvert quelques espaces de liberté. Rien n'est encore gagné mais on devine des ouvertures. J'ai pleuré en jouant avec lui ce concerto, j'aurai voulu l'embrasser, il a été audacieux, nous avons été lâches. »

Miska le racontera plus tard : « Jacques m'avait permis de jouer sur le piano de Richter au musée Pouchkine. J'ébauchais un Chopin lorsque, à quelques mètres, j'ai vu un homme penché, en larmes ; c'était mon père qui jamais ne m'avait entendu. »

***

Dernière journée au sein de la commission chargée de réformer l'audiovisuel public. Une mission difficile, exigeante, scabreuse, qui aura pris quatre mois et demi de notre temps, rendu solidaires les vingt-six membres du groupe, étalé nos différences, enrichi l'analyse. Nous rendons aujourd'hui notre copie au président de la République à la date fixée, ce 25 juin. C'est à l'Élysée une atmosphère de fin d'études : Jean-François Copé remet enfin ce rapport de cinquante pages qui nous aura tant coûté. Une nouvelle affaire médiatique commence. Il n'est pas impossible que nous soyons déjugés par les instances parlementaires et gouvernementales. Nicolas Sarkozy, déjà, en nous accueillant, fait le ménage et lance consciencieusement la polémique. Notre atelier de gouvernance, présidé par Jacques Valade, préconisait un conseil d'administration de douze personnalités (indépendantes) de premier plan habilitées à choisir le patron de France Télévisions. Et nous voilà aussitôt en délicatesse avec Sarkozy qui annonce son intention de nommer ce grand responsable : l'exécutif prend le risque d'une telle nomination. À la vérité, il ne s'agit pas là d'un contresens. L'actionnaire a tous les droits et, dans ce cas précis, l'État est roi. Il n'empêche que la décision allume beaucoup de visages, ceux du CSA, de la gauche qui dénonce un retour aux vieilles pratiques de l'ORTF, des syndicats qui, comme toujours, s'inquiètent. Cette volonté du président de la République qui nous met en défaut a du moins l'avantage d'anéantir l'hypocrisie de l'actuel système. Qui pourrait croire en effet que les anciens candidats n'étaient pas fortement appuyés par le pouvoir en place ?

Que restera-t-il de nos propositions ? L'essentiel paraît garanti : le pôle public devient une entreprise unique – finies les quarante-neuf sociétés qui le composaient –, la publicité n'aura plus sa place après 20 heures, les chaînes seront clairement identifiées, les émissions consacrées à la littérature, à la musique, à la découverte ne viendront plus aux petites heures de la nuit, on devrait faire une meilleure approche des nouveaux talents (s'il s'en trouve). On peut rêver !

***

Bonheurs festifs au Stade de France. Face à face, tourmentés par le bondissant ovale, les jaunes de Clermont, les rouges de Toulouse. Les Auvergnats opposés aux Capitouls. D'un côté, les feux allumés autour de Fabien Pelous, de l'autre, les cendres des beaux incendies d'une formidable saison. Exceptionnel mental des Toulousains, résignation des Clermontois. Dommage pour le rugby.

***

Fin de l'Euro de football. Victoire logique de l'Espagne qui en était gourmande. Éloignement de l'Allemagne, fatiguée, absente. Bilan sans équivoque. La Turquie, magnifique, aurait pu gagner, ce qui aurait donné une dimension historique à l'événement, les Hollandais nous ont étonnés de leur hargne, les Russes, avant leur dernier match, nous ont séduits, les Italiens, les Portugais, les Français ont cru qu'ils pourraient frimer. Totale désillusion, mea culpa tricolore. Nous possédons de remarquables joueurs, hélas nous n'avons plus d'équipe !

Juillet 2008

J'aime bien cette remarque de Gomez Davila : « Entre les riches et les pauvres, la seule différence c'est l'argent. »

***

Le livre ne paraîtra qu'en septembre, le titre est comme une promesse, *L'Impatience de vivre*. Les épreuves me sont parvenues ce matin, j'ai tout lu dans la nuit. Mikhaïl Rudy a pris le risque de conter en français son existence mouvementée. J'ai déjà dit ce que furent nos aventures en Union soviétique, l'*Échiquier* à Moscou, les heures chaudes de Saint-Pétersbourg, les retrouvailles avec ses parents. Il en parle avec cette mélancolie qu'évoque si tendrement Pouchkine : « Je suis triste et léger, ma tristesse est lumineuse, elle est remplie de toi. » « Toi » c'est elle, lui, nous, le pays, la steppe, l'espérance. Je me suis attardé aux pages consacrées aux célébrations de son cinquantième anniversaire à Moscou. Fêtes qui auraient dû être l'apothéose de sa vie. Mikhaïl jouait les concertos de Beethoven et de Chostakovitch, joyeux d'abord puis terriblement inquiet. Dans la loge réservée à sa mère... personne. Elle n'est jamais arrivée. Elle est morte pendant le concert. « Retour en France quelques jours plus tard, écrit-il, je joue le concerto de Grieg, le premier que j'ai interprété enfant... Juste avant d'entrer en scène, j'ai reçu l'appel d'un ami qui m'annonçait que mon père venait de mourir... Le destin... Mes parents sont tout aussi présents, maintenant qu'ils m'ont quitté. À mes enfants qui m'interrogent, je dis que je ne mourrai jamais tant qu'ils seront en vie. »

Cette impatience de revivre. Le piano, la musique pour enchanter l'absence.

***

Une boutade qui court dans la famille Reille (descendante de Soult) illustre bien l'isolement d'autrefois de la noblesse d'Empire rejetée par les héritiers de l'ancien régime. Vieux soldat, admirable grognard, Soult avait été fait maréchal et duc de Dalmatie. Un soir, dans un salon, le rencontrant, le duc de Montmorency ironise : « Vous êtes duc, mais vous n'avez pas d'ancêtres ! » Réponse cinglante de Soult : « C'est vrai, c'est nous qui sommes les ancêtres. » Superbe saillie qui donne priorité à ceux qui font sur ceux qui prennent.

***

Les beaux parleurs qui chantent la culture dans leurs discours ampoulés sont justement ceux qui n'en pratiquent jamais l'exercice. Ils se saoulent de mots dont ils ne comprennent plus le sens, quémandent des spectacles qu'ils n'iront pas voir, vantent des programmes qu'ils n'ont pas vus, des livres qu'ils n'ont pas lus, réclament à la télévision des « émissions de qualité » qu'ils ne regarderont jamais. Et tous les lutins du monde de l'écrit accompagnent leurs ébats. La médiatisation forcenée de la chose culturelle est devenue une étrangeté. Elle éloigne des catégories de citoyens qui finissent par croire ne pas en être dignes. Le clan des privilégiés prétend à l'universalité alors que nous devrions auparavant, pour aborder aux autres rives, nous sentir profondément français. Oublions « culture », disons « découverte ».

***

La surprise d'abord – on n'espérait plus sa libération – et puis l'émotion. Ai-je bien noté le moment ? 22 h 23 je crois ! Ingrid

Bétancourt et quelques-uns de ses compagnons, tirés de l'enfer, ont pu quitter les soldats perdus des forces révolutionnaires colombiennes. Je suis vissé aux nouvelles. En attente de notre dame, devenue madone, icône. Je retourne dans ma tête ce que nous avons pressenti, cette souffrance de 2 321 jours de jungle, d'isolement, de maltraitance. J'imagine son calvaire, sa résistance, je sais sa dignité. Dans quel état va-t-on les retrouver ! L'après-minuit tricote mille informations. On apprend qu'un commando de l'armée nationale colombienne, déguisé, affichant l'image du Che, aurait enlevé en hélicoptère la petite troupe des prisonniers. Les geôliers des FARC se sont laissé berner par l'astuce des services secrets qui leur annonçaient un changement de camp, on a éloigné toute violence, pas un coup de feu, du pur James Bond. C'est à peine croyable… mais Ingrid est libre.

Sur la plupart des chaînes de télévision les programmes ont repris leur cours, France 2 garde l'antenne au-delà de une heure du matin. David Pujadas aux commandes. Et soudain cette annonce : « L'avion des libérés arrive à Bogota dans quelques minutes. » On n'y croit pas et pourtant. Tout paraît avoir été calculé. Opération parfaitement réussie.

Ingrid Bétancourt descend la passerelle, en tenue militaire, chapeau de brousse dissimulant le visage. Elle plonge dans les bras de sa mère, dégage le couvre-chef et apparaît enfin. Et là, total étonnement. J'attendais une épave, je vois une femme reposée, épanouie, rayonnante, diserte. Elle remercie son Dieu, ses saints, sa vierge Marie, ses libérateurs, les amis qui l'ont soutenue partout dans le monde, elle parle, parle et si bellement que je m'interroge. Est-ce bien celle qui a passé plus de six ans dans le noir des forêts, toujours enchaînée ? La nature humaine a d'incroyables vertus et le corps, une résistance à toute épreuve. Autrement comment pourrait-on comprendre une pareille résurrection ?

***

C'est l'un des effets les plus troublants des bizarreries de ma vie. Pour être majeur un peu plus tôt et gagner les rivages du Sud-Est asiatique, on m'a vieilli de trois ans à l'adolescence et cette tricherie obtient son couronnement aujourd'hui. Me voilà octogénaire !

***

L'ambassadeur de Chine à Paris met en garde la France sur les « conséquences désastreuses » d'une rencontre entre Nicolas Sarkozy et le dalaï-lama. Menaces même pas voilées de rétorsions commerciales. Inacceptables. Le ton devrait monter, surtout de notre côté.

***

Les journaux dits *people* font en été leur marché de simplets. Tout ce qui ne vaut rien de l'humaine société s'offre en pâture à notre détestation. Ces gens-là – comme chantait Jacques Brel – s'imaginent à la mode, branchés, satisfaits. Ignorants surtout. Ils ne savent même pas que se vouloir dans le vent est une ambition de feuille morte.

***

Il a attendu notre retour, s'est montré joyeux, tristement, et puis s'est endormi, les yeux grands ouverts. Macao avait douze ans, âge canonique pour un chien de Montagne des Pyrénées aux presque cent kilos. Si beau – le grand blanc des neiges éternelles –, si tendre. Je me souvenais en le regardant dans son linceul, sous les sapins, de cette merveilleuse nuit de Noël, ici à Miramont, où nous l'avions accueilli, adorable peluche d'une semaine à peine, entouré de ses neuf frères et sœurs, remuant dans le berceau d'osier, près de l'arche illuminée. Il était ce soir-là la promesse à ma fille Marie-Alix. Il y aura, avais-je prévenu, toute la famille. Tu choisiras ton champion. Elle avait dit aussitôt : « Je prendrai celui qui vient vers moi. » Ce fut Macao. Un nom qui désignait déjà tout l'enfer de nos jeux. On le croit parti, on ne s'en désespère pas, je le croise à tout moment dans la maison, attendrissant fantôme...

***

Trente-cinq Tours de France vécus sur le terrain, des centaines d'articles dans la presse, autant de rendez-vous radiophoniques, télévisuels et, depuis 2005, le repli volontaire d'un toujours passionné devenu téléspectateur. Je ne rate rien désormais des péripéties de la plus étonnante aventure sportive du monde. J'ai sur l'écran la totalité des accents de la course. Aucune nostalgie. Le souvenir simplement des petits matins de palabres avec Jacques Goddet avant le départ, des kilomètres parcourus sous la conduite de mes chauffeurs de l'été, Raphaël Geminiani et Marcel Boishardy, de nos dîners prolongés au soir de chaque étape. Avoir partagé tant de moments avec Antoine Blondin et Robert Chapatte, ça compte.

J'ai rejoint Miramont en ce 14 juillet où passent à portée de maison les 169 rescapés de la grande boucle. De Pau, par le Tourmalet, jusqu'au sommet du Hautacam qui s'encadre dans nos fenêtres, la journée peut être décisive. Piégeuse à souhait. Aux environs de midi, précédant la caravane, avec la bénédiction des gendarmes du coin, bigourdans aguerris, je vais aux nouvelles, sur l'itinéraire choisi par Christian Prudhomme, le directeur de l'épreuve. Au bout du magnifique plan d'eau qui accompagne la route, à partir du pont de Tilhos, en Lavedan, des milliers de fervents – des dizaines de milliers précise-t-on –, piétons et cyclistes portant couleurs de leur équipe préférée, montent en joie, en foule, vers des endroits stratégiques, intéressants au regard. On se croirait aux Champs-Élysées certain soir de 1998, à l'issue de la Coupe du Monde. Même bonheur de rencontres inattendues.

Les Pyrénées, on le sait, font tomber les masques. Rien de ce que l'on prévoit n'arrive. Ce sont les divines surprises de nos cols en furie. On attendait Valverde, on a vu le combatif Di Gregorio, on cherchait Riccò et, étrangement, Piepoli, trente-huit ans, a mené la dernière danse. Pour le malheur, momentanément, de Charles Milhaud, président de la Caisse d'Épargne qui dînait à la maison la veille et pensait pouvoir fêter la victoire de son leader Valverde. Terrible l'ivresse des sommets.

***

À la fin d'un Tour de France, Robert Chapatte m'avait demandé : « Es-tu content de ce qui a été fait par nos équipes, sommes-nous à la hauteur de ce qui a été fixé pour Antenne 2 par Marcel Jullian et toi ? » J'aimais les éternelles interrogations de Robert, pareilles à celles de Roger Couderc (côté rugby). Comment ne pas être satisfait par le travail des techniciens, des cameramen, des commentateurs ! Pourtant, un détail me taraudait, un ennui tenace. Je n'en pouvais plus de voir, trop longtemps en course, un peloton compact que les patrons d'alors – des champions célèbres – condamnaient à leurs seules initiatives.

— Que peut-on faire ? Tu as la solution ? Ce sont les cyclistes qui font la course, pas nous. Nous devons les respecter.

Robert avait été du clan des coureurs, protégeait toujours ceux de sa compagnie.

— Si tu me fais ce reproche, c'est que tu as une idée en tête.

Loin de moi l'idée d'un reproche, c'était autre chose. J'avais en effet en tête de nouveaux espaces d'évasion qui permettraient un enrichissement de nos retransmissions. Robert ne fut pas trop long à être convaincu. Il s'agissait, profitant de nos moyens techniques, de « montrer la France ». Et nous avions pour cela les hélicoptères, les cadreurs sur moto, prêts à intervenir lorsque passaient à proximité de l'itinéraire châteaux, fermes ou moulins, abbayes, églises, toute la beauté d'un pays. Et déjà aux commandes pour embellir l'image… le hérault de service, l'incontournable Jean-Paul Ollivier qui continue de chanter l'Histoire.

***

Réussir sa sortie est un privilège de gentilhomme et d'acrobate. Patrick Poivre d'Arvor n'a pas basculé dans cet exercice périlleux où les filets ne sont plus de circonstance. Pour son dernier 20 heures de TF1, cet au revoir désolant à ses fidèles, il a su trouver le ton juste, la délicatesse des mots qui ne s'encombrent pas de grandiloquence. Nous avions beaucoup parlé avant ce moment ultime. Au diable la nostalgie. Je l'observai de très près. Ironie de l'œil, moue de séducteur, tristesse cachée du funambule. Dandy, romantique, toujours lui-même. Le changement n'est rien, il appartient à l'ordre du temps, après tant d'années on se sait condamné, partir, pour les bonnes âmes, c'est comme une résurrection. Il cite Shakespeare : « Ce qui ne peut être évité, il faut l'embrasser. » Excellente réplique de comédien qui a conscience de la fuite du temps, qui sait que la pièce n'est pas finie. Le plus sombre de l'histoire est l'absence d'élégance qui aura présidé à sa chute même pas annoncée. Mais toujours on rebondit. Trahi par les siens – et c'est le plus attristant –, il n'aura pas bénéficié de la plus élémentaire courtoisie. L'amitié et l'estime de millions de Français le consoleront vite de cette faute de goût.

***

Des journées ensoleillées, partagées avec Inès et Emmanuel Reille dans leur mas provençal, petit chef-d'œuvre de raffinement et de simplicité, au pied des Alpilles. Puis cap sur mes Pyrénées par Montpellier, Carcassonne, Toulouse. J'écoute les radios. Il n'est question sur chaque chaîne que de la « surmédiatisation abusive » d'Ingrid Bétancourt. Aux interrogations se mêlent désormais les attaques.

***

Un coup de maître ce premier sommet de l'Union pour la Méditerranée. Reconnu comme un acte fondateur par les socialistes, du moins ceux qui ne trichent avec eux-mêmes. J'en veux pour preuve la déclaration de Michel Vauzelle : « C'est un grand succès pour le président et pour la France. » Au-delà de ce jamboree réussi – réunir quarante pays n'est pas une mince affaire –, j'imagine surtout une possible chance d'avenir, celle d'une vraie rencontre pour oser enfin le processus de paix au Proche-Orient. On comprend mieux aujourd'hui l'obstination de Nicolas Sarkozy à tenir pour invité privilégié le président Bachar el-Assad. La diplomatie conduit à séduire tous azimuts. Il faudra s'y faire !

***

Presque un siècle déjà ! On a tant écrit, disserté, sur le massacre du 17 juillet 1918, dans la sinistre maison Ipatiev à Ekaterinbourg, que les esprits en sont encore embrumés. Cette nuit-là, heures démoniaques, la famille impériale russe fut exécutée par une horde d'assassins bolcheviques. Je repense à cette litanie de meurtres en découvrant ce soir les images de la télévision de Moscou qui assure le reportage du quatre-vingt-dixième anniversaire de cette sauvagerie. Des dizaines de milliers d'orthodoxes défilent, bannières au vent, photos du tsar et de ses enfants levées au bout de hautes hampes. « Le peuple tout entier est responsable du péché. Il doit se repentir », répètent les pèlerins qui parcourent les trente kilomètres menant au puits de la mine de cuivre où furent jetés les cadavres, aspergés d'acide puis brûlés.

En acceptant le récit de cette barbarie, sa « célébration », la Russie sort peu à peu de ses mensonges, ose la critique de l'horreur communiste. La répudiation de la monarchie est bizarrement assumée et, plus étonnant encore, Nicolas II, plébiscité, vient en tête des personnages les plus estimés. Et Staline ? Il gronde enfin aux profondeurs, à sa place de fossoyeur.

***

Je ne sais pas si Barack Obama a l'étoffe d'un président, je suis persuadé en revanche que son élection sonnerait comme un coup de tonnerre aux États-Unis et partout dans le monde. La rumeur plaide pour lui, le fond des choses est différent. À la dernière minute un vieux relent de racisme pourrait l'écarter de la voie royale. Jack Desmond, journaliste et écrivain new-yorkais, m'en a presque convaincu. « Obama, me dit-il, sera sacrifié sur l'autel des petits Blancs, ceux qui vivent entre fusil et goupillon. Les meutes de la Virginie occidentale vont lui faire danser le madison et le charleston jusqu'à épuisement… Un noir à la Maison-Blanche c'est dur à avaler, un métis c'est pire, un africain c'est un non-sens. » L'Amérique tout entière ne devrait pas réagir comme la Virginie, elle est une terre de liberté mais ce qui m'inquiète c'est le bonheur tranquille d'Obama. Il lui manque pour être totalement aimé les cicatrices qui font les héros. Et de ce côté-là John McCain est remarquablement servi !

***

Je me souviens de nos communions au *Grand Échiquier*, de son élégance décalée, effet d'une marginalité naturelle, d'une indifférence courtoise. Ce soir, je réentends Leonard Cohen, sa voix grave qui semble traîner des nostalgies, un chant comme une prière. Il est toujours, à soixante-quatorze ans, dans sa période bleue, chaleureux et lointain. Délivré des hordes sauvages qui accompagnent les éphémères du temps, il ne reçoit à son office que des fidèles prêts à l'envoûtement.

***

On critique tout ce qui vit, on s'étonne de tout, le scepticisme déprime le monde, sur les gens et les choses les questions fusent comme des piques assassines. Ingrid Bétancourt, l'icône adorée des premiers jours de juillet, intrigue les « mal-pensants ». Lu dans une gazette régionale : « D'où lui vient ce visage si rond, si reposé qui va si bien à son teint hâlé. Aurait-elle été l'invitée d'un palais au plus profond de la jungle ? » Ce temps ne respecte même plus le malheur !

***

Il faut s'en convaincre, les cyclistes seront toujours les mal-aimés de la grande parade universelle. Les médecins qui les accompagnent au gré de circuits barbares et les gavent de mystérieux produits, les journalistes qui les jugent sans oser observer leurs propres délires, les spectateurs qui ne font plus la différence entre champions et besogneux, les mettent au ban de la société. Désormais les gendarmes, sanctionnant leurs fautes, leur font une cour assidue et les traitent moins bien que des assassins. Les dealers ont de beaux jours devant eux puisque seules les victimes sont offertes aux bourreaux. Bien sûr, je hais la tricherie, évidemment le dopage est une malhonnêteté mais pourquoi ne devrions-nous pas admettre que les forcés de la dop ne sont que des forçats !

Je n'aime pas l'amalgame, l'injustice, les facilités d'écrire ou de dire, les querelles de clocher. L'accusation est de l'ordre de la jalousie ou de l'impuissance. Armstrong fut détesté, Pantani déshonoré, Ricco est aujourd'hui sacrifié et pour ce dernier je ne mets pas en lumière – en ombres est plus juste – la défonce, plutôt la bêtise, son impardonnable suffisance.

Les temps ont à ce point changé, la suspicion est si profondément installée que personne n'échappera plus aux atroces réveille-matin des policiers. Avec de telles recherches au fil du sang on aurait autrefois cloué Anquetil et les autres au pilori. L'honnêteté et la lucidité imposent d'affirmer que, chargée au maximum, la grande majorité du peloton ne fera jamais le poids en course face à une petite dizaine de champions incontestés qui ne sont ni des dieux ni des héros. Et c'est ce qui fait le charme du Tour de France, qui lui donne son rythme, les plus démunis – et pourtant brillants – tentant chaque jour leur chance dans une aventure qu'ils savent vouée à l'échec. Ce sont ceux-là justement que j'admire le plus.

***

« Aller à l'idéal et comprendre le réel », disait Jaurès. Possibilité de la seconde proposition, difficulté de la première.

***

Retour au pays basque, journées familiales à Ciboure chez Jenny-Paule et Philippe, balades quotidiennes sur les cols espagnols, les petits sommets d'où l'on voit jusqu'à l'océan nimbé d'une brume de soleil. Nous passons San Sebastian, nous attardant à l'admirable baie ; cap sur Guetaria (à une heure de Bayonne) puis, sans l'avoir voulu, on glisse vers Zumaia. Et là, surprise ! Je me retrouve devant le musée Zuloaga. Convertie en temple du souvenir la maison du grand peintre (1870-1945) expose ses œuvres, illustrations de thèmes populaires ibériques, et sa collection personnelle (Greco, Goya, Zurbaran). Plus que les tableaux, m'occupe le hasard qui me conduit ici. Le nom de Zuloaga m'est familier, et cela ne tient pas seulement à l'art, il est lié à l'histoire de Miramont, ma source pyrénéenne, c'est par Zuloaga – le fils – que j'ai pu reprendre possession de cette vieille demeure. Diplomate, ami de Louis-Ferdinand Céline, il avait épousé l'une des trois filles du docteur Calot qui, chez nous, voulait faire souche. Après la mort de leur père, les trois sœurs ne surent pas s'entendre, les querelles étaient violentes, il n'était pas question pour elles de vivre ensemble, fût-ce le temps d'un été. Elles décidèrent donc de se séparer de cette maison qui avait été le havre de paix du savant docteur. Elles m'appelèrent aussitôt : « C'est à vous de reprendre la suite et de revenir ainsi aux origines. » Le fils du peintre, remarquable esthète, avait été chargé de la négociation. Nous eûmes à nous revoir, à nous mieux connaître. Il m'avait dit : « Je vous ferai aimer les magnifiques toiles de mon père. Nous irons ensemble au Pays basque, Zuloaga est aussi important que Picasso. » Admirable dévotion filiale ! Je suis chez eux, je ne l'avais pas prévu. Signe de continuité !

***

L'émotion que nous procure la beauté, celle d'un paysage, d'une musique, d'un tableau, cette grâce de l'indicible, cette chance de fidélité à soi-même. Dans mes promenades solitaires en Bigorre, je vais au silence.

***

Parlant de l'un de mes proches dont je regrette les lâchetés, Serge K., sur ce ton doux qui lui est familier, me conseille d'oublier, d'effacer les mauvaises traces, de revenir à l'amitié d'avant, si forte, si complice. Mais c'est justement parce qu'on aime encore qu'on ne peut pas oublier, effacer, revenir. Je fais mienne cette réflexion du duc de Florence : « La loi divine nous commande de pardonner à nos ennemis, mais elle ne nous condamne point de pardonner à nos amis. »

***

Sur le thème de l'amitié cette remarque de Chamfort : « Il est trois sortes d'amis… ceux qui vous aiment ; ceux qui ne se soucient pas de vous ; ceux qui vous haïssent. »
Faites votre choix.

***

Elle a dû trouver sa place dans la grande et haute bibliothèque des étoiles et s'étonner encore du peu d'importance que la société d'en bas accorde aux livres, notre commune compagnie. Il y a un an, jour pour jour, Monique (Alié), ma collaboratrice, complice de toutes mes curiosités quatre décennies durant, forçait les brumes du temps pour découvrir des ailleurs dont elle ne soupçonnât jamais l'existence, que, du moins, elle n'avait pas la moindre envie de visiter. Le mal du siècle est venu compliquer sa feuille de route et me laisse à toujours chiffonné.

***

Ils sont cinq alignés sur un banc – trois femmes, deux hommes – dans le magnifique parc du casino d'Argelès-Gazost où il m'arrive assez souvent de réveiller des souvenirs. Tous vietnamiens habillés à l'occidentale... sauf une, enveloppée dans sa tunique bleue et dont le large pantalon blanc caresse la pelouse. Je me suis attardé près du ruisseau, leur silence me surprend, je me retourne, je les observe, ils me regardent, parlent enfin entre eux. Une petite minute d'hésitation et la voilà qui se lève, vient vers moi. C'est une vieille dame, très élégante, elle a dû être très belle.

— Vous êtes bien Jacques Chancel... Nous nous sommes connus à Saigon, je vous ai même reçu chez nous, dans notre plantation, près des Terres Rouges, à la frontière du Cambodge. Tant d'années ! Je vous ai toujours suivi à la télévision, mais j'étais écartée du monde.

— Vous avez donc quitté votre pays.

— Les communistes m'ont chassée mais nous sommes des millions dans ce désastre. J'avais heureusement une fille à Lyon et nous avons pu nous recomposer, pauvrement mais dignement. Ce ne fut pas le cas pour beaucoup. M'autorisez-vous à vous présenter une amie qui, elle, a tout perdu, parents, enfants, maisons, passé. Elle est de l'une des plus anciennes familles mandarinales du Vietnam et depuis 1956 elle survit, oubliée de tous. Nous avons appris son histoire il y a quelques semaines à peine, nous sommes allés la chercher au Lot-et-Garonne dans un camp de rapatriés où ils sont encore des dizaines à attendre la mort. Ne soyez pas surpris, elle n'ose plus la moindre parole mais je la sais pour l'instant heureuse.

Je me suis approché, l'oubliée était la femme à la tunique bleue, elle a esquissé un sourire. Elle nous a écoutés, nous reprenions ensemble le cours de leur tragique histoire. J'étais debout devant eux. L'homme du bout du banc s'est raconté en peu de mots :

— J'étais en philo au lycée Chasseloup-Laubat à Saigon, j'étais déjà affligé de deux tares, d'abord eurasien, né d'un père français, d'une mère vietnamienne, ensuite anticommuniste convaincu. Il n'était pas d'autre solution que la fuite. Mais nous sommes tout de même des privilégiés si l'on se compare à May Link, notre amie retrouvée, toujours jetée, incomprise, prisonnière de son camp de concentration. Parce que son mari combattait dans vos rangs elle est toujours considérée comme traître à son pays et n'a aucune existence légale en France. Nous essayons de la distraire mais elle reste enfermée dans son mutisme. Ce camp en Lot-et-Garonne quelle honte.

Je ne savais rien d'une telle prison, elle est vraiment d'aujourd'hui, comment peut-on accepter pareille indifférence à l'égard de ceux qui nous ont choisis, il n'est pas toujours bon de se sacrifier pour la France, les harkis en ont aussi fait l'expérience. Bizarre ce pays, le nôtre, qui a pourtant déclaré les droits de l'homme !

***

Dans le souvenir, le Vietnam, le Cambodge, la Chine entretiennent toujours une certaine nostalgie. À Saigon, j'aimais tant à descendre la rue Catinat, remonter le boulevard Charner, rejoindre Cholon puis revenir, passer par Gia Dinh pour emprunter les Terres Rouges, filer au Cambodge, me détendre à Phnom Penh avant de mettre le cap sur Angkor. J'appréciais alors les étrangetés de Shanghai, je me saoulais de tous les parfums de l'Asie. Époque bénie malgré les douleurs, la fureur, l'éloignement. Oui, un peu de moi, peut-être le plus précieux, est encore là-bas. Je suis redevable à mon aventure du bout du monde, elle a fortifié le corps et l'âme, mieux défini mon appartenance : si loin j'aurai appris à aimer la France, je peux la comparer.

Août 2008

Toujours émerveillé par ma Bigorre écrasée de soleil, couronnée de ces hautes montagnes qui changent les couleurs au déroulé des heures... Sur ma colline de Miramont j'ai à portée d'œil, presque à les toucher, le Hautacam, le Viscos, le Vignemale, le pic du Midi. Je les ai imaginés si souvent mes sommets dans mon exil désiré du Sud-Est asiatique – huit années durant – qu'à pleines gorgées je rattrape aujourd'hui le temps perdu.

***

Le bonheur d'une nuit d'été... L'Orchestre Philharmonique de Berlin chez lui, à ciel ouvert, dans un parc où sont rassemblés des dizaines de milliers de spectateurs. Des visages lumineux, des filles superbes sur les gradins et les pelouses, des enfants en fête et, surtout, un son parfait. Je ne rate rien, je suis à la meilleure place, devant mon écran de télévision, il est tôt ou tard, je ne sais plus. Le programme dirigé par Simon Rattle est consacré à la musique française : Poulenc, Dukas, Ravel, Debussy. Remarquable interprétation d'une formation d'exception, unique au monde.

La soirée aura été pour moi, particulièrement, tendrement heureuse à l'arrivée de mes « petites chéries » : les sœurs Labèque. Katia et Marielle, belles, élégantes, si jeunes, toujours, inspirées, talentueuses, jouent le *Concerto pour deux pianos* de Poulenc. Quel cadeau ! Je suis aux anges.

***

L'Archipel du goulag m'avait touché pour de très personnelles raisons : ce que j'avais imaginé était donc vrai, l'horreur communiste pouvait être dénoncée, ce que j'avais observé en Indochine épouvantait la planète. Alexandre Soljenitsyne l'irremplaçable, l'immense écrivain. Pareil à Hugo, Tolstoï, Dostoïevski. Cette voix souffrante de la liberté s'éteint aujourd'hui : et je l'entends ce soir, forte, expressive, au cours d'un entretien que le grand Russe avait accordé à Bernard Pivot. Bonheur extrême d'une conversation à bâtons rompus, étonnante arrogance de la langue moscovite, beauté des mots, lucidité du personnage. Je redécouvre un homme et dans le même temps je me désole d'une absence : jamais on ne retrouvera le style, la rigueur, la légèreté intelligente d'*Apostrophes*. Cette rediffusion nous en persuade.

Soljenitsyne aura demain les honneurs de son pays, recevra l'hommage des chefs d'État et sera porté en triomphe par tous ceux qui longtemps l'accablèrent. Il restera dans l'histoire de son peuple comme le héros de tous les drames, des pires injustices, de la tyrannie du monstre Staline qui l'avait condamné à l'enfer des camps. Rappelons-nous : « Celui qui dit la vérité doit être exécuté. » Il l'a été, et le plus terrible, des années durant. Si son itinéraire n'avait pas été ce chantier de douleurs nous pourrions écrire qu'il fut romantique. Mais il faut l'admettre : les grands hommes ne peuvent pas être heureux.

***

Faust de Gounod n'est pas l'opéra que je préfère mais il est servi ce soir par des gens que j'aime, que j'admire : les musiciens de l'Orchestre national, Michel Plasson, le grand chef, l'ami, et Roberto Alagna, le ténor le plus célèbre (avec Villazon), le plus accessible de la planète lyrique. Beau spectacle, interprétation remarquable, musiques légères qui sont tout de même à des années-lumière de Verdi ou Puccini si l'on observe la totalité de l'œuvre. Vive la télévision publique – ici France 2 – qui retransmet cette soirée en direct des Chorégies d'Orange… et permet peut-être à ceux qui se croient à l'écart de cette discipline artistique de participer à la fête. C'est ainsi que l'on invite à la découverte, par touches sensibles et explications simples. Le reportage sur le quotidien d'Alagna à travers le monde était à cet égard remarquable, c'est exactement ce que nous avons demandé au sein de la Commission pour la réforme de l'audiovisuel, c'est aussi, il faut le rappeler, ce que nous faisions en permanence au temps d'Antenne 2.

***

Visite d'infinie tendresse à mes parents au cimetière d'Argelès, face aux Pyrénées majestueuses baignées de grand soleil. J'entends mon père : « La vie est toujours une promesse. L'urgent est de ne jamais se résigner. Nous vivons tous entre des aubes et des crépuscules. Il faut choisir quoi qu'il arrive la pureté des matins. »

***

Depuis quatre ans je passe tristement du côté d'Arcangues, en pays basque, sans m'y arrêter. Avec le XXIe siècle, ici, un monde s'est écroulé ! Dépouillé de ses terres, le vieux château n'est plus qu'un fantôme balayé par les balles de golf qui rasent les fenêtres. L'ami, Guy, marquis de son état, et que nous avions fait « prince des menus plaisirs », a déserté son domaine, laissant à son fils des trésors littéraires qui mériteraient d'être mis en ordre. Encore faudrait-il s'en soucier !

Bien des gens seront passés à côté de ce fier gentilhomme que des contemporains besogneux mais installés, considéraient comme « usé par la légèreté, l'alcool et la province ». Guy d'Arcangues avait trop de talents pour être officiellement reconnu, on se méfie des personnages à multiples facettes, ils inquiètent le bon bourgeois. Il était poète, écrivain, peut-être plus encore : voyeur. Ses titres, son statut « d'homme bien né », sa vie mondaine ne lui avaient pas épargné les souffrances, celle de l'incarcération surtout. Il convient de rappeler cet épisode de sa vie lié à l'occupation allemande. Son père, le délicieux Pierre, avait été pris en otage par la Gestapo et emprisonné au Fort de Hâ. Guy fit alors une audacieuse démarche. Il s'offrit à sa place pour – comme il disait – un « voyage en déportation » dans un camp de Silésie. Il en sera le pensionnaire une année durant, ce qui lui permettra d'écrire ensuite un remarquable roman *Le Silésien.* J'en ai retenu l'épigraphe, c'est le père qui parle : « Je t'ai donné la vie, tu m'as rendu la liberté. Nous sommes quittes. » J'y retrouve la distance que ces aristocrates mettaient entre eux.

J'observe le château au bas du village, difficilement, derrière les grands arbres. Le portail est ouvert. Je ne rentre pas, il suffit de se souvenir. Tant de soirées partagées, de longues nuits de bavardage où nous nous provoquions par poèmes interposés. Je n'ai plus à cette heure la tentation de revisiter son bureau où dorment ses carnets, impressionnant journal commencé en 1940, continué jusqu'en 2004 et peut-être oublié par un fils qui ne l'ayant pas lu n'en sait pas l'importance. J'ai tout tenté pour que l'on puisse publier la totalité de cette œuvre monumentale. Pour apprivoiser Guy et le forcer au travail nous avions fait l'expérience d'un premier volume, *L'Opportuniste* – chez Jacques Darrigrand – qui fut bien reçu. Hélas, il n'y eut pas de suite. « Tu t'en occupes », m'avait demandé Guy. Ce n'est pas mon affaire, je ne suis en rien exécuteur testamentaire. Mais ce serait la mission de ses descendants d'éditer un tel document. Je persiste et signe.

***

À la vérité, ce millième retour à ma si longue présence chez les Asiates n'est pas étonnant, parce que justifié à cette heure par une « brève » qu'un ami a découpé dans un quotidien du jour : « Laissons les peuples disposer d'eux-mêmes. Applaudissons les guerriers du Vietnam qui ont apporté la liberté à leur pays divisé. » Ignorance crasse d'un communiste français qui n'est toujours pas sorti de ses illuminations idéologiques. Pitoyable contre-vérité entretenue par les derniers intellectuels défroqués de la gauche libertaire. Qui s'est soucié des populations du Nord fuyant les massacres, abandonnés de tous, qui a protégé les caravanes en loques des simples du Sud, des *boat-people* obligés à la fuite, victimes de leur fidélité aux valeurs de la démocratie ? Que sera le monde demain ? Là-bas… et ailleurs il faudra compter sur une élévation spirituelle que la politique et la religion sont bien incapables d'offrir.

***

Sortie réussie pour Soljenitsyne qui réunit autour de son linceul des thuriféraires tardifs. Ils étaient moins nombreux à sa sortie du goulag, tellement occupés à ne pas désespérer Sartre et les oligarques de la pensée moderne. L'hommage rendu au géant russe, à son courage, à ses souffrances, à son immense talent s'inscrit dans l'esprit des lumières. Gloire à celui qui a démonté et démontré la nature totalitaire du régime soviétique, qui fait cadeau à son peuple d'un passé perdu, dont on pourra inscrire au fronton des écoles le message premier : *Le communisme est un nouveau servage.* Dans le torrent des déclarations récentes il est rappelé que Sakharov croyait au socialisme et à la raison. Soljenitsyne, son presque semblable, se trouve paradoxalement aux antipodes. Il croit, lui, au cœur et à la spiritualité. Je me reconnais dans ce penchant.

***

Bienheureux l'été pour les fabricants de gazettes-*people*, ces feuilles légères de saison. Je regarde, je lis, je m'amuse. Le nu en images, illusoire en textes. Il y a de tout dans cette orgie de clichés au creux des faux paradis. Saint-Tropez dans sa pâle splendeur. Je découvre dans les récits ficelés à la hâte la vie fastueuse des Russes (qui font vivre les croisettes de la Côte), la déambulation délicatement forcée de jeunes beautés promises, nous dit-on, aux lucarnes de la télévision et déjà condamnées au dur apprentissage de l'éphémère, le cortège des stars, si visibles, partout en fêtes, et qui s'épuisent à ne pas vouloir être reconnues. Quelques-uns, dans ces journaux de bonne réputation, trouvent scandaleux ce remue-ménage. Pas du tout : c'est du spectacle, c'est stupide, le bon peuple aime le grotesque. Et puis ça n'encombre pas l'esprit, on ne retient rien de ce que l'on voit...

***

Tous les feux et pas seulement d'artifice. Quatre mille ans d'histoire de la Chine racontés au monde. Du grandiose comme au temps des empereurs, du subtil dans la conception de chaque tableau, du raffinement. Au final, le vrai triomphe de l'intelligence, ces Jeux olympiques commencent sur des traits de génie, on nous apprend à reconnaître les inventions de ce vieux pays, le papier, la soie, l'alphabet, représentés par des tableaux humains qui touchent au chef-d'œuvre pictural. C'est stupéfiant de beauté. Une émotion qui porte aux larmes. Je l'ai dit, je le redis, il fallait y être. Refuser Pékin eût été une stupidité. On peut, on doit combattre un régime totalitaire, on ne méprise pas un pays d'un milliard trois cents millions d'habitants. Les portes que l'on savait fermées s'ouvriront obligatoirement demain.

***

Vanessa Pontet qui, avec Brigitte Hemmerlin, publie la première biographie de Jacques Martin, *L'Empereur des dimanches*, me demande d'en écrire la préface. D'autres auraient été mieux inspirés pour raconter cet étonnant personnage. Mais puisque je suis choisi et que refuser paraîtrait inélégant, je m'exécute. Tendre contribution à une si vieille complicité :

« Il craignait tant de n'être pas aimé qu'il entrait facilement en indifférence, imposant à ses proches des distances qu'il n'appréciait guère. Toute critique lui était insupportable, ce n'était pas vanité, seulement douleur. Jacques Martin exhibait au grand jour, sur petite lucarne, ses éclats de comédie pour n'avoir pas à dévoiler ses sentiments profonds, sa permanente angoisse. La pudeur lui semblait une protection, la méchanceté une arme dissuasive. Il se voulait tiraillé entre humour, tendresse et peur. Il savait bien des choses, plus que beaucoup d'autres, mais son ignorance du bonheur faisait notre étonnement. Il en avait conscience : "J'ai triomphé à ma manière dans quelques domaines, mais je ne réussis toujours pas à être heureux." »

Je me suis demandé si c'était bien à moi d'écrire cette préface. Paul Ceuzin, son complice, associé, avait plus de motifs de dire la vérité. Mais j'ai cru y trouver une certaine justification. Jacques, dans les moments où il ne lui paraissait pas regrettable de se souvenir, me disait : « Tu es le responsable de mon arrivée à Paris. » C'est déjà une vieille histoire. J'étais un jeune journaliste, impatient, passionné, je m'éblouissais de l'inattendu, je me cherchais à travers les autres, *Radioscopie* s'offrait alors comme rampe de lancement. J'y avais reçu Germain Muller, l'Alsacien modèle, poète et philosophe, rencontré à Strasbourg. « Nous tenons ici, m'avait-il confié, un énergumène qui devrait vous intéresser. L'exact personnage d'une comédie musicale. Retenez son nom : Martin... »

Quelques semaines plus tard, un dimanche, dans mon bureau du quotidien *Paris-Jour*, faubourg Montmartre, regardant par hasard une émission de la station alsacienne retransmise par la chaîne nationale, je découvre une sorte de Fregoli, possédant lui aussi un don de transformation peu ordinaire, tour à tour chanteur, danseur, mime, imitateur, pamphlétaire, capable de remplir à lui seul cent rôles différents. Enthousiasmé par cette performance venue de province, j'écris aussitôt un long papier sous forme d'éloge, titré « La révélation ». Aux dernières lignes, je suggère que la télévision gagnerait à l'accueillir à Paris. Au téléphone, le lendemain, Jacques Martin m'annonce : « Merci, j'arrive. » Nous avons parlé de cet épisode à l'hôtel du Palais, à Biarritz, où je le voyais pour la dernière fois, si mal, si loin de tout, mais tellement bien accompagné, par Jean-Louis Leimbacher, le directeur général de l'établissement qui lui aura donné d'ultimes mois de douceur, et aussi par Leila et Gaby, quotidiennement occupés à lui faire croire qu'il y avait encore des bonheurs de table. Bien sûr, nous eûmes des feux de joyeusetés aux temps héroïques de ses marches impériales, avenue Wagram. Je n'ai rien oublié de nos turbulences au Comité des programmes d'Antenne 2 où, en fin de service, nous chantions, mêlant les cantiques aux romances païennes. Jacques excellait dans les deux exercices. Il proclamait avec le plus grand sérieux : « Nous tendons au divin après chacune de nos interventions », prenant à témoin les fidèles du jeudi soir, Contamine, Pivot, Tchernia, Drucker, Jammot, tous gens de bonne compagnie. Vous verrez dans cet ouvrage ce que furent les années Martin où s'affichait la belle impertinence du *Petit Rapporteur*, de *La Lorgnette*, sa tendresse pour les enfants. Vous constaterez aussi de quelle inconstance il fit preuve pour ne pas être totalement lui-même. Il était assez doué pour explorer tous les génies et s'y anéantir. Je lui en faisais parfois le reproche, il persistait dans cette certitude : « Je vais droit sur des lignes courbes. » Il ajoutait, ironique : « Nous avons les mêmes gourmandises, toi et moi, mais nous n'habitons plus le même univers. J'ai fait de la vie, publique et privée, une comédie. Je suis dans le virtuel, tu fréquentes le réel. Qui triche ? »

Aux dernières secousses de son existence, je n'étais plus là ; j'avais compris, à Biarritz, qu'il fallait respecter sa solitude. Les plus proches n'étaient à la vérité que des passants. Il m'avait regardé, l'œil allumé : « Crois à ma lucidité, fût-elle malmenée par les événements... C'est vrai, j'ai fait tant de choses, trop de choses, mais j'aurai eu la satisfaction de jouer *La Belle Hélène*, d'honorer Offenbach... Ma souffrance, elle, vient d'une traîtrise : on m'a volé mes dimanches et mon Empire. Point final. »

Jacques Martin appartient désormais à l'histoire de la télévision, qui s'invente déjà des légendes. Il est du patrimoine français. Unique en son genre. Loin des éphémères qui meublent nos écrans le temps d'une saison. A-t-il été aimé comme il en rêvait ? Il a l'estime et le respect, c'est bien plus glorieux.

***

Philippine a un an aujourd'hui. Elle est belle (évidemment), je la regarde grandir. Elle représente, comme tous les bébés, ce 14 août, l'avenir du monde. Elle me met en observation : se vouloir grand-père est une bienheureuse ambition, le devenir une passion qui touche à l'indicible.

***

On ne le savait pas : la Berezina avait un confluent à Pékin. Plongeon en eaux qu'on eût voulu douces ! Nos plus grandes chances de médailles chavirent dans les bas-fonds. Laure Manaudou et Tony Estanguet, authentiques champions, ont subi la déferlante des ondes mauvaises. Calmons toutefois nos impatiences : la performance du 4 x 100 m, deuxième derrière les États-Unis, à peu de millimètres, est historique, le record du monde ayant été battu. L'or aura été effleuré. Au quatrième jour, la France obtient le plus grand nombre de médailles d'argent. Hélas, l'argent ne fait pas le bonheur !

***

Le farniente de l'été, la léthargie aoûtienne, les jeux Olympiques nous éloignent pour quelques jours encore du destin américain de Barack Obama. Nos interrogations sont donc toujours au point mort. Où en est le candidat démocrate, premier Noir à se présenter à l'élection présidentielle ? Quelle est la posture actuelle de John McCain, son adversaire républicain ? Vivement septembre : le relâchement des convulsions médiatiques en tous domaines est catastrophique !

***

Cette longue errance au Sud-Est asiatique qui ne cessera jamais d'agripper mes souvenirs, cette guerre du Vietnam qui, au milieu du siècle dernier, m'a volé tant d'amis, ardents jeunes gens qui n'auront pas célébré leur vingtième anniversaire. Tragique connerie déclarée par tous les partis, entretenue par les fourbes, exploitée par la mafia. Bizarre de revenir à ce passé sous le soleil d'août !

***

Les proverbes chinois font toujours florès aux jeux Olympiques de Pékin. Celui-ci nous concerne, nous gens de paroles : « Il faut deux ans pour apprendre à parler et toute une vie pour apprendre à nous taire. »

***

Bains de foule pour le dalaï-lama qui fait croisade en France. Le contexte politique créé par les émeutes de mars au Tibet et le malencontreux passage de la flamme olympique partout dans le monde a donné au vieil exilé une aura nouvelle. Le bouddhisme fascine de plus en plus de fidèles : cinq millions des nôtres se disent aujourd'hui sympathisants de ce combat. Pourquoi un tel succès ? Je me répète depuis des années : aux yeux des Occidentaux et dans les populations d'ailleurs le bouddhisme n'est pas une religion mais une philosophie. Ni dieu, ni dogme. Une quête spirituelle. Un fond de valeurs où dominent la méditation, la tolérance, la compassion. Et cet avertissement de Bouddha : « Ne croyez pas ce que je vous dis si vous n'en faites pas l'expérience par vous-même. » À l'opposé du matraquage habituel !

***

Chaque année, depuis sa mort en 1978, des signes inattendus me rapprochent de mon doux Joseph. Aujourd'hui, c'est Magali Armand, maire de Villar-en-Val, qui, sur les conseils de Jean-Marie Drot, m'invite à participer aux fêtes poétiques et champêtres célébrant Delteil. La lettre hélas me parvient trop tard ! Villar est le lieu de naissance du grand écrivain qui fut avec son roman *Choléra*, l'un des seuls vrais surréalistes en 1923. Je connais bien mieux Pieusse, près de Limoux, où il passait son enfance et Grabels où il finit ses jours. La Tuilerie de Massane, sa ferme, fut souvent ma maison du bonheur. J'appréciais d'y retrouver sa femme, la fantasque et délicieuse Caroline Dudley qui avait créé La Revue nègre, en 1925, au Théâtre des Champs-Élysées. Couple romanesque s'il en fut.

J'ai dans ma bibliothèque au rayon le plus accessible, les ouvrages de Joseph : *Sur le fleuve amour*, *Choléra*, *Les Cinq Sens*, *Jeanne d'Arc*, *François d'Assise*, *La Deltheillerie*. J'y dépose ce soir un petit glossaire composé par ses fidèles, enluminé de ses phrases les plus courtes.

Extraits :

Ma devise : ouvre l'œil.
L'instinct, la meilleure des torches.
La terre, c'est le tremplin du ciel.
La peau d'une femme est une Amérique.
Oui, on meurt d'amour ; je veux dire d'absence d'amour.
Nos bras sont des ailes, nous étions oiseaux.
Ce que tu rêves, fais-le !

Il l'a fait Joseph ; toute sa vie il a rêvé.

***

La guerre russo-géorgienne aura enflammé un août plutôt endormi. On savait qu'il y avait crise entre Moscou et Tbilissi, personne n'aurait pu imaginer que le président Saakachvili emploierait la force pour plaire aux États-Unis. Car, ne nous y trompons pas, ces combats qui sont la résultante d'un maladroit découpage des populations n'ont plus rien à voir avec un conflit purement ethnique. En lançant une offensive (pas réfléchie) contre les séparatistes ossètes, la Géorgie fait le jeu de Poutine. C'est une partie de poker menteur qui oppose Washington et Moscou sur les terres du Caucase. Le monde d'ailleurs a du mal à comprendre. L'Ossétie et l'Abkhazie ne sont pas immédiatement repérables dans les esprits, il m'a fallu les retrouver sur la carte et mieux considérer dans le même temps la position géographique de la Géorgie, leur voisine serrée entre l'Asie centrale et l'Europe, devenue pro-occidentale. La Russie, fière de son passé, orpheline de ses anciennes possessions ne pouvait pas accepter de montrer son impuissance, de subir un quelconque affront. Sa riposte est un signal, un dangereux avertissement. Poutine souhaitait incarner le refus du déclin, un certain sursaut. La Géorgie vient de lui donner l'occasion de démontrer que l'on ne défie pas son empire !

***

Passant par Juncalas, je monte le col de la Croix Blanche pour rejoindre Bagnères-de-Bigorre. Routes buissonnières d'absolue beauté. Au sommet d'où l'on aperçoit la plaine jusqu'au lointain, un homme d'âge, je le vois de dos, droit, légèrement appuyé sur son bâton. Il n'entend pas le bruit de ma jeep. Je m'arrête, il me salue, m'offre un sourire lumineux, je devine déjà l'ironie sur son visage.

— Alors, jeune homme, on a décidé d'écraser le vieillard ?
— Vieillard ?
— Quatre-vingt-quinze ans, cher monsieur.

Je l'invite à s'asseoir sur le talus. Il a le mouvement lent, mais précis, aucunement souffrant.

— Ne craignez pas pour votre voiture, elle ne gêne pas, il n'y a personne dans le coin.
— Vous êtes d'ici.
— Non, de Tarbes… mais mon refuge d'été depuis des lustres est tout à côté.
— Bigourdan, donc.
— Comme vous, monsieur Chancel… Vous pensiez peut-être que je ne vous avais pas reconnu ? Ancien instituteur, je

vous ai toujours suivi, à la radio principalement… Aimez-vous ce pays ?

— Je suis né de lui.

— Je le savais, je voulais vous l'entendre dire. Nous sommes, paraît-il, des gens particuliers. Il y a, comme chez nos voisins basques, une identité génétique bigourdane : un bigourdan qui revendique notre nationalité doit avoir quatre parents bigourdans.

Je suis sauvé, j'ai des siècles d'antériorité.

***

Mes nuits sont plus agitées que mes jours : les Jeux olympiques ne me laissent plus aucun sommeil. Tout le peuple de Chine dans ses habits rouges, 842 millions de téléspectateurs ont suivi la cérémonie d'ouverture ; ce pays obéit à des normes qui nous dépassent. Rien à critiquer après ces premiers jours. Organisation parfaite, beauté des lieux, enthousiasme des foules.

***

On ne les attendait pas, ils sont venus taquiner notre ignorance : les frères Guénot nous donnent deux médailles en lutte gréco-romaine. Le plus jeune, Steeve, empoche l'or. Christophe s'offre le bronze. Leur bonheur est pareil à leur discrétion. Pudique. Ils n'auront pas bénéficié de grandes envolées médiatiques avant ces victoires qui les tirent de l'anonymat. Et pour cause ! Tous les titres de une, les pleines pages, les reportages avaient été réservés aux vaincus de la semaine !

***

Je n'avais vu que ses épaules, si massives, presque monstrueuses et puis il a sorti sa tête de l'eau, allongé le bras, touché du doigt le dernier obstacle, avec légèreté. J'ai bondi dans mon fauteuil, il devait être presque cinq heures du matin. Nous avions de l'or sur un cent mètres en natation. Soyez remercié, Alain Bernard.

***

J'étais à Saint-Pé ce matin, le collège où je fus n'appelle plus mon souvenir, il y manque la vie, je passe, je reprends la route jusqu'à la basilique. Pour rejoindre le bois de Lourdes qui me permet d'aller à Miramont par les collines oubliées, il m'a fallu longer les grilles du sanctuaire où piétinent des milliers de pèlerins venus célébrer le 150e anniversaire des apparitions : on annonce huit millions de visiteurs en ce cru sacré 2008. Est-ce un effet du hasard, la vierge Marie qui attend le pape en septembre se trouve en concurrence (modeste) avec le dalaï-lama qui a désormais chez nous ses troupes missionnaires. Le signe me paraît évident : c'est un retour glorieux à la spiritualité. Point de religion en cette affaire, plutôt une prise massive de réflexion et ce combat : moins de pratiquants dans nos églises mais bien plus de brebis égarées soucieuses de se retrouver face à elles-mêmes. Cette quête de sens dont je ne cesse de parler emprunte des chemins différents, bouscule les cultes anciens, s'approche d'une forme nouvelle de mysticisme.

Lourdes s'est mise en fêtes. L'arrivée de la star Benoît XVI, l'intellectuel du Vatican, réjouit les commerçants et gonfle d'émotion les fidèles. J'avoue toutefois mes préférences, ce qui trouble mon ami André (Lacrampe), archevêque de Besançon. Je regrette tant de n'avoir pas connu Jean XXIII et Jean-Paul II, si grands, si généreux, si proches de leurs ouailles et de tous les autres croyants qui ne sont pas forcément catholiques. La foi au-delà des dogmes !

***

Le bonheur d'écrire, l'angoisse de se relire. Je corrige ce soir les épreuves d'un petit ouvrage de réflexion destiné aux Éditions Séguier, *L'Inachevé*, qui interroge sur les plaisirs et les labyrinthes de la création. J'aime assez l'idée de l'inabouti qui donne toute liberté à l'espérance – il reste tant de choses à accomplir –, qui comporte aussi un zeste de vanité – on serait donc capable de faire mieux ! Je déteste surtout la volonté d'aboutir, d'enterrer un projet, de penser que tout a été dit. Je m'oblige à l'attente, je ne veux rien finir parce que finir c'est mourir.

***

Tant qu'il y aura des îles ! Triomphe de la Jamaïque à Pékin. Des extra-terrestres sur cent mètres, la piste comme un tremplin : Usain Bolt chez les hommes, qui vole et plane à la fin. Irréel. Record du monde battu. Facilité éprouvante : seul sur orbite le diable. Shelly-Ann Frazer chez les femmes, virevoltante, charmeuse et accompagnée de ses amis de même bannière. Tiercé gagnant. Cruelle absence française. Mais que tout cela est beau. La grâce plutôt que le cocorico !

***

Ségolène Royal, dont le seul projet affiché vise à déstabiliser Nicolas Sarkozy, devrait plutôt s'inquiéter de l'éloignement des siens et veiller à calmer les esprits au PS. Les déclarations d'intention ne sont rien, les promesses courent sur des semelles de vent, les attaques deviennent puériles. Profitant de la valse-hésitation du pouvoir à propos du dalaï-lama, la candidate malheureuse de notre dernière élection fait des grâces au chef spirituel des bouddhistes et s'invite au Tibet pour « très bientôt ». Ce voyage de circonstance apparaît soudainement tardif ! Pourquoi Ségolène la belle, si haute en couleurs, ne s'est-elle pas rendue sur ces sommets lors de son voyage en Chine en 2007 ? Cette politique de l'à-peu-près, cette suffisance de la parole qui accablent bien d'autres personnages, à droite comme à gauche, nous semblent une malédiction.

***

Dans *Le Nouvel Observateur* une longue enquête sur la satire, de multiples interrogations sur la place de la caricature dans la presse, le caractère raciste de certains propos que leurs auteurs voulaient drôles. Le malentendu partout s'installe, la polémique grossit le trait. On navigue désormais entre les vagues, l'irrévérence devient fléau, la frontière entre humour et diffamation n'est plus définie. Dominique Nora écrit fort justement : « Quelles que soient nos différences culturelles, voilà bien une constante universelle : seuls les Juifs peuvent raconter des blagues juives, les Noirs des blagues noires, et les Belges... sans pour autant être soupçonnés d'arrière-pensées. » Les musulmans ici ne sont pas cités ; il est vrai qu'ils ne plaisantent jamais sur leur Prophète. Les chrétiens ne paraissent pas non plus en cause. Il semble acquis que l'on peut se moquer du pape et de ses disciples. Peut-être peut-on voir là l'exceptionnelle puissance de l'Église de Rome !

***

Nouvelle lecture de *La Deltheillerie* de l'ami Joseph Delteil parti en 1978. Avec cette phrase en guise de conclusion : « J'aimerais que le dernier mot soit le même que le premier, le seul mot dont je rêve pour mon épitaphe : innocent. »

***

Joseph Delteil encore (et toujours) : « Jouis de tout et au jour le jour, me disait-il. Il y a une disposition particulière de l'âme qui tend à l'extase et que la raison refuse. Je me suis inventé une diététique du bonheur. J'envisage mes matinées avec des idées confuses, je m'oblige à un certain pessimisme pour ensuite illuminer l'après-midi de cette chance unique d'exister qui est un privilège, cette ligne mélodique quotidienne me permet d'aborder la soirée en vainqueur, au grand bleu d'un optimisme béat. Je ne suis dupe de rien, même pas de ce que je te dis. Je peux te dire "tu" de temps en temps ? »

***

Et ça recommence ! Le livre est annoncé « mauvais » mais tout le monde en parle : les quotidiens et les hebdomadaires l'accablent mais lui consacrent un florilège de pages douteuses. Avec son *Marché des amants*, suite d'un continuel jogging du sexe, Christine Angot pénètre l'atroce béatitude de la bêtise. La voilà qui conte par le menu ses amours avec le chanteur Doc Gyneco ! Je ne juge pas, je ne l'ai pas lue, je ne la lirai pas.

***

Dix soldats français tués dans une embuscade en Afghanistan. Pour les tièdes du cœur une bavure, pour les autres, l'immense majorité, des larmes, l'expression d'un deuil national. À tous ces jeunes l'honneur dans le tragique des armes et l'infinie tristesse des obsèques aux Invalides que je suis religieusement sur France 2. L'ultime aventure de ces sacrifiés n'était pas seulement une mission de maintien de l'ordre en terre étrangère. C'est une guerre menée comme le terrorisme international. Faudra-t-il mourir longtemps encore pour décider la paix ?

***

Qu'elle est accablante cette marche funèbre dans la cour des Invalides. Elle m'oblige à de sombres retours. J'ai tant accompagné d'amis au dernier chemin, là-bas, en Indochine, souvent des moins de vingt ans qui hantent encore des terres inconnues devenues rizières. Que d'âmes errantes abandonnées par la France !

***

L'hommage du président devant les dix cercueils alignés. Intense moment d'émotion. J'observe les familles, leur désespérance. Il n'est pas de mots pour calmer cette douleur. « Jamais encore, déclare Nicolas Sarkozy, je n'avais mesuré l'étendue de ma responsabilité. » Paroles fortes qui traduisent la difficulté à gouverner, à prendre seul la décision finale, à risquer de jeunes vies sur des terrains minés. La solitude d'un chef d'État est tragique. Plus on monte, plus on s'isole.

***

Je l'ai dit, c'est un phénomène, il sera l'homme des jeux de Pékin. Usain Bolt, la merveille, a réalisé l'impensable. Après un 100 mètres fabuleux, un 200 mètres irréel. Deux médailles d'or, deux records du monde. Toute la grâce de l'athlétisme qui me séduit bien plus que la performance (en natation) pourtant magnifique de Michael Phelps. J'en sais qui diront encore que c'est stupéfiant ! C'est qu'ils ne savent plus aimer : le soupçon leur fait office de credo. Mais comme le jaune soleil va bien à la Jamaïque.

***

La passion aurait déserté les pages du romanesque. Les livres de la rentrée de septembre seraient de fureurs et de bruits, de confessions intimes, de secousses à connotations sociales. On ne se soucie plus de trop aimer on craint plutôt de se laisser emporter par de possibles tentations. Il est vrai que la passion appelle un risque ; elle est un état transitoire, un passage accidenté qui annonce de cruelles blessures et au final la rupture. Mais ce serait une lâcheté de la refuser lorsqu'elle passe, de l'éteindre lorsqu'elle fait mal : la vie est terre de cicatrices. Qui n'a pas été blessé ne saurait ni comprendre ni exister.

***

« Toujours se soucier de l'autre, disait mon père, quitte à se défaire de soi-même. Prends de la distance avec ton ego et bientôt tu te retrouveras, ragaillardi. » Sans bien m'en rendre compte, j'ai suivi ce conseil, je me suis mis à l'écoute du temps, éloignant tout mépris par nature et fidélité à l'enseignement familial, assez déterminé pour tenter de comprendre la complexité du monde, de ses passants, assez orgueilleux pour admirer, assez courtois pour accorder de l'indifférence à ceux dont je pourrais me plaindre. Ce que je hais le plus ? La muflerie. On s'étonne souvent : « Vous ne parlez pas de vous dans votre Journal ! » Et pourtant je me surprends à en dire trop... en discourant sur l'autre. On me croit secret. Non, seulement réservé. « Votre enthousiasme en toute circonstance est-il réel ? » s'interroge et me demande une dame de rencontre. Je crois, très sincèrement, que la joie est un remède contre la maladie et la mort.

***

Il y a des jours comme ça qui rappellent de mauvais souvenirs ! J'ai croisé ce matin devant la mairie d'Argelès-Gazost une dame blanche, octogénaire, défaite mais reconnaissable. Six décennies lui ont peut-être permis d'oublier, moi, je la revois telle qu'elle était à dix-huit ans, ici, sur cette place, attachée à une chaise, les cheveux arrachés, en touffes sur les genoux. Soleils et ombres de la Libération. Comme partout ailleurs, les épurateurs du coin (autodésignés) tondaient, souvent à l'aveugle, et puis promenaient nues les femmes accusées d'avoir couché avec des Allemands. Sinistre spectacle provoqué par des résistants de la veille, de pauvres hères, des lâches, assez vite interrompu heureusement par les soldats enfin descendus des maquis. J'étais un enfant, c'est encore très précis...

Septembre 2008

Pyrénées-Paris. Comme chaque année sur le chemin du retour, arrêt-tendresse chez Madeleine et Maurice Druon dans leur maison du bout des vignes, en l'abbaye de Faize. Toujours en voix l'académicien, un peu moins en gestes. Une faiblesse du poignet droit l'éloigne passagèrement de l'écriture et de la suite de ses Mémoires. Il en joue d'ailleurs pour reposer ses quatre-vingt-dix ans, marquer un arrêt.

— Je ne puis tenir ma plume, je suis en attente.

Il sourit, veut me faire croire qu'il s'en amuse.

— Il te reste à dicter les derniers chapitres. Tu l'as promis à Bernard de Fallois.
— Je ne promets pas, je suggère. Dicter m'est devenu une difficulté.

Nous parlons de ses amis de toujours, d'Alain Decaux, de Paul Lombard, de Paul Desmarais, de Nicolas... Madeleine, admirable, veille au moindre de ses désirs. Je les observe, il y aura, plus tard, beaucoup à écrire sur ce couple étonnant, de si bonne noblesse. Douce soirée que nous terminons ensemble sur les sublimes images de Luchino Visconti : Arte nous fait le cadeau de l'intégrale du *Crépuscule des dieux*, l'hallucinant récit du destin tragique de Louis II de Bavière. Tout le flamboyant des ténèbres. Le génie d'un metteur en scène aux dernières secondes de sa vie.

***

On s'attendait à ce déferlement coutumier : en ce début de septembre, six cents romans hantent les librairies de France et ambitionnent de monter les marches de la célébrité à l'heure des prix littéraires. Et sur l'air d'une habituelle facilité la folie médiatique chante encore les mêmes noms : Amélie Nothomb et Christine Angot écrasent la rumeur. On les sublime avant que de les avoir lues. Pour elles, des pages et des pages, étonnements et insultes mêlés. Il ne reste plus aux vrais livres que des bouts de colonnes. Et pourtant il faudrait parler (ça viendra !) de Régis Jauffret, de Tristan Garcia, de Michel Le Bris, d'Olivier Rolin. Et mieux encore de Jean-Baptiste Del Amo qui, pour *Une éducation libertine* reçoit la première récompense de la saison, le prix Laurent Bonelli. Émouvants lauriers qui rappellent le passage trop court en ce monde d'un amoureux fou de la littérature, organisateur des fêtes romanesques du Virgin Mégastore. Laurent fut, une année durant, chez Sophie Davant, sur France 2, mon compagnon de lectures offertes aux téléspectateurs. Il savait dénicher un talent et l'imposer au public. Ce prix prolonge son existence terrestre.

***

Enfin une émission littéraire dans l'espace très achalandé du fameux prime-time. Vive France 5 qui ose cette nécessité. Des encouragements à François Busnel qui ouvre sa *Grande Librairie*. Je prends le risque de dire que ce sera une réussite. Le prétendant aux bonheurs de nos prochains jeudis a toutes les qualités requises : il sait lire, écrire et écouter. Et puis, attendrissement personnel, ce moment tellement espéré me rappelle les débuts d'*Apostrophes* avec Bernard Pivot. Sur Antenne 2. La belle époque.

***

Du grain à moudre pour les affamés de la planète *people* : Rachida Dati vient de confirmer sa grossesse. L'heureuse nouvelle mérite l'attendrissement et appelle la discrétion. De grâce, laissons la dame s'abandonner à son bonheur, que les timbrés du scoop à tout prix lui accordent un temps de totale sérénité. Il serait vulgaire de s'interroger trop tôt sur le futur papa.

***

La valse triste des élites socialistes, emmenées à La Rochelle, aura fait tourner les têtes sans pour autant faire chavirer les cœurs. Tant d'âmes errantes ! Épouvante d'une guérilla de petits chefs, baroque manège. Désolation ! Vide absolu ! Une majorité sans opposition ne peut que s'endormir.

***

Dans mon bureau tant de titres de la dernière cuvée ! Des piles et des piles. Obligation de faire le ménage. Je range les « anciens », je remplis des malles qui prendront la route des Pyrénées, je retiens quelques titres. Un ouvrage glisse sur la moquette : la *Correspondance (1939-1947)* d'Albert Camus et Pascal Pia qui m'avait échappé en 2000. Comment ai-je pu égarer cet exemplaire ? Je retrouve un écrivain que j'admire, un journaliste-résistant que j'estime. Les deux hommes s'étaient rencontrés à Alger en 1938. Ils furent confrères dans différentes publications, complices, querelleurs, jusqu'à la fâcherie qui allait décider d'une rupture définitive, leur commune douleur.

Pia est à l'origine de la publication de *L'Étranger* et du *Mythe de Sisyphe*. Il aura contribué grandement à la construction de l'œuvre de Camus ne désirant rien tant que l'anonymat. Leurs lettres nous instruisent sur les dessous littéraires et politiques de la guerre. Mais c'est leur amitié turbulente qui m'intéresse, leur séparation qui me peine et la réponse de Pia au biographe de Camus qui me rassure. « Vous écrivez, dit-il, que ma rencontre avec Camus devait faire de moi son meilleur ami puis son pire ennemi... Vous avez accompli là une manière de tour de force : émettre en sept mots deux contre-vérités... Je ne puis vraiment pas me reconnaître dans cette définition dont la malveillance me déconcerte... À partir du moment où j'ai rompu avec Camus, mon attitude à son égard a été toute d'indifférence et d'abstention... »

Absence... abstention. Des mots qui installent la distance nouvelle entre deux amis mais, comme le dit Pia, n'ont « rien à voir avec la haine ou le mépris ». Ce serait plutôt une douleur, parfois une lassitude, le plus souvent un impératif de solitude choisie : l'amitié même rompue, est de toujours.

***

Cette frénésie qui soudainement prend toute une salle et l'enfièvre. Deauville-la-douce ne se savait pas préparée à un tel délire, les intellos de la critique en sont encore tout retournés, le Festival du film américain avait bien ourlé son ouverture. Trente-quatre ans après son triomphe au Grand prix de l'Eurovision, le groupe Abba fait toujours recette, inspire scénaristes, metteurs en scène, producteurs, réunit des millions de fidèles à travers le monde, rassemble les générations. Ce soir, sur la côte normande, *Mamma Mia !* – leur label d'éternité – fait son entrée sur grand écran avec comme prêtresse de cette comédie baroque, la pétillante Meryl Streep, folingue, somptueuse. Un beau numéro d'actrice au sommet de son art, déjantée et... naturelle. J'avais vu la transcription théâtrale de cette œuvre il y a quelques mois à Las Vegas, curieusement, je n'avais pas aimé. Le film, lui, m'enthousiasme et il m'importe peu que l'intrigue soit assez banale : cette histoire d'une jeune fille qui se cherche un père à « travers » les trois amants de sa mère n'est pas d'une facture très originale, et, à la vérité, n'a guère d'importance. Ce qui compte, c'est la musique, ce sont les chants, l'atmosphère euphorisante qu'ils installent. Mieux que du cinéma : une fête.

***

Arthur Rubinstein me le répétait à chaque rencontre : « Dans notre panthéon des pianistes célébrés il y a un phénix : Sviatoslav Richter. » À ce dernier, j'avais fait confidence de l'hommage, il s'en était inquiété : « L'a-t-il dit avec ironie ? » Non. Il était sincère. Il saluait l'immense soliste. Aujourd'hui un livre au titre proustien, *Du côté de chez Richter*, m'en fait souvenir. Près de trois cents pages tirées de ses conversations, passionnantes, brillantes, désordonnées, avec Youri Borissov, complice de toujours. Il évoque ses longues années de scène où il ne craignait pas d'aborder un répertoire audacieusement diversifié. Soliste virtuose, génial même dans ses interprétations les plus inattendues, il était aussi pour ceux qui l'approchaient un grand poète. Nous avions parlé toute une aube après un concert à la Grange de Meslay, en Touraine. Il se plaisait à jouer et Bach et Webern. Il s'irritait de la timidité avec laquelle il abordait Mozart : « Sa *Sonate en la mineur* me déconcerte, elle est ensorcelée. » Il faut le lire chez mon ami Hubert Nyssen (Actes Sud). Passionnant.

***

D'abord je n'ai vu que la magnificence du Collège des Bernardins, tiré des ruines, enfin restauré, revenu à son éclat de 1245, lorsque l'abbaye cistercienne brillait ici de l'intelligence de ses passants : les moines et leurs invités y cherchaient Dieu, pour beaucoup ce « grand inconnu », consacrant à cette découverte leurs années d'études. Impressionnant cet alignement de colonnes hautes. Nous étions là, invités par Benoît XVI qui avait souhaité « réunir autour de lui des intellectuels français ». Très longue attente motivée par des raisons de stricte sécurité. On aurait eu mauvaise grâce à s'impatienter ! Au bout d'une heure que la chaleur rendait étouffante, vinrent, passant par les fenêtres à la limite de la voûte, les chants des milliers de jeunes massés à proximité qui saluaient l'arrivée du pape dans un concert d'enthousiasme d'ordinaire réservé aux stars des étranges musiques d'aujourd'hui. J'observai cet homme en blanc à son entrée parmi nous. Souriant, serein. Totalement différent de ce que j'avais imaginé, à l'opposé d'une image qui était sans doute caricaturale. J'ai considéré en effet dès le début de son pontificat qu'il n'avait pas la grâce de Jean-Paul II, son charisme, son art généreux de la séduction, son magnétisme. Trop rigoureux et trop lointain ce grand théologien, plutôt conservateur et dogmatique. Je le voyais sacrifiant bien plus à l'intelligence qu'au cœur. Je m'en tenais à cette réflexion du père Guy Gilbert : « On allait voir Jean-Paul II, on écoute Benoît XVI. » Il y a dans ce parallèle une terrible distance.

Après quelques discours de bienvenue, le pape a parlé, l'homme d'Église a cédé le pas au professeur, le cardinal Ratzinger a soudainement changé de soutane, nous donnant dans un français parfait une leçon d'histoire médiévale. Célébrant le monachisme, Benoît XVI note dans l'œuvre civilisatrice des bénédictins les fondements de l'Europe chrétienne. Son exposé est d'un esprit fulgurant, asséné avec force et une vraie joie. On ne peut pas dire qu'il donne dans la facilité, chaque mot compte : « L'humanisme d'aujourd'hui, dit-il, s'inscrit dans la discipline et l'étude des moines du Moyen Âge... La pluralité des sens, des interprétations, du partage doit rompre avec le fondamentalisme et le fanatisme... Abdiquer devant la question de Dieu serait une capitulation de la raison. » La foule des intellectuels, croyants et athées mêlés, applaudit debout. Le pape a gagné sa difficile partie. Paris et Lourdes lui font fête. Va-t-on le regarder maintenant avec d'autres yeux ?

***

Cela peut étonner, mais c'est une très bonne nouvelle : le retour de Lance Armstrong à la compétition en irrite tant que ce pari audacieux du septuple vainqueur du Tour de France devient passionnant. Les besogneux de la course sont dans leurs petits souliers, collés à de trop faibles pédales. Que lui reproche-t-on ? L'ivresse d'une profusion de seringues, erreur fatale qui ne fut jamais prouvée. De quoi se moque-t-on ? De ses trente-huit ans qui en font le nouveau « vieux » de la grande boucle. Que les revanchards et les jaloux se méfient. Tous dopés ils ne résisteraient pas malgré tout au génie d'un champion qui, parfaitement à jeun, saura les ridiculiser. J'entends déjà les cris d'orfraie de quelques-uns de mes confrères occupés à défendre les couleurs des plus médiocres. On ne se résigne pas facilement en France à saluer le talent.

***

« Je veux séduire », me disait Jean-Edern Hallier. Traduction exacte : « Je veux susciter la curiosité. » Barbare attendrissant, écorché vif, tête à claques, il était d'une espèce qui fait cruellement défaut : les fous sensibles. J'ai cru le croiser à vélo il y a quelques jours à Deauville !

***

Vendredi familial en Franche-Comté où nous attend le frère pyrénéen, Monseigneur André Lacrampe, archevêque de Besançon. Beauté architecturale de sa maison, un hôtel particulier du XVIIIe, face à la cathédrale, classicisme conservé de la chambre qui nous accueille et qui fut autrefois au cardinal de Rohan. Chaleur des retrouvailles, bonheur des rencontres, entre autres celle de l'abbesse du monastère des Clarisses, Brigitte de Singly, ma consœur à France Inter dans les années 88 : « Je suis, me dit-elle, de vocation tardive mais d'autant plus réfléchie. » Sérénité visible d'une âme forte… La musique est aussi au programme : André nous entraîne au concert que donne le trio Wanderer (Vincent Coq, piano ; Raphaël Pidoux, violoncelle ; Jean-Marc Phillips, violon). Comme un retour au *Grand Échiquier* et pour ne jamais rompre avec mes anciens pensionnaires… Se souvenaient-ils de ma préférence pour les cinq mouvements du *Trio* de Schubert ou est-ce pur hasard ?

***

Ce que j'apprécie le plus c'est l'inattendu, la rencontre imprévue : celle d'aujourd'hui m'amuse. Devant Le Coq au Trocadéro, une vingtaine de jeunes en grande discussion autour d'un banc occupent le trottoir. Peu de passants à cette heure tardive. Une voix m'arrête :

— Tiens, monsieur Chancel. Demandons-lui…

Une petite blonde charmante accroche gentiment mon bras.

— Vous vous souvenez ?

Je suis surpris :

— Nous nous connaissons ?
— Non… mais nous nous sommes rencontrés un soir chez Frédéric Taddéi sur son plateau, où je faisais de la figuration.
— Qu'avez-vous à me demander ?
— Simplement de donner votre opinion sur la question que nous nous posons : « Que ferions-nous si nous avions de l'argent ? »
— Que feriez-vous, mademoiselle ?
— Je visiterai le monde. Mais c'est de vous que j'attends la réponse.

Assez surréaliste ce questionnement à cette heure, à cet endroit… je ne peux pas me défiler.

— Si j'avais de l'argent, beaucoup, beaucoup d'argent, je me donnerais totalement à l'une de mes passions : la peinture. Mais ce n'est pas la collectionnite qui prendrait mon temps. Je me ferais mécène, je passerais commande aux artistes d'aujourd'hui. J'ai visité dans l'après-midi l'exposition du génial Mantegna, ce grand maître d'il y a cinq siècles. J'envie le marquis de Mantoue qui l'avait choisi pour peintre officiel de sa famille. Il existe près de nous tant de talents que l'on aurait nécessité d'aider et qui croupissent dans l'anonymat et la pauvreté. Un mécène doit pouvoir découvrir plutôt que d'amasser des tableaux déjà reconnus. Une cour de peintres autour de soi, quel luxe ! Hélas, il faut une fortune !

— Examen de passage réussi, ironise ma jeune fille de rencontre.

Je m'éloigne, ils parlent tous d'avenir, ils le rêvent, ils sont en chemin.

***

Une sorte de rentrée scolaire ce déjeuner avec Jean-François Copé à l'Assemblée nationale. Une façon conviviale de prolonger quatre mois de travaux au sein de la Commission pour la réforme de l'audiovisuel public. Nous n'en avons donc pas fini même si l'avenir de cette réflexion ne nous appartient pas. Nous sommes convenus en effet de ne pas nous désintéresser des attendus de la future loi. La question la plus importante, de mon point de vue, reste la désignation du président de France Télévisions. Les cinq chaînes dépendront de ce qu'il est, de ce qu'il fera, des responsables qu'il se choisira. Je plaide pour une prise de risques chevillés à l'innovation. Pour un peu de folie !

***

L'Afghanistan aura divisé le parlement et permis à quelques-uns, dans l'opposition, de planter de dangereuses et stupides banderilles au Président. En votant « non » à la prolongation des forces armées sur les collines de ce funeste pays le parti socialiste a écorché un vieux consensus sur les affaires de défense. La politique politicienne a fissuré l'accord qui, entre la gauche et la droite, permettait aux gouvernants en place de soutenir les interventions extérieures dans lesquelles nous étions engagés. Le feu vert donné, au final des délibérations, par la majorité au maintien là-bas de nos troupes permet de sortir avec honneur de ce cruel imbroglio. L'abandon eût été dangereux ; François Hollande qui en conduisait les péripéties a fait une faute et poursuit l'erreur en imaginant encore notre alignement sur les États-Unis. La preuve est affirmée : nous avons aujourd'hui la gauche la plus désordonnée du monde !

***

Le salon de la fraternité, au Zénith de Paris, organisé et présenté par Ségolène Royal, ressemblait furieusement à une cérémonie évangéliste. Frémissements de la dame, soubresauts des fidèles, scénarisation baroque de l'office. C'était une première en politique : l'une des fêtes d'un grand parti en charge d'un opéra comique ! J'avoue mon trouble devant l'inattendu du spectacle, l'audace de la performance, la naïveté de la mise sur orbite. Le pire était de la partie. Frisettes de la star, tenue décalée, tunique et jeans bleus, Ségolène, les bras en croix, et surtout en désordre, déambulant sur l'immense plateau au rythme d'une gestuelle mal maîtrisée. Il n'y a donc eu personne dans l'entourage pour arrêter ce massacre ! Et que dire des propos martelés en souriant, pareils à un soliloque théâtreux ! Ils sont d'évidence d'une femme en souffrance : « Depuis trois ans il y a eu la riante primaire, la courtoise présidentielle, les gentils coups-bas, les charmantes épreuves… » Plus qu'une profession de foi : une confession.

***

Ces hommes et ces femmes, privilégiés de la vie, qui jamais ne cessent de se plaindre et autour d'eux les humbles qui toujours prennent le soin de n'en rien laisser paraître : l'orgueil est un cache-misère. Je crois aux forces de la retenue. J'aime les audacieux pudiques, les clairvoyants, les bienheureux capables de réenchanter le monde.

***

Je ne l'aurai vu qu'une seule fois mais trois heures durant et j'avais été séduit. C'était au Ritz où nous présentions ensemble une manifestation consacrée à l'enfance. Paul Newman dont on vante la beauté était surtout l'élégance même. Un très court instant il m'avait parlé de son fils Scott, mort d'une overdose, ses lunettes noires dissimulaient une douleur qui jamais ne le quitta. Ce soir, je reverrai *L'Arnaque*.

***

Il considérait l'Opéra de Paris comme une seconde famille, il lui arrivait de faire des infidélités au New York City Ballet. Jerome Robbins était, avec Maurice Béjart, mon chorégraphe préféré, celui que j'aimais à entendre me raconter des arabesques qui ne peuvent pas être écrites, à disserter sans fin sur des créations dont les meilleures troupes du monde prolongent la légende. Ce soir, au palais Garnier, nos danseurs lui rendent hommage, dix ans après sa disparition. Et tout y est : sa grâce, sa légèreté, son inventivité, sa rigueur, sa drôlerie. Magnifique et dans la plus pure tradition son *En sol* sur la musique du *Concerto pour piano et orchestre* de Ravel, réjouissant son *Concert* sur des pièces pour piano de Chopin. Exceptionnelle la participation du Ballet de l'Opéra à cette embellie du souvenir.

Octobre 2008

Paul de Sinety m'adresse le livre-CD que Culturesfrance consacre à Patrick Modiano. J'y retrouve notre *Radioscopie* de 1972 ; l'écrivain avait alors vingt-cinq ans. J'écoute sa petite musique faite de phrases syncopées, de précipitations et d'arrêts brutaux ; je l'entends mais je ne le vois plus « place de l'Etoile » où il fait ses « rondes de nuit ». Je ne sais plus si son humeur est heureuse. Se souvient-il encore du conseil d'Albert Camus que je lui avais rappelé : « Il ne faut pas avoir honte de préférer le bonheur. »

***

Je le lis, rien d'original, je l'entends, il devrait s'écouter : Éric Zemmour, un drôle d'invertébré dont la méchanceté entretient une certaine laideur.

***

J'ai souvent associé dans mes plaisirs de lecture Modiano et Le Clézio, j'ai d'ailleurs dû les accueillir pour la première fois à la même époque. Ils me paraissaient être les deux talents nouveaux des années 70. Entre eux, sans doute de grandioses différences mais quelques similitudes. L'un chez lui en exil, l'autre partout en solitude. Une discrétion partagée, une indifférence commune aux secousses médiatiques. J'apprécie la distance qu'aujourd'hui encore ils installent entre leur œuvre et sa possible renommée. Modiano s'enroule autour de Paris au point de n'en jamais sortir, Le Clézio court le monde pour oublier qu'il n'a pas de port d'attache, pas la moindre terre natale. Il le disait récemment à Jérôme Garcin : « Moi, je n'ai pas de racines, sauf des racines imaginaires. » À l'écouter je constate ma chance : je suis ce grand voyageur qui revient sans cesse à sa source et tient les Pyrénées pour premier fondement d'une existence. Je voudrais pouvoir convaincre Le Clézio : choisissez votre dernière étape, on est avant tout du pays que l'on aime.

***

Ils n'ont que ce souffle de mot à la commissure des lèvres : culture. Ils le déclinent à longueur de soirée dans le futile des salons. Ils parlent d'un livre qu'ils n'ont pas lu, d'un film qu'ils n'ont pas vu, d'une musique qu'ils sont bien incapables d'entendre. Ils vont en grappes aux fêtes de la bonne société. Combien sont-ils ? Un petit millier dont quelques-uns bégayent une ignorance crasse, ce qui ne serait pas tragique s'il n'y avait en plus, chez eux, un mépris abyssal.

***

L'Américain Warren Buffett passe pour l'homme le plus riche du monde. Il est contre l'héritage et affirme : « Une personne fortunée doit laisser suffisamment à ses enfants pour qu'ils fassent ce qu'ils veulent mais pas assez pour qu'ils ne fassent rien. » Je comprends cette déclaration qui est comme une hantise. Trop d'héritiers sont devenus des épaves.

***

Rigoletto à l'Opéra Bastille dans une mise en scène de Jérôme Savary. J'en ai vu de meilleurs. Verdi, heureusement, nous fait l'offrande de « tubes » que le monde entier fredonne. Quelques bonnes ondes toutefois. Performance de l'orchestre, excellente interprétation de Juan Pons (rôle titre), d'Ekaterina Syurina (Gilda). Hélas, petitesse du ténor !

***

Encore quatre semaines à attendre : Barack Obama pourrait être le prochain président des États-Unis. Un choix historique. Je crains toutefois la dernière minute devant l'isoloir. Une pinte de racisme n'est pas à exclure.

***

L'affront avait fait un certain bruit à l'hiver 2007. Le *Time* annonçait en couverture : « La mort de la culture française. » Je retrouve ce soir, sur le plateau de *Starmag*, l'auteur de l'article, le journaliste Don Morrison, encore tout étonné de son succès. Je le regarde, amusé. À l'époque je ne m'étais pas ému outre mesure de sa critique féroce. Maurice Druon, avant lui, s'était inquiété de quelques malencontreux dérapages, d'absences troublantes. Nous devons, en effet, reconnaître que les artistes français ne font plus la pluie et le beau temps sur les marchés du monde. Ce n'est donc pas une révélation, je vois plutôt dans le désordre des attaques un regain d'intérêt. Mon premier mot c'est Merci ! Il le juge ironique. Non, je suis sincère. Cher Don Morrison, merci de nous avoir choisis pour sujet de votre souci (vous auriez pu proclamer la mort de la culture allemande, ou anglaise, ou espagnole ou américaine). Dans votre cœur ardent il n'y a que nous ! Encore merci. À la vérité vous nous aimez trop et nous ne vous aimons pas assez. Nous serions, dites-vous, « éperdument liés à un esprit franco-français qui nous masque l'univers ». Je ne nous crois pas en déshérence mais nous n'avons pas, c'est vrai, un Proust, un Sartre ou un Camus, pour émoustiller les élites de la planète. Comment juger l'aujourd'hui ? Dans un demi-siècle seulement on saura ce qui a été sauvé des effervescences actuelles. Le charmant Don en convient et, en fin de conversation, Jean-Marie Le Clézio vient à la rescousse : une dépêche nous informe qu'il a obtenu le prix

Nobel de littérature. Notre culture serait-elle redevenue subitement vivante ?

***

Nous avons désormais un écrivain français à lancer à la face des jaloux, des esprits chagrins, des pessimistes de tout poil. Le Clézio doit à la Suède de forcer enfin les portes de la renommée universelle. Il était grand, il est maintenant reconnu. Ce matin à la librairie des Champs-Élysées, on s'arrachait ses livres. Trois titres en majesté : *Le Procès-verbal*, *Désert* et *Ritournelle de la faim*.

***

Deux écrivains, seulement possédés par leur écriture et qui n'appartiendront jamais à un quelconque réseau de copinage condamnés aux renvois d'ascenseurs : Jean-Marie Le Clézio et Jean Échenoz sont au soir du Nobel les invités de François Busnel sur France 5. J'aime ces hommes pleins d'une pudeur extrême, j'apprécie leur goût de la solitude, leur passion commune des grands espaces, leur indifférence aux magouilles salonnardes. Ils s'écoutent, courtoisement, sans s'interrompre, comme dans la plupart des foires télévisuelles bornées aux débats fumeux. Ni bruit, ni fureur, ni invective. Seule l'intelligence lumineuse. Le Clézio évoque son enfance, Échenoz parle de Zatópek, le coureur olympique, tous les deux s'interrogent sur leur parcours singulier. Pourquoi écrivent-ils ? Pour apprendre à se connaître, tenter de comprendre. La vie, disent-ils, est un sac très lourd. Le « Je » une épouvante. « On se raconte mieux en inventant des personnages. » Ils ont en commun une musique prophétique. Jamais je n'avais entendu une analyse aussi parfaite du *Boléro* de Ravel. L'envoûtement pour ligne de force. Je me souviens de ma question à Daniel Barenboim : « Combien de coups de baguette sur le tambour de cette œuvre ? » « 4 322 », m'avait-il répondu. J'ai tenté de vérifier sans jamais y parvenir. Mais je m'y laisse prendre. Leur permanente angoisse : « Pourquoi la violence, pourquoi la guerre ? » Terrible constat d'ignorance des hommes. Que le petit écran est grand lorsqu'il offre de tels moments.

***

Guillaume Depardieu foudroyé par une pneumonie après une courte vie de souffrances, ponctuée de beaux moments d'exaltations poétiques. Il avait trente-sept ans comme Rimbaud qui fut lui aussi amputé de la jambe droite.

***

Jacques Le Goff aura été le premier à signaler la force de l'imaginaire dans l'Histoire, à faire la somme des mythes et des légendes, à traquer les idées reçues. Il aime à répéter que le Moyen Âge ne fut jamais une période noire dominée par la barbarie : c'était le temps des cathédrales. Hélas, on ne l'apprend pas ainsi à l'école ! Dans un entretien récent il évoque l'obsession qui s'attache à certains phénomènes. Et celui des Cathares n'est pas des moins intéressants : « Bien sûr, dit-il, des hommes et des femmes ont été traités de façon cruelle mais les Cathares brûlés sont moins nombreux qu'on ne l'a prétendu. Je regrette les souffrances qu'ils ont endurées mais je me félicite qu'ils aient été vaincus. S'ils avaient triomphé, c'eut été un fléau ! Ils voulaient exiger de tous les chrétiens qu'ils abolissent le plaisir. Ils étaient des Talibans en puissance. » Voilà qui va rendre ou malheureuse ou folle de rage mon amie Mady de la Giraudière, peintre à Lavelanet, gardienne des ombres de Montségur, à laquelle je ne manque jamais de rappeler l'étrangeté de cette secte.

***

Jessye Norman à Dijon. Le pas est devenu lent, la voix a perdu en volume, gagné en délicatesses, diva elle était, grande dame elle est devenue. Nous évoquons nos rencontres à la radio et à la télévision, nos promenades à Londres et à New York. Elle me rappelle sa première apparition à Aix-en-Provence au cours de l'*Échiquier* que je consacrai à Michel Plasson à la tête de l'Orchestre du Capitole de Toulouse. Je me souviens, elle y avait été somptueuse. Nous fûmes, c'est vrai, et en maintes occasions, amicalement complices. Ce soir, invitée par le Festival de musique sacrée dont on m'a fait président d'honneur, elle chante, accompagnée par le pianiste Mark Markham, Schubert, Gounod, Mahler, Bernstein, Duke Ellington. C'est magnifique. Hélas, parce qu'il s'agit d'un répertoire « sacré » et que la politique trotskiste est désolante, les édiles de la ville l'ont empêchée de se produire à l'Auditorium, salle à l'excellente acoustique et condamnée au Zénith plutôt réservé aux rythmes endiablés des nouvelles vagues ou, pire, à l'évangélisme des baroques de la politique. Ne pas honorer le vrai talent, quelle faute de goût !

***

Que retenir de la crise lorsqu'on a les moyens de ne pas la craindre, faute d'actions à caresser et sur lesquelles aujourd'hui on pleure ? En premier lieu la performance de Nicolas Sarkozy qui s'affirme homme d'État et nous persuade que l'Europe enfin existe.

***

Le (presque) tout Le Clézio à la librairie du Drugstore sur les Champs-Élysées. Une dizaine de titres en piles. Je m'attarde, j'observe, j'écoute : « C'est un nomade, dit une dame… Donnez-moi *Désert*… » ; « J'aime cet écrivain, pérore un jeune barbu. Il ne sacrifie pas à la mode, il n'a rien à voir avec les girouettes de la farce littéraire. Je sais l'essentiel de son dernier roman, *Ritournelle de la faim*. Les médias nous le racontent depuis une semaine. Je veux *Le Procès-verbal* qui a été publié quinze ans avant ma naissance. » Amusant d'entendre tant de bavards qui sont aussi des lecteurs.

***

Avant-hier c'était Lucien, hier Diane, aujourd'hui Martha. Mauvaise passe de trois chez les Barrière. Tristesse. Tant d'amis disparus. Dernière partie, Martha était la femme de Lucien, la mère de Diane. Elle était drôle, curieuse, attentive à ses amis. Il y a trois semaines, à Deauville, je l'avais trouvée un peu lasse, plus mystérieuse que d'habitude : « Je prépare une éclaircie ! » m'avait-elle dit. Tout à l'heure elle s'est calmement endormie. Ses petits-enfants, Alexandre et Joy, vont devoir porter désormais les couleurs de l'empire familial. Leur père, Dominique Desseigne, les y a préparés.

***

Nul n'est responsable de sa propre venue au monde ; chaque vivant devrait en revanche pouvoir décider de sa mort. C'est souvent l'égoïsme et la peur qui entretiennent la souffrance d'un proche. Pour beaucoup, partir doucement serait une bénédiction. Pourquoi faudrait-il être quotidiennement torturé par la maladie lorsqu'on sait que celle-ci ne nous lâchera pas. C'est à chacun d'entre nous, si la chose est possible, de choisir la dernière destination. J'ai connu trop de désespérés qui jamais n'eurent le bonheur d'une ardente complicité. Je me souviens d'une tragédie qui m'avait saisi à mes dix-huit ans. Un ami de mon âge, beau, doué, promis à l'espérance m'avait prié de le visiter à l'hôpital de Giadinh, près de Saigon. Fauché par une mitrailleuse viet dans la plaine des joncs il n'était plus sur son lit qu'une moitié d'homme. Il me regardait avec une insistance apitoyée, ses mots d'une précision cruelle résonnaient comme un ordre : « Aie pitié de moi. Fais-moi ce cadeau. Tue-moi ». J'ai été lâche, je n'ai rien fait, j'ai conscience de l'avoir abandonné…

***

Madeleine et Maurice Druon me parlent avec enthousiasme d'un livre qu'ils viennent de découvrir et dont je ne sais rien : *La Dernière Conférence* de Marc Bressant. C'est le journal de bord d'un diplomate sarcastique, l'illustration rigoureuse des dernières heures de la guerre froide. L'histoire est publiée par

Bernard de Fallois, ce qui est gage de qualité. J'ai commandé « l'objet » à la librairie Publicis. Je l'aurai demain.

***

Tous mes voyages, autant de fuites pour de possibles retrouvailles, cette quête toujours inassouvie. Est-ce la perfection d'un ultime séjour, je recherche de plus en plus le plaisir de la musique, de la littérature, de la rencontre. Parfois aussi le simple bonheur d'une conversation au bout du monde. J'ai couru la planète et j'ai l'impression de n'avoir rien vu. C'est lorsque je rêve que j'invente vraiment ma vie. Que peut apporter une certaine réussite ? Que sont les honneurs ? Des foutaises que, curieusement, on accepte. Seul, le grand large.

***

La beauté en offrande : Mantegna au Musée du Louvre. Favori du duc de Mantoue, chantre de la Renaissance italienne, ce peintre de très haute ambition est honoré, plus de cinq siècles après, par une rétrospective de ses compositions les plus élégantes, des tableaux hantés par des visages qui semblent vivants, aux couleurs même pas affectées par le temps. Je me souviens d'une photo découpée autrefois dans un journal d'Extrême-Orient et que j'ai perdue. C'était *L'Adoration des mages*. Du plus fascinant Mantegna.

***

Un certain Yves Bertrand, pompe (funèbre) des renseignements généraux, offre sans vergogne ses carnets personnels où navigue la rumeur. Homme des secrets, il étale bizarrement ses ruses sur la place publique. Par petites phrases, notes minimalistes, mots tordus. Hélas ! Il n'a ni le talent, ni le panache de Talleyrand, ni la perversité de Fouché. La banalité ne saurait être son excuse.

***

Un privilège de star cet endormissement de sœur Emmanuelle portée aux sommets médiatiques par les politiques de droite et de gauche, les bons pasteurs de toutes les religions, les riches, les pauvres, les incroyants, ceux qui croient au ciel et ceux qui n'y croient pas. Missionnaire sans doute mais toujours pour d'honnêtes causes la diablesse de Dieu ne fit jamais de prosélytisme, sacrifiant justement à une liberté de ton par rapport aux prescriptions de l'Église. Presque centenaire, à quelques jours près, elle devait se savoir bénie du Très Haut pour oser, à son départ, de telles confessions sur ses désirs sexuels. Applaudissons cette franchise. Elle aura, jusqu'au bout, amusé son monde. L'écoutant dans ses écrits d'outre-tombe, je songe à une amie bigourdane, très jeune, très belle, née coiffée, qui pouvait tout attendre de la vie et qui s'offrit au Seigneur pour se consacrer aux seuls déshérités. Elle fut, à dix-huit ans, le chagrin de sa famille (et le mien) au matin douloureux de son entrée au Carmel de Lourdes, le jour où je faisais mes premiers pas en Asie. Isabelle, devenue sœur Marie-Madeleine, s'était vite rendue compte qu'elle ne pouvait pas être simplement contemplative. Il lui fallait de grands espaces pour témoigner de sa foi en l'humanité, pour vivre au cœur de la pauvreté, avec les plus démunis. Elle fut en Chine, puis dans les favelas de Rio, au Cambodge dans la tragédie de la rouge barbaresque des Khmers, six mois de pleine jungle pour sauver un millier d'enfants. En 1980, je l'ai retrouvée au Cameroun où, avec cinq autres religieuses d'un ordre – « Espérance » – qu'elle semblait avoir créé, elle aiguillonnait une école maternelle dans de vastes bâtiments de bois entièrement construits par cette étonnante équipe. Tous orphelins, les enfants étudiaient et logeaient là, au milieu d'un parc immense. Le président Ahidjo qui m'accompagnait m'avait prévenu : « Marie-Madeleine est une sainte, vous ne pourrez pas la filmer, elle refuse tout ce qui pourrait ressembler à de la publicité, elle vous reçoit en souvenir de vos jeunes années. » Nous parlâmes un court moment : d'évidence elle n'était plus mon Isabelle. Je la devinais gagnée par des sommets qui ne nous sont pas accessibles. Ce qui nous frappait, c'était l'amour dont l'entouraient ses « petits » et sa manière respectueuse de s'adresser à eux. Jamais le moindre tutoiement. Un « vous » de rigueur.

Il y a une décennie Isabelle avait « choisi » de sauver Haïti. Aux dernières nouvelles, elle y aurait disparu dans de mystérieuses circonstances. Elle restera l'inconnue lorsque d'autres seront canonisées.

***

Mon départ pour le Sud-Est asiatique à l'âge le plus tendre et mes sept ans et demi passés là-bas troublent encore mes amis : « Pourquoi avoir tout abandonné ? » Peut-être pour comparer des mondes diamétralement opposés, sans doute pour taquiner l'aventure. Dans cette décision pas d'échappée désespérée, pas de fuite honteuse : un éloignement choisi. Apprenant de Montaigne, je ne me serais soucié que d'une seule chose : ma liberté intérieure.

***

« Je ne peux rien te dire, m'avait confié, gourmand, l'ami Flammarion. Notre bouquin va faire un bruit d'enfer. » Et la rumeur s'était répandue dans la jungle germanopratine : un dialogue épistolaire mené par deux grands écrivains devait faire exploser les tirages. Chacun alignait son compte de combattants. Au final, nous eûmes Houellebecq et Lévy pour combler notre attente, leur entretien *Ennemis publics* pour alimenter la chronique. J'ai lu ce que l'on annonçait comme un brûlot et je m'amuse déjà de ce que la critique saura en tirer.

À l'évidence, on ne retiendra que le coup médiatique, on glosera méchamment sur les affrontements complices de ces deux hommes qui s'estiment détestés, humiliés par des confrères jaloux et contre eux déchainés. J'entends la prochaine petite musique de la vindicte professionnelle, l'accusation de « paranoïa » leur sera sans doute infligée. Il est vrai qu'ils fourbissent eux-mêmes les armes qui les blessent. À trop se raconter ils se mettent en danger, leur sincérité n'est pas bien venue, l'humilité devient vite narcissique, l'autodérision peut être une dérive. Cibles brillantes depuis toujours, boucs émissaires pour la vie entière, ils se veulent bretteurs de tout ce qui les oppose. Le dandy et le clochard font cause commune. Michel parle de la mère qu'il ne parvient pas à haïr, Bernard évoque son père qui fut un combattant héroïque. Le philosophe et l'écrivain imposent leur propre statut et cette position ne saurait leur être contestée. Leur passion du secret est mise à nu, leur désir d'être aimé est violent. Quitte à affoler quelques-uns de mes amis, j'avoue avoir pris un vrai plaisir à suivre leurs confidences. Leur honnêteté ne peut pas être mise en doute. Cet échange qui me touche me rappelle ce que nous avions osé, Marcel Jullian et moi, il y a un quart de siècle, lorsque nous avions publié *Franchise postale*. Le livre, je le reconnais, avait fait moins de bruit..

Novembre 2008

Premier grand prix littéraire de la saison : l'Académie française rend hommage à Marc Bressant dont Maurice Druon m'avait vanté le talent jubilatoire. J'ai beaucoup aimé ce journal d'un diplomate averti qui conte une réunion d'exception à l'automne 1989, à Londres. L'auteur, dans un style décapant, note quotidiennement l'incroyable dialogue de sourds entre est et ouest. Du grandiose dans le dérisoire. Toute l'érudition d'un témoin, la parfaite intelligence d'un romancier. Un festival de galipettes pour ce final : la chute du mur de Berlin un certain 9 novembre. Un petit bijou cet autel des palabres.

***

J'avais dit à mes amis tarbais chargés de promouvoir l'équipe locale de rugby : « Faites-vous connaître, affichez vos intentions, chantez la région, rédigez une belle plaquette où vous pourrez vanter vos propres valeurs... » Ils ont acquiescé... mais avec cette amicale supplique : « Donnez-nous une préface. » Encore une, ai-je pensé ! Comment refuser ? Quitte à me répéter je m'adresse au pays qui est le mien et que j'aime !

Isolé dans mes lointains du monde, à des milliers de kilomètres, des années durant, pris dans les mailles de la tumultueuse Asie, j'ai vécu ma Bigorre au plus près car le cœur n'épouse jamais la distance. Je l'aimais d'autant plus que je pouvais la comparer, je l'appréciais d'autant mieux que je rêvais de la rejoindre. Elle me manquait et pour l'habiter je l'écrivais chaque jour dans mes petits carnets. Là-bas j'avais appris à la reconnaître. À mon retour, souhaitant la célébrer, la jeunesse autorisant toutes les folies, j'avais créé le Rallye de la vallée des gaves dans le seul but d'accueillir la presse, la radio, la télévision, belles à chanter les charmes du pays. Ce furent vingt années de partage. La découverte engageait la promotion. Les Pyrénées brillaient sur les antennes nationales !

Désormais la discrétion l'emporte sur la renommée. J'enrage de ne pas entendre notre petite musique alors que les côtes – basque, d'Azur –, les Alpes, la Normandie s'affichent à longueur de saisons dans les gazettes. Serions-nous étrangers à la marche du temps ? Nous aurait-on oubliés ? Il nous faut réagir… sans pour autant nous prostituer. Nous possédons les meilleurs atouts, nos valeurs, nos traditions, notre environnement, notre sagesse ancestrale, notre hargne proverbiale qui devrait être mise à vaincre. Je remarque des possibilités, je note les manques. Je me réjouis des exploits des « Petits As » qui ont révélé les plus grands du tennis mondial, je regrette l'absence d'une ronde cycliste qui permettrait de prendre à notre compte l'Aubisque, le Soulor, le Tourmalet, l'Aspin. Je me désole du ridicule de certains comportements, des stupides querelles de clocher : j'avais rêvé, pardonnez ma naïveté, d'un remarquable Quinze de Bigorre qui aurait pu nous réconcilier avec le passé. Les équipes de Bagnères, de Lourdes, de Tarbes sont encore dans toutes les mémoires.

Heureusement, la capitale régionale nous donne à espérer. Avec plus de moyens, des amoureux plus aguerris, une synergie nouvelle, le TPR pourrait demain s'ouvrir les portes de la première division et séduire enfin les écrans de la télévision, ajoutant à la promesse sportive l'élan économique. Un grand club a toujours été une véritable ambassade. Il suffit d'y croire et de tout faire pour vaincre l'impossible. J'ai souvent dit, écrit, que le rêve est une création. Donnons des rêves à la chimère.

On me dira que j'ai pour mon pays des ambitions trop hautes. Enfantillages ! Elles sont simplement à la mesure de nos propres altitudes. Les sommets qui font cercle et forcément couronne autour de ma maison nous enseignent que l'on ne doit jamais s'interdire de monter jusqu'aux cimes.

Notre histoire est riche d'épisodes remarquables mais – est-ce pudeur ? – nous ne la racontons que très rarement. Victor Hugo, Chateaubriand, George Sand, tant d'autres, une impératrice, des princes l'ont célébrée mais on ne les entend plus. Il m'arrive parfois de poser cette question : « Quels sont les trois poètes français nés à Montevideo ? » On s'essouffle à me répondre. Et pourtant, ces trois-là – Laforgue, Supervielle, Lautréamont – sont bigourdans.

***

Dans mon courrier matinal une carte postale (la cathédrale d'Auch) de Denise B : « Vous n'avez aucune indulgence pour les écrivains bons, sans doute, mais frimeurs. Rappelez-vous ce que disait Georges Perec à votre *Radioscopie* : "Un con qui aime les mots ne peut pas être totalement mauvais." » Je ne me souviens ni de mon manque de pitié exprimée à l'égard des frimeurs, ni de la réflexion de Pérec. Failles de la mémoire !

***

Mieux qu'un succès, c'est le soleil éclatant d'un symbole. Désigné par les siens, élu par une immense majorité planétaire, Barack Obama prend le risque aujourd'hui d'une renaissance du rêve américain. Ampleur de la nouvelle, date historique, grandeur d'un peuple qui gomme les préjugés et se défait à tout jamais d'une mémoire esclavagiste. Le plus dur reste à venir : le nouveau président des États-Unis réussira-t-il l'avenir après l'avoir si honnêtement désiré ?

***

Gymnastique singulière ! On peut tomber et se relever aussitôt. Ségolène Royal en fait l'étonnante démonstration. On attendait Martine Aubry, Bertrand Delanoë, bizarrement associé à François Hollande, on espérait Benoît Hamon. Et c'est la mal-aimée qui revient, la dame-apparition, condamnant les éléphants du PS à une marche de plus en plus pesante. Soubresauts insipides de la politique politicienne. Souvenons-nous de la réflexion amusée du général de Gaulle : « Abandonnons à leurs plats ces partisans de toujours qui cuisent leur petite soupe au coin de leur petit feu ». Au congrès de Reims je n'espère pas de hautes flammes !

***

Me voilà cravaté commandeur par le président de la République. Nous nous connaissions bien avant qu'il ne fût aux affaires, notre amitié, notre complicité n'ont rien à voir avec la politique. Sarkozy qui sait tout de moi conte quelques épisodes de ma vie, je retrouve le Nicolas intime qui ne me parle jamais de politique. Je suis seul, près de lui, face à mes amis. Ce salon de l'Élysée où nous sommes, qui ne m'est pas familier, n'est pourtant pas un site totalement inconnu. Je me souviens de Jacques Chirac qui m'avait fait officier ici même, mais avec dix autres « couronnés » dans une humeur moins conviviale et je n'oublie pas ses reproches, deux ans après, au cours d'une cérémonie où l'on agrafait l'un de mes amis. Ne portant pas ma décoration, comme d'habitude, il s'en était étonné : « Vous refusez d'afficher cette distinction et c'est une sorte d'inélégance. Ne jugez pas ce manque comme un geste d'humilité, c'est plutôt un acte de petite vanité. » J'ai retenu la leçon, mais, malignité, je n'ai pas su encore l'apprendre.

***

Je ne verrai plus sur le visage du dernier poilu l'image de mon père, rescapé lui aussi de cette boucherie que fut la Première

Guerre mondiale. Il n'y a plus désormais aucun survivant pour témoigner des massacres. Papa, magnifique vieillard de quatre-vingt-dix ans, me disait juste avant de mourir : « Les livres d'histoire nous parlent de soldats qui pleurent ! Ils devraient s'attarder aux soldats qui tuent : l'homme peut vite devenir un barbare. » Ce 11 novembre est celui de l'Ossuaire où passaient à l'aube les âmes errantes de trois de mes oncles.

***

Comment ai-je pu être à ce point ignorant ? L'absence est vraiment mauvaise conseillère. Et l'éloignement un ennemi redoutable. Je reviens en peu de mots sur ce livre-journal qui m'a séduit : *La Dernière Conférence*, sorte de pamphlet diplomatique que Maurice Druon m'avait engagé à consulter. Je ne savais rien de son auteur, un certain Marc Bressant. Et voilà, ce jeudi matin, *L'Express* qui titille ma mémoire. Bressant est le vieil ami qui a su dissimuler sa véritable identité. Il s'appelle en réalité Patrick Imhaus, nous avons longtemps travaillé, œuvré, ensemble à la réussite de TV5 dont il fut le président et moi l'administrateur. On devrait s'interdire à tout jamais de telles erreurs… d'oubli !

***

L'antiaméricanisme de nos obscurs stratèges aura-t-il disparu dans les atours nouveaux de Barack Obama ? Que n'a-t-on pas dit ces dernières années et souvent avec raison lorsque le divin Bush y allait de ses frasques. Que de mal ce triste ignorant aura fait à son pays ! Le voilà enfin renvoyé à son Texas. Son départ nous laisse croire au retour du vieux rêve américain. Les frères ennemis de la bannière étoilée ont vite changé de monture : Washington leur devient un modèle. Rien d'étonnant à ce bouleversement. Nous sommes en France les champions du « retournement de veste ». Même les maoïstes d'autrefois qui trouvaient des charmes à la plus atroce dictature vont tresser des couronnes au jeune métis. Serait-ce le temps de l'espérance ?

***

Amère constatation : on mesure la qualité d'un homme au nombre de ses ennemis.

***

Je l'ai dit cent fois, je me répète : arriver n'est pas une finalité. Il faut être toujours en marche. Le plus important c'est le chemin.

***

Rien de plus délicieux que cette amitié qui dure depuis cinquante ans, que nous avons eu la chance – peut-être le talent – d'entretenir sans la moindre complaisance. Philippe Bouvard nous reçoit aujourd'hui en famille. Les enfants sont le vrai sujet de notre conversation. Au moment de partir, Philippe me dit : « Dans mon papier du *Figaro Magazine*, je fais une petite note sur ta cravate de commandeur. Je termine ainsi : à l'Élysée l'assistance était choisie. Les rares immortels absents avaient une excuse : ils sont déjà morts. » Toujours cette gourmandise de tuer gentiment pour faire un mot !

***

Une femme veille son mari, combattant du Jihad, atteint d'une balle dans la nuque, paralysé, muet. Elle lui avoue tout ce que la peur l'empêchait de lui dire auparavant. C'est le thème de *Syngué Sabour*, sous-titré *Pierre de patience* qui vient d'obtenir le Goncourt. Une chronique plus qu'un roman, directement écrit en français par un Afghan, Atiq Rahimi. Le temps est venu où l'on sacrifie davantage à une littérature étrangère, comme s'il fallait à tout prix couronner les ailleurs. Andreï Makine avait ouvert la voie avec son *Testament*. J'aurais volontiers oublié

Syngué Sabour pour n'entendre que *Pierre de patience*, ce caillou des montagnes que les angoissés caressent jusqu'à l'explosion qui délivre de toutes les craintes. Le livre est de qualité mais je regrette que les chers jurés soient passés à côté de Michel Le Bris, auteur de *La Beauté du monde*, vrai bijou d'une autre exploration de l'univers. La recherche systématique d'une œuvre qui colle à l'actualité et, de ce fait, peut inspirer un succès médiatique, n'est pas nécessairement une bonne cause.

***

Les gens qui n'ont pas de vices sont de grands malades !

***

Bernard Pivot a bien du mérite : il rend à la vie les expressions populaires qui ont « de la couleur, de la saveur, de l'humour, de la tchatche, de la poésie ». La lecture de son petit livre est un excellent exercice, de mémoire pour les anciens, d'apprentissage pour les jeunes. Un sauvetage inattendu. Les formules retrouvées, ressuscitées, sont toutes distrayantes. J'ai particulièrement apprécié celle qui accompagnait l'enfance de mon ami, tournure lyonnaise, inconnue dans mes Pyrénées. Bernard raconte : « À la fin de chaque visite chez des proches, ma mère, à qui revenait toujours le signal de départ, disait à mon père : « Charles, si on prenait du souci ? » Ce qui signifiait : ces moments de détente sont heureux mais il faut hélas y mettre un terme : Rentrons pour reprendre nos soucis. » Quelle élégance. Les vieilles locutions dont Pivot se fait l'explorateur n'ont pas été balayées par le progrès, elles s'étaient mises en sommeil. À preuve : « Brûler la chandelle par les deux bouts » (se perdre) ; « Avoir son plumet » (être ivre) ; « Avaler sa chique » (mourir) ; « Tailler une forte bavette » (discutailler) ; « Proposer la botte » (séduire) ; « Avoir le béguin » (beau sentiment de tendresse) ; « Laisser pisser le mérinos » (pour marquer l'indifférence)… Il y a quatre-vingt-treize autres expressions qui méritent d'être sauvées. Prenons-les en compte, nous aurons de quoi briller dans les dîners en ville !

***

Je ne regrette rien mais, comme quelques autres, je n'aurais pas dû me disperser dans un tel déluge d'exercices particuliers. Plutôt que de m'époumoner sur les ondes, j'aurais profité davantage de l'inconnu en repartant au loin, deux ou trois années durant, en revenant ensuite pour me consacrer à l'écriture de mes vagabondages, en quittant de nouveau mon confort strictement français : j'aime tant à vivre la beauté du monde qui est faite de mille énigmes. Je ne veux pas être blasé et simplement constater les choses ; je ne crois qu'aux divins affrontements avec l'aventure. Il faut se perdre pour se retrouver.

***

Jacques Darrigrand m'apporte les épreuves non corrigées de *L'Inachevé*, mon prochain bouquin à paraître aux Éditions Séguier. Une pochade de cent quarante pages heureusement agrémentée de dix-huit portraits brossés par Ladislas Kijno. Ce sont là les notules qui accompagnaient mes interrogations aux heures d'écriture du *Festin des fous*. L'inabouti donc comme processus romanesque. Et ce combat : toute œuvre ne peut être finie. Nombreux en effet les essais, les pièces, les musiques dont il n'existe que des tirages incomplets, des dénouements en attente. D'une manière assez générale, dans toute la littérature, les créateurs assemblent d'abord des fragments. Ainsi sont étudiés les pensées de Pascal, les désordres bienheureux de Dumas, les aphorismes de Cioran, les récits de d'Ormesson ou, côté mélodique, les sonates de Corelli, les chants d'oiseaux de Messiaen. L'inachevé ajoute au mystère et me voilà cherchant une justification à la drôle d'entreprise que constitue ce nouveau livre.

***

Reims n'aura rien eu de Royal. Les éléphants du PS, gardiens de la boutique, l'ont condamnée aux pires interrogations et à l'attente. Encore quelques jours d'inquiétudes assumées et elle saura quel sort lui réserve cette compétition insupportable. Pour l'heure, il n'est plus de véritable opposition en France et ce n'est pas une très bonne nouvelle !

***

On attendait Henry, Ribéry, Anelka, Benzema, on a vu Savidan (Steve pour les intimes) qui nous a tirés de l'ennui. Rentré en seconde mi-temps, l'homme de Caen a enfin donné du souffle à l'équipe de France de football qui peinait devant l'Uruguay. Le trentenaire, dont les reprises en ciseau sont d'un acrobate, a su communiquer sa passion, son sourire, imposer son talent. Avec lui, pas le moindre régime-lenteur, seulement de la subtilité, du panache, de la fraîcheur. Je l'espère dans trois mois, contre l'Argentine, à Marseille.

***

Paris-Tozeur, deux heures d'avion, et, cinquante minutes après, le grand désert tunisien. Dépaysement total le temps d'un encombrement sur l'un de nos périphériques ! On s'imagine aussitôt, un peu frimeurs, dans la ronde endiablée du Paris-Dakar, perdus dans les creux des dunes de Nefta. Nous prenons le cap d'une haute colline pour admirer, à 17 h 30 précises, le coucher du soleil. Splendeur d'une boule de feu, rouge, puis rose, enfin blanche. Que vivent les intelligents périples : deux longues journées peaufinées par nos amies, Sarah et Solange, qui nous ouvrent les gorges de Selja, les canyons des montagnes avoisinantes, les oasis de Tamerza et de Chebika, celle-ci véritable chef-d'œuvre de la nature, venue des millénaires, avec ses sources, sa cascade, ses centaines de marches creusées dans la pierre, son village abandonné dont les ruines, comme restaurées, constituent un monument emblématique, une sculpture grandiose.

Cette Tunisie-là, au lointain, je ne la connaissais pas. Je rêve de la découvrir.

***

Dans le vent tunisien des dunes, j'entends la tempête du parti socialiste français. La radio nous surprend les pieds dans le sable au petit matin : Martine Aubry l'aurait emporté avec quarante-deux voix d'avance. Le fauteuil du premier secrétaire devrait donc lui être avancé mais… Ségolène Royal refuse de reconnaître cette victoire entachée de petites vilenies. Drôle de drame. Rose déconvenue. Où vont-ils donc nos vieux éléphants et leurs éléphanteaux pas si jeunes que ça ? Vers la scission, la destruction ? Comment, désormais, pourraient-ils vivre ensemble ? Déliquescence de la gauche saignée par ses antiques démons.

***

Il aura été l'un de mes invités les plus discrets, la retenue lui était alors un véritable habit – l'est-elle encore ? Quelle solitude veille aujourd'hui sous son chapeau ? Vais-je reconnaître l'enchanteur de l'*Échiquier* qui, il y a trente ans déjà, apparaissait comme un mythe aux générations gourmandes. À l'Olympia pour trois jours, Leonard Cohen, nous fait le cadeau d'un retour auquel je ne croyais plus mais dont je saisis l'étrangeté. Après une si longue absence, que dire à un complice qui avait choisi un temps le silence d'un monastère zen pour ne pas succomber à « l'enfer » des applaudissements : « Je ne supporte plus, me disait-il, la folie admirative de ceux qui me prennent pour un gourou. » Je l'entends, la voix est profonde, inchangée, magnifique, le répertoire d'essence visionnaire avec *The Future*, l'allure est toujours d'un gentleman en vadrouille. Je n'irai pas le voir dans sa loge, je reste avec mes souvenirs. Au mont Athos un jour peut-être…

***

Les jeux sont faits, le conseil national du Parti socialiste a évité le ridicule en prenant toutefois des risques d'avenir. Après des heures de palabres et de calculs approximatifs, il a validé le scrutin qui donne à Martine Aubry 102 voix d'avance sur Ségolène Royal. Les fidèles de cette dernière pourtant ne désarment pas : « Le Politburo est en place », ironisent-ils.

***

L'Encre, l'eau, l'air, la couleur. Un titre de livre sans doute, mais surtout une profession de foi. Autant d'éléments nécessaires à l'abstraction lyrique oriento-occidentale réinventée par Zao Wou-Ki, illustre peintre échappé de la Chine, installé à Paris, célébré partout dans le monde. Le rire et l'humour de l'artiste m'ont toujours paru singuliers, attachants. J'aimais à le retrouver, il y a peu d'années encore, dans son atelier ouvert au ciel, sur un parcours de golf, dans nos studios, de la radio et de la télévision. J'ai constamment dans l'œil son visage aux contours dessinés par une ironie bienveillante. Une église aura été le lieu de notre dernière rencontre : nous étions côte à côte aux obsèques de Claude Pompidou. Il m'avait parlé, toujours en souriant, de sa dernière production : un album de près de deux cents pages qui paraît aujourd'hui chez Albin Michel. *L'Encre, l'eau, l'air, la couleur* réunit une sélection d'encres de Chine et d'aquarelles réalisées entre 1954 et 2007. L'ensemble produit une œuvre délicate, fluide, maîtrisée, faite d'envolées dans l'espace de la fragilité. Il démontre, avec une grâce exquise, que la calligraphie est une écriture. Il nous étourdit de son imaginaire. Sans conteste Zao Wou-Ki est désormais pour l'Histoire l'un des grands peintres du XXIe siècle.

***

28 novembre 1908 – 28 novembre 2008. Tout un siècle parcouru, étudié, disséqué, combattu : Claude Lévi-Strauss a cent ans aujourd'hui ; il est le seul à avoir affiché cet âge sous la Coupole où Fontenelle, en 1757, pensait fêter pareil événement

(il ne lui manqua que quelques jours) ; il est celui qui a changé notre regard sur le monde. Statufié de son vivant par ceux qui ont eu la chance de le lire – merci pour *Tristes Tropiques* –, considéré comme le plus grand penseur français en exercice, Lévi-Strauss est, depuis le Brésil amazonien de ses jeunes années, le messager d'une idée qui m'est chère et que j'ai défendue au Sud-Est asiatique : « Délivrons-nous de l'arrogance occidentale qui tient pour *sauvages* les peuplades lointaines qui ne nous ressemblent pas. » J'aurais voulu le rencontrer en ce jour particulier mais je me souviens trop de ce qu'il me disait déjà il y a une quinzaine d'années : « Pourquoi parler encore lorsque s'annonce la déchéance physique et intellectuelle ! »

***

Sur les écrans de la télévision et plus nombreux que jamais, des hommes et des femmes (plutôt jeunes) jugent les gens et les choses, décident du meilleur des mondes, enseignent une manière de gouverner, nous saoulent de leurs certitudes. Ils sont faussement gourmands, d'une intelligence légère et rêvent de notoriété. La reconnaissance, pensent-ils, passe par la critique à outrance, la mise en pièces de ceux qui ont réussi. L'attaque qu'ils veulent cruelle leur permet d'effacer (ils le croient) leur trop visible médiocrité. La plupart d'entre eux n'ont pas la moindre performance à revendiquer, sont totalement incapables de créer quoi que ce soit ; ils souffrent d'une effroyable absence : ils n'ont pas de vie, ils n'auront jamais de destin fût-il voué au pire. Seule une insignifiance besogneuse pour tout bagage.

***

Aux Bernardins où nous accueillions Benoît XVI, j'étais juste derrière Yasmina Khadra. Nous ne nous sommes pas parlé, et pourtant j'aurais tant aimé lui dire le plaisir que j'avais pris à lire les bonnes feuilles de son dernier roman *Ce que le jour doit à la nuit*. Classicisme du récit, bonheur d'écriture. C'est l'histoire d'un petit Arabe, Younès, à la veille de la Seconde Guerre mondiale, dans une Algérie où s'éveillent les passions fratricides. De ce livre majeur je retiens d'abord une simple petite phrase, essentielle, celle d'un vieil oncle qui ordonne à Younès : « Aime de toutes tes forces, aime comme si tu ne savais rien faire d'autre. » L'amour comme un acte de résistance à tout.

DÉCEMBRE 2008

Derrière l'élégance du sourire il y a le regret d'une certaine indifférence française. Jugé trop vieux pour travailler à Paris, le professeur Montagnier a rejoint New York qui lui permet de poursuivre ses recherches. Là-bas, le génie n'est pas contraint par l'âge. Je le rejoins, boulevard Flandrin, où il a retrouvé notre ami le professeur Saad Khoury. Juste le temps d'un café. Le prix Nobel n'a pas troublé sa modestie mais on devine vite que cette reconnaissance a changé son approche de la vie : « Mon quotidien est plus remué qu'auparavant, on me regarde différemment ! J'avais ces derniers temps, autour de moi, des camarades sincères, heureux, et un petit bataillon de jaloux. Rien que de très normal. Dans l'espace scientifique la découverte est une perle rare. On se souviendra que nous avons "trouvé" ; d'autres prennent le relais pour combattre le sida. La voie est tracée. J'aimerais que des Français, plus nombreux, entrent dans l'ordre du Nobel. » Je l'observe, il s'en amuse. Qui pourrait deviner un tel homme sous cette apparence si simple ?

***

Lorsque François Mauriac rédigeait son *Bloc-notes* sur la télévision, je n'étais pas encore aux affaires. C'était dans les années 59-64. Le recueil de ses 195 chroniques publié aujourd'hui chez Bartillat est un très instructif cadeau de fin d'année. Quel œil, quel talent ! Tout y est. Ses coups de cœur, ses colères, le piquant de ses portraits. Mieux qu'un critique : un voyeur. Ce qu'il exigeait de la télé est aussi ma règle : « Divertir les gens sans les abaisser et peut-être les élever. »

***

Invitée par Frédéric Taddeï sur France 3, Catherine Deneuve parle du Liban qu'elle vient de découvrir durant le tournage de *Je veux voir*, un film-document dont elle est le témoin candide. Elle évoque ses promenades dans des paysages qui ont souffert trop de combats, bavarde avec l'habitant, s'inquiète de l'avenir et se demande : comment peut-on vivre au-dessus d'un volcan ? Elle n'est là-bas que de passage, elle devrait savoir qu'on s'habitue au pire. L'accoutumance au drame est assez incroyable. Serait-ce un érotisme très particulier capable d'apprivoiser la mort ? À Saigon, dans les années de guerre, on faisait fête dans les cabarets, l'inconvenance menait le bal. Dans les flonflons on entendait le soir le bruit des canons et des mitrailleuses à peu de kilomètres, du côté de la pointe des Flâneurs. Les hommes d'affaires brassaient des montagnes de piastres dans des rencontres douteuses, les militaires profitaient de quelques jours de détente avant de remonter au front dans la boue des rizières, les sentiers de la jungle. Pour beaucoup, la guerre est une île au trésor et les bénéficiaires de l'horreur se moquent bien des sacrifiés. Comme Catherine Deneuve, moi aussi j'ai voulu voir et j'ai vu.

À l'adolescence déjà je m'étais invité au monde. Dans un petit cercle d'illuminés nous étions quelques-uns à nous interroger. Que seront devenus peuples et cultures dans un siècle ? Il y avait autrefois une exceptionnelle diversité humaine. L'Indochine que j'ai parcourue en tous sens offrait à notre curiosité des myriades d'ethnies qui respectaient des traditions ancestrales. La planète tend aujourd'hui à l'uniformisation, on glisse de plus en plus dans un mimétisme dangereux. J'ai revu Sidney, Pékin, Moscou. Les grandes villes finissent toutes par se ressembler. À un point tel d'ailleurs qu'il n'y a plus rien à en dire. J'ai perdu mes repères. Et pourtant ! Je veux encore voir !

***

La bonne nouvelle : Lance Armstrong sera bien présent au départ du prochain Tour de France. Et tous les nains du cyclisme de s'exciter contre cette prétention d'un vrai grand. On reparle du dopage que les accusateurs publics pratiquent à leur manière en complices anonymes ou en acteurs pervers. J'entends, je vois tous ceux qui crachent sur l'immense champion. Pitoyable. La course n'a pas besoin de petits serviteurs affolés, elle réclame l'excellence.

***

Sergio Gobbi m'entraîne dans le XIIIe, sur le tournage de *La Taupe 2* qu'il produit pour TF1. Je n'étais pas revenu depuis deux décennies dans le pittoresque univers du nouvel empire asiatique. Extraordinaire ce coin de Paris où il n'y a plus rien désormais de français. À titre de comparaison, les Européens sont plus nombreux dans les quartiers de Pékin. J'aime cette foule qui a adopté notre pays et qui pourtant ne s'intègre pas, comme si les frères Tang, ici maîtres de tout, en avaient encerclé la vie. Devant les boutiques, souvent luxueuses, les étals, les temples, l'église catholique de Chine, dans les rues où je cherche quelqu'un qui ne soit pas bridé, je me sens étranger mais amicalement protégé, courtoisement accompagné. Les enseignes aux caractères mystérieux ajoutent à l'étrangeté du voyage.

***

« Nicolas Sarkozy a eu raison de déclarer : "Jacques est le plus jeune d'entre nous" lorsqu'il t'a fait commandeur de la Légion d'honneur », me dit ce soir Alain Decaux. J'ai entendu la phrase, trois fois répétée, de manière très différente. J'en assume la traduction. Il fallait comprendre : « Il est le plus vieux d'entre nous. » C'était très affectueux. L'inconscience me protège encore du grand âge.

***

Tant de livres et dans ma tête et dans mes cartons. Quelques-uns prêts à être publiés, d'autres encore en jachère (est-ce bien le mot ?). J'ai corrigé les dernières épreuves de *L'Inachevé* qui paraîtra en février chez Séguier, j'écris toujours mon Journal (le prochain volume sera en librairie dans dix mois), je m'attellerai au récit de mon adolescence asiatique aux jours de Noël, enfin j'ai pris mes marques au printemps pour un album qui est un hommage à ma province, un voyage sur mes lieux de mémoire, entre le Pont d'Espagne, au-dessus de Cauterets, et Hendaye. La Bigorre, le Béarn, le Pays basque tendrement embrassés.

***

Une autre année s'en va. Je rassemble des fragments de vie, je convoque mes souvenirs, mes personnages, je passe des relais. J'aime la transmission. Je n'en finis plus de me pencher joyeusement sur tout ce qui m'échappe. Je grignote mon présent, je refuse la sinistrose, la crise est affaire de riches, je n'ai toujours cru qu'à l'espérance. Cioran m'inquiétait à prétendre que « tout est foutu », je n'ai rien à voir avec ce « bonheur d'être triste » que revendiquait Hugo. Je sais que l'horloge peut demain s'arrêter. J'ai fait le plein.

***

Aux premières rencontres musicales de Puteaux imaginées par Youra Nimoff, j'ai raté le concert d'ouverture de l'Orchestre de chambre dirigé par Marco Guidarini et comble de l'inélégance le récital d'un ancien complice de l'*Échiquier*, le pianiste Cyprien Katsaris. Heureusement, dans ce beau théâtre de proche banlieue, avec mes amis Serge Kampf et Xavier Guerrand-

Hermès, nous n'avons pas fait faux bond à Roberto Alagna. Un grand ténor français, ça ne se refuse pas et puis rassembler des souvenirs ça réchauffe en ces temps incertains. La voix toujours ample, pure, empruntant aux couleurs les plus vives, l'audace, la courtoise désinvolture, la générosité, voilà pour le personnage. L'homme tient l'amour du public comme essentiel, l'esprit familial comme nécessité. S'il choisit de rendre hommage à Hugo, Baudelaire, Verlaine, Rimbaud, Musset, c'est d'évidence pour faire entendre la musique que ses frères ont posée sur les textes des poètes. C'est courageux et original. Au piano, Jeff Cohen lui est un remarquable comparse, bon acteur d'une première partie que je ne connaissais pas. On oublie ensuite le bel canto pour revenir au temps des copains. Avec les musiciens de ses périlleux débuts, Alagna nous offre des airs siciliens de la meilleure veine et toute une salle s'emballe. *Standing ovation* pour le galopin qui s'amuse et ne craint jamais de se mettre en danger. On en redemande.

***

On se perd toujours en artifices pour parler de la critique. Pour nous aider à y voir plus clair, Bertrand de Saint-Vincent nous livre sa formule : « L'important n'est pas de savoir si une œuvre est bonne ou mauvaise, mais s'il est correct ou non d'en dire du bien. »

***

Émouvante soirée. Belle à pleurer. Seize chanteurs (huit jeunes femmes, huit jeunes hommes) dirigés par un maestro de vingt-quatre ans, Mathieu Romano, nous ont offert un moment musical dont je ne crains pas de dire qu'il fut très exceptionnel. Toute la grâce de talents conjugués pour ce « Noël a capella » imaginé par le professeur Yves Pouliquen, président de la Fondation Singer-Polignac en son hôtel de l'avenue Georges-Mandel. Quelle révélation ! Je n'avais jamais entendu cet ensemble vocal, baptisé Aedes, fondé en 2005, et qui a pour vocation d'interpréter les œuvres de musique polyphonique de la renaissance à nos jours. Nous étions une petite centaine de privilégiés, submergés par la beauté des œuvres de Mendelssohn, Dvorák, Hugo Wolf, Poulenc, Philippe Hersant et plus encore sidérés par la manière éblouissante de les mettre en chœur. Quelle exigence. Une réussite stylistique rarement rencontrée.

***

Exilé, russe, il écrit depuis vingt ans, directement en français. Andreï Makine, prix Goncourt pour *Le Testament français*, considère que ses livres sont des actes d'amour adressés à notre langue, de plus en plus massacrée : « Que dire, écrit-il, de cet argot infâme et abâtardi, ce verlan venu des quartiers dits pudiquement difficiles ! » C'est désormais bien au-delà d'une rumeur grossière.

***

Je m'amuse des phrases définitives. Celle-ci est de Proust : « Nous ne sommes tous, nous les vivants, que des morts qui ne sont pas encore entrés en fonction. » Allez donc comprendre ! Mais Proust a dit…

***

Voyager. Prendre le temps d'occuper sa curiosité, s'exercer à comprendre, habiter un paysage (la baie d'Along), un tableau (le *Saint Sébastien* de Mantegna), un livre (*Guerre et Paix*, de Tolstoï), une musique (un quintette à cordes de Schubert). Vivre.

***

Le pays tout en blanc. Tempête de neige. Ma Bigorre telle que je la vivais à l'enfance. Et ma maison de Miramont retrouvée dans le pétillement de toutes ses cheminées. Bonheur de voir pousser ma petite-fille Philippine qui vient de passer le cap des seize mois. Elle sera l'ange de notre crèche.

***

Un copain de collège rencontré aux Pyrénées me rappelle nos vieilles discussions sur ce thème d'autrefois (et peut-être de demain) : « Sartre ou Camus ? » J'aimais *Les Justes*, je défendais *L'Homme révolté*, j'appréciais que Camus fût à ce point convaincu de l'horreur du totalitarisme. Je l'aimais pour son courage. Du temps où une intelligentsia bornée portait la bannière du communisme il osait mettre dans le même sac Hitler et Staline.

***

La ronde des cadeaux est l'une des ritournelles les mieux murmurées du 1er janvier. « Que peut-on offrir d'original à des adolescents ? » me demande un couple en visite à la maison, des amis visiblement embarrassés de voir leurs enfants grandir si vite ! Drôle de question ! Je ne me dérobe pas, j'y vais de ma petite profession de foi qui n'est pas tellement au goût du jour : plutôt que des fanfreluches, transmettez-leur vos propres valeurs, l'attention à l'autre surtout et puis habituez-les aux grandes œuvres de la littérature, apprenez-leur l'amour des beaux textes qui leur permettront de s'évader du quotidien, faites qu'ils accèdent à la connaissance des mythes qui délivrent des leçons de sagesse… Je me suis étonné de barboter dans le trop sérieux mais je pense vraiment que la découverte d'un grand livre, son mystère, est la seule entrée d'un monde possible.

***

L'opposition a pour premier devoir de s'opposer mais il eût été convenable qu'elle ne s'en acquittât pas sottement. La guérilla entretenue par le PS sur fond de crise est néfaste à la crédibilité du parti de Mme Aubry, déchiré en son sein même par des vents contraires. Martine et Ségolène, premières dames de la gauche, s'activent à tout détruire de ce qui fit autrefois la grandeur de leur ordre. Leurs conseillers, médiocres seconds couteaux, n'ont plus qu'un désir qu'ils appellent devoir : lancer la rue contre le pouvoir. Ridicule et dérisoire.

***

Les fêtes de fin d'année nous délivrent un temps de la crise qui ne sera peut-être pas à long terme aussi détestable qu'on la chante. Se souvenir de la réflexion d'Hölderlin : « Là où croît le péril croît aussi ce qui sauve. »

Janvier 2009

Bigorre, Béarn, Pays basque. Mon triptyque de toujours. Ces 3 B qui sont au cœur de ma vie. Le voyage est comme une embellie. Martine est au volant, ce qui laisse mes yeux grands ouverts aux montagnes et plaines pyrénéennes. Miramont s'éloigne, nous évitons Lourdes, puis passent Pau, Bayonne, Biarritz, Saint-Jean-de-Luz. Enfin Ciboure où Jenny-Paule et Philippe C. nous attendent dans leur maison posée sur le golf. Nous serons demain sur les collines franco-espagnoles. J'aime à y entendre la belle musique de la langue basque.

***

Bombes israéliennes, roquettes palestiniennes, ce feu, comme hier, comme demain. On sait depuis toujours que rien ne s'arrangera si les grandes puissances ne décrètent pas la création d'un État arabe face à l'État hébreu. Pour l'instant, une véritable armée entretient une guerre, et une minorité terroriste tente, chez elle, de faire la loi. Gaza n'est plus que cendres. C'est la Palestine tout entière qu'il convient aujourd'hui de libérer de la folie du Hamas.

***

Tant de publicité pour un simple arrêt de la réclame télévisée ! Tout un monde médiatique en fièvre. À la vérité je ne m'en soucie guère depuis que, membre de la Commission pour la réforme de l'audiovisuel public, j'ai passé quatre mois à vouloir faire de France Télévisions une entreprise unique. Aujourd'hui, 5 janvier 2009, plus la moindre spirale de petits spots vendeurs après 20 heures. On me poursuit encore pour entendre un avis que j'ai déjà donné. J'avais opté au sein de notre cercle de réflexion pour une augmentation de la redevance. Notre beau souci de professionnels a été balayé par les peurs électorales des politiques... Nous avions décidé d'une gouvernance calquée sur la parfaite organisation de la BBC. Le président a estimé que le patron du grand groupe télévision publique devait être nommé par l'exécutif. On pourrait nous croire renvoyés à nos chères études mais ce serait ignorer tout le reste qui fait révolution. Finie la dispersion des sociétés, bienvenue la spécificité de chaque chaîne, heureuse la constitution d'un pôle unique indépendant, espéré l'excellent choix d'un successeur à Patrick de Carolis en 2010. Dans l'immédiat la bonne nouvelle : ce soir nous avons déjà gagné trente minutes de bonheur. Paris comprend enfin que la France dîne tôt : les programmes désormais seront moins nocturnes.

***

Sur Paris Première, l'une des meilleures thématiques de la télévision, un professeur paré d'un vrai succès au cinéma, surtout craquant de certitudes, et une nymphette des beaux quartiers, blanc de blanc de visage comme on ne l'est même plus en hiver, s'en prennent méchamment à Philippe Sollers qui aurait mérité, fût-il détestable, un traitement de plus haut niveau. Que sont-ils ces fanfarons à tête d'épouvantail ? Leurs arguments fallacieux sont du domaine du comique, un affreux condensé d'ignorance et de bêtise. Du livre de Sollers, *Les Voyageurs du temps*, ils font un exercice imposé destiné à amuser quelques ignorants. Ils n'ont rien compris à cette balade au fil de la mémoire où je me suis plu à rencontrer Mozart, Bach, Breton, Lautréamont, Lawrence d'Arabie et tous les autres qui nous permettent de vivre le seul univers acceptable, celui de la musique et de la littérature.

L'empoignade est un art mais il y faut du talent. Côté critique n'est pas Charles Dantzig qui veut.

***

Toujours ces moralistes, ces apprentis sorciers, ces inconsolables qui polluent la presse, les ondes, les bistrots de ce qu'il convient de faire, qui pensent pouvoir décider de ce qui est bien, de ce qui est mal et qui, sous une autre occupation, dénonceraient à tout-va !

***

J'avais oublié qu'il avait quatre-vingt-quinze ans ; il s'était oublié lui-même en entrant en solitude, celle du grand âge évidemment et de la mélancolie : Georges Cravenne s'en va au bout d'un chemin peuplé de silences, au final d'un parcours où le bruit du monde lui tenait lieu de compagnon. Il restera l'inspirateur d'une mode qui fit florès : les relations publiques. Il en avait fait un métier et un commerce. Une discipline particulière que des dames patronnesses ont quelque peu ridiculisée. Nous nous souviendrons surtout de ce qu'il avait imaginé pour donner une suite française aux Oscars hollywoodiens. Son nom est pour longtemps attaché aux César, aux 7 d'Or, aux Molière.

À propos des César, je regrette que soit sans cesse rayé du souvenir Marcel Jullian qui permit la médiatisation de cette manifestation en acceptant de la diffuser sur Antenne 2, il y a déjà trente-deux ans. Je peux témoigner de ce qui fut décidé, ayant été près de Marcel tout au long de cette aventure. Les nouveaux notables du septième art ne devraient pas oublier Jullian en rendant hommage à Cravenne…

***

Janvier 2009

Bizarre cette confidence de poète, cette affirmation sans nuance de Baudelaire : « Il n'y a d'intéressant sur la terre que les religions. » Intéressant ? Je dirais plutôt dangereux !

***

Ce ne sont pas les cinq cents nouveaux romans en déshérence sur les rayons des libraires qui peuvent nous apporter un certain bonheur de vivre en ce début d'année. Ni les chefs-d'œuvre absents du théâtre ou du cinéma. Côté opéra, je me prépare à voir, à entendre, le *Macbeth* de Chostakovitch et la création mondiale de Philippe Boesmans, *Yvonne, princesse de Bourgogne*, mais bizarrement sans enthousiasme particulier. Ce qui me séduit en revanche c'est l'événement annoncé en février : la vente aux enchères de la collection Yves Saint Laurent-Pierre Bergé, véritable musée constitué par deux collectionneurs de génie. Ce sont là hésitations et gourmandises. C'est du moins ce que je confie à France Culture qui m'offre ce samedi de froidure la présentation d'un bloc-notes radiophonique. Excellent exercice sur un canevas de trente minutes qu'il me faut tout de même enrichir de quelques pépites.

Qu'ai-je entendu, écouté, retenu ? Me revient à l'esprit, immédiatement – preuve du plaisir que j'y ai pris – la retransmission, sur Arte, en direct du Met de New York, de *La Rondine* à l'occasion du cent cinquantième anniversaire de la naissance de Puccini. Avec dans les rôles-titres Angela Georghiu et Roberto Alagna. Je ne trouve pas dans cette partition l'intensité de *La Bohême* ou de *Tosca* mais il y a dans cette balade légère un charme certain. Et pour moi, plus intimiste, la découverte (émouvante) de ma petite-fille Philippine qui ne cesse plus de m'étonner. Imaginez une enfant de dix-sept mois qui, scotchée à l'écran, s'éblouit, trente-cinq minutes durant, à l'écoute d'une musique qui la met en transes. On ne saurait être plus heureux : le vrai cadeau 2009 !

Cette joie débordante ne saurait toutefois remplir à ras bord mon cabinet de curiosités. Il convient de trouver d'autres nourritures pour ce journal des ondes. Un livre est ma chance. Je prétends – l'ai-je assez répété ! – que le monde d'aujourd'hui ne peut être sauvé ni par la politique, ni par l'économie. Seules la littérature et la poésie, la fréquentation des grands textes nous délivrent des bassesses du temps. Relire et découvrir Chateaubriand, Maupassant, Stendhal qui sont de bonne compagnie. Et que dire de Joseph Delteil dont la *Jeanne d'Arc* est un pur chef-d'œuvre, de Julien Gracq que je retrouve dans *Le Voyage des Syrtes*, de Romain Gary si brillant dans *Les Racines du ciel.* Mes carnets sont déjà pleins de ces rencontres, les douze volumes déjà publiés de mon Journal font la part belle aux autres, plus qu'à moi-même. S'éviter ainsi n'est pas humilité, plutôt orgueil. Mais on ne se refait pas. Pourtant et parce que c'est dans l'air de ma semaine, j'annonce que je viens de donner le bon à tirer, le vrai feu vert pour la publication de mon bouquin qui est une sorte d'essai sur l'écriture de mon roman *Le Festin des fous*. Titre : *L'Inachevé* (cela j'ai dû souvent l'écrire). Jacques Darrigrand, patron des Éditions Séguier, m'a demandé un texte pour la quatrième page de couverture. Je me suis voulu minimaliste : « L'inachevé c'est ce qui ne peut arriver car l'arrivée est souvent une fin. »

Souhaitant être le plus complet possible dans ce calendrier de la semaine je parle aussi de sport, de Biarritz qui peine au rugby, de Yoann Gourcuff, petit génie du football, futur ballon d'or. Et je glisse aussitôt côté Philippe Sollers pour m'amuser de cet écrivain qui se veut pervers, mégalo, infréquentable et qui n'est à la vérité, à sa manière distante, qu'un affolé de l'époque, prêt à dégainer à tout moment pour n'avoir pas à prendre les coups qu'on lui destine. Philippe est un paresseux qui se perd dans des lectures savantes, j'apprécie son intelligence à réveiller la mémoire. Il est l'un de nos plus étranges « voyageurs du temps ».

— Ce qui vous touche le plus ? me demande le jeune confrère de France Culture.

— Un chagrin : la mort de Claude Berri.

Je l'aurai vu pour la dernière fois chez Jérôme Béglé où nous faisions ripaille avec Nathalie Rheims et Robert Sabatier. De ce pape plébiscité du septième art je retiens à toujours le regard lointain, le sourire retenu, la lèvre gourmande, et surtout les délicatesses de sa parole secouée. Il y aurait tant à dire !

***

À propos de Claude Berri le flamboyant, François Weyergans nous rappelle la phrase de René Char : « Notre seule ressource avec la mort, c'est de faire de l'art avant elle. »

***

Pour jouer Sacha Guitry il faut d'évidence en faire trop, ce que réussit, sans s'essouffler, Pierre Arditi au Théâtre Édouard-VII : l'exercice périlleux d'une logorrhée imposée a toujours été performance de comédien. Avec *Faisons un rêve*, nous tenons une pitrerie efficace et nous l'entendons ainsi. Chance en ce samedi de détente de ne penser à rien d'autre.

***

On se trouve surpris au départ par la pauvreté des uniformes portés par les interprètes. Mais ils collent à l'œuvre censée représenter une société répressive, ordinaire, celle de Leningrad dans les années 1934. Nous avons là toute la puissance dévastatrice de Chostakovitch dont on célèbre à l'Opéra Bastille la *Lady Macbeth de Mzensk*, spectacle créé à Amsterdam il y a deux ans. Nous y découvrons la cruauté d'une époque défaite par la folie de Staline. C'est l'histoire d'une femme, meurtrière par nécessité, victime de la lâcheté des hommes. Sur la scène, le théâtre se lie intimement à l'art lyrique et impose un texte qu'on peut juger insupportable pour la hiérarchie communiste. Le désespoir de tout un peuple qui affiche ses blessures est admirablement mis en scène et fait de cette production exemplaire l'une des meilleures qui nous auront été proposées. Du très grand opéra servi par une cantatrice-comédienne Eva-Maria Westbroek, exceptionnelle dans le rôle-titre qui, de sa voix envoûtante, superbe, domine ses camarades, enrichi aussi par la qualité de l'orchestre-maison et du chœur, dirigés par l'excellent Hartmunt Haenchen. Rarement nous aurons entendu du public pareille ovation.

***

Ce 20 janvier 2009 sera-t-il l'hiver du grand réchauffement planétaire ? Partout on évoque aujourd'hui ce moment historique : l'entrée d'un Noir à la Maison-Blanche. Mais il faudra vite oublier cette affaire de couleurs pour ne plus penser qu'à la mise en chantier d'un nouvel avenir. Barack Obama est devenu à 12 h 06 le président rêvé et cette victoire aux Amériques il ne la doit qu'à lui-même. Triomphe absolu ! Une vague humaine – on parle de deux millions de fidèles – déferle dans les rues de Washington et, sur mon écran, je regarde, admiratif, cet homme venu d'ailleurs, de partout, de nulle part, droit et digne, allure impeccable, noble maintien, presque tremblant d'une émotion contenue, déjà, dans son attitude, accablé de solitude. Sa campagne fut un combat auréolé d'un bonheur, l'investiture devient une épreuve. Tout commence. Aretha Franklin, les défilés-fanfares, les bals, les embrassades ne sont que des préludes aux souffrances à venir. L'espoir soulevé est si grand qu'il pourrait embrumer le règne. Comment interrompre le déclin économique des États-Unis ? Comment va-t-il se comporter face aux désordres du Moyen-Orient, de l'Afghanistan, de l'Iran ? De son discours je retiens cette phrase : « L'Amérique est l'amie de toutes les nations et de chaque homme, femme et enfant qui recherche un avenir de paix et de dignité. » Je veux croire à cette promesse.

***

J'allais oublier... une diablerie me gêne dans l'exercice officiel de la politique aux États-Unis : le retour incessant à la religion. Dieu n'en demande pas tant qui se méfie des bigots !

***

On confond sans cesse plaisir et désir. Le plaisir n'est rien, le désir est tout.

***

La mairie de Grabels, près de Montpellier, s'apprête à poser une stèle devant La Tuilerie de Massane, ferme du XVIIe siècle à l'abandon, qui fut jusqu'à sa mort, en 1978, le refuge de l'ami Joseph Delteil. J'enrage de constater que les propriétaires actuels, regrettablement divisés – il y aurait vingt-huit héritiers ! – regardent, sans tristesse aucune, le bel endroit tomber en ruines (il avait été acheté en viager il y a cinquante ans). Avec une petite troupe d'amis, admirateurs de l'écrivain, j'avais rêvé de transformer La Tuilerie en musée où l'on aurait réuni, dans le désordre qui relevait de son éthique, ses manuscrits – ceux de *Jeanne d'Arc* et de *La Deltheillerie* entre autres –, ses pièces jamais jouées, les pages-pub des magazines sur lesquelles, dans le blanc des marges, il prenait ses notes, ses outils familiers, crayons et feutres (qu'il m'empruntait), la brouette pour le bois, les trois couteaux de sa mythologie paysanne, l'un pour le pain, l'autre pour la viande, le troisième pour le fromage, ses bouts de papier sur lesquels il alignait ses maximes... qu'il cachait aussitôt dans des boîtes à biscuits. À cette panoplie on pourrait ajouter les souvenirs personnels de sa femme, Caroline Dudley. Il y aurait beaucoup encore pour enrichir ce musée rêvé et particulièrement les photos et les lettres des visiteurs de Joseph : Norman Mailer, Hemingway, Lauwrence Durrell...

Pour l'instant, nous devons nous en tenir à cette plaque qui marque la présence en ces lieux du fantasque et fantastique Delteil. C'est un début !

***

Benoît XVI annonce solennellement la réconciliation du Vatican avec les intégristes et s'apprête à lever leur excommunication. Pari gagné pour Mgr Lefèbvre et ses troupes rebelles. Un cadre juridique personnalisé devrait permettre à ces « prêtres perdus » de revivre dans l'église catholique romaine. Sans doute, cet ordre nouveau prendra-t-il la forme d'une « prélature » sur le modèle de l'Opus Dei qui ne rend compte qu'au pape. Une autre trinité rejoint les rangs officiels : l'Opus Dei, les légionnaires du Christ, les égarés du renégat. Des sectes ? Disons pour résumer que c'est plutôt une reconstitution de ligues dissoutes !

***

René Char, champion toutes catégories des déclarations poétiques. L'une de ses pensées les mieux lustrées m'avait été offerte par Didier Pineau-Valencienne il y a une vingtaine d'années. Elle avait fait sur France Inter une jolie petite musique. La voilà désormais reprise, presque en chœur, par tous ceux auxquels on demande : « Quelle est votre phrase préférée ? » On a bien raison de la choisir. Elle est magnifique. Je la rappelle encore une fois : « Impose ta chance, serre ton bonheur et va vers ton risque. À te regarder ils s'habitueront. »

***

Je me suis toujours gardé de dire, parlant d'art, de spectacles, de livres… « C'est bon » ou « C'est mauvais. » J'énonce plutôt une appréciation personnelle… « J'aime » ou « Je n'aime pas », le subjectif l'emportant sur tout le reste. Parfois, pour une même œuvre, je me trouve opposé à des proches qui ne partagent pas mon opinion. Qui a raison ? Je ne suis sûr que de mes doutes mais j'affirme ma première impression. Comment aurais-je réagi au *Sacre du printemps* de Stravinski si controversé à l'époque de sa création et célébré comme il convient aujourd'hui ! Il est minuit, je sors de l'Opéra Garnier où nous venons d'assister à la représentation d'*Yvonne, princesse de Bourgogne* et je m'interroge. Je m'y suis ennuyé, le texte de Gombrowicz m'a paru bien construit dans sa quête de l'absurde, la prétendue laideur et le mutisme du personnage central, une femme qui rend effroyablement visible la turpitude des hommes, me semblent obéir à un tragique dessiné jusqu'au grotesque, remarquablement observé, mais la musique de Philippe Boesmans m'a épouvanté. Le tonal et l'atonal, bizarrement mêlés, m'exaspèrent et je ne vois pas là, je n'entends pas un langage nouveau, même si la direction de Sylvain Cambreling à la tête du Klangforum de Vienne est exemplaire dans la difficulté. Pour la première fois, nombreux ont été les invités de cette création mondiale qui ont quitté la salle après le deuxième acte, durant les trente minutes de pause. J'ai sollicité à ce moment l'impression de quelques amis ; je n'ai eu pour toute réponse que cette expression devenue mondaine : « C'est intéressant. » Je dois également à l'honnêteté de dire que deux critiques très avertis ont voulu me convaincre de la totale réussite de cette *Yvonne*, me faisant remarquer avec raison que l'actrice Dörte Lyssewski, dans son rôle muet, et Mireille Delunsch (surtout) sont admirables. J'en conviens. De cette œuvre, que retiendra l'avenir ?

***

Mireille Dumas se prend d'intérêt pour la radio qu'elle racontera demain à la télévision. Pour elle, en attendant de la retrouver face à face, je reprends devant les caméras l'équipée sauvage qui en 1968 me fit inventer *Radioscopie* : je retrouve la Maison ronde, le grand hall désespérément triste, les studios du troisième étage désertés depuis trois ans, je navigue dans les couloirs, sans nostalgie, avec étonnement. D'anciens collègues rencontrés j'entends la complainte : « Il n'y aura plus ici aucune vie. L'administration a chassé les saltimbanques, France Inter a déménagé pour cause de travaux. » C'est rue Mangin, tout à côté, que défilent désormais les politiques et artistes. Dans les sous-sols, l'Institut national de l'audiovisuel conserve tous nos travaux sonores. Emmanuel Hoog, président de l'Ina, m'invite à visiter l'espace *Radioscopie*. Ils sont tous là mes 6 826 entretiens, rangés sous couverture blanche, numérotés. Je n'étais jamais venu. Je tente de ne pas trop montrer mon émotion.

Février 2009

Encore une de ces émissions où des politiques assez fous pour croire qu'ils peuvent réinventer le monde crient, gueulent, s'insultent, offrant grossièrement des visages ravagés. Qu'ils apprennent au plus vite l'injonction de Frédéric Chopin : « Les gens qui ne rient jamais ne sont pas des gens sérieux. »

***

Elle aurait eu cent ans le 3 février, elle en avait trente-quatre à sa mort. Sans doute aura-t-elle sa place au royaume des saints. Sa légende s'installe peu à peu. Simone Weil a séduit de grands écrivains – Bataille, Bernanos, Camus, Cioran – mais c'est de l'ami Gustave Thibon, mon cher philosophe-paysan, que d'elle j'ai tout appris. Il l'avait accueillie chez lui pour ce qu'il appelait « un stage d'ouvrière agricole ». Juste avant sa mort il me parlait plus d'elle que de lui-même, évitant de m'étourdir de citations et de poèmes. « J'aurais voulu faire beaucoup plus pour Simone, personnage unique, jeune femme remarquable, philosophe aux flamboyantes interrogations qui ne pouvait se satisfaire d'un monde assez banal. J'engage à la lire : *La Pesanteur et la Grâce* est une merveille. La quotidienneté de nos relations fut pour moi une chance. Je l'ai connue contemplative, mystique, juive et chrétienne, perpétuellement en recherche, jamais heureuse : elle flagellait son âme. » Gustave Thibon concluait ainsi : « La patience consiste à ne pas transformer la souffrance en crime. »

***

Soirée d'amitié chez Publicis où Élisabeth Badinter et Maurice Lévy nous donnent à voir le portrait de Marcel Bleustein-Blanchet réalisé par Olivier Mille pour France 3. Quel personnage notre roi de la pub ! Homme protée – dans le bon sens du terme, c'est-à-dire multiple –, il aura fait basculer la réclame dans la grande industrie, créé la vraie radio, inventé la mode des drugstores à la française, conseillé les hommes politiques, connu les vertiges de la catastrophe, remonté tous les courants mauvais, après avoir été dans sa jeunesse l'un des soldats de la France libre auprès du général de Gaulle. Marcel qui se voulait comme son copain Jean Gabin, titulaire d'un diplôme HEC (hautes études communales), fut, malgré la différence d'âge, un frère en complicité. Rue Albéric-Magnard j'étais son locataire et son voisin. Nous partagions le même étage. Dix années durant. Souvent, très souvent, au bout de la nuit, il frappait à ma porte pour des discussions qui n'en finissaient jamais. Un soir, alors que fixé à mon bureau j'écrivais, il m'avait prié de le rejoindre au plus vite. J'avais cinq mètres à parcourir, j'étais en robe de chambre, je le croyais seul. Or, ils étaient trois, cravatés, bourgeoisement installés. Il souriait, ravi de me mettre dans la gêne : « Je voulais que tu connaisses un peu mieux Raymond Aron et Raymond Barre. » Eux aussi s'amusaient de mon étonnement… qui fut quand même de courte durée. J'aimais sa rage de vivre, sa fierté, sa détresse à chaque 31 décembre qui lui rappelait la mort de sa fille Marie-Françoise. D'elle, nous avons tant parlé.

***

Dans toutes mes interventions, principalement auprès des jeunes, lorsqu'il s'agit de « dire » en quelques mots *Radioscopie*, je me souviens d'Emmanuel Levinas, de sa profession de foi que je fais mienne : « Recevoir, célébrer, transmettre. » Qui suis-je ? Un simple passeur.

***

Toute la grâce d'un spectacle propre à anéantir la morosité ambiante : *Le Chevalier à la rose* de Richard Strauss en version concert au Théâtre des Champs-Élysées. Et comme toujours, je n'aurai vu qu'elle : Renée Fleming, divine soprano de mon rêve évanoui. Nous nous étions promis de grandes heures à la télévision, je me souviens encore de notre dîner de travail, je regrette ma fuite. Ayant accepté la direction générale des programmes de France 3, il me fallut annuler notre émission ; ce fut d'ailleurs la fin du *Grand Échiquier*. On ne saurait être juge et partie. Renée Fleming donc, son génie, sa beauté, sa gaieté, cette voix qui la dépasse et aussi, à la ville, sa manière élégante de chanter la langue française. Longtemps elle n'aura été qu'à quelques-uns, dont j'étais ; la voilà offerte au plus grand nombre. Tant mieux !

***

Que manque-t-il aux Antilles en proie aux pires frémissements ? Il me semble que la métropole ne leur accorde pas le respect et la dignité qu'elles sont en droit d'attendre. Comme le dit Giesbert : « On ne les aide pas à s'aider elles-mêmes. » Un jour, sans doute, faudra-t-il parler d'indépendance ! Hélas !

***

Je lis son portrait à la dernière page du *Figaro*, je vois sa photo, je reconnais son sourire tendre, un peu figé, ses yeux gris-vert. Mon confrère Patrick Saint-Paul conte l'itinéraire très étonnant de cet octogénaire breton devenu l'acteur français le plus populaire outre-Rhin et aujourd'hui fêté par le Festival de Berlin : Pierre Brice est ici célébré au titre d'idole nationale. J'avais déjà suivi il y a quelques mois le reportage que lui consacrait la télévision. Étrange parcours ! Inconnu en France, notre homme à gueule d'ange est chez nos voisins le héros d'au moins deux générations amoureuses du personnage qu'il aura incarné dans une douzaine de films : le fameux Winnetou, chef indien inventé par le romancier Karl May, tête de liste du western européen.

Contemporain de Belmondo, Delon, Brialy mais négligé par notre cinéma qui ne l'aura accueilli que dans quelques réalisations hasardeuses, Pierre Brice aura donc fait, à partir de 1960, une carrière inattendue en Allemagne où on le considère volontiers comme une figure mythique. Cette reconnaissance de l'étranger, ce silence total de notre septième art sourd et aveugle de sa gloire m'ont étonné ces dernières années et j'y pense singulièrement aujourd'hui, à la veille de la remise des César. J'avoue m'être réveillé très tard pour découvrir ses mérites. Et je suis moins pardonnable que les autres car il y a faute d'amitié, distance entre nous, inimaginable. Comment avons-nous pu nous éloigner ainsi l'un de l'autre un demi-siècle durant ! Pourtant nous étions si proches, presque inséparables. C'était le temps superbe de nos vingt ans accomplis, le grand bleu de nos errances marquées par le passage des plus belles qui nous faisaient escorte, appelées, séduites par son éclatante beauté, son regard de ténébreux, sa nonchalance. Nous étions alors fortement ancrés à un passé récent, de douloureux secrets dont nous ne parlions jamais, nous revenions d'Indochine – comme Delon d'ailleurs – et nous tenions à la frivolité. Le Quartier latin était notre refuge, nous faisions danser les « vieilles » au Capoulade, le dévergondage honnête nous était un passeport pour l'avenir. Martine Carol nous ouvrait alors toutes les portes, elle n'eut jamais de meilleurs camarades.

Que s'est-il donc passé pour qu'un si long silence se soit ensuite installé ! Après les folies nous fîmes chacun notre route. Peut-être m'en a-t-il voulu de n'avoir pas cru en lui, à un talent que je ne devinais pas, de n'avoir pas compris qui il était devenu, et Winnetou et célèbre. Mais je ne savais rien, j'ignorais tout de ses conquêtes allemandes. Lorsque, bien plus tard, au détour d'un voyage à Berlin, je fus mis au parfum… c'était déjà trop tard.

J'aimerais tant le revoir.

***

On a tout loisir de disserter sur cette déclaration d'Oscar Wilde : « Les jeunes gens veulent être fidèles et ne le sont pas, les vieillards veulent être infidèles et ne le peuvent plus. »

***

Aux politiques qui changent de casquette au vent des modes, aux institutions qui s'abîment aux métamorphoses de circonstances, à tout le genre humain, cette réponse du général des jésuites à Louis XV qui souhaitait transformer les statuts de la Compagnie : « Qu'ils soient ce qu'ils sont ou qu'ils ne soient plus. » Être soi-même voilà la première élégance dont chacun doit prendre soin. « Deviens qui tu es » sera donné de surcroît.

***

Les Victoires de la Musique présentées pour la première fois en milieu d'après-midi sur France 3. Rafraîchissante récréation orchestrée par Marie Drucker et Frédéric Lodéon en direct de l'Arsenal de Metz. Des médailles, des bravos, des hymnes à la joie, mais surtout de vrais talents assurés d'un bel avenir, ce qui nous change quelque peu du matraquage inconsidéré des éphémères de la chanson. Bonheur de retrouver Katia et Marielle Labèque, souveraines au piano dans *Le Carnaval des animaux*, le Chinois Lang Lang, acrobate du clavier, Roberto Alagna, unique, enthousiaste, combatif, voix française très exceptionnelle, les autres… Rien de frelaté deux heures durant.

MARS 2009

Il y faudrait de l'insolence, du courage, de la vertu, éléments en fuite à notre époque cruelle. Le refus autant que la révolte. Nous sommes sous influence. Piégés de toutes parts, surveillés, espionnés. Loin du slogan devenu poussiéreux : « Il est interdit d'interdire », on fume aujourd'hui dans le froid, dans la rue, sur un tapis de mégots. La vitesse est limitée, mais les mauvais conducteurs sont plus nombreux qu'hier, la lenteur de certains provoquant aussitôt un danger public, la dénonciation s'annonce comme jeu de société, à la télévision des chroniqueurs de passage qui n'ont jamais rien réussi insultent à tout-va des invités qui ont eu la faiblesse de pénétrer leur cirque ! L'avenir appartient à ceux qui diront non à la connerie, redresseront la tête, aux marginaux honnêtes qui méprisent la triste traversée des moutons de Panurge. L'honneur de désobéir.

***

Des églises, des sectes, des usines à conflits. Il serait temps d'instaurer la religion de l'amour… ou du moins de l'acceptation de l'autre.

***

Vieille comédienne de moins en moins courtisée, la gauche traditionnelle, plutôt que de s'affirmer comme opposition nécessaire, s'épuise à se vouloir seulement antisarkozyste. Que ferait-elle aujourd'hui dans l'enfer de la crise, si elle était au pouvoir ? Et d'abord, aurait-elle une figure de proue ? Pour l'instant j'en doute et cette absence appelle la retenue.

***

Il y avait foule et fête dans les beaux quartiers pour les épousailles d'un presque sexagénaire qui aurait pu choisir la discrétion. Au dîner, l'un des invités crut bon de terminer son compliment par cette réflexion tirée d'un vieux film : « Un mariage c'est comme un enterrement… mais avec des musiciens. » Les parents de la mariée ont aussitôt quitté la salle. Divorce en vue.

***

J'aurais aimé l'accueillir au *Grand Échiquier*, écouter ses silences, entendre son chant « bleu pétrole », et, avec lui, parler de la vie à l'heure où son monde envisage sa mort. Héros sans surprise des *Victoires de la Musique*, Alain Bashung, « contrarié » – dit-il – par un cancer du poumon, écrit avec son élégance coutumière : « Un jour je parlerai moins, jusqu'au jour où je ne parlerai plus. » Je le regarde monter sur scène, gros plan sur l'écran, souffrant, digne, beau seigneur, respectueux du public, j'observe. Près de lui la plupart des autres de la discipline, ordinaires et besogneux, font office de valets.

***

Philippe Sollers nous offre à lire cette missive de Jacques Rivière à Marcel Proust : « N'oubliez pas la force dont votre œuvre est pleine. Vous aurez beau faire, vous êtes trop dru, trop positif, trop vrai pour ces gens-là. Dans l'ensemble, ils ne peuvent pas vous comprendre, leur sommeil est trop profond. » Je ne peux m'empêcher de penser que cet avertissement devrait s'adresser aujourd'hui au même Philippe qui se plaît à le rappeler.

Notre diable fixe sa notoriété sur la difficulté que ses contemporains éprouvent à cerner ses contradictions, sans doute s'en tient-il à Cioran : « L'intelligence est la capacité d'accorder ses contradictions. »

***

La file est longue, le public patiente des heures dans le froid, les invités-privilégiés attendent eux aussi, ce qui rassure : la collection Saint-Laurent/Bergé est trop courue, le Grand Palais trop petit ! J'apprécie cet enthousiasme qui récompense un demi-siècle d'amour du beau et du déraisonnable, j'admire ces deux esthètes qui ont voué toute une existence à leur passion commune pour l'art. J'entends déjà la belle musique des enchères. Et je suis attendri par cette volonté dernière de dispersion qui donne aux objets une liberté nouvelle, prolonge leur étrangeté.

***

Encore quelques lamentables erreurs – disons conneries – comme celle-là, et les églises se videront des fidèles qui leur font encore confiance ! C'est tout simplement scandaleux, jugeons-en : violée par son beau-père une petite Brésilienne de neuf ans – oui, neuf ans – est enceinte de jumeaux. On craint pour sa vie. En accord avec sa mère, des médecins pratiquent une IVG. Aussitôt, dans un branlebas de déclarations, l'archevêque du coin excommunie les médecins et la mère et bizarrement épargne le beau-père monstrueux, estimant, le diable, que « l'avortement est plus grave que le viol ». Le dignitaire religieux suit sa loi mais se montre sans foi. Répugnant. À croire que ces intégristes fumeux ne comprennent rien des réalités humaines. C'est cet archevêque que le Vatican devrait excommunier. Le Vatican, ce temple du veau d'or, offert à une théologie d'un autre âge. Je n'ose plus invoquer le nom de Benoît XVI, tant ses déclarations me heurtent, son intelligence m'afflige, son obscurantisme m'effraye. De grâce qu'il se taise, c'est une question de prudence !

***

Corice l'Américaine m'adresse la photo de la plaque déposée sur la tombe de son mari, notre ami le sculpteur Arman, au cimetière du Père Lachaise (onzième division). Je m'étonne de ce que l'artiste signe là : *Enfin seul* ! Est-ce bien de lui ? Je ne l'imagine pas écrivant cette sottise.

***

À tout homme déraciné, disions-nous ensemble, il convient de garantir sa dignité. D'un optimisme démesuré, Amin Maalouf prétend « qu'il n'y a plus d'étrangers en ce siècle, il n'y a plus que des compagnons de voyage ». Je ne suis pas sûr qu'il en soit vraiment persuadé. Mais nous réagissons tous les deux comme si c'était une réalité.

***

Courte escapade à Marrakech où Dominique Desseigne inaugure le nouveau palace du groupe Barrière. Chance de retrouver cette antique capitale quelque peu troublée par la démence immobilière. Bonheur de parcourir les labyrinthes de la Medina dans le sillage de l'ami Xavier. J'abandonne vite la ville pour découvrir les magnifiques paysages marocains, la vallée de l'Ourika d'abord, puis le lendemain, le col de Tichka à une centaine de kilomètres, dans des verts que je n'avais vus aussi lumineux. Partout les grandes eaux qui coulent, cette eau véritable bénédiction en ce pays, généreuse aujourd'hui comme elle ne le fut jamais. Et là-haut, enneigé, le superbe Atlas qui ressemble à mes Pyrénées.

***

Il aurait pu chanter comme je l'y avais invité au cours de notre *Grand Échiquier*. Mais c'eût été une faute : la Coupole c'est du sérieux, du vert académique, on ne plaisante pas avec la tradition, la solennité est ancrée depuis longtemps dans la pierre de l'Institut. Je craignais de le trouver déguisé, il habite son rôle, j'aime l'ami dans son habit vert pailleté d'or, mousquetaire des arts depuis toujours, désormais affublé d'une épée, Jean-Loup Dabadie fait sa descente au paradis entre une haie de gardes républicains qui battent tambour.

Après l'éloge à Pierre Moinot, son prédécesseur au dix-neuvième fauteuil, le nouvel immortel évoque sa propre existence, prononce sa profession de foi, insiste sur son goût du perfectionnisme : « Je poursuivrai toujours ce rêve de m'améliorer… s'améliorer c'est déjà s'efforcer à plus de simplicité. C'est si compliqué d'être simple. » Orfèvre des mots, Jean-Loup manie à merveille le compliment, flatte l'Académie : « Me l'aura-t-on dépeinte, souvent avec affection, parfois avec malice, cette entrée sous la coupole fabuleuse, ce ciel espéré, ce ciel rêvé d'où, depuis presque quatre siècles, sont tombées tant d'étoiles. » Soixante minutes d'une belle altitude nous auront réchauffé le cœur et préparé aux agapes, car passés le quai Conti, auréolant le soir, nous étions une vingtaine – avec Erik Orsena et Frédéric Vitoux – à rejoindre les Champs-Élysées. La fête prolongeait l'hommage mais ça ne se raconte pas : une chose est sûre, le Dabadie ne sera jamais de marbre, après le couronnement on pouvait en juger.

***

Les Anglais récitent leur rugby, les Français balbutient leurs épouvantes et pour les Bleus, les « six nations » tournent à la farce. Nous avions volé nos victoires, nous méritons nos défaites.

***

Aux dernières Victoires de la Musique où il accumulait les trophées, Alain Bashung, avec dignité et tendresse, préparait sa sortie. Il aura tenu devant son public, trébuché dans l'intimité de ses proches. Un cancer du poumon qui le rongeait depuis l'automne 2007 aura eu raison de ses soixante et un ans. Je l'admire d'avoir entretenu l'illusion tout au long de sa courageuse tournée en France, je regrette de ne pas lui avoir accordé dans nos programmes la place qu'il méritait ; c'était il y a déjà vingt ans… mais ce n'est pas une excuse.

***

Le temps qui passe nous éloigne définitivement de ceux que nous avons aimés. Après mon père qui s'en est allé d'un pas rapide, subitement, voici qu'à son tour le père de ma femme lève l'ancre, mais lui, dans l'attente et la douleur. Deux belles âmes pour un possible paradis.

***

Quel dilemme ! Chaque être humain vient à la vie sans bien s'en rendre compte et plonge plus tard dans le néant dans la plus totale inconscience. Que se passa-t-il au départ ? Que sommes-nous à la fin ?

***

Nous n'avons pas demandé à naître et nous sommes dès le départ condamnés à mourir. Bizarre destin que l'au-delà nous impose ! Qui pourra dire que Dieu est bon ?

***

Le peuple catholique de France s'étonne (et s'irrite) des erreurs à répétition du pape Benoît XVI. Les plus complaisants de ses fidèles minimisent le scandale et parlent de « fautes de communication ». C'est une très fâcheuse interprétation. Sa

Sainteté qui est de grande intelligence obéit à des critères théologiques surannés, a parfaitement conscience de la portée de ses discours. L'affaire dépasse les normes ordinaires et la question est désormais posée : notre patriarche est-il à sa place ?

***

Toujours ces sacrées routes de mon enfance, passage obligé de chacun de mes permanents retours aux Pyrénées. Ma Bigorre constamment revisitée. J'aime la pureté de nos paysages, la beauté simple de nos maisons aux magnifiques toits d'ardoise, l'humeur de mes compatriotes. Je ne me lasse jamais de revoir nos villages dont je connais l'histoire, nos « phares » de rencontres : la tour de Vidalos, le château de Beaucens et son donjon des aigles, le parc animalier d'Ayzac, l'abbaye de Saint-Savin, la chapelle de Piétat, l'hôtel-restaurant Le Viscos de Jean-Pierre, le cirque de Gavarnie.

J'ai conduit ce matin mon beau-père à son dernier rendez-vous, je ne l'aurai plus pour compagnon de découvertes, le ciel est bleu, le grand soleil dore les neiges de la montagne ; toute la délicatesse d'un départ.

***

Il faut prendre le rire au sérieux mais nous sommes convenus de croire qu'il a changé de nature. Il était généreux, convivial, chaleureux, il est devenu mauvais, guerrier, dénonciateur. La perversion s'en mêle. On juge, on ricane. Les moins doués sont entrés en dérision, bousculant à tout-va. Dans les arènes médiatiques ce ne sont plus que combats de coqs menés par des bouffons.

***

Une fois encore, Denis Tillinac passe ses souvenirs en revue, raconte ses dix-sept années à diriger La Table ronde, fait la somme de ses enthousiasmes, de ses déceptions, chante sa vie

« rue Corneille ». Je nous découvre cent points communs, le bonheur de la compagnie, l'amitié comme nécessité imposée et si forte qu'elle méprise la trahison, l'amour du rugby, l'ambiance de castagne qui préside aux affrontements du seul terrain. Comme lui, je n'ai aucun ancrage idéologique, aucune affiliation partisane, comme lui j'ai du mal à comprendre la politique, je souffre de constater que la littérature n'intéresse plus les gens. Il a aimé Chirac, Sarkozy, malgré tout, reste mon copain. La fidélité a son prix.

***

Jacques Darrigrand me demande de choisir entre deux couvertures – blanche ou rouge – d'un format différent et me fait ainsi l'amitié d'éditer deux ouvrages d'un même texte (illustré par Ladislas Kijno). Choisir c'est éliminer, je ne m'y résous pas. Je laisse à ma femme le soin de décider. Elle opte pour le rouge. *L'Inachevé* vient en librairie en ce début de printemps. Mes interrogations sur le bonheur et la difficulté d'écrire trouvent leurs possibles réponses par le seul jeu de leur publication. Au dos de ce que j'appelle une fable, j'ose cette explication : « L'inachevé c'est ce qui ne peut arriver car l'arrivée est souvent une fin. » Je songe sans doute au *Mont Analogue* de René Daumal, je me souviens de ce que me disait Montherlant : « Tout ce qui est atteint est détruit. » Je ne supporte pas ce qui arrive à son terme.

***

Je ne la rencontrais que sur le petit écran, je la regardais se fondre dans l'équipage de la politique, je la jugeais timide, fragile, du moins pudique. Et ce matin je la vois enfin, une heure durant, grâce à Philippe Carle qui la reçoit dans sa conférence du petit matin chez Ledoyen. Elle est blonde, grande, fine, belle, décidée, combative. Valérie Pécresse n'a jamais souhaité pénétrer le cercle intime du président, piétiner les sables mouvants de la sphère sarkozyste. Elle parle de la recherche, elle n'enjolive pas son discours, elle évoque et regrette le « poids des administrations » qui partout « assassinent » la création. Tant d'organismes, tant d'intrigues, si peu de liberté à entreprendre. Il ne s'agit plus de réformer, il importe de tout changer.

***

Je n'ai jamais considéré que le sanguinaire Mao, idole passagère de quelques intellectuels égarés, pouvait être classé parmi les penseurs du XXe siècle, mais l'une de ses réflexions colle parfaitement à ce que je crois : « Le plus long des voyages commence toujours par un premier pas. »

***

Sur Arte, rendez-vous manqué avec Ivry Gitlis. Désolation ! Comment peut-on rater un tel personnage. Je le connais assez pour affirmer qu'une fois encore il n'aura pas été compris. D'un violoniste fantasque, fou, mais d'une folie créatrice, génial même, la télévision a fait, pour notre malheur, un promeneur solitaire qui soliloque à l'âge le plus incertain de sa vie.

***

Autocrate disent ses ennemis. Imprévisible, proclament ses proches. Nicolas Sarkozy ne craint jamais de prendre toutes les libertés conformes à sa charge, ne s'inquiète aucunement des critiques, avance ses pions, dérange l'habituelle procession des soupçonneux. La boulimie étant chez lui du domaine de l'urgence, il tire plus vite que son ombre. La rumeur médiatique prétend qu'à cette heure il n'est pas aimé. Excellent signe, c'est donc que le changement est en route.

Avril 2009

On le dit souvent, je l'entends sur les ondes et particulièrement en ce moment : « Qui prendra la suite de Pivot et de Chancel ? » C'est aimable. Il convient toutefois de considérer que la relève importe peu. Ce qui compte vraiment c'est la manière d'assumer un autre avenir dans les lettres, la musique, la télévision, de composer une différence. On peut avoir des modèles, on doit imposer sa propre personnalité, les porteurs de messages, journalistes la plupart, ont sur ce point une urgente responsabilité. Côté livres, il y a désormais François Busnel dont j'étais ce soir l'invité, sur France 5, dans *La Grande Librairie*. J'aime cette tribune que jamais je ne rate, j'ai pu mesurer sur le terrain sa force de sérieux. Mes voisins d'écriture – Campbell, Leconte, Bégaudeau – ont eu, ils me l'ont répété, la même impression. Venu présenter mon dernier ouvrage *L'Inachevé*, il m'a fallu subir la curiosité de Busnel, perspicace et insistant. Impatient surtout de connaître les raisons qui m'empêchent encore de conter le plus difficile épisode de mon adolescence, cette approche de la mort qu'une étrange pudeur m'oblige à laisser dans l'ombre. J'ose tout de même, publiquement, je révèle cette note inscrite dans un vieux cahier : « J'ai tout connu, tout vécu, tout souffert et, avec une certaine vanité, j'affirme que mon existence est finie... j'ai vingt-quatre ans. » Je me plais à ce mystère qui pourtant ne saurait durer, car la blessure ne s'est jamais refermée. Mes treize mois d'hôpital, à Giadinh, près de Saigon, sont constamment présents ; je n'écrirai pas mes

Mémoires, mais je me dois de ne pas occulter ce temps du désastre. J'avais apprivoisé le silence et la nuit au fil de chaque minute. Le mot me hante encore, j'ai du mal à le prononcer : « aveugle » n'est pas de mon vocabulaire, je l'aurai, hélas, expérimenté. Tout cela est difficile à écrire, sauf à se vouloir romantique et pleurnicheur. Je n'ai rien à reprocher à mon adolescence, contrairement à Cioran je ne l'ai jamais vécue comme un péché, le parti du désespoir n'est pas le mien. Campbell qui fut l'adjoint de Tony Blair m'a fait remarquer en fin d'émission que j'ai promis de faire le récit de mes vingt-quatre premières années. L'ai-je vraiment dit ? Peut-être y serai-je condamné ? Je ne peux pas être l'ennemi de moi-même.

***

Au fronton de la *Nouvelle Star* ce ne sont pas les chanteurs qui rendent le téléspectateur irritable, c'est le jury qui nous abrutit de son ridicule.

***

L'époque n'est plus aux rebelles, elle pétille de révolutionnaires en chambre qui, trois ou quatre fois par an, descendent dans la rue avec la ferme conviction de changer le monde en lui imposant leur propre gouvernance. La dictature a différents visages, la littérature de son côté a sa petite compagnie d'insoumis, on peut nous faire croire qu'il y a trente ans quelques égarés prenaient le risque de destins improbables : je cite au hasard Antoine Blondin, Jacques Laurent, Maurice Ciantar, Dominique de Roux, tous joueurs, tous persuadés qu'il est interdit d'interdire. Tous libres, convenables et gourmands. Leur marginalité pourtant n'allait jamais au-delà de frasques qui ne les mettaient aucunement en péril. Les véritables rebelles, je les ai rencontrés, fréquentés, aimés dans mes paysages asiatiques. Ils avaient vingt ans, ils étaient souvent de vieille famille, ils méprisaient le côté petit-bourgeois de la France profonde, ils avaient tout abandonné pour oser l'aventure, ils pensaient que le communisme allait contaminer le monde et qu'il fallait l'en délivrer, ils n'avaient aucun souci de carrière, seulement une gourmandise de vivre. Ils en sont morts. Ils furent les compagnons d'un fabuleux et tragique vacarme.

***

« Un processus qui peut ramener la confiance », promettent les économistes… « Une nouvelle ère du capitalisme », reconnaissent ceux qui ont encore du goût pour la vérité. « Un grand coup pour rien », clament les irréductibles de l'opposition systématique. Résumons : Londres est une véritable réussite. Le G20 est un rendez-vous historique. Désespérer aujourd'hui de ses effets condamnerait l'avenir. L'étonnante confrontation des chefs d'État les plus importants nous laisse espérer des lendemains possiblement meilleurs. Rêver est de toute manière un argument de vie. Et puis dans ce jamboree il y aura eu l'apparition espérée : Barack Obama nous a offert le visage d'une nouvelle Amérique, effaçant entre Angleterre et France les tristes années Bush.

***

Beaune, une perle en Bourgogne qui s'encanaille en recevant le Festival du Polar cinématographique. J'aime les villes qui ne sacrifient pas à l'ordinaire marotte de la mode. On est là, élégamment, sur un îlot de chefs-d'œuvre, de maisons venues des autres siècles. On marche, on court l'Histoire, du palais des ducs aux Hospices. Les rues étroites appellent la rencontre, partout des fenêtres à meneaux nous font entrer dans un imaginaire. Que nous sommes loin de ces cités du monde, capitales comprises, qui désormais se ressemblent dans leurs architectures vouées à l'éphémère, de ces villages vaniteux où des bourgeois nouveaux nés de la (nécessaire) promotion sociale transforment de nobles fermes en villas frimeuses.

***

Sur des pages coloriées, dans les gazettes *people*, des confrères devenus courtisans font des courbettes à un événement mineur : le mariage religieux – obtenu après trente-trois ans de procédure – du comte de Paris et de son épouse (civile) Micaella. Drôle de couple, fâcheuse descendance, héritage raté. Je me souviens du père, l'ami de De Gaulle auprès duquel, avec Marcel Jullian, nous avions beaucoup travaillé pour mettre en scène les derniers rois de la famille. Il y avait sans doute du baroque dans l'attitude de ce prince, mais aussi de l'intelligence et du brillant. Nous nous rencontrions les samedis et les dimanches dans l'appartement que l'hôtel George-V lui offrait sans limite de temps. La dame qui l'accompagnait – bigoudis en bataille, nuisette aux genoux – ne nous emballait guère. Elle ouvrait la porte avant d'être remisée au boudoir. On s'en amusait, on n'écoutait pas ses délires – Racontez, Monseigneur, le jour où vous avez renversé le seau à glace sur la tête de Madame la comtesse devant les ducs rassemblés –, c'était grotesque. Il y avait chez ce prince une noblesse naturelle ; il affichait une attitude fière qui, à certains, pouvait paraître méprisante et n'était à la vérité que le fruit d'une éducation forcée. Nous aimions son intelligence, sa culture, son sens de la politique, sa naïveté aussi qui l'avait entraîné à croire aux promesses du général. Mais il existait, lui ! Que penser de son héritier au pâle visage, aux discours étranges, à la mondanité douteuse ? Le Vatican lui accorde sa grâce ! On se croirait au Moyen Âge.

***

Rencontrées, à Saint-Pétersbourg, des colonnes de touristes qui, sous la conduite de guides, vont à marches forcées et ne voient rien. « Nous allons partout, me dit une dame, cinq à six voyages par an. Hélas, ça va trop vite. » Je songe à Stendhal : « Ces gens qui font le tour du monde, mais sans y entrer. »

***

Je n'arrive pas à suivre la cavalcade des années, à mesurer le passage du temps. Mon insouciance sur ce sujet frise l'inconscience. D'un homme de mon âge, je dis : « Mon Dieu qu'il est vieux » sans me donner le désagrément de regarder un miroir. C'est vrai, je me répète, j'ai été vieux trop tôt, je suis jeune trop tard. Avec des gourmandises grandissantes. J'aime, autant qu'autrefois, à regarder les femmes, leurs longues jambes droites, fines et fières, je m'agace des poitrines refaites dans un gonflement criard et vulgaire. La curiosité est notre grande richesse. Et le désir de vivre intensément nous prépare doucement à la mort.

***

La noblesse a changé de peau ou plutôt s'est anéantie. Celle des princes s'éteint peu à peu au gré des mésalliances, celle des B.O.F. – enrichis de la guerre – bat complètement de l'aile, plus que jamais méprisée, celle des élites s'effrite au rythme des scandales, celle de la célébrité n'a jamais existé. Les faiseurs de mode ne sont plus connus que de leurs fournisseurs. Proust ne trouverait pas dans notre société ses Guermantes, Charles ou Swann. Tristesse du nivellement par la base. Reste heureusement la noblesse des cœurs. Énorme celle-là.

***

De Dmitri Tcherniakov j'avais aimé l'*Eugène Onéguine* cher à Tchaïkovski. Je ne retrouve pas ce soir, à Bastille, les charmes de cette mise en scène dans son *Macbeth* où Verdi ne reconnaîtrait pas les siens, pas plus que Shakespeare dans l'ordonnance du livret. Quelques trouvailles me laissaient espérer de possibles bonheurs, principalement la recherche « zoomée » sur grand écran d'une petite ville moderne qui organise les lieux.

Adapter un vieux sujet à notre époque me paraît être une erreur grossièrement généralisée. On ne croit pas à ces rois que l'on change en bourgeois arrivés, aspirés, défaits par l'ascension sociale, un appartement banal d'aujourd'hui ne saurait faire oublier un palais ancien. Les personnages en cour ressemblent plus à des mafieux qu'à des héros de tragédie, c'est d'une naïveté inquiétante. La distribution n'arrive pas à nous débarrasser de ces scories troublantes ; Violeta Urmana est une Lady Macbeth approximative, gênée par une grande voix trop neutre en la circonstance. Dimitri Tiliakov qui honore le rôle-titre est touchant mais manque de caractère. Le ténor Stefano Secco (Macduff) emporte tous les suffrages, fait chavirer la salle. Avec Letitia Singleton, la suivante de Lady Macbeth, qui en peu de minutes nous persuade de son immense talent.

Des déceptions. Quelques belles lueurs et au final quand même une excellente soirée sauvée par la musique de Verdi, les chœurs et le magnifique orchestre de l'Opéra dirigé par Teodor Currentzis dont la gestuelle gymnique est à elle seule un spectacle.

***

Il était de toutes les messes du calendrier. Aujourd'hui, pour la première fois, en ce dimanche de Pâques, notre Papy est près de son Dieu, à sa table.

***

J'aime mon voisin béarnais, le léger et admirable Paul-Jean Toulet, l'auteur de *Mon amie Nane*, des *Contrerimes*. Je réapprends ses poèmes.

Ce n'est pas drôle de mourir
Et d'aimer tant de choses,
La nuit bleue et les matins roses
Les fruits, lents à mourir.

Je pense à celui qui est parti, à ceux qui partiront.

***

Vingt ans après – j'ai interrompu *Radioscopie* en 1989 –, je reçois encore chaque jour des témoignages qui me persuadent de la fidélité des auditeurs à ce programme. « Pourquoi avoir arrêté ? » me demande-t-on. Je le redis : j'avais accepté la direction générale de France 3, j'étais sur d'autres ondes, on ne saurait être juge et partie ! Les observations des accros de l'émission me tiennent à cœur. Je retiens aujourd'hui la lettre de Mme Laflaquière qui nous écoutait sans doute un crayon à la main. Sur une vingtaine de pages elle note ce qu'elle a entendu, « les petites phrases surtout ». J'en tire ce florilège :

Jacques Lebreton : *J'ai perdu et mes yeux et mes mains à la guerre, à El Alamein. Mes yeux, je les ai laissés à Dieu, mais de grâce, qu'il me rende mes mains.*

Arthur Rubinstein : *Dans chaque être il y a une glande qui renferme le talent… Comment expliquer qu'à quatre ans au piano je jouais mieux que tout le monde ! J'avais du cœur à l'ouvrage, mais personne n'a pu m'expliquer l'âme. J'ai ma petite idée : l'âme c'est une force que nous avons, un moteur à plusieurs temps, le nerf de la vie, le rouage de toute création.*

Maurice Genevoix : *Je m'amuse de ces gens intelligents dont la manière de se comporter et de dire vous fait remercier le ciel de n'être qu'un pauvre esprit.*

Gustave Thibon : *L'homme qui se méprise s'estime en tant que méprisant, l'important est de s'oublier… Le paysan authentique est un homme peu doué pour l'expression, il sent beaucoup plus qu'il ne le dit… Le prisonnier des villes est le contraire ; il dit beaucoup plus qu'il ne sent.*

Père Sertillanges : *La mort, cette inconnue où vivent les absents.*

Jean Guehenno : *On peut devenir vieux ; il faut s'interdire de se comporter en vieillard.*

« Pourquoi ne pas écrire le grand livre, suggère Pauline Leferre, qui rendrait compte de tous les bons mots de vos invités. » On me l'a souvent proposé. Mais qui voudra écouter 6 826 *Radioscopie* ?

***

J'ai dit, un peu vite sans doute, que mes deux premiers romans, écrits avant ma vingtième année, étaient médiocres. À la vérité, je ne les ai jamais relus, je les ai perdus et oubliés. Ce dernier mot comme une litote ! Je me souviens quand même qu'ils parlaient de jeunes gens rebelles emportés par les foudres de la guerre et d'une éblouissante Eurasienne à laquelle on ne reconnaissait aucune identité. Pris dans les orages du Sud-Est asiatique, j'ai vécu plus intensément que la plupart des enfants des années 50 mais, dans le même temps, si peu profité des tendresses familiales, éperdu d'aventures, si loin de mes origines. Parenthèse de vie. J'écrirai peut-être ce que furent ces lignes d'évasion, sacrifiant aux charmes, aux tumultes de l'Extrême-Orient, je n'aurai pas l'insolence de me plaindre car le malheur n'y effaça jamais les plaisirs, je soutiens seulement qu'en encombrant de désirs mes jours et mes nuits, je délaissai ce que je portais au plus haut : l'écriture. Prendre des notes, noircir un carnet n'était qu'un alibi. Je m'étais promis, à vingt-quatre ans, de raconter la comédie de cet enfer du bout du monde, de dessiner la galerie des héros et des salauds qui, de Saigon à Pékin, tenaient la scène. Hélas, pris au piège des pires gourmandises, témoin des atrocités du temps, je me découvris en fièvre, entre vie et mort. J'estimai aussi que Jean Hougron, mon confrère de Radio-France Asie, avait pris les devants en publiant sa remarquable *Nuit indochinoise* où je retrouve encore, avec les mêmes bonheurs, *Soleil au ventre*, *Mort en fraude*, *Les Asiates*. L'ami Jean, sédentaire à Saigon, n'avait rien vu du pays, mais l'avait mieux compris que Greene, Bodard ou Lartéguy. Ceux-là n'étaient préoccupés que d'actualité, Hougron ne pensait que littérature. Et moi ? Je naviguais entre les eaux, dans des groupes dangereux. Pourtant, j'avais toutes les cartes en mains, des réseaux solides, des fréquentations assidues au cœur même de milieux pourris. Je m'imaginais romantique et pur dans une période d'extrême décadence. « Écris-le » tonnent mes amis. Je les rassure et me mets en chemin !

***

Jean-Claude Simoën, l'heureux éditeur de la collection *Dictionnaire amoureux* me rappelait récemment ce mot de Jorge Luis Borgès : « Que certains auteurs puissent se vanter des pages qu'ils ont écrites, moi je suis fier des pages que j'ai lues. »

***

Mon bureau où je tente de mettre un peu d'ordre dans mes carnets. Un mardi d'avril que j'imagine tranquille. Hélas ! La vie n'est que soubresauts. Ma femme qui entre, sans un mot, puis me regarde tristement :

— Madeleine vient de m'appeler… c'est fini.

Il est 18 heures. Maurice Druon est mort quinze minutes plus tôt. Mon ami Maurice. Le voilà qui s'évade quelques jours à peine avant son 91ᵉ anniversaire. La fin d'une histoire, le commencement d'un chagrin.

***

Il est sur son lit, serein après l'endormissement, beau visage paisible en partance pour l'immense ailleurs. Quel homme étonnant notre Maurice promis à l'éternité. L'immortalité ne lui suffisait plus. Comme il va me manquer. J'aimais le bretteur de génie qui virait au rouge dès lors que l'on s'aventurait à égratigner sa France et ses institutions, j'admirais l'homme qui jamais ne cessa de s'engager, faisant de son indépendance une carapace, de sa liberté une épée, je respectais l'écrivain qui avait ouvert les hostilités avec un chant, celui des partisans, puis, très jeune, avait conquis la littérature avec *Les Grandes Familles* avant de séduire le monde avec *Les Rois maudits*. L'observant, je découvre « l'aurore qui vient du fond du ciel », premier titre de ses Mémoires et je vois en cascades les courants de ses multiples ascendances, brésiliennes, russes, normandes ; il était de toute évidence un Khazar des Steppes. Comme Jef Kessel, son oncle, aux allures d'ogre, moujik superbe qui croquait les verres après avoir enfourné tous les alcools. J'en fus parfois le témoin chez Raspoutine. Ils étaient nés tous les deux pour la Résistance et, au cœur d'une existence virevoltante, ils ne se privèrent jamais des plus beaux débordements. C'est ce qu'avait compris François Mauriac lorsqu'il adressait son hommage à Jef : « Il est de ces êtres à qui tout excès aura été permis, et d'abord la témérité du soldat et du résistant, et qui aura gagné l'univers, sans perdre son âme. » De Maurice, le maître du *Bloc-notes* aurait pu dire de mêmes mots.

***

Prêt pour le départ l'ami Druon. Dans sa boîte, habillé chic comme toujours, drapeau tricolore sur la poitrine, décorations sur les coussins. D'une dizaine de coffrets, Madeleine a tiré un tiercé de rubans qui le représentent excellemment, ceux de la France, de l'Angleterre, du Maroc, sa terre adulée, ses deux pays choisis. Je reste près de lui, seul. À cet instant, j'imagine qu'il s'amuse de ma surprise, de mon sourire complice. Une main charitable (que je connais bien) a glissé un cigare dans la pochette de son veston. Notre cierge.

***

Plein soleil aux Invalides. Une journée de lumières. L'envolée d'un homme d'honneur dont on croit entendre la voix sépulcrale. Monseigneur Dagens, son collègue, célèbre l'office, le père Rougé, son confident, lui parle une dernière fois, Édouard Balladur rend l'hommage officiel devant le président de la

République, le Premier ministre, le prince Moulay Rachid. « Que les anges te conduisent au paradis », disent les textes bibliques. Là-haut, près des grandes orgues, une belle jeune femme lance son chant qui couvre la nef : Béatrice Uria Monzon a choisi pour Maurice le *Panis Angelicus* de Franck et l'*Ave Maria* de Gounod. Magnifique.

Dehors, dans la grande cour, la Musique et trois sections de la garde républicaine saluent le grand-croix de la Légion d'honneur, le résistant, le polémiste. Nicolas Sarkozy s'incline devant le cercueil posé sur les pavés puis lui fait compliment. Loin du discours de circonstances, c'est une prise d'amitié comme il aurait aimé. Puis vient l'émotion, cette buée qui vous prend les yeux à l'écoute du *Chant des partisans.*

C'est cet homme qui a fait tout cela.

***

La gare Montparnasse au petit matin. Le dernier carré pour l'ultime rendez-vous dans le Bordelais en l'abbaye de Faise, l'étape finale de Maurice Druon, sa cistercienne demeure. Nous rejoignons Madeleine. Des très proches en communion d'amitié : Hélène Carrère d'Encausse, Anne d'Ornano, Micheline Decaux, Anne-Marie, Jean Repiquet, Pierre Nora, Emmanuel Chain. Dans le train, nous nous racontons les joyeusetés, les frasques du vieux compagnon, oubliant résolument le très sérieux, le profond de son existence. Ses propos de querelleur sont à l'ordre du jour. Le premier du temps où il fut ministre des Affaires culturelles : « Les gens qui viennent à la porte de nos bureaux, avec une sébile dans une main et un cocktail Molotov dans l'autre devront choisir. » Déclaration de guerre aux assistés de la vie artistique et qui ne visait que les moins talentueux. Provocation qui le fit détesté de certains milieux affamés de subventions. Le deuxième, qui ne fut entendu qu'au premier degré : « D'ici peu vous aurez à l'Académie quarante bonnes femmes qui tricoteront pendant les séances du dictionnaire. » L'allusion ne concernait à la vérité que Marguerite Yourcenar qu'il n'appréciait pas et dont il regrettait l'entrée sous la Coupole : « Elle ne sera jamais des nôtres, disait-il. Elle ne participera pas à nos travaux. » Il n'avait pas tort. Pour décourager ses adversaires, peu après, il installait Hélène Carrère d'Encausse à sa place, au fauteuil de secrétaire perpétuel. Caprice de gentilhomme. Le troisième propos, pour des raisons politiques qui lui appartenaient et qui étaient d'un gaulliste, fut plus violent. Il était là à son affaire, Giscard d'Estaing devenait sa cible. Il ne le voulait pas parmi les quarante : « Un ancien ami de Bokassa peut-il succéder à Léopold Sédar Senghor ? » Il y aurait tant à dire sur les confidences que de lui j'ai reçues. Un jour peut-être ! Il y a deux ans, lors de l'un de mes séjours à Faise, il m'avait suggéré de travailler sur un livre d'entretien. « Nous ne dissimulerons rien. » Nos parties de gin auront été plus évidentes que l'écriture.

***

Toujours le plein soleil sur les vignes autour de Saint-Émilion. Quelle douceur, quelle sérénité dans la vieille maison. Madeleine nous accueille, si digne, si belle, admirable compagne. L'abbaye retrouvée pour quelques heures, Maurice fait une dernière halte dans son bureau où des inédits remplissent les cartons. La voiture que l'on appelait autrefois « corbillard » attend près de l'entrée. Dans peu de minutes elle le portera jusqu'à l'église des Artigues-de-Lussac. À moins d'un kilomètre.

***

Après l'hommage de la République aux Invalides, le simple et magnifique salut d'amitié d'un village de France. Ami, entends-tu ils sont tous là. Le père Rogé officie. Emmanuel Chain dit *Le cantique* de Druon, je lis la Première Lettre de saint Paul apôtre aux Corinthiens, admirable texte sur l'amour… « S'il me manque l'amour, je ne suis rien... L'amour prend patience ; l'amour rend service ; l'amour ne jalouse pas ; il ne se vante pas ; il ne se gonfle pas d'orgueil... Il espère tout, il endure tout. L'amour ne passera jamais. »

***

Notre dernier voyage comme une partie de campagne. Nous suivons Maurice, à pied, son cheval sellé par Pierre Durand garde le portail de Faise, antique monastère qu'avec Madeleine il avait su restaurer. Puis le plongeon dans l'inconnu, le « trou aux mystères » comme nous disions ensemble, la descente dans la tombe de pleine nature qu'il avait fait creuser il y a trois ans. Les amis regagnent la terrasse à ogives de l'abbaye, nous ne sommes plus que quatre pour l'ultime banquet, celui de la coutumière convivialité. La terre recouvre Maurice, nous ajoutons des fumées à l'éblouissante lumière de la journée. Le feu des cigares pour notre au revoir et sa possible ascension.

***

François Busnel d'abord puis d'autres ensuite à la radio, à la télévision, m'ont demandé de leur conter l'exceptionnel destin de Maurice Druon. On ne saurait tout dire en si peu de minutes. Et je vais me répéter. Parler d'un ami nous porte souvent aux compliments extrêmes, démesurés. Oublier le complice pour ne plus regarder que le témoin privilégié d'un siècle oblige à la seule honnêteté. Et sur ce point le récit ne peut plus être que nécessaire vérité. Facile dès lors de ne pas craindre l'envolée des mots. Notre perpétuel fut cet homme dont les adversaires admiraient secrètement le panache et qui avait pour la France une passion exacerbée. Autant que son œuvre littéraire – *Grandes familles, Rois maudits* –, c'est son engagement en toutes situations qu'il nous faut retenir, « Le chant des partisans » restant son premier manifeste. Le courage lui était un habit ordinaire. C'était un esprit libre qui jamais ne sacrifia à la compromission. Sa culture l'autorisait à pratiquer un humour dévastateur.

***

Lendemain du grand départ, jeudi 23 avril. Maurice Druon aurait eu quatre-vingt-onze ans aujourd'hui. Nous dînons – Martine et moi – avec Madeleine, au Basilic, derrière l'église Sainte-Clotilde, chère au père Rogé, le confident des derniers mois. Je me souviens à cet instant de l'ultime écrit de l'académicien : *Fichez-moi la paix.*

***

Elle demande pardon aux Africains pour des propos tenus par Nicolas Sarkozy, puis pardon à l'Espagne pour les propos non tenus sur son Premier ministre. Le temps viendra, c'est sûr, où elle demandera pardon à elle-même pour provocation exagérée, transgression rituelle, menteries aggravées et tout cela en terre étrangère. Ségolène Royal, droite dans ses bottes, à la croisée des gouffres.

***

Délicieuses, vives et drôles, les lettres qu'échangeaient Marcel Pagnol et Jules Raimu sur le fil de leur célèbre trilogie. On en retrouve l'humeur au Théâtre Hébertot où Philippe Caubère (Marcel) et Michel Galabru (Jules) mettent en scène cette correspondance et campent ensemble le personnage de César. Ce ne sont que disputes et admiration mutuelle, fâcheries en forme de superbe amitié. J'aime bien cette réplique : « On ne se fâche pas avec n'importe qui. » Il y faut en effet une vraie complicité.

***

Ce que l'on a toujours voulu savoir sur l'entregent contemporain nous est conté au Grand Palais par une quarantaine d'imaginatifs dans *La Force de l'Art.* J'observe en badaud et m'amuse à la découverte de ce cabinet de curiosités. J'avais les mots, je vois la chose. Les mots ce sont ceux de Marc Fumaroli qui, dans son nouvel essai *Paris-New York et retour*, met en scène un monde envahi par la mode, la rumeur, la publicité. Contemporain de quoi, cet art ? interroge-t-il. De la production industrielle et commerciale. D'un grand marché où des imbéciles traitent avec des malins. On ne contemple plus une œuvre, on suit un courant, on s'éblouit de l'éphémère. Fumaroli dénonce la mainmise des milliardaires incultes, la dérive des musées, la peur d'être en retard, l'imposture. Pour les ignorants, rater un génie est devenu la divine inquiétude, alors on fait feu de tout pinceau. J'avais aperçu Jeff Koons, secouru à Venise et à Versailles par les flagorneurs des vernissages mondains et je m'étais diverti à son cynisme, brillant, affairiste. Voilà un homme qui a compris son siècle. Et nourrit la réflexion. En revanche, la parade du Grand Palais n'arrive pas à me dérider. Toujours cette incapacité à me soumettre aux soubresauts de la mode.

***

Pour le premier, le coup d'État permanent était la belle affaire, pour le second, l'abus de pouvoir est un acte fondateur. Faut-il pour autant en conclure qu'entre Mitterrand et Bayrou existent des sensibilités identiques ? Leur origine plaide déjà pour un rapprochement. Mêmes racines provinciales et catholiques, même passion pour la littérature, même certitude d'une probable supériorité, même aptitude à rechercher une certaine solitude. François Bayrou croit pouvoir tailler en pièces la présidence de Nicolas Sarkozy ; il va maintenant à marche forcée, en direction de l'Élysée. Il attaque, encore plus cruellement que l'autre François dont il s'imagine l'héritier. Il impose son destin, il pense lui aussi que le rêve est une création. Et la chute ne le désespère pas : il en a fait l'expérience.

***

Serge Kampf appartient à une coterie que je regarde avec attendrissement : celle des humanistes. Espèce devenue rare. Créateur de Capgemini, société de conseils et de services informatiques qui emploie plus de 100 000 personnes, il se demande, avec plus d'ironie que d'agacement, « à quoi sert d'être vertueux puisque les seuls dont on parle ce sont ceux qui ne le sont pas ». La crise, c'est vrai, grandit les malentendus. La presse va au plus tapageur et on sait par expérience qu'elle ne s'attarde jamais sur les trains qui arrivent à l'heure... Serge est un être à part, imaginatif, sensible, généreux, exclusif, qui ne pardonnera jamais la moindre incartade dans les allées royales de l'amitié. Pour lui, vingt ans après, je reprends ma coupable industrie et réalise, sur les chemins de l'écriture, ma 6 827e *Radioscopie.* Il n'a pas eu à insister pour que j'accepte sa proposition qui était d'ouvrir par une suite d'interrogations le Rapport annuel 2008 de son entreprise. Serge et Paul Hermelin, son directeur général, ont été dans cet exercice d'une totale franchise, sans langue de bois. Nous avons cerné l'époque, disséqué les malheurs qui ne sont pas irréversibles, mis un frein au pessimisme ambiant et j'ai terminé l'entretien sur une réflexion de Flaubert : « La bêtise c'est de vouloir conclure », strict résumé de nos dix pages grand format, très serrées.

Mai 2009

Je fais au Maroc ma visite de mai. Climat rêvé, pays en pleine expansion, villes nouvelles, inflation de touristes et donc éloignements désirés. Nombreux, demain, ceux qui fuiront Marrakech, cité impériale sublime devenue plaque marchande tentaculaire. Anne-Marie et Arnold que je rejoins ont précipité le départ en installant leur « ferme » à une quarantaine de kilomètres, plus près de l'Atlas, dans une campagne d'oliviers et de fleurs de paradis. Le silence musicalement orchestré par le chant des oiseaux. Amitié, sérénité.

***

Ambiance familiale fomentée par les Contades autour de Madeleine Druon, d'Anne d'Ornano, de Martine. Le jour, liberté de vivre dans une solitude choisie, le soir, discussions sans fin dont Maurice Druon est le cœur.

***

Jean Poniatowski participe ce matin à notre partie de campagne. Nous allons tous les deux sur les routes des environs, au plus profond de ces paysages que je souhaitais connaître. Cent quinze kilomètres dans la beauté absolue des moutonnements de collines vert et or, avec pour premier point de chute Aït Ourir, porte superbe qui ouvre sur la haute montagne. Les enfants rentrent de l'école, nous adressent des « bonjour » épanouis. Jeunesse d'une nation qu'une monarchie séculaire protège des invasions barbares. Jusqu'à quand ?

***

Ils pestent, ils écrivent, ils dénoncent à tour de voix affolées, et de leurs différences font, croient-ils, une arme fatale. Rien ne les rapproche, sinon une infinie détestation de Sarkozy. Ils ont des fourmis sous la langue, les doigts et tout le reste ; ils s'imaginent au pouvoir, ils se rêvent présidents, ils sont seuls et ne le savent pas. Royal, Villepin, Bayrou devraient constituer le parti un peu fou qui manque à la France (de manière officielle) : le BDV. *Le Bûcher des vanités* (vieille référence littéraire).

***

Je les entends, je ne les écoute plus, les ramasseurs de ragots écument la place, les imbéciles soi-disant informés se noient dans leurs propres marigots, le n'importe quoi touche désormais à un certain esthétisme. Il n'est plus qu'une intelligence : celle du cœur.

***

« Tu es donc parti très jeune... », me dit-on encore aujourd'hui. Oui, et au bout du monde. On pouvait parler de fuite, ce n'était qu'un départ. L'évasion aura été la grande affaire de mon adolescence. J'étais déjà gourmand de la vie, je pensais, à seize ans, qu'il me faudrait cent existences. L'aventure aura été ma patrie.

***

« Quand vas-tu te décider à nous conter ta traversée médiatique ? » Depuis trois décennies on me demande d'écrire mes Mémoires – à qui ne les demande-t-on pas ? Aujourd'hui encore, en ce mois de mai 2009, mes amis éditeurs insistent. Évidemment, je refuse l'absurde exercice qui m'obligerait à recomposer à coups de serpe ce monde de l'audiovisuel, si atrocement révélé par des ignares qui ne l'ont jamais habité. Sans doute aurai-je mieux à dire…

***

Le voyage est une évasion qui jamais ne nous éloigne. Les aubes du bout du monde nous changent la vie, l'embellissent, nous font revenir à la source, à l'enfance, c'est toujours une première fois. Je me déplace avec mon propre monde pour pouvoir le comparer aux situations de rencontre. Et la réalité dépasse parfois notre imaginaire.

***

Je vais dans l'existence en aimant passionnément la vie, il en a été toujours ainsi, même aux pires moments. La gourmandise et la curiosité me sont des armes défensives. Et puis il y a le rêve éminemment créatif. Privés d'imaginaire nous ne saurions avancer.

***

Passage éclair à Miramont couronné des neiges (abondantes) de mai. Magnifiques Pyrénées hautes. Vagabondages sur les sommets, le jour. Et puis le soir, bavardages, écriture, et lectures diverses. Comme d'habitude, regagnant tard notre chambre, j'emprunte à la bibliothèque l'un des volumes de *La Recherche*. C'est du temps retrouvé, du temps gagné car les débuts furent difficultueux : Proust me paraissait confus, illisible, d'une prétention exacerbée, ses phrases trop longues me faisaient perdre haleine, je le prenais pour un maniaco-dépressif mondain. Trop jeune je n'avais pas compris qu'il faut entrer chez lui à pas feutrés, peu à peu je me suis laissé apprivoiser, j'ai parcouru toute son œuvre, je le relis constamment par petites rasades, il est le témoin d'une époque, d'un milieu évanoui et je ne suis pas sûr que les jeunes iront en masse du côté de chez Swann. Combien seront-ils, demain, à assurer sa postérité ? Trouvera-t-on encore un bonheur particulier à ce genre de phrase : « Longtemps, je me suis couché de bonne heure. » La littérature, heureusement, retiendra sa manière personnelle de décortiquer le genre humain, quelques-uns sauront parler de Charlus, Guermantes, Mme Verdurin, du narrateur, on étudiera ses aphorismes ; il a tant dit dans ses milliers de pages. Par exemple ceci qui me paraît exact : « L'adolescence est le seul temps où l'on ait appris quelque chose. »

***

Dans son dernier livre *Les Miens* qu'il annonce comme une « biographie à travers les autres », Jean Daniel nous parle d'un monde englouti, celui de personnages rares, Mauriac, Camus, Sartre, Aron, Foucault. Il s'interroge aussi sur les religions et j'y retrouve toute l'ambiguïté des dogmes imposés. Il écrit : « La résurrection m'interdit le catholicisme, l'élection m'insupporte dans le judaïsme, et la soumission me glace dans l'Islam. » Je l'entends, je le comprends, reste heureusement la spiritualité.

***

L'Opéra Garnier que je fais découvrir à Valentine… Il n'est rien de plus beau que le bonheur dans le regard d'un enfant. Dix ans et des rêves plein la tête, ses yeux grands ouverts, sa curiosité, ses attentes. Sur scène, le ballet Onéguine d'après Pouchkine, sur une musique de Tchaïkovski. Exceptionnelle performance des danseurs-étoiles, absolue perfection d'Aurélie Dupont et Nicolas Le Riche. Merci pour elle.

***

J'aimais sa parole, aux mots choisis, sa voix aux intonations graves ou souriantes, j'observais, attendri, son regard profond, j'admirais son talent : Roger Planchon fut un compagnon de route, du moins l'un des grands témoins de *Radioscopie*.

Visionnaire de l'art théâtral, presque tombé en scène, il restera pour ses amis l'émerveillé qui se plaisait à entendre et à servir les classiques et les modernes, jonglant allègrement entre Shakespeare et Ionesco, amoureux du texte et du jeu. Je lui avais demandé : « Vous n'avez pas fait de longues études. Est-ce un handicap ? » Je vois encore son sourire ensoleillé : « Pas besoin de diplômes, l'Ariège et Villeurbanne ont construit mes rêves, le partage a décidé de ma vie, le goût du savoir a fait de moi un homme cultivé. Mais, je le clame, ma vraie fierté est ailleurs. Comme Jean Vilar, j'ai formé des... spectateurs. » Planchon, un homme des lumières.

***

Quelle époque ! La folie des interdits embrume notre vie et la lâcheté nous contraint à tout accepter. Tout à l'heure, dans un restaurant du quartier de la République, un policier a cru pouvoir confondre un client qui, à l'instant de sortir, dans le tourniquet, allumait son cigare. La loi est précise mais la manière de la faire observer est souvent stupide. Et on en arrive désormais à polluer les trottoirs où traînent les mégots (je me répète). Avec les trente-cinq heures, les RTT, la descente des fumeurs dans la rue complète la désolation. Et le ridicule ne s'arrête pas là. On enlève la pipe de Jacques Tati sur les affiches de ses films, Coco Chanel est interdite de cigarette, que va-t-on faire des vieux clichés de Churchill !

***

Je suis depuis toujours un rat de librairie. J'aime les vrais professionnels qui, en France, accompagnent les vrais écrivains. Ailleurs, au pire du commerce, je m'amuse aux tricheries de l'étalage, les best-sellers en piles, les ouvrages rares en fond de boutique, cachés au regard, pour ne pas culpabiliser sans doute les ignorants. Médiocrités affichées, talents engloutis.

***

Le concours Eurovision de la chanson réunissait cette année, à Moscou, vingt-six pays. On nous laissait espérer une victoire de Patricia Kass, belle dans sa petite robe noire, émouvante dans sa solitude. C'était ne rien connaître des ambiguïtés, du côté tricheur de cette compétition. La qualité d'un refrain n'est ici plus en cause, nous subissons plutôt le concentré baroque du spectacle à tout-va. Filles sexy, acrobates de scène, chorégraphies fumeuses. Le texte n'a pas la moindre importance, ni la musique d'ailleurs, étouffée par des bruits que la rumeur annonce contemporains. N'appelons plus cette ineptie concours de la chanson !

***

Nombreux sont ceux qui croient pouvoir accéder aux plus hautes fonctions dans l'audiovisuel public. Ils viennent de partout, donc de nulle part. Je leur demande de réfléchir sur cette injonction d'Aristophane : « Il faut avoir été rameur avant de tenir le gouvernail. »

***

Tout le génie d'un grand classique. Toute la gamme d'un magicien des mots. Henri de Montherlant tel qu'en lui-même dans cette *Reine morte* que Pierre Boutron a remarquablement jetée sur les écrans de la télévision. Beauté du texte qui fait oublier, deux heures durant, les massacres que l'on fait subir trop souvent à notre chère langue française. Écrite au départ pour le théâtre, cette reconstitution du drame de Ferrante, roi du Portugal, forcé pour raison d'État de supprimer la femme de son fils, n'hésite pas hélas entre l'amour du pouvoir et le pouvoir de l'amour. L'absurde cruauté l'emporte sur les bons sentiments. Au cours de nos conversations, dans son appartement-musée des quais de la Seine, Montherlant me parlait de cette pièce qu'il estimait la mieux aboutie au cœur de son œuvre. Je m'en étonnai :

— Vous lui trouvez donc plus d'attraits que *Malatesta, Le Maître de Santiago* ou *Le Cardinal d'Espagne* !

Il souriait, bloqué dans son masque que je trouvais romain :

— Tous mes thèmes qui mettent en scène des personnages assoiffés d'absolu sont les enfants d'une écriture qui s'inspire des siècles d'avant. Ils ont, chacun, une résonance particulière. Mais dans *La Reine morte*, je crois avoir su glisser le désespoir des plus belles âmes, les intermittences de l'amour et, mieux encore, les atroces nécessités du pouvoir. Rien n'est différent aujourd'hui, mais, heureusement, on assassine beaucoup moins !

Des soirées comme celle-là (sur France 2) on en redemande. La réalisation de Boutron était parfaite, l'interprétation magnifique. Mention spéciale à Michel Aumont (le roi).

***

Je retrouve Christian Millau au divin de la table, chez Guy Savoy. Nous nous étions perdus de vue depuis de longues années et puis voilà qu'en quelques minutes le passé nous revient, la belle époque de la presse où nous étions polémistes et cruels. L'immense succès de son association avec Henri Gault – le *Gault et Millau* d'illustre mémoire –, nos virées nocturnes dans un Paris dont nous connaissions les moindres recoins, les pires bouges. Christian m'apporte le *Dictionnaire amoureux de la gastronomie* qui est à la fois une Bible du bien-vivre et un récit historique, 765 pages que toute cuisine honnête se doit de posséder. L'expert en plaisirs jamais démodés emprunte à Guy de Maupassant au début de son livre : « De toutes les passions qu'on rencontre dans ce monde, la seule respectable me semble être la gourmandise. » Être gourmand de tout c'est respirer à bonne altitude.

***

Du Festival de Cannes je n'aurai vu que ce qu'a bien voulu nous montrer « ma » chaîne Canal Plus qui, sur la Croisette, a orchestré les danses, parfois ridicules, du cinéma mondial. Je retiens trois seuls éléments de cette course aux prix : le trophée de la meilleure interprète féminine accordé à Charlotte Gainsbourg (j'aime cette jeune femme dont les audaces rappellent les libertés que prenait son père) ; le succès mérité de Jacques Audiard (fils de Michel) qui, avec *Un prophète* obtient la couronne convoitée du jury… L'élégante ironie d'Alain Resnais récompensé pour l'ensemble de son œuvre… ce qui évitait de s'attarder sur son film *Les Herbes folles.* Pour lui, la salle entière s'est levée. Souriant, quelque peu en déséquilibre sur ses quatre-vingt-six ans, le vieil homme a exprimé sa gratitude en l'accompagnant de son étonnement : « Ma surprise est grande d'obtenir ce prix exceptionnel dans une catégorie tout à fait surprenante. » Il s'en amuse, il en a tant vu !

***

Katia et Marielle Labèque, mes petites sœurs uniques, mes bonheurs depuis leur commencement. J'aurais dû les rejoindre au Chatelet, je suis aux Pyrénées pour un office plus intime : le baptême de ma petite fille Philippine. Elles vont me manquer nos surdouées qui jouent ce soir-là *Rhapsodie in blue* de Gerschwin qui fut leur bouclier de carrière au *Grand Échiquier.* Un autre baptême. La France découvrait alors deux pianistes exceptionnelles, couvées par une merveilleuse maman-ange gardien. Elles ont réussi le miracle de ne jamais se séparer tout en restant indépendantes. Elles furent, elles sont mes douces amies.

***

Et voilà la tristounette campagne des élections européennes qui commence ! Je souhaitais m'y intéresser, du moins m'en donner l'excuse, je suis devant mon poste et qu'entends-je, que vois-je ? Un galimatias franco-français où il n'est question que de nos petites affaires dans un climat d'hystérie enfantine, sur fond de haines accumulées, de banales broutilles intestines. Où est l'Europe dans cette dérisoire cuisine politique ?

***

Trois jours de plein soleil sur mes Pyrénées aux sommets toujours blancs. C'est la fête de la transhumance, les bêtes rejoignent les estives, les cols, au-dessus de 1 800 mètres, sont encore interdits (trois mètres de neige à Ilhéou), l'hiver taquine le printemps. Je monte au lac d'Estaing où les bergers font ripaille. Que de beautés.

***

À l'abbatiale de Saint-Savin – pur joyau millénaire – qui, à moins d'un kilomètre, protège Miramont, la lumineuse étincelle de ce printemps : le baptême de ma petite-fille Philippine, si belle, si drôle, magnifiquement dissipée. Un amour d'enfant.

Juin 2009

Étranges ces Français qui s'irritent de tout, accusent « l'autre », ne s'interrogent jamais sur leurs propres erreurs. Je les écoute au Palais des Congrès au cours d'un débat fumeux sur l'avenir de la « condition humaine ». Quelle tristesse ! De grâce, arrêtons de râler.

***

« Pourquoi cette image de Bouddha sur la couverture de votre dernier livre *L'Inachevé* ? » me demande une jeune étudiante de la rue d'Ulm. De cette commande à mon ami Ladislas Kijno je peux parler avec tendresse. J'ai toujours admiré – et dès mon adolescence – ce prince indien qui, à vingt-neuf ans, quittait les ors du palais royal de ses ancêtres pour aller sur les chemins en quête de la vérité. Plus philosophe que religieux, assoiffé d'absolu, il s'était imposé les pires sacrifices pour recevoir l'Éveil et faire de la méditation une création exemplaire, le rêve le plus abouti. À la différence des autres prophètes, il ne s'embarrassait pas du moindre dogme et n'avait jamais de réponse à tout. Il n'y eut jamais plus libre penseur, plus simple passeur. Sa belle exigence est le précepte le plus acceptable : « N'écoute pas la rumeur, attends tout de toi-même. »

***

6 juin 1944. Le jour le plus long, le plus sinistre, le plus éblouissant dans la souffrance et le martyre acceptés. Ne jamais oublier, toujours se souvenir. L'immense émotion d'aujourd'hui au cimetière américain de Colleville-sur-Mer où 9 387 croix blanches témoignent du sacrifice de tous ceux qui sont venus sauver l'Europe. J'observe les rescapés, les derniers survivants, ces deux cents vétérans aux allures de nobles vieillards, le regard encore meurtri par les anciennes peurs. Nous leur devons la liberté retrouvée. Magnifiques ces grands anciens.

***

La furia catalane a eu raison de l'impétuosité clermontoise. Le rugby se donne une capitale nouvelle : Perpignan fait oublier Toulouse, Paris, Biarritz, les habituelles citadelles. Honneur aux guerriers de l'ovale.

***

Feu vert sur toute l'Europe, séisme politique qui devrait inventer un avenir politique nouveau. Martine Aubry et François Bayrou, humiliés par Daniel Cohn-Bendit ! La fin signifiée des obsédés de la lutte anti-Sarkozy. Comment peut-on mener campagne pour l'Europe en ne se souciant que d'absurdes querelles partisanes ? Nos vieux combattants du PS et du Modem auraient avantage à quitter demain leurs fauteuils avachis ; les quadras piaffent dans les couloirs. Le plus étrange dans cette affaire européenne tient au succès de « l'enragé de 68 » qui devient incontournable. Dany-le-rouge, notable d'un temps différent, assis sur son socle de valeurs – développement durable, lutte contre le réchauffement climatique – pourrait inspirer bientôt ses adversaires et peut-être séduire l'UMP qui fait un triomphe dans cette élection, réalisant le meilleur score depuis trente ans d'un parti de droite au pouvoir. Que reste-t-il de ce dimanche de juin ? Toute la souffrance d'une gauche désunie, l'orgueil un peu bêta d'un centre qui ne l'est plus. Tristes vaincus ces hommes et ces femmes qui s'accrochent encore à des oripeaux !

***

Normalien, agrégé de philosophie, écrivain, Raphaël Enthoven que j'écoute parfois sur France Culture m'invite par ses *Intermittences de la raison* à relire Pascal dont les *Pensées* autrefois me paraissaient si étranges. À l'Institut Jeanne-d'Arc de Tarbes, un jésuite d'une grande beauté, adoré des jeunes femmes, nous enseignait les fragments de l'angoisse existentielle de ce génie, mathématicien à l'origine, dont les recherches aboutirent à ce constat : « La nature n'a aucune répugnance pour le vide. » À l'époque, je l'avoue, cette affirmation nous dépassait totalement, j'aurais oublié Pascal s'il n'y avait eu à Saigon, un soir de conférence à l'Alliance Française, un sergent de la Légion étrangère, particulièrement érudit, pour nous parler de l'espoir que le grand auteur proposait comme remède à la tristesse. Je devais revoir ce soldat qui a d'ailleurs laissé là-bas et sa vie et le nom illustre qu'il ne portait plus. Il pestait contre la vanité du pouvoir, il prônait l'humilité, l'austérité et surtout pensant à Pascal, il nous incitait « à oublier que l'on va mourir ». Nous n'avions aucun mal à l'entendre, l'insouciance était alors notre protection...

***

J'aurai été toute ma vie la victime d'une boulimie persistante qui aura du moins assuré mon indépendance. La recherche d'un ailleurs est ma constante préoccupation. Je ne suis prisonnier d'aucun carcan mais cette liberté, paradoxalement, m'attache. Aller en tous sens n'est pas de tout repos. Je mène de front télévision, interventions radiophoniques, conférences (le moins possible), voyages, écriture. Ainsi, sur ce dernier créneau, je tiens quotidiennement mon Journal – ici le quatorzième volume –, j'ai deux romans en chantier, je planche sur une pièce de théâtre (que je ne terminerai pas), je commence la rédaction de mon

Dictionnaire amoureux de la télévision. Publier n'est pas une nécessité. Une vanité assurément.

***

Il me disait : « J'arriverai bien un jour à t'entraîner sur notre planète particulière que la plupart d'entre nous n'ont pas choisie ; l'homosexualité est un monde à part qui vaut le détour. » Il en riait mais tristement. Je lui avais répondu, c'était en 1972 : « Tu ne peux pas me convaincre, en revanche, j'attends que tu me fasses découvrir ton eldorado en cent trente pages, volume habituel des ouvrages de ma collection "Idée fixe" chez Julliard. » Jean-Louis Bory fut immédiatement d'accord, précisant tout de même : « Je ne devrais pas accepter d'écrire un tel livre mais j'aime le risque et je me dois à notre défense ». Ainsi devait naître, un an plus tard, *Ma moitié d'orange* que je considère comme l'un des récits les plus bouleversants de la vie d'un homme chahuté par ses penchants amoureux. Je suis fier d'avoir été l'éditeur de ce livre remarquable où passent la hantise de la solitude, la crainte de soi, la peur de l'autre, sa colère contre la bêtise et la vieillesse, son besoin d'être aimé. Je me souviens des dernières lignes : « Mon idée fixe, c'est mon fil et mon balancier. Saurai-je, sans choir, danser jusqu'au bout de mon fil ? » Il n'a pas su, il n'a pas voulu, il s'est tiré une balle dans le cœur, à Méréville, sa maison de la Beauce, là où il a écrit *Ma moitié d'orange* et où nous le visitions. C'était le 11 juin 1979, il y a trente ans...

***

Je ne comprends pas François Bayrou qui chute, je m'amuse de Daniel Cohn-Bendit qui grimpe. La politique est le cirque des plus incroyables acrobaties.

***

Une vieille connaissance, Antoine D., plus que quinquagénaire mais alerte, vient d'épouser Armelle, de trente ans sa cadette. Il me demande : « Est-il vrai que je prends un risque ? » Je le renvoie à cette réplique de Goldoni dans *La Fine Mouche* : « Les jeunes épouses de vieux maris ont coutume de penser, longtemps à l'avance, à choisir celui qui séchera leurs larmes. » Beau sujet de réflexion !

***

Après son magnifique *Requiem* (Verdi) au Festival de Saint-Denis, Riccardo Muti s'impose une semaine de vacances lyriques à l'Opéra Garnier et, pour la première fois, nous désespère par le choix d'une œuvre ennuyeuse, insignifiante, même pas baroque, portée par un livret absurde qui pousse à la rigolade ! L'histoire de *Demofoonte*, pauvre roi de Thrace affronté aux pires vilenies internes, est tristement fastidieuse. La musique de Niccolo Jommelli (1714-1774) qui faisait en son temps l'admiration de Mozart n'arrive pas à sauver la soirée. Trop de récitatifs, des airs interminables, des répétitions sans intérêt, une naïveté burlesque que l'on ne rencontre nulle part ailleurs. Et toute cette lourdeur sur un canevas qui dure presque quatre heures ! Heureusement, il y a Muti, son élégance gestuelle à la tête de l'Orchestre Cherubini, sa générosité : il a voulu, lui le Napolitain, célébrer le répertoire d'un compositeur de sa ville natale. Il sera pardonné.

***

Est-il déraisonnable de partir pour Buenos Aires ce jeudi à minuit pour en revenir lundi à l'aube ? Tant d'heures dans les airs pour si peu de temps sur la terre argentine ! Pour quel bonheur immédiat ? s'interrogent les frileux. Simplement celui d'accompagner le jeu et l'esprit du rugby dans l'espace latino-américain : les Barbarians français affrontent les Pumas.

***

Je retrouve Buenos Aires où, il y a trente ans, j'applaudissais Placido Domingo au Théâtre Colon et accueillais Jorge Luis Borgès, une semaine durant, à *Radioscopie.* Ma chambre du Panamericano surplombe l'opéra en rénovation, je passe trop vite devant l'immeuble de l'auteur des *Fictions.* Je ne verrai rien de la ville, mais notre soirée au Madère Tango installe un vrai dépaysement. Beauté des danseuses aux jambes longues et fines, tellement intelligentes dans leurs arabesques, pareilles à celles de Cyd Charisse, émouvant fuselage.

***

Buenos Aires, 16 heures. Il a plu ce matin, la pelouse est glissante, le vent dérangeant. Les Barbarians français rencontrent ce samedi l'équipe nationale d'Argentine, les fameux Pumas encensés désormais par tout un peuple. Quarante mille spectateurs dans un stade mythique, le Vélez, qui fait le plein.

***

Les Barbarians français, cette noblesse du sport. Des guerriers aux accents de mousquetaires. Une caste à l'indépendance joyeuse. Voilà une création rugbystique qui remonte à une trentaine d'années, voulue et magnifiée par Jean-Pierre Rives, et qui s'inscrit dans les sillons glorieux du club britannique. Le groupe dont l'oriflamme porte en devise le panache est aujourd'hui chaudement chaperonné par les deux Serge – Kampf et Blanco –, serviteurs zélés des vraies valeurs de la discipline où l'audace se mêle au respect dans les affrontements les plus sévères. J'aime ce cénacle de grands joueurs (internationaux) qui organise ses messes ovales en marge de l'équipe de France, s'offre une liberté de vie et de complicités, prône le beau jeu et n'a pas d'autre ambition que de réjouir les foules en prenant du plaisir à ses propres fêtes. Pour ces combattants, l'obligation de gagner n'existe pas (il va de soi que la victoire est quand même la bienvenue).

À Buenos Aires, pris en mains par Denis Charvet et Laurent Pardo, entraînés par Guy Novès, arbitrés par un Argentin aux décisions douteuses, nos Barbarians ont accepté joyeusement la défaite… Il eut suffi pourtant d'un rien, d'un peu d'honnêteté, pour que le score change de camp. Mais l'important n'était-il pas de participer ?

***

Quelques lignes encore sur les Barbarians, leur nom très étonnant, sa signification. Jean Lacouture s'en explique ainsi : « Comment se fait-il que ce mot si chargé de connotations négatives, si souvent employé comme une injure, soit ici choisi comme un éloge, une distinction… "Barbaro", en italien, signifie formidable, excessif, démesuré… Les membres de ce groupe ont cet appétit, ce désir, cet excès. » En résumé, si j'entends bien l'ami Jean, le « Barbarian » dans la culture du rugby est celui qui ne calcule pas les risques tant est grand, intense, absolu, son appétit de jouer. Simplifions : le barbarian est un aventurier. Serge Kampf va-t-il me faire reproche de trop simplifier !

***

Mes bouts de nuit à l'hôtel de Buenos Aires auront été agrémentés par une télévision unique en son genre : The Tango Channel, vingt-quatre heures sur vingt-quatre, pas la moindre parole, de la musique en continu, des violons et des bandonéons, des danseuses magnifiques, des couples qui évoluent dans des figures superbes, du tango, rien que du tango, et on en redemande.

***

Encore un de ces coups dont le président a le secret et qui déstabilisent l'opposition ou du moins ce qu'il en reste. Nicolas Sarkozy a mené au pas de charge son chambardement gouvernemental et créé la surprise. Un Mitterrand dans la chapelle de la droite voilà un éclat inattendu ! L'envolée de Frédéric au titre de ministre de la Culture réjouit l'ami que je suis et m'inquiète. Je suis sûr de son talent, ses réalisations au cinéma, à la télévision, en littérature plaident pour une réussite au cœur des futurs programmes mais comment va-t-il gérer ce monde merveilleux et impossible, celui des artistes ? Nous avons toujours eu, Pivot, lui et moi, des affinités comparables mais notre chance, celle de Bernard, la mienne, fut toujours de ne pas mériter ce genre d'honneur. On ne saurait attendre d'un saltimbanque pareille situation. Heureusement, son inquiétude naturelle et ses doutes l'aideront dans ses nouvelles fonctions, son honnêteté devrait le protéger.

***

Cette nuit j'apprends son départ. Sa mort aussi mystérieuse que le fut sa vie : Michael Jackson achève son douloureux périple. Tristesse. L'absence est cruelle. Je me surprends à regretter de l'avoir si mal connu. Unique ce personnage à la démesure assumée, aux extravagances dévastatrices. Le mot « génie » est difficile à manier, on l'emploie souvent à tort et à travers, avec Michael il prend du sens. Ce prince fragile de la Pop a donné des sons nouveaux à la musique, des figures de feu à la danse, du malheur à son existence, confondant les couleurs il sera passé du noir au blanc dans sa folie d'hypocondriaque jamais rassasié. La chirurgie esthétique l'avait massacré, la bêtise de prétendus justiciers a préparé l'anéantissement. Que n'a-t-on pas dit pour compléter la caricature ! « Pédophile » chantait la rumeur médiatique ! Stupidités. C'était un enfant.

Juillet 2009

On me demande (par texto que ma femme lit pour moi) : « Qui mettriez-vous à la tête de France Télévisions après le départ de Patrick de Carolis ? » D'abord, est-on bien sûr que ce dernier ne sollicitera pas un renouvellement de son mandat ? Mais, j'en conviens, ce n'est pas une réponse et je me garde de tout pronostic. Il n'empêche que je vois deux hommes capables de porter au succès l'imposante usine aux images. Par ordre alphabétique : Emmanuel Hoog qui a totalement modernisé l'Institut national de l'Audiovisuel (Ina), et Rémy Pflimlin qui a su assainir les Nouvelles Messageries de la Presse parisienne (NMPP), tous deux des experts du service public. Hélas, de telles qualités ne suffisent plus. Il faut désormais, à chaque nomination, un effet de surprise. Après Frédéric Mitterrand à la Culture, Jean-Luc Hess à Radio-France, pour un simple désir de parité, une femme pourrait être considérée comme la bienvenue. Simone Harari et Fabienne Servan-Schreiber sont si souvent citées qu'un troisième nom devrait sortir du chapeau du président. Il serait amusant de proposer à l'ensemble du personnel de désigner l'héroïne !

***

J'ai connu sa famille, j'appréciais le personnage qui s'était perdu un temps dans les plaisirs de la vie puis retrouvé au pays des origines, en Israël, engagé dans la guerre des Six Jours, pensionnaire d'un kibboutz ; j'admirais l'héritier de cet empire familial qu'il avait su relever. Discret mais efficace, réservé mais décisionnaire Robert Louis-Dreyfus aura été bien mieux qu'un grand industriel. Je retiens sa lumineuse qualité de mécène. L'humanitaire et l'Olympique de Marseille lui doivent tant, ce dernier surtout auquel il a tant donné sans jamais rien recevoir. Deux cents millions d'euros sont ainsi allés au football de dame Canebière et il aura été blessé de plus de piques que rassasié de bravos. On me dira qu'il ne demandait rien. Serait-ce donc la seule raison ? J'aurais aimé être de ses proches. Je ne l'ai rencontré que deux fois, à la table voisine d'un restaurant, puis, plus longuement, au Stade de France avec Vincent Labrune, l'ami de mes enfants. C'était il y a deux ans, la leucémie déjà l'accablait, je me souviens de son beau sourire triste, il parlait à voix basse, avec une courtoisie extrême. Quel monument lui bâtira demain Marseille ? Consolons-nous : les morts sont bien mieux considérés que les vivants.

***

Monaco. Là-haut le Rocher, phare très éclairant des vanités d'en bas. Les bateaux, l'opulence et, en ce début de juillet, l'étrange : le Tour de France. Le public populaire qui sait ses classiques cyclistes remplace les mondains de la Formule 1 qui n'y connaîtront jamais rien (je parle de technique automobile). Ils sont là nos cent quatre-vingts forçats de la route, prêts à en découdre trois semaines durant. Il est revenu le grand Armstrong, si méprisé par les grincheux des petites gazettes, humilié par des journaleux qui veulent se faire un nom, des confrères sans talent. Il n'est rien de plus atroce à observer qu'un alcoolique qui, au passage, croit pouvoir deviner un drogué. Lance enfin au départ après quatre années d'absence. Un défi. Un exemple : vaincre un cancer n'est pas une mince affaire, tuer l'hypocrisie des détracteurs, des accusateurs (sans preuve évidente) tient de l'audace. Accueilli par le prince Albert il passe sous les vivats, répond aux reporters, sourit à la foule. Un séducteur nous est né… Sous le champion, l'homme retrouvé. « Du cinéma » diront les tristounets… dont quelques-uns mériteraient d'être placés sous surveillance. « Du génie » clament tous les autres et parmi ceux-là, Antoine de Caunes et Christian Laborde, assez courageux pour le porter aux nues. Le vainqueur aux sept tours est, quoi qu'on pense, totalement imprévisible, effroyablement jalousé. À la vérité, une icône, nécessaire en ces temps de rumeurs, sur laquelle veillent des diables qui peuvent encore lui dessiner un enfer. Au fait, que penser de sa course contre la montre sur les pentes de la principauté ? Elle aura été conforme à ce qu'il se souhaitait. Dixième et à peu de secondes du premier. Un exploit après une si longue absence.

Un mot encore : je ne comprends pas l'agressivité soudaine de Roselyne Bachelot qui déclare de « façon officielle » : « Armstrong sera très, très, très surveillé. » Bizarre cette attitude qui ressemble à une attaque personnelle ! Je rencontre souvent la ministre à l'opéra, j'aime sa drôlerie, je m'étonne. Elle s'étourdit trop du convenu de la situation…

***

J'ai dit *Oui* officiellement à Olivier Orban, le président de Plon : j'entre dans la belle collection du *Dictionnaire amoureux* que dirige Jean-Claude Simoën. Mon sujet de tendresse ? La télévision bien sûr. Je me prépare à revisiter quarante années de ma vie, dans un désordre propre à mon histoire personnelle.

***

Je lisais autrefois *L'Art d'être grand-père* avec quelque détachement. Je me savais loin du rôle. Après des années d'attente, me voilà comblé par le bonheur infini d'une petite fille endiablée dont nous allons fêter en août le deuxième été. Philippine me fait découvrir le monde de l'éveil, l'innocence première, cette part de grâce qui est hélas trop vite diluée dans le périple des âges. J'ignore si je possède l'art particulier d'approcher un enfant mais je suis persuadé en revanche qu'elle a, ma Philippine, le pouvoir de me posséder. Elle m'occupe à un point que je n'aurais pu imaginer et m'oblige à moins de retenue : elle aura réussi à m'enlever à ma maladie pudique qui m'a tant empêché de parler de ma famille dans ce Journal.

***

Gérard Mortier, directeur de l'Opéra de Paris, quitte son poste aujourd'hui et porte au Teatro Real de Madrid un tempérament fort, agressif, qui devrait là-bas faire mouche. L'homme aura dérangé les habitudes en matière d'art lyrique et agacé nombre de spectateurs plutôt conservateurs. Son goût de la modernité, de la nouveauté, fût-elle banale, en effrayait plus d'un mais il aura rajeuni son public qui assurait un taux de remplissage de 92,5 %. Mortier qui sait recevoir et réveiller la discussion, l'enfiévrer même, m'aura permis de choisir dans son répertoire les meilleures œuvres sans toutefois refuser ce que personnellement je n'aimais pas (j'ai déjà dit mes penchants et mes détestations). Je lui dois autant de bonheurs que de saines colères.

***

Le soleil illumine les montagnes qui couronnent ma Bigorre autour de Miramont. Avec Jean-Pierre Saint-Martin, grand chef du Viscos, table éminemment gourmande du Sud-ouest, protégée par l'abbatiale de Saint-Savin, je pars en reconnaissance au petit matin sur les cols qui demain accueilleront le Tour de France. Descendus d'Aspin nous passons Sainte-Marie de Campan pour aborder le Tourmalet et admirer le pic du Midi. Des milliers de caravanes forment déjà un long ruban du plus beau blanc sur les à-côtés difficultueux de la route sur laquelle grimpent à ce midi des milliers de cyclistes particulièrement audacieux, silencieux et souffrants. À La Mongie, sur des kilomètres, la foule est compacte ; on se croirait à Lourdes un soir de pèlerinage. Bizarreries des bizarreries en ces lieux nous sommes arrêtés par un troupeau de… lamas qui gambadent au milieu de la chaussée, pareils à des touristes. Pourquoi des lamas ici, si loin de chez eux ? Ils inquiètent les ours et les loups, me confie un guide du parc national. L'inattendu est toujours une chance. S'ils sont là demain, ces élégants animaux, nous aurons de belles images au passage des coureurs.

***

Le décor avait été remarquablement planté. Le soleil, la foule, l'enthousiasme. Un certain désordre dans un carnaval de couleurs. Tout était en place depuis quarante-huit heures. Nous y étions. Hélas la fête a été gâchée… par la faute d'une fin d'itinéraire désastreuse. Comment le Tour de France peut-il oser de pareilles erreurs ? Cette étape des grands cols – Aspin, Tourmalet – aura accouché d'un sourire triste sur nos visages éberlués. Il n'y a pas eu de course, les Pyrénées ont été « escamotées » et, plus grave, c'était prévisible. Après le franchissement de tels sommets – le pic du Midi doit en rire – pourquoi a-t-on offert aux coureurs cette longue ligne droite et plate de soixante kilomètres qui les autorisait à ne pas s'étourdir dans la montée d'avant ! On aura vu pour la première fois une étape de montagne réservée aux… sprinters. Heureusement, deux courageux – Fedrigo et Pellizotti – veillaient, respectueux du panache de l'épreuve. Et c'est Pierrick (Fedrigo) qui a gagné. De quelques secondes. Après Thomas Voeckler à Perpignan, Brice Feillu à Arcalis, c'est la troisième victoire française 2009. Divine surprise !

***

Encore le Tour que je regarde sur l'écran pour l'excellence des commentaires de Jean-Paul Ollivier qui nous conte la France. Bonheur d'entendre avec lui chanter ma langue. La beauté plutôt que la bêtise et sur ce dernier versant, aujourd'hui encore, nous sommes servis ! Entre Limoges et Issoudun parodie d'étape, stupidité crasse. Des ralentis sur la route comme une insulte au public. Et cela pour une querelle indigne que l'on appelle déjà « l'affaire des oreillettes ». Celles-ci étaient donc cette fois-ci interdites. Imaginez le drame, la cruelle absence : tous ces champions de la petite reine lâchés dans la nature, oubliés de leurs patrons, enfin libres. « Inadmissible » tempêtent les directeurs sportifs. Autrefois, les Bobet, Anquetil, Hinault organisaient la course et n'avaient point besoin de porte-voix. Leur talent seul les faisait patron. Aujourd'hui, hurlant dans leurs micros, obligeant leurs cyclistes à les écouter, les directeurs sportifs dictent les comportements de ces hommes qui sont devenus leurs esclaves. En ce 14 juillet, loin des feux d'artifice, ils ont joué la politique de l'éteignoir. Quelle tristesse un peloton aux ordres d'adjudants sans génie !

***

L'exacte analyse de Philippe Brunel (*L'Équipe*) à laquelle je souscris : « Il faut en convenir : Armstrong, par sa présence tant redoutée, a préservé le Tour d'un ennui profond, ce qui paraîtra bien sûr paradoxal au regard de ses détracteurs, mais bien dans la veine d'un personnage imperméable et complexe, expert en survie et en longévité, qui s'y entend pour nouer l'intrigue. » Tout est dit et bien écrit.

***

Je me suis laissé embarquer dans une aventure si peu faite pour moi : un voyage d'une semaine entre ciel et eau.

Pas la moindre chance d'apercevoir un paysage, une seule île pourtant m'eût suffit. L'océan toujours recommencé. L'Atlantique pour tout décor !

***

Ma folle jeunesse me revient en boomerang. Il y a tant de décennies et tant de mers sous les ponts ! Je quittais alors Sète pour rejoindre Saigon sur un vieux rafiot, le *Sontay*. La guerre au bout du port de départ. Cinquante-deux jours de traversée, avec, heureusement, l'étonnante escale de Colombo. J'ai déjà conté l'équipée dans l'un de mes livres mais pas complètement, par bribes. Il me faudra tout dire dans le récit – difficile à écrire – de mes vingt-quatre premières années.

***

Cherbourg-Southampton. Ma première nuit sur un monstre marin de 343 mètres de long, le *Queen Mary 2* où 2 600 passagers pourront compter sur 1 500 hommes d'équipage. J'ai regardé d'en bas, en arrivant, le poste de commandement au quatorzième étage. L'idée de prison me passe par la tête.

***

Deux heures de marche dans Southampton avant de mettre le cap sur New York. Pas folichonne l'ancienne citadelle romaine dont les vestiges – invisibles – remontent aux années 70 après J.-C. J'imagine mal ce que fut ici la conquête normande, je retiens seulement que le port fut le point de départ du *Mayflower* pour son périple vers le Nouveau Monde. Visite rapide de l'église Saint-Michel maladroitement restaurée, qui n'arrive pas à nous faire croire qu'elle fut construite au XIe siècle, passage au pas de course devant les treize tours de la muraille originale. Une façon de se vouloir terrien avant la fuite océanique.

***

Napoléon disait : « Le possible est à la portée de tous, je veux oser l'impossible. » Il pensait à des campagnes qui, d'évidence, ne sont pas les miennes mais je me demande quand même comment je vais vivre cette semaine nautique où l'on m'appelle à donner des conférences.

***

Le paquebot transperce les vagues. Petite troupe en vadrouille notre bonne compagnie. Rémi, Viviane et Pierre, maîtres de cérémonie de la croisière ont fixé les thèmes de nos conférences : Béatrix de l'Aulnoit et Philippe Alexandre conteront l'existence romanesque de la reine Victoria, Denis Jeambar parlera des « femmes libres dans les livrets d'opéra », on m'a donné pour sujet : « Les années Chancel ». Vaste programme ! Comme dirait Aragon : « Il faut beaucoup d'orgueil pour ne pas avoir de vanité. » Je vais donc évoquer ce que je préfère : les autres. Mes rencontres. Sans texte préparé, sans plan précis, au fil du souvenir et de l'humeur marine.

***

Que d'eau, que d'eau ! Seulement elle dans cette errance et il va me falloir subir cette monotonie sept jours durant. J'observe l'océan, j'espère le passage d'une baleine, rien ne vient, des dauphins font des cabrioles, que c'est beau. Je suis en attente mais je ne sais pas de quoi.

***

J'aurai vu les trois dernières étapes du Tour de France en plein Atlantique. Le jeune Alberto Contador l'emporte de la plus belle manière. Mais c'est de Lance Armstrong qu'est venue la surprise. Quel retour. Pari gagné.

***

Quarante-huit heures de traversée et nous voilà enfin familiers du mastodonte. On se perd encore dans les couloirs, on se trompe d'ascenseur, on s'égare dans les escaliers. Les ponts supérieurs, plein vent, sont si bruyants qu'il vaut mieux se réfugier dans les recoins du bateau où l'on fait silence : je n'avais jamais vu autant de gens plongés dans leur lecture. Réconfortant.

Nous avons visité le poste de commandement du capitaine Nick Bates. L'informatique dirige ici la grande carcasse. Nous avons parcouru, sur une centaine de mètres, les impressionnantes cuisines où un chef français venu d'Alsace dirige une armée de Philippins placés sous la tutelle de cent cinquante cuisiniers, au service de dix restaurants, tous différents (nourriture mieux que convenable). Nous passons une petite heure chaque soir au casino où, comme partout sur la terre ferme, le poker assassine les autres jeux. Des pianistes, des quatuors de musique de chambre, des formations de jazz animent les salles de concert. Et chaque jour, à 15 h 30, nous y allons de nos bavardages. Peu à peu le temps passe.

Je ne veux pas oublier dans ce descriptif quelque peu enfantin le programme des réjouissances. Citons en vrac les classes de bridge, de danse, d'aquarelle, de pliage de serviettes, l'atelier de théâtre, la messe catholique, les rendez-vous de francs-maçons, la réunion des membres du Rotary, les rencontres autour d'un café entre les passagers voyageant seuls, la vente aux enchères de tableaux (de véritables croûtes).

Mon bonheur au quotidien je le trouve vers les 22 heures au bal du Queens où viennent valser et tangoter les amoureux de la croisière. À cet instant paradisiaque je me fais voyeur, nous regardons en bande l'étrange manège des *gentlemen-host*, chargés d'inviter les femmes seules qui y trouvent un plaisir gentiment manifesté. Ces danseurs mondains d'entre-deux-âges choisis selon des critères que je ne comprends pas, habillés de blanc et de noir, plutôt moches, visages fermés et bras ouverts, remplissent leur mission avec une élégance très remarquable, venant chercher leur cavalière et la raccompagnant à sa table. Charmant et dérisoire. Tableau baroque qui aurait pu être peint par Fellini ou Scola.

***

Au final, une belle semaine craquante de surprises. L'Atlantique superbement habité, calmement traversé, sans secousses ou ennuis. Un voyage que je redoutais – j'ai eu quand même mon plein de bougeotte dans cet ailleurs peu désiré.

Le plus étonnant toutefois reste à venir : l'arrivée à New York. Martine me réveille à quatre heures du matin. Nous montons immédiatement au douzième *desk*. Le vent fouette les visages. Enfin des lumières, nous longeons les côtes, la ville n'est plus qu'à deux heures. On ne peut s'empêcher de penser aux explorateurs qui firent le grand voyage, aux premiers de cordée de l'incroyable aventure, entre autres à Giovanni da Verrazano – nous passons sous son pont en courbant l'échine tant l'espace entre lui et notre cheminée est minime – cet Italien voyageant pour le compte de François 1er, accueilli par les Manates, indiens algonquins et dont l'exploit ne fut pas suivi pour cause de complications diplomatiques. Reste le pont.

Le jour s'est levé. Un cri : « La voilà. » On la devine verte, oui, c'est elle : la statue de la Liberté. Nous allons vers elle comme pour la saluer. Dans un silence impressionnant je songe à tous ceux qui prirent le risque d'affronter l'Océan pour aborder ici et fuir la pauvreté, l'oppression, la haine. Le rêve américain ne sera jamais une illusion. Pour une telle arrivée que ne donnerait-on pas ! Elle est à elle seule la raison du voyage.

***

Deux petites journées à New York dans une chaleur étouffante. Le bruissement toujours grandissant de la foule dans chaque avenue. Difficile de se frayer un chemin. Mais nous marchons quand même jusqu'à Central Park qui a toujours été, à chaque voyage, ma première visite. J'aime ce coin de fraîcheur, ce mouvement tranquille de promeneurs souriants, les jeux d'enfants et le zoo miniature où dansent dauphins et pingouins, où bondit un léopard solitaire, où dort un magnifique panda, où traînassent deux ours polaires.

L'opéra affiche *Roméo et Juliette* mais nous serons partis dans l'après-midi, le musée Guggenheim est fermé pour deux jours, heureusement le Metropolitan of Art – mon cher MET – offre ses multiples collections – je m'attarde aux salles de la vieille

Chine – et consacre une exposition très remarquable aux œuvres de Francis Bacon (1909-1992). Rétrospective centenaire d'un immense artiste qui hésitait entre sacré et profane, jouait avec les triptyques, offrait ses visages torturés, autant de portraits magnifiques couverts de cendres. Ultime vision américaine. Demain, au petit matin, nous aurons retrouvé la France.

***

Est-ce Marie-Laure Delorme qui le rappelle ou notre jeune ministre Laurent Wauquiez, qu'elle interroge dans le *JDD* ? C'est de Balzac : « Dans les grandes crises, le cœur se brise ou se bronze. »

***

Je n'ai pas la moindre autorité pour l'écrire, mais j'aime à le lire sous la plume du théologien Jean-François Colosimo dans son exploration du *Paradoxe persan* : « C'est pour préserver son identité que l'Iran, au XVIe siècle, a choisi le chiisme comme religion d'État – une religion minoritaire qui permettait à la persanité de ne pas être avalée par le monde arabo-sunnite. Et c'est au nom de cette identité que les Iraniens ont mené au XXe siècle une course à la modernité. La formule de "pays laboratoire" me paraît assez pertinente : première révolution constitutionnelle en 1906, première révolution anticoloniale en 1953, première révolution islamique en 1979. Ces différentes séquences qui nous paraissent opposées ont été autant de tentatives d'acclimater l'identité aux nécessités de l'Histoire. De ce point de vue, le Chah et Khomeyni ne sont pas des figures entièrement antagonistes, car leur finalité a toujours été de garantir la puissance et la singularité perses. »

J'ai souvent pensé que le Shah avait transformé l'Iran et que Khomeyni l'avait englouti. Les placer aujourd'hui à égalité peut surprendre. Le premier visait la grandeur, le second l'étouffement. L'ayatollah, d'après Colosimo, aurait nationalisé le fait religieux et entraîné une sorte de paranoïa, « en réveillant les mythes fondateurs, l'appel aux déshérités, les promesses d'en haut, le complot de l'étranger… mais ça ne prend plus ». Le président Ahmadinejad a poussé ses jetons fous un peu trop loin en attaquant, par paroles désordonnées, l'Occident et Israël. La jeunesse – humiliée – qui manifeste en ce moment saura-t-elle, pourra-t-elle, faire la synthèse entre Islam et démocratie ? Il lui faudra compter avec la splendeur ancienne des Perses. Iran, « une puissance dévoilée » ?

***

J'aime toujours autant le Maroc, j'apprécie la noblesse de son peuple, je fréquente moins les palais, changement de propriétaire oblige. Des Pyrénées que je retrouve j'imagine ce pays choisi en fêtes, sacrifiant pour la onzième fois à la cérémonie d'allégeance à son souverain monté sans doute sur un superbe cheval noir, la djellaba tombant jusqu'aux étriers, la tête enturbannée protégée par un dais de velours grenat. L'ancienne et immuable tradition. Mohammed VI qui avance au rythme de son royaume aura, au cours de ces dix années de règne, dynamisé l'économie et étonné son monde par une particulière façon de gouverner. Seul, avec prudence mais détermination, dans le secret le plus absolu et une gravité de circonstance. Se veut-il impénétrable ou l'est-il vraiment ? On retiendra son obstination à vouloir obtenir l'égalité entre les hommes et les femmes, modifiant de la sorte un code de la famille moyenâgeux, ses positions affirmées pour les droits de l'homme et contre l'intégrisme, ses grands travaux pour donner au pays un avenir convenable. J'apprécie qu'il se voile d'une pincée de mystère.

J'étais à son couronnement, à son mariage, à la naissance de son premier enfant mais je n'ai pas la relation privilégiée que, trente années durant, son père eut la bonté de m'accorder. Devrais-je un jour conter nos discussions, lorsque nous étions seuls ? Il n'éloignait aucun sujet. Je lui parlais d'Oufkir – « Il a voulu ma mort mais c'est sa trahison qu'il m'a fallu punir » –, des enfants de ce

« général bien-aimé » – « Basri va toujours au-delà de ce qu'on lui demande » –, de ses fils – « Il leur faudra aller à pas comptés vers la modernité pour y courir lorsqu'il sera temps » –, de sa priorité – « Je veux à tout prix et pour toujours unifier le Maroc. » Hassan II se plaisait à admirer les grands hommes – Churchill, de Gaulle. Il avait conscience de l'énorme responsabilité d'un homme d'État – « Seul réussit celui qui n'écoute pas les jérémiades de ses concitoyens. Nous n'avons pas été inventés pour être aimés, mais pour être craints. C'est notre lourd calvaire. »

Durant ces décennies, j'aurai partagé les bonnes et les mauvaises heures du royaume, avec souvent la complicité de Maurice Druon… Le 31 décembre nous était une obligation d'amitié ; nous passions le Nouvel An avec le souverain, ce qui m'aura permis de connaître la plupart des palais. Nous parlions aussi du prince héritier et parfois devant lui. Je m'en voulais d'entendre les reproches du père à son fils, il n'est pas bon d'être mêlé aux bavardages royaux et je suis persuadé que Mohammed VI s'en souvient, se demande peut-être lorsqu'il me voit : « Qu'a-t-il pu lui dire ? »

Nous ne sommes pas, évidemment, de la même génération, il avait six ans lorsque j'ai fait la première *Radioscopie* de Hassan II au palais de Marrakech ; je le vois encore, assis, à quelques mètres, à la droite du roi, près de son frère, Moulay Rachid. Je l'ai vu grandir, hésiter à parler devant son père, nous avons voyagé ensemble, nous aurions pu être proches mais j'ai senti confusément que le monarque ne le souhaitait pas. Aujourd'hui, je le regarde de loin. Un sacré parcours. Mohammed VI installe, par pincées, de petites révolutions, un modèle démocratique spécifique au Maroc. La succession était difficile. Il l'a réussie. Au-delà même du possible. Il lui faudra demain pousser son pays jusqu'au cœur de la scène internationale. Et y parler d'une voix forte. Se taire n'est plus une précaution.

Août 2009

J'ai partagé de belles soirées à Aix-en-Provence – c'est dans son église que j'ai accueilli Jessye Norman – mais je préfère Orange où tout est plus vrai, moins prétentieux, moins offert aux sponsors qui viennent y traîner leurs *people*, pour la plupart ignorants des plaisirs de la musique. Orange donc pour une veillée de rêve. France 3 et Alain Duault nous font en direct le cadeau d'une œuvre de Mascagni, le fameux *Cavalleria Rusticana*, admirablement chanté par Roberto Alagna et Béatrice Uria Monzon, soutenus dans la brillance par l'Orchestre national de France que Georges Prêtre, cette légende, dirige. Je suis frappé ce soir par la performance de Béatrice, la qualité de sa voix – la voilà soprano –, son talent de comédienne, son intelligence, sa modestie. Que dire de mon Georges, ce prêtre qui, lui, peut m'attirer à toutes ses messes ! Il est, à quatre-vingt-cinq ans, rayonnant de jeunesse. Quelle force, quelle grâce, quelle délicatesse d'âme, de sensibilité. Comment ne pas admirer un tel chef, aimer un tel homme…

***

Le nouveau n'a rien à voir avec le renouveau. J'en veux pour preuve cette rentrée littéraire de septembre, partout annoncée et qui dévoile des écrivains déjà en place l'an dernier. Passons ! Qui vais-je lire demain ? Frédéric Beigbeder et Patrick Besson, sans aucun doute. La confession du premier me permettra de vivre autrement mon pays ; le Bigourdan que je suis se veut attentif à la mélancolie du Béarnais retrouvé. D'autant plus que j'ai fait escale récemment dans sa maison d'enfance de Pau, devenue relais-château. J'imagine, avant que de le lire, son passé bourgeois, je devine ses blessures de petit garçon délaissé. Les anciens riches parlent toujours et bien de la pauvreté de leur existence. Beau titre : *Un roman français.*

Le second, très attendu, Patrick Besson, nous livre la chronique d'une Afrique défaite, anéantie par les scandales, les magouilles. Un continent que j'ai rencontré à une certaine époque et dont j'ai pu regretter les coupables dérèglements intérieurs si favorables aux dictateurs, tellement injustes pour les Africains eux-mêmes. Invitation au mystère sur la page couverture : *Mais le fleuve tuera l'homme blanc.*

***

Festival de musique ancienne à deux pas de Miramont, dans l'antique abbatiale de Saint-Savin, bijou du XIIe siècle, en haute Bigorre. Couleurs sonores parfaites, accords délicats de l'orgue qui date de 1557, installé sur pilotis de bois précieux, récemment restauré et ce soir magnifiquement joué par Marie-Virginie Delorme. Quatre soirées au total, l'une consacrée à Haydn, l'autre au Roi-Soleil ou plutôt aux compositeurs – Charpentier, Lully – qui accompagnaient Louis XIV tout au long de sa journée. Maryse Carlin, claveciniste, née de notre vallée, mariée à un américain, Seth, pianiste, et résidant désormais aux États-Unis, a réuni autour d'elle un septuor d'enthousiastes qui, dans ce cadre grandiose, dépouillé, comble un public sincère, prêt à s'émouvoir, peu soucieux de chercher la petite bête, le glissement d'une corde, le tremblement furtif d'une voix.

À l'issue du concert, je rejoins mon ami Jean-Pierre Saint-Martin, toque première du Sud-Ouest, sur le banc, face à l'abbaye.

Il fait ici, à minuit, un temps de possible paradis. Un cigare pour donner du parfum à l'instant.

***

Me voilà entraîné sur trois chemins d'écriture : la suite de mon Journal, le roman de mes vingt-quatre premières années, et maintenant le *Dictionnaire amoureux de la télévision.* Il faut un certain degré de perversion pour oser se défaire du grand soleil pyrénéen à l'ombre d'un bureau.

***

Trois jeunes femmes, Christine, Rachel et Christelle m'ont fait parrain du premier festival de bandas d'Argelès-Gazost. Les bandas que l'on entend sur les tribunes des stades de rugby, qui descendent dans la rue sur des airs éminemment populaires, qui laissent rugir leurs instruments à vent, rassemblent ici deux cents musiciens et douze mille spectateurs en transes. Seule la vraie fête pour oublier la fausse crise !

***

Les montagnes sont rouges de soleil, les épais murs de Miramont évitent l'étouffement – 38 degrés à l'extérieur –, des biches boivent à l'étang, ma petite-fille arrive et nous allons fêter son deuxième anniversaire. Ce grand bonheur m'empêche d'accompagner Daniel Barenboim à Salzbourg où, lui aussi, célèbre une belle date : les dix ans de sa noble formation, le West Eastern Divan Orchestra, fondé avec l'ami Edward Saïd, écrivain palestinien, composé de musiciens israéliens et arabes. Drôle de titre et compliqué, me direz-vous. Daniel l'explique : « Ce nom donné à l'orchestre est emprunté à la poétique de Goethe qui prônait l'humanisme. » Il fallait du courage à ce grand chef, magnifique pianiste, à la fois argentin, israélien, palestinien aujourd'hui, pour oser un tel défi : réunir ce que l'on voudrait nous faire croire inconciliable. J'ai déjà dit, écrit, montré en quelle estime je tiens Barenboim qui a compris depuis longtemps qu'aucune solution militaire ne peut régler le conflit du Proche-Orient. J'ai eu l'honneur d'aider aux commencements de son combat, un soir à Pleyel, où face à Elie Wiesel, le fougueux Daniel promit de jouer Wagner à Jérusalem et de lutter de toutes ses forces pour la création d'un État palestinien. L'idée de ce Divan Orchestra était en germe, la souffrance pour l'inventer était évidente ; je me souviens d'un débat en Israël où Barenboim, le Juif venu d'ailleurs, fut accusé de traîtrise, de félonie, par une dame-ministre que j'aurai volontiers taclée de mauvaise manière. Ces conservateurs aux réactions intégristes jugeront un jour, peut-être trop tard, que Daniel est un éveilleur de conscience au même titre que Yehudi Menuhin, persuadé en son temps qu'on pourrait, au XXIe siècle, rêver de paix et l'obtenir. À Salzbourg donc, Arabes et Israéliens vont faire une nouvelle fois la preuve qu'il n'est pas impossible de communier ensemble. Ce soir je suis près d'eux.

***

Quarante mille personnes dans les rues dansantes et chantantes de Pau, trois journées durant. Temps de fête en Occitanie, bonheurs de rencontres entre Aragon, Catalogne, Euskadi, Italie, Bigorre et Béarn. Le festival Hestiv'Oc, cinquième du nom, apparaît désormais comme une évidence dans le paysage culturel aquitain. Un retour aux traditions qui sont la source de toute ivresse et dont je suis en cette fin août le nouveau parrain. Émotion d'entendre nos lyriques refrains – *Beth ceu de Pau*, *Aqueras montanhas* – interprétés par huit cents choristes qui auraient leur place à l'Opéra-Bastille. Mes Pyrénées, ma vie.

***

Berlin, morne plaine pour les petits soldats français, grand soleil pour les hussards jamaïcains qui piaffent sur leurs courtes distances. Un championnat du monde qui ouvre des avenirs nouveaux à l'athlétisme. Les enfants du monde n'ont plus qu'un nom en tête : Usain Bolt, une fusée porteuse de surprises d'encore à venir. Deux records du monde sur 100 et 200 mètres, un port de chevalier de grandes joutes, un humour dévastateur, la grâce d'un jeune homme de vingt-trois ans. Qu'ici nous sommes loin des souffrances des nôtres, étoiles de plus en plus éteintes !

***

On avance le chiffre de 654… 654 romans donc – moisson d'automne – dont 640 passeront inaperçus. J'en lirai personnellement une vingtaine. J'ai retenu des noms plutôt que des titres. Deux femmes d'abord, Anne Wiazemsky (petite-fille de François Mauriac), Justine Lévy (fille de Bernard-Henri). Ensuite, Frédéric Beigbeder (par amitié), Alain Finkelkraut (par intérêt).

***

Passé le 15 août les vacances ne sont plus que des souvenirs. Pour cette rentrée pas de résolution particulière, une continuité de bon aloi. Ceux qui parlent de changement sont évidemment sincères ; ils devraient être également lucides… car ils savent bien que rien ne sera changé.

***

Que reste-t-il des Kennedy ? Le dernier des trois frères, Ted, a pris le chemin des ailleurs. Qui portera demain la fascination de ce clan quasi dynastique qui fit rêver le monde, mêlant tour à tour la fortune, la beauté, le pouvoir, la violence, la souffrance et les haines ?

***

Passage éclair : une journée de détente, en cette fin d'août, à Deauville. Plutôt que les Planches, boulevard des allongés, ou la foule du marché, espace éminemment parisien, nous choisissons le cinéma Morny où l'on projette *Un prophète* dernier film de Jacques Audiard. Bel exil de deux heures quarante sur les traces d'un jeune illettré de dix-neuf ans, Malik, condamné à six ans de prison. Un enfermement qui ressemble à une mise à mort. L'instinct du malin, son intelligence primaire, la possibilité qu'il a d'assimiler les lois de la jungle, lui permettent de survivre et de triompher au final des parrains embastillés de la Mafia. Terrible son apprentissage comme auxiliaire d'un chef de gang corse, maître des cellules, remarquablement interprété par Niels Arestrup. On admet vite l'évident paradoxe : l'univers carcéral devient pour le gamin, la seule université possible. L'étonnant est d'en arriver là ! Le pire lui permet d'accéder au pouvoir. Le rôle-titre est porté par un comédien inconnu, Tahar Rahim, promis, j'imagine, à un destin exceptionnel. Rares les films qui ont cette force particulière. Audiard, notre grand cinéaste.

Septembre 2009

Si j'avais un peu d'audace en cette rentrée, j'enverrais aux ministres et aux hommes politiques cette recommandation de Bouddha : « De grâce, évitez les paroles mensongères, les paroles blessantes, les paroles inutiles, les paroles frivoles. » Serait-ce trop demander ?

***

Au cours de notre *Radioscopie*, André Malraux m'avait fait cette confidence : « Presque tous les écrivains que je connais aiment leur enfance, je déteste la mienne. » À la veille de m'atteler au récit de mes vingt-quatre premières années, je repense à cette phrase que l'esthète prononçait comme une douleur. Vais-je oser parler de mon enfance très heureuse ? On me dit en effet de tous côtés que seul le malheur fait de la bonne littérature.

***

Balade d'habitude au Festival de Deauville qui célèbre, dans une stricte simplicité, son 35e anniversaire. Ambiance particulière, feutrée, conviviale qui fait oublier les débordements cannois.

Ici point de commerce autour du cinéma américain. Simplement un amateurisme éclairé. On aimerait toutefois un peu de spectacle et un meilleur respect des horaires. Mais la discrétion est un luxe normand. Qu'ai-je vu en si peu de jours ? Je retiens d'abord le concert de Julia Migenes au gala d'ouverture. Ma complice du *Grand Échiquier* aurait dû choisir un autre répertoire. J'attendais au moins un extrait de *Carmen*, quelques tubes populaires des grands opéras. Elle nous a offert des inédits de sa dernière production ! Elle ne méritait pas toutefois d'être malmenée par la presse qui a jugé « calamiteuse » sa démonstration car sa voix a toujours une force et un charme inégalables. Mais elle est Julia et sa liberté ne saurait souffrir de critiques plutôt malhabiles. Comme j'aurais aimé la retrouver dans une reprise de son spectacle *Diva au bord de la crise de nerfs* qui était magnifique. Ce sera pour une autre fois.

Ma préférence cinématographique va au film de Richard Linklater, *Me and Orson Welles*, qui révèle, dans le rôle de cet imposant personnage, un acteur impressionnant, Christian McKay, plus homme de théâtre que vedette d'écran. C'est l'histoire d'un jeune étudiant – l'excellent Zac Efron – qui tente sa chance afin d'obtenir un petit rôle dans l'adaptation de *Jules César*, mise en scène par Orson Welles. Cent sept minutes à l'ombre d'un génie.

Nous nous attardons devant le Royal où la foule fait hommage aux stars de passage. Je salue Meryl Streep qui présente son dernier film *Julie et Julia*, déambulation d'une cuisinière de haut lignage. Je ne saurai rien de cette production. Avec l'ami Jérôme Béglé, nous avons décidé de faire « room service » devant l'écran où une rencontre d'importance nous attend : le France-Roumanie de football sur la pelouse de Saint-Denis. Décisif affrontement pour la prochaine Coupe du Monde. Espérance de bonheur avec, au final, offrande de malaise. Un nul inattendu. Le plus beau match de nos tricolores qui, maudits, n'arrivent plus à pénétrer les buts. Dans peu de jours nous serons en Serbie pour une dernière chance. Hélas, je nous crois condamnés aux barrages !

***

Cette question comme une curiosité malsaine : « Souhaitez-vous connaître la date et l'heure de votre mort ? » 96 % des sondés ont répondu : « Non. » On respire !

***

Blondin, mon éternel monsieur Présent, mon énigmatique patient français, complice de tant de traversées, compagnon du Tour de France. Nous avons longtemps fréquenté le 10 de la rue du faubourg-Montmartre, il allait à *L'Équipe*, j'étais à *Paris-Jour*. Antoine buvait pour ne pas être triste, bégayait des sarcasmes, jouait avec les mots, s'inventait des vies multiples ; comme je me souviens ! Je suis passé ce matin devant *Le Vieux Gaulois* notre bistrot préféré qu'évidemment les dérives du progrès ont anéanti. M'est revenue là en mémoire une rencontre inoubliable. Un soir de partage j'avais convié à dîner un éditeur de la rue Garancière qui, à ma demande, avait donné un bel à-valoir au cher Blondin pour un livre *L'Ivresse du temps*. Celui-ci devait apporter les cent premières pages de son manuscrit, il tardait, les minutes étaient lourdes d'attente. Il vint enfin. Je le vois encore poussant du pied la porte du recoin où nous étions attablés : son bras droit n'était plus qu'une poupée de plâtre. Il semblait désespéré. « Une chute dans l'escalier. » L'éditeur compatissait, j'étais désolé. Je poussais la bienveillance jusqu'à porter la fourchette à ses lèvres. Nous fûmes ainsi, attentifs et bavards, jusqu'à minuit. Je le raccompagnai. J'entends encore son rire, dans ma voiture du côté de l'opéra.

— Vite, appelle Paul.

Notre copain toubib était chez lui, déjà endormi, toujours amical.

— Je vous attends.

Je demandai alors :

— Pourquoi veux-tu le voir ?
— Mais… pour qu'il m'enlève ce plâtre qui n'a pas de sens. Tu n'avais pas compris ? Je n'ai rien écrit, il fallait que je trouve une parade.

Comment avait-il organisé cette mascarade ? Qui était entré dans son jeu ?

— Paul, évidemment. À lui de défaire ce qu'il a fait.

Ce qu'il fit aussitôt, notre médecin, quand même attristé. Et c'est d'un coude droit enfin délivré que, jusqu'à l'aube, il sut porter des toasts amusés.

Ainsi vivait Blondin.

***

Toujours s'inspirer de cette maxime du cardinal de Retz . « Il faut rendre possible ce qui est nécessaire. »

***

La mémoire est devenue un devoir, après la tragédie absolue de la Shoah, posée comme pierre fondatrice de notre Europe. C'est ce qu'affirme Emmanuel Hoog, président de l'Institut national de l'Audiovisuel dans son livre, très remarquable, *Mémoire année zéro*. Sa démonstration est impressionnante de lucidité et d'exacte intelligence : « Les débordements économiques actuels, écrit-il, sont nés de véritables défaillances culturelles. D'une perte de repères historiques. D'une absence de mémoire… la crise actuelle est avant tout culturelle, le défi est alors simple : saurons-nous créer cette République culturelle, si porteuse d'espoir, capable de nous remettre dans les chemins de l'histoire ? La République des poètes est pour demain. » Je voudrais tellement y croire !

***

Deauville encore pour deux soirées de belle nostalgie qui nous auront fait apprécier la qualité des hommages rendus à Andy Garcia et Harrison Ford. Les très grands acteurs ne craignent jamais de sacrifier à l'émotion, ils ne dissimulent pas leurs sentiments, pleurer n'est pas pour eux preuve de faiblesse, j'aime cette sensibilité à fleur de peau. Délivré de ses grands aînés – Nicholson, De Niro, Al Pacino – qui souvent l'étouffaient, étonné par l'accueil du public, Garcia est resté sans voix deux minutes durant, troublé, perdu sur l'immense scène. Moment de vrai bonheur. Et bizarrement, le lendemain, Harrison offrait les mêmes larmes après l'excellente présentation de Lionel Chouchan. Dans les deux situations ce n'était plus du cinéma, la pudeur l'emportait sur les signes fragiles de la gloire. On voudrait, à les voir, retrouver *Le Parrain* et *Indiana Jones*. À propos de ce dernier film, Ford précisait d'ailleurs : « Il n'est pas impossible que je me jette bientôt dans les filets d'un cinquième volet, Steven Spielberg et George Lucas y pensent sérieusement. Si le scénario est bon, je plonge. » J'observe le comédien, tout le contraire d'un héros : un homme ordinaire.

***

J'ignorais, jusqu'à cette lecture, l'amitié qui liait Jean-Paul Sartre à Joseph Kessel. Le roman de Jean-Michel Guenassia – *Le Club des incorrigibles optimistes* – nous en fait la confidence et je me plie à ce récit. Je ne sais rien de l'auteur – a-t-il déjà publié ? –, je me suis laissé happer par les 756 pages de l'opus – un vrai boulet au départ, une légèreté à l'arrivée. J'en aime les deux histoires qui aiguisent l'imaginaire. La première est une sorte d'initiation, celle d'un jeune Parisien dans les années 1960, bousculé entre ses familles, maternelle et paternelle, qui se déchirent. La seconde, faite pour oublier ces drames continus, met en scène un monde souterrain, situé dans l'arrière-salle d'une brasserie de Denfert-Rochereau. Là se réunissent des exilés de l'Europe de l'Est, survivants du communisme, de nouveau en péril mais joyeux. On suit, convaincus, passionnés, l'existence de ces personnes déplacées, sans papiers, sans travail, sans espoir, que Sartre et Kessel protègent. Romanesque sans doute mais on y croit. Voilà un grand livre, peut-être le prochain Goncourt.

***

Les États-Unis et la Grande-Bretagne le découvriront avant nous : Dan Brown publie aujourd'hui la suite du *Da Vinci Code*. On n'en connaît que le titre : *Le Symbole perdu*. L'histoire était tenue secrète, les libraires ont respecté l'embargo. Le roman est disponible – chez les Anglo-Saxons – depuis ce matin minuit une. Il n'est pas question à cette heure de littérature, seul compte le marketing d'un produit de très grande consommation. Le lancement est abracadabrant, tous les réseaux médiatiques sont engagés dans l'affaire, on n'a jamais tant fait pour une savonnette. L'arche gagnée est en place. La version anglaise annonce huit millions d'exemplaires (nous ne serons servis qu'en novembre). Les chiffres avancés par les éditeurs, partout dans le monde, nous émoustillent plus que le style : on parle de 82 millions de livres vendus pour le *Da Vinci Code*. Un succès, un record, une embellie qui ont fait des enfants pour les trois autres ouvrages de Brown. Plus de cinquante millions me dit-on... J'attends la sortie en France du nouveau phénomène. Suis-je impatient ? Je vais finir par le croire.

***

Les siècles d'avant ont eu leurs « enchanteurs », ces personnages exceptionnels qui donnent à dépasser les ennuis quotidiens, qui réinventent nos chimères. Chacun a les siens pour entretenir le rêve. Nous avons tous la possibilité de dresser notre propre liste. Je cite au hasard Pascal, Montaigne, Victor Hugo, Chateaubriand, Alexandre Dumas, Proust, Picasso et Matisse, Mozart évidemment et Bach, Puccini et Verdi, Chopin et Ravel. Si, demain, on me demandait de fournir d'autres noms, j'aurais l'embarras du choix, pour ce qui tient du moins au passé. Le présent que l'on a du mal à fixer ne m'inspire pas beaucoup. Aujourd'hui rien de bien nouveau. À l'opéra, je ne vois rien venir, je n'entends pas des symphonies, ni des sonates, seulement des bruits, la veine s'est tarie. Il y aurait, me dit-on, une musique et une peinture contemporaines, celles dont les gens à la mode clament qu'elles sont « intéressantes ». Oui, je cherche les « enchanteurs » du jour !

***

Philippe Douste-Blazy m'avait demandé il y a quelques années d'ouvrir ma maison pyrénéenne aux Journées du Patrimoine. Ils furent trois cents à nous rejoindre, à contempler le paysage, à admirer la bibliothèque, à parler longtemps avec les historiens du coin, car à la vérité je n'avais pas beaucoup à montrer. J'y songe en regardant ce soir, sur France 5, le très beau magazine consacré par Frédéric Mitterrand à la Villa Médicis. Que d'histoires à raconter, que de témoignages à entendre. Je m'autorise un parallèle, terrible audace ! Miramont, mon refuge entre Aubisque et Tourmalet, ne saurait rivaliser avec l'illustre palais mais pourtant il y eut quelques tentatives de « mises en lumière », par Cyprien d'Espourrins d'abord, poète modeste mais délicat (mort en 1752 dans ma chambre d'aujourd'hui) qui souhaitait créer « une académie de langue d'oc ». Par François Boieldieu, compositeur de *La Dame blanche*, directeur de l'opéra de Saint-Pétersbourg, qui voulait faire de Miramont, vers 1810, une « petite Médicis ». Par Aurélien de Sèze, magistrat de Toulouse, qui avait imaginé, lors de sa brève escale avec George Sand, de transposer en dessins, dans notre maison, la longue autobiographie de sa maîtresse de passage : *Histoire de ma vie*. C'était, me dit-on, dans les années 1850. Par moi enfin qui, il y a presque un demi-siècle, pensait pouvoir offrir la propriété aux compagnons du devoir, décidés à en faire leur maison mère. Mais les différends entre confréries étaient si cruels, que j'arrêtai vite mon geste généreux. J'en fus malheureux car c'était en hommage à mon père. Aujourd'hui, Miramont est un doux rendez-vous de famille, la maison de Philippine, j'y viens à chaque saison, j'y sculpte le temps.

***

Il entre lentement, chemise noire haut fermée, costume sombre, cheveux fous. Difficile pour un pianiste d'habiter seul la grande scène du Théâtre des Champs-Élysées. Heureusement, il y accompagne Schubert, Ravel, Moussorgski et c'est bel aréopage. Le triomphe, après les *Tableaux d'une exposition*. Mikhaïl Rudy sourit à peine, juste une esquisse. Pudeur, délicatesse, modestie. Cinq bis applaudis à tout rompre lui font enfin un visage heureux. Je le laisse à ses dédicaces et l'attends dans sa petite maison proche de l'avenue Mozart. Rien que des intimes au rendez-vous. Il arrive, léger comme sorti d'une partie de campagne. Libéré il y va aussitôt de ses périodes à la Cicéron, il n'est pas de parleur plus volubile. Nous descendons à la cave où trône un piano, au milieu d'un superbe capharnaüm, avec sur des divans ses carnets entassés – le manuscrit de son livre *Le Roman d'un pianiste* –, des lettres d'admirateurs, de vieux journaux. Une dizaine de personnes, majorité de femmes, nous ont suivis, auxquelles il conte à nouveau notre particulière aventure en Union soviétique lors de mon premier *Grand Échiquier* à Moscou. Je l'avais en effet engagé à jouer Rachmaninov avec l'Orchestre symphonique de Saint-Pétersbourg dirigé par Youri Temirkanoff. Je l'avais surtout poussé à me suivre dans un pays qu'il avait fui et où il était considéré comme dissident. Certains, à Paris, jugeaient mon entreprise dangereuse. « Ils vont, me disait-on, le remettre en taule ou, au mieux, le reconduire aux frontières. » Évidemment, j'avais pris mes précautions auprès de l'ambassade de France. Misha précise : « Ce retour était une folie, la perspective de revoir mes parents m'invitait à la commettre mais je prenais des risques. Là-bas je ne quittais plus notre équipe d'un pas, la peur m'a paralysé un matin sur la place Rouge où nous filmions des ambiances. La police nous a cernés, je me suis jeté dans les bras de Jacques qui riait en montrant des papiers : les agents voulaient simplement vérifier si nous avions bien l'autorisation de travailler à cet endroit. L'autre crainte est venue de l'orchestre. Comment allait-on m'accueillir ? Raconte, Jacques… »

Je me souviens de ce moment, peut-être l'un des plus émouvants de nos parades télévisuelles (j'ai déjà raconté ; tant pis je raconte encore). Les musiciens étaient à leurs pupitres, le chef est entré, leur a parlé, Helena la belle interprète traduisait, il était question de Mikhaïl, de ses succès en Occident. À la fin du discours, grand silence. J'étais glacé.

Ça commence mal, remarquait Helena. La répétition va s'en ressentir.

Enfin Rudy vint à son piano. D'un même mouvement, spontané, tous furent debout. Les archets tapotaient fort les instruments, ailleurs les applaudissements étaient nourris, le premier violon, sans doute le plus ancien de la formation, pleurait. Je m'avançai toujours guidé par ma belle interprète.

Pourquoi ces larmes ?

À le voir je comprends mieux nos lâchetés. Mikhaïl a eu le courage de dire « non ».

Misha reprend vite la parole :

Un dernier souvenir et puis nous rejoindrons là-haut nos autres amis. Jacques m'avait permis de jouer sur le piano de Richter au musée Pouchkine. J'ébauchais un Chopin lorsque, à quelques mètres, j'ai vu un homme penché, en larmes ; c'était mon père qui jamais ne m'avait entendu.

Je me répète encore en rappelant cet épisode.

***

Une bonne blague ? Une bouffonnerie ? Un caprice ? Allez donc savoir avec ce diable de Giscard toujours en charge d'un d'Estaing ! Jeune académicien, l'ancien chef de l'État s'amuse à nous conter les amours romanesques d'un président de la République française et d'une princesse anglaise : Henri et Patricia pour les intimes ! Pas besoin d'être grand devin pour rétablir les origines. Il s'agit bien de Diana, dame de Cardiff, « ville située dans le pays de Galles » est-il précisé, et de Valéry.

Le livre, d'ailleurs, annonce d'entrée en épigraphe une sorte de confession : « Promesse tenue. » À qui va la promesse ? À la vraie princesse de toute évidence et de là vient toute l'ambiguïté du procédé, le côté intrigant de cette relation imprévisible. Il me semble que l'auteur rêve son idylle. En imaginant une histoire pompée aux meilleures sources, il s'est pris la plume dans le récit, a dérapé et plutôt que d'écrire un roman, sans bien s'en rendre compte, a rédigé un peu de ses Mémoires. Il a cru que la fiction pourrait devenir réalité. « La princesse et le président » n'est point autre chose que le songe d'une nuit d'automne.

***

Le Barbier de Séville à l'Opéra-Bastille. Créé il y aura bientôt deux siècles, l'œuvre, née d'une inspiration de Beaumarchais et mise en musique par Rossini, est remarquablement reçue en cet automne par un public d'initiés, tous familiers de la Maison. Rien à jeter. J'ai apprécié l'accueil de Nicolas Joël, nouveau maître des cérémonies, la direction musicale de Bruno Campanella, l'astucieuse construction scénique de Coline Serreau, et surtout l'interprétation de Karine Deshayes (Rosine), cette Française dont on parle si peu.

***

Je me suis toujours méfié des vagabondages extraterrestres contés par quelques fous qui affirment avoir rencontré les petits hommes verts. Tout ce que l'on a lu et vu sur ce sujet obéit encore à une dinguerie. À la radio, je posais parfois cette question aux scientifiques de passage : « Existe-t-il des êtres vivants sur d'autres planètes ? » Jacques Monod, prix Nobel avait été catégorique : « Je ne répondrai jamais à une telle question, je tiens à me protéger. Si, en effet, je laissais entendre qu'il y a d'autres mondes habités, il en serait fini de ma crédibilité. » Tout était avec lui entre hasard et nécessité : « Nous aurons un jour des surprises mais seul le poète peut les imaginer. Qui peut dire d'où nous venons, qui peut penser l'avenir, qui aurait l'audace d'avancer des certitudes ? Ce serait hasardeux. Le nécessaire consiste à vivre le réel. Délivrez-vous de toutes vos interrogations. » Jean Bernard, lui aussi, trouvait embarrassante ma curiosité : « Nous avons tant à faire avec les gens d'ici... ». Au fil de ces non-réponses, je commençai à deviner un doute. Aujourd'hui, j'entends Trinh Xuan Thuan, invité de François Busnel dans *La Grande Librairie* sur France 5. Vietnamien de tradition bouddhiste, cet astrophysicien vient de publier le très beau *Dictionnaire amoureux du ciel et des étoiles*. Je ne sais rien des configurations de la planète mais comme Thuan j'estime qu'il y a de l'arrogance à prétendre que la science détient toutes les vérités, qu'elle a la certitude de la seule vie terrestre. Pourquoi n'y aurait-il pas des « existences » sur quelques-unes des milliards d'étoiles, là-haut ? Thuan pense, et le dit avec malignité, que d'autres hommes, ailleurs, nous épient, s'amusent de nos débordements. Nous serions dans la cage, tels des singes. Bien sûr, la science ne peut s'autoriser pareille comparaison. Mais comment peut-elle expliquer l'univers puisqu'elle ne le contrôle pas, qu'il lui échappe ? Reste pour moi, l'amateur, l'ignorant, tout ce qui est beau et poétique, la musique, les mots, la nature et plus encore le mystère. Dans mon cycle asiatique j'ai « fréquenté » Bouddha, je me crois indigne, je n'atteindrai jamais l'Éveil mais la spiritualité demeure une voie d'accès à la Connaissance.

***

Notée dans l'une de mes lectures cette définition de la littérature donnée par Jean d'Ormesson : « Du chagrin dominé par la grammaire. »

***

Un peu ridicule « l'événement », quelque peu étrange la permissivité de l'église catholique si économe de privilèges lorsqu'il s'agit de simples et totalement absurde ce carnaval en la chapelle d'Arcangues, village d'opérette qui méritait mieux que des épousailles comiques : Henri d'Orléans, comte de Paris s'est marié religieusement avec Micaela, sa femme à l'état civil depuis vingt-cinq ans. Je ne juge pas le dérisoire de la situation – du théâtre de boulevard –, je trouve un brin vulgaire que l'on puisse demander une « nullité en mariage » à l'égard d'une dame qui a fait à l'intrus cinq enfants, dont deux handicapés profonds. À croire que le divorce ne suffisait plus au royal personnage. Je ne sais rien des raisons qui ont poussé le Vatican à donner aujourd'hui ce feu vert après tant d'années de procédure, je pensais que le pape avait d'autres chats à fouetter ! Le prince me paraît être étranger aux plus élémentaires élégances.

Le vrai comte de Paris, l'ami de De Gaulle, son père, dont il porte maladroitement le nom, doit se retourner dans sa tombe. Je me souviens de ce qu'il nous confiait il y a quelques années lorsque, à l'hôtel George-V, nous préparions avec Marcel Jullian ses livres de famille, ses interventions à la télévision. Il n'était pas tendre : « Clermont, héritier parce que aîné, est mon cauchemar ». Le cauchemar a donc fait ripaille au pays basque contre l'avis des siens qui ont boudé la mascarade. Pauvre Maison de France ! Nous aimions chez le père son intelligence, sa culture, son sens de la politique, sa naïveté aussi qui l'avait entraîné à croire aux promesses du général. Il existait, lui ! Que penser de son héritier au pâle visage, aux discours étranges, à la mondanité douteuse ? Le Vatican lui accorde sa grâce ! On se croirait au Moyen Âge.

***

Aux obsèques de Staline, Sidney Rittenberg, l'ami américain de Mao, déclare : « Il est mort, enfin. C'est l'une des seules bonnes idées qu'il ait eues dans sa vie ». Toujours cette force du raccourci.

Octobre 2009

Roman Polanski rattrapé par une vieille et sombre affaire. Arrêté en Suisse, le célèbre cinéaste, petit génie de la pellicule, subit un mandat d'arrêt international lancé par les États-Unis « pour détournement de mineure ». L'acharnement avec lequel la justice américaine le poursuit depuis plus de trente ans connait aujourd'hui le dernier épisode. Retenu ou libéré il devra se souvenir de cette réflexion d'Aristote : « Tous les hommes éminents sont condamnés à être malheureux. »

***

Elle n'a rien d'une diva – le mot est dévalorisé –, elle refuse la compagnie *people* – cet enfer des simples – elle est ailleurs, au plus éclatant des lumières : Cecilia Bartoli est, simplement, une Grande. Discrète, pudique, modeste, mais comblée de dons : intelligence aigüe, talent énorme, culture maîtrisée. Aujourd'hui son œuvre nouvelle, *Sacrificium*, ressuscite, en album de référence, le répertoire des castrats napolitains, Caffarelli, Farinelli, qui furent aux XVIIIe et XIXe siècles les rescapés d'un rituel scandaleux. On castrait alors quatre mille garçons par an, on espérait des révélations, on attendait ces fameuses voix d'anges qui nous surprennent aujourd'hui encore. Mais que de déceptions à l'issue de tels sacrifices ! La plupart des castrés restaient dans l'ombre, victimes à vie de maquignons qui se voulaient baroques, et qui, à défaut d'épée, « travaillaient au petit couteau ».

En faisant renaître l'histoire de ces amputés, en empruntant aux airs oubliés de Caldara, de Porpora, Cecilia Bartoli nous offre les splendeurs d'une musique disparue et le témoignage d'une époque démente. Elle ose, dans ses interventions, mettre en parallèle « le culte actuel pour la beauté et les souffrances endurées autrefois par les castrats… la chirurgie esthétique est une mutilation des corps… regardez ce que l'on fait subir aux mannequins ».

Viva Cecilia. J'avais aimé son Vivaldi, dix ans après je me plais à ses « sacrifices ».

***

La gauche, la droite, le centre sont au cœur d'une bonne centaine d'ouvrages publiés à l'automne. Se souvenir de Stendhal : « La politique dans un roman, c'est comme un coup de pistolet dans un concert. »

***

Je ne la connais pas, je l'ai souvent aperçue devant sa maison proche de celle de nos amis Contades, à Marrakech, je la savais riche à milliards, mais point aussi généreuse. Héritière des laboratoires UPSA, Nicole Bru a acquis et rénové un palais vénitien du XVIe siècle, donnant sur le canal. Le lieu qui était autrefois salle de concert retrouve sa vocation première et devient par la grâce du mécène un centre artistique consacré à la musique romantique française. La diffusion de la soirée inaugurale assurée par France Musique nous a persuadés de l'excellence de l'acoustique, de la qualité du programme présenté par Marc Minkowski et les Musiciens du Louvre. Nous devons nous féliciter de posséder à Venise une nouvelle antenne culturelle qui sent bon la France et louer Nicole Bru qui en ouvre intelligemment les portes. En certaines circonstances les milliards n'ont pas de prix…

***

Jusqu'à ce soir je n'avais pas eu l'occasion de parler de mes bonheurs de théâtre en cette rentrée d'automne. Un ennui de scène plutôt que des joies immédiates ! Et puis est venu l'émerveillement de *La Serva amorosa* de Goldoni, à Hébertot. Un parfum de comedia dell'arte, une intrigue qui vaut pour l'interprétation qui en est offerte. L'histoire est celle d'un riche et vieux négociant de Vérone dont la seconde épouse manigance pour écarter de la succession Florindo, le fils du mari, au profit du sien, le stupide Lélio. C'était compter sans Caroline, la fidèle servante, qui met à mal cette captation d'héritage. Le texte n'est pas nouveau. Il s'inscrit dans la ligne burlesque du XVIe siècle italien, on pourrait à la limite le trouver banal s'il n'y avait pour le servir Clémentine Célarié, Claire Nadeau et Robert Hirsch, ce dernier sublime en vieillard acariâtre, lâche et quand même lucide. J'aime la chanson de gestes de ce comédien hors normes, le plus grand sans doute de notre temps, avec Michel Bouquet. Je me souviens de nos éclats à la Comédie-Française lorsque je l'avais invité pour l'hommage à Louis Seigner, aux côtés de Jean Gabin, Jean-Paul Belmondo, Jacques Charon, Isabelle Adjani, dont c'était la première apparition sur le petit écran. Il avait le génie de l'improvisation, il était grandiose de drôlerie, de vivacité. Près de trente ans après, il n'a pas changé. On peut le célébrer à renfort de mots, aucun adjectif ne peut l'écraser.

***

Cinquante ans déjà. On se souvient. Enfin. Je me souviens. En 1959. Philippe Roth publiait *Goodbye Colombus*, un recueil de nouvelles, aussitôt repéré, couronné. Il avait vingt-six ans. Quarante livres plus tard, le grand écrivain américain nous donne à lire *Exit le fantôme*. Et c'est l'occasion pour François Busnel d'aller le visiter dans son appartement de New York, d'ordinaire interdit aux caméras qui, avec les projecteurs, apportent un « trop-plein de lumière ». Plus que ce dernier roman qui est encore un chef-d'œuvre m'importent les confidences de l'auteur faites dans cette *Grande Librairie* sur France 5. De la belle télévision, qui doit être continuée sur la trace d'autres écrivains de renom. Voilà une émission qui rappelle les riches heures de Pivot lorsque celui-ci conversait avec Soljenitsyne. Un prolongement mais non pas une copie. Comme Bernard, Busnel sait écouter, se taire même pour mieux rebondir. Il est évident qu'il a lu l'œuvre de son invité, ce qui dans les temps actuels est une sorte de miracle. Cette attention qui jamais ne brise le récit autorise des confidences qu'on n'espérait plus. Cheveux gris, rares, en bras de chemise, longues jambes croisées sur son fauteuil, Philip Roth, visage sévère parfois égayé d'un sourire, parle abondamment de ce qu'il aurait voulu cacher. Il ne s'aime pas en vitrine mais la littérature est sa vie.

— Pourquoi écrivez-vous ?

— C'est une question que je n'aime pas mais comme vous venez de loin, alors... Je ne sais pas comment les idées viennent à l'esprit... je ne sais pas où je vais mais j'écris sur tout, la vie, le sexe, la comédie, la maladie – la prostate de mes amis –, la politique. Depuis 1963, les États-Unis jouent de malchance. Nous avons perdu Kennedy, il aurait été un immense président. Et puis nous avons eu Bush.

Roth ne se veut pas écrivain engagé – « C'est pompeux » –, il se revendique « amateur », il plaint sa mémoire défaillante. Lorsqu'il achève l'écriture d'un livre, il panique, il craint surtout le passage difficile, l'attente du prochain exercice. Il explique ainsi : « J'aimerais écrire un énorme roman et foutre le camp juste après, mourir. Ainsi, je ne serais plus entre deux romans. »

***

Si tôt, trop tôt : il n'a que quarante-huit ans. Si vite, trop vite : il n'a pas encore atteint la première année de sa présidence. L'honneur est redoutable : Barack Obama reçoit ce matin le prix Nobel de la paix et doit l'accepter non pas comme une récompense mais comme un appel à l'action. Ses mérites ? Les efforts qu'il consent en faveur de la coopération entre les peuples. Le monde attend de lui des résultats, le pari est risqué, il lui faudra accomplir. Cette couronne est un cadeau empoisonné.

***

Nous l'aurons attendu près de quatre-vingt-dix ans cette *Ville morte* du Viennois Erich Korngold qui enthousiasme l'Opéra-Bastille. Étonnante cette histoire de fantômes, épuisant ce carambolage de rêves, magnifique cette musique dont on ne retient pas la moindre mélodie mais qui séduit par une sorte d'envoûtement. L'intrigue ? Il faut tout suivre pour ne pas être perdu. Le manque d'originalité complique le récit. Nous voilà confrontés aux fantasmes morbides d'un veuf qui croit retrouver sa défunte épouse dans les traits d'une femme de passage. On apprécie la symbolique, on peut regretter l'absence de poésie, on admire l'interprétation. Paul – le veuf – a la voix chaude, un peu retenue, émouvante du ténor Robert Dean Smith, Marie-Marietta la dame dédoublée de ses pensées à la posture lascive, très comédienne, de la soprano Ricarda Merbeth, voix forte – trop sans doute – mais prenante. Beau duo qu'accompagne l'Orchestre de l'Opéra remarquablement dirigé par Pinchas Steinberg. Une soirée dont on sort très heureux.

***

Depuis au moins quatre décennies et aujourd'hui encore mes amis et interlocuteurs de passage tentent de répondre à ma sempiternelle question : « Quels sont les trois poètes français nés à Montevideo ? » J'ai dû déjà, dans mes « Journaliers », et à différentes reprises, inscrire leurs noms, cités tout de même par quelques-uns, en particulier Jean Bernard, Jorge-Luis Borgès et Jean d'Ormesson. Ces littérateurs, tous d'un genre singulier, avaient leurs attaches en Uruguay, portés là-bas par leurs ancêtres migrants, des Bigourdans, ce qui me touche : Jules

Laforgue, Jules Supervielle et Lautréamont sont gens de chez nous. Je pense à ce dernier, à notre Isidore Ducasse qui se voulut comte de Lautréamont, je caresse à l'instant ses œuvres complètes publiées dans l'édition de La Pléiade établie par Jean-Luc Steinmetz et je ne cesse de m'interroger, sur sa mort à vingt-quatre ans, sur le mystère de son existence – à Tarbes, j'ai longtemps cherché des repères –, sur sa folie, plus sûrement sur son génie. Cent quarante ans après on écrit encore sur *Les Chants de Maldoror*, sur *Poésies*, j'ai lu ce qu'en disaient Breton, Aragon, Gracq, Blanchot, Sollers, je ne suis pas sûr de pouvoir lui accorder l'étiquette « surréaliste », il est bien au-dessus de la secte, ailleurs, au cœur de sa révolte adolescente, écorché vif, persuadé que le Créateur est mauvais et sa créature désespérante. Il va me falloir le relire en évitant de vouloir le comprendre.

***

Charles de Sévigné, fils de la marquise qui l'ignorait tendrement, est ressuscité par Bruno de Cessole dans un livre au titre bien choisi : *Le Moins Aimé*. Écarté des jupons de sa mère par sa sœur Françoise, la favorite, l'intelligent et très beau Charles, pour oublier le roi et la cour, s'était retiré aux Rochers, la maison familiale bretonne. Il avait enfin trouvé...

Sur la terre un endroit écarté
Où d'être homme d'honneur
On ait la liberté.
(*Le Misanthrope*, Molière)

Versification valable pour tout politique en souffrance.

***

Il y aura bientôt quarante ans, Simon Leys révélait la véritable face de la dite Chine populaire. Son livre, *Les Habits neufs du président Mao*, condamnait au ridicule les précieux d'une certaine intelligentsia parisienne, ardents à élever au pinacle le sanglant artisan de la révolution culturelle. Les potiches mondaines du combat en chambre en furent aussitôt déboussolées. Et pour quelques-uns d'entre nous qui avaient été de ce pays lointain, ignoré, ce fut un privilège d'enfin se réjouir. L'ouvrage de Simon Leys revient en librairie avec une préface inédite. À lire dans l'urgence.

***

Des Lettres d'Antoine Blondin aux Éditions de la Table ronde (*À mes prochains : Lettres de 1943 à 1984*). Des broutilles car l'ami n'était pas fait pour la correspondance, il badinait avec elle, et c'est parfois un viol de reproduire cette littérature-là, de révéler un « sentiment de précarité ». Bien sûr je m'amuse encore de ses mots d'auteur, glissés avec malice entre les lignes, mais, pour la plupart, déjà célébrés. Je sais en quelle estime il tenait Michel Déon, de quelle amitié fraternelle il entourait Roger Nimier fauché si tôt dans un accident. Pudiquement il écrit à propos de cette mort : « Tout ce que j'ai à en dire est du domaine du murmure. » Là, je retrouve Antoine.

***

Plus un seul moment de répit ! On finit par plaindre le pouvoir qui, jour après jour, s'épuise sur le front des affaires. Tout s'embrume dans les feux d'artifice de la haine. Têtes d'affiche du moment, têtes de Turc fléchées, Roman Polanski, Frédéric Mitterrand, Jean Sarkozy subissent de plein fouet les brimades de ceux qui, il y a peu encore, les célébraient. Boucs émissaires de l'année finissante, ils invitent le peuple à ne pas affronter les vrais problèmes du temps.

Tout est bon à la gauche et aux accidentés de la droite pour accabler le président qui ne devrait pas, en certaines circonstances, voler au secours de causes secondaires. Mais son évidente fidélité est parfois un problème et l'idée qu'il se fait de ses propres choix un casse-tête. Il est ainsi et c'est peut-être, paradoxalement, sa force. Comment pourrait-on lui reprocher de comprendre la détresse de Frédéric, son gardien des arts, qui n'aura eu qu'un tort : défendre Polanski en affirmant que là était son devoir de ministre de la Culture. Il lui aurait fallu nous laisser cette louable préoccupation.

De cette attention à un citoyen privilégié sont venus les ennuis qui l'accablent. L'affligeante polémique que suscitent aujourd'hui ses confessions de *La Mauvaise Vie* – livre-témoignage aux accents douloureux, remarquable sur le plan littéraire – développe ses cruautés avec un retard coupable car, faut-il le rappeler, à l'heure de sa publication, l'ouvrage fut salué par la critique, unanime, et couronné par un énorme succès. Il est vrai que Frédéric Mitterrand n'avait pas encore endossé sa tunique de ministre et qu'il n'était pas alors un motif de nuire à Nicolas Sarkozy. Cette bassesse politique me dégoûte de plus en plus.

***

François Mitterrand et Édouard Balladur étaient de convictions et d'intérêts opposés. Ils furent ensemble dans une situation exceptionnelle et incommode de partage de pouvoir. De 1993 à 1995, ils ont eu de très nombreuses conversations que l'ex-Premier ministre révèle dans son livre : *Le Pouvoir ne se partage pas*. Chaque page mérite d'être notée, j'ai retenu la 413 :

« La France reste attachée à une vision héroïque de la politique, celle qui s'incarne dans ceux que Claude Weill a appelés "de formidables pourvoyeurs de rêves" : Louis XIV, Napoléon, de Gaulle, véritables "enchanteurs", ce qu'à sa manière et à un autre niveau, était aussi Mitterrand qui prétendait rompre avec le capitalisme et qui s'était empressé, juste après son élection, de rompre avec le socialisme. »

Comment peut-on définir un « enchanteur » ? « Ce n'est pas moi, reconnaît Edouard Balladur. On me reproche en effet de ne pas faire rêver. »

Qui aura la grâce, demain, de faire rêver ? Quel est le nom de l'enchanteur ?

***

Une petite heure de bonne lecture au petit matin pour découvrir la correspondance de deux femmes singulières, publiée chez Gallimard. Marguerite Yourcenar et Silvia Baron-Supervielle ont échangé une quarantaine de lettres entre 1980 et 1987 et cette complicité littéraire est l'exacte « reconstitution passionnelle » d'un parcours d'écrivain. Marguerite que l'on connaît, reconnaît, et Silvia, la poétesse argentine, également traductrice, m'auront permis de refaire le voyage dans l'univers de l'auteur des *Mémoires d'Hadrien*. Avec elles, je retrouve « la maison de bois, tapissée de livres même le long de l'escalier », où je fus accueilli si affectueusement, une semaine durant, il y a tant d'années déjà. Je n'ai pas revu « La petite plaisance » de Mont-Désert, dans l'État du Maine aux États-Unis mais je n'ai rien oublié, je tire, très claire, la photo de ma tête, la barrière blanche, le rez-de-jardin, la véranda, le bureau, les quatre chambres à l'étage – la mienne donnait sur une forêt de bouleaux où je devinais des Indiens –, le portrait de Marie Laurencin et, bien en vue, les ouvrages de Mishima, j'entends le pas hésitant, la voix cassée de Grace – l'amie de Marguerite – condamnée par la médecine mais si présente, si douce, préposée au thé et aux friandises. Mais j'ai beaucoup écrit sur ce temps-là. Revenons à la correspondance qui permet une meilleure approche de Marguerite Yourcenar, qui témoigne de la difficulté de la traduction de son œuvre : « Curieux arrangements », me disait-elle. « Transformation systématique, se plaint-elle à Silvia… Il y a partout des erreurs graves qui inversent le sens de votre pensée, des omissions, des mots rajoutés sans aucun fondement. » Elle parle de Jorge-Luis Borgès, à la date de juillet 1986 : « J'ai appris la nouvelle de la fin (si la mort est une fin, qu'en savons-nous ?). J'ai aussitôt téléphoné à Maria. La dernière phrase de Borgès est bien émouvante : “Au fond, la littérature n'est que de l'affection.” J'irais plus loin même et je dirais : de l'amour. »

Au-delà de sa correspondance personnelle, Marguerite Yourcenar affectionne le genre épistolaire. Elle le considère même comme une forme pleinement littéraire. Deux de ses romans en témoignent *Alexis* et *Mémoires d'Hadrien*. Qu'il faut relire.

***

Je l'apprends par *L'Express*. C'est un événement : l'unique photo connue d'Isidore Ducasse, alias comte de Lautréamont, sera en vente le 2 octobre à Paris. Ce cliché, miraculeusement retrouvé, en 1977, par le biographe du poète, Jean-Jacques Lefrère, dans un vieil album de Bigorre, est estimé entre 40 000 et 50 000 euros. J'avais suivi en son temps la quête passionnée de cet amoureux des Chants de Maldoror. Lefrère, me semble-t-il, est de Tarbes et Lautréamont, on le sait, vient de chez nous : un Bigourdan. J'ai toujours eu un doute : sur cette « unique photo ». Est-ce vraiment lui ?

***

Je peste depuis des lustres contre cette épouvantable manie qui pousse des hôtesses parisiennes, pourtant brillantes, à organiser des dîners de vingt-deux couverts qui rendent toute bonne conversation impossible. Tout manquement à la convivialité est une faute, tout ce qui fait discussion enrichissante est pur bonheur. Et pour y parvenir, côté agapes, j'ai toujours pensé qu'il ne fallait pas être plus de dix autour d'une table. La relecture d'un excellent livre consacré à la gastronomie m'a conforté dans ma petite croyance. J'ai noté les explications d'un spécialiste, Christian Millau, qui dans son *Dictionnaire amoureux* écrit : « Brillat-Savarin estimait qu'au-delà de douze il ne pouvait y avoir de repas réussi. Je serais plutôt partisan de ne pas dépasser huit. Si, pour une raison quelconque, on a parmi ses invités deux personnes dont on sait qu'elles ne s'aiment pas ou risquent de proférer des opinions radicalement opposées, il faut éviter de les placer l'une en face de l'autre et au contraire les asseoir sur la même rangée, et même, si l'on est un brin vicieux, l'une à côté de l'autre, cela a pour effet de les neutraliser. » Je n'adhère pas à cette dernière observation. La position « coqs de combat », c'est-à-dire face à face, peut ajouter du piment à la chose. Il suffit d'arbitrer !

***

Comment un homme aussi jeune et qui n'a même pas fait ses études peut-il diriger un organisme aussi important que l'Epad (Etablissement public de la Défense) ? Le reproche est cinglant, partout repris, tiré à des millions d'exemplaires, transformé en rengaine par la gauche qui trouve là du grain à moudre, revendiqué par quelques handicapés de la droite jalouse. Pour tout dire Jean Sarkozy fait un tollé. Et son refus, au final, d'aller au combat n'arrange rien. Ses vingt-trois ans passent mal, le procès en sorcellerie qui lui a été fait devrait inquiéter les autres jeunes élus de sa génération qui ne sont pas – mais dans l'anonymat – mieux considérés. Les vieux sont toujours à la barre. On appelle ça l'expérience. Mais qui résistera demain au talent de celui qui a fait exploser le 20 heures de France 2 ? Les professionnels de la politique seront balayés par le jeune homme ; je le connais depuis son âge le plus tendre, nous avons en partage la littérature et la musique, à seize ans déjà il semblait avoir lu tous les livres. Je me vois étonné de le voir en fac de droit, il était promis à Normale Sup. Son éviction avant même que d'être élu est la première pierre de son avenir. Cet échec est sa réussite la plus personnelle.

***

Le renvoi – pour cause de grippe – de la rencontre PSG-Marseille agace la meute médiatique et met en transes le clan le plus voyou des supporters. Ces éclats désordonnés ne me font pas oublier le prochain 14 novembre : le football aura, ce jour-là, un sacré pari à relever, battre l'Irlande au premier match de barrage pour accéder enfin à la Coupe du Monde. À Croke Park, sur le terrain de ce peuple fier, devant 82 000 spectateurs, l'enfer pourrait nous y désespérer du paradis. L'esprit de combat a toujours habité les Irlandais, l'orgueil dépasse leurs possibilités, leur souffle guerrier pourrait nous éparpiller. Le rugby que nous aimons, qui nous a si souvent conduits chez eux, nous aura enseigné la méfiance.

Novembre 2009

Le ciel d'Essaouira souffle des brises d'Andalousie, nous avons chaussé des semelles de vent. C'est un 1er novembre de grand soleil et, tard le soir, de tendres froidures. Je longe le port, je monte aux remparts, j'observe le large. Il ne faudrait pas trop pousser les gens d'ici pour les entendre dire que comparée à leur Atlantique, la Méditerranée a des penchants vulgaires. Pas la moindre frime dans cette ville courtoise qui veille jalousement sur son île rapprochée, la terre d'en face, qui fut six siècles avant Jésus-Christ une luxuriante étape phénicienne. Le mystère du temps m'est un plaisir immense, les récits sont parfois fantasmagoriques mais aux mythes nous devons préférer l'Histoire et elle est encore à écrire.

Essaouira s'appelait autrefois Mogador et il y a toujours dans l'air un parfum médiéval. La cité ne ressemble d'aucune façon aux autres étapes marocaines inscrites sur le canevas du tourbillon touristique. Elle est d'évidence lieu de partage, carrefour d'idées et de musiques, sereine, tolérante, endiablée, en recherche permanente de diversité culturelle. Je l'aime pour son honnêteté, l'affichage emblématique de son altérité, sa tendresse bienveillante à l'égard des mémoires métissées, et je l'apprécie d'autant plus qu'André Azoulay – l'un de ses enfants – en a fait la place forte des expressions les plus audacieuses de la création artistique. Le Festival des Andalousies atlantiques porte sa marque devenue une empreinte : « L'inédit, écrit-il, est ici souvent la règle, à nos risques et périls bien sûr, mais avec la conviction solidement chevillée au corps que jamais la musique n'est aussi belle que quand elle est invitée au grand banquet de la pensée et quand cette pensée sait nous dire avec talent et émotion, les richesses et la profondeur du Maroc Pluriel. »

Les journées et les soirées ne nous laissent aucun répit. Il faut souvent s'accrocher car les discussions volent haut, surtout lorsqu'il s'agit d'évoquer – sans langue de bois – l'amnésie des manuels scolaires qui, par ignorance plus que par malignité, ne se souviennent plus qu'il y eut ici des Juifs avant les Berbères. Ce qui est admirable dans ces « forums » c'est une liberté de ton, incroyable au Maghreb. Seul le Maroc peut se permettre un tel luxe. Seule la perle Mogador pouvait inventer un espace culturel et artistique de résistance à l'amnésie et aux dérives de la pensée unique, seule elle aura eu le talent de commémorer l'héritage judéo-arabe de l'Andalousie, ce qui nous a valu une explosion de spectacles remarquables, où se mêlent tradition et modernité. Des chants et danses flamenco, de populaires envolées avec l'Israélienne Raymonde El Bedaouia, des musiques algériennes avec Fouad Didi et l'éternel Maurice El Medioni. Plus encore. Mais je garde le souvenir d'un moment unique qui nous a tous fait chavirer – Jean Daniel, Georges-François Hirsch, mes compagnons – dans une sorte d'incendie que le pyromane entretenait d'une voix superbe, au rythme de ses chants liturgiques, hébraïque et arabe ! Haïm Louk, expert en broderies poétiques alterne les vers dans ses mélodies, l'un en hébreu, l'autre en arabe. Je ne comprends ni l'un, ni l'autre, mais c'est saisissant car on vit l'émotion. Haïm Louk a une autre corde vibrante à son art : il est rabbin de Los Angeles. C'est tout dire.

Essaouira-Mogador, ma diablesse préférée.

***

Claude Lévi-Strauss aurait eu cent un ans le 28 novembre. Pour n'avoir pas à souffler la première bougie d'après le siècle, il a pris son baluchon et mis le cap sans doute côté Brésil où sont ses chères tribus indiennes. On le sait, c'est écrit, on peut le redire, il était l'une des figures majeures de la pensée française, notre meilleure représentation philosophique et littéraire à l'étranger. Anthropologue, ethnologue, il se voulait plus encore « astronome des constellations humaines ». Il observait l'univers en toute solitude après en avoir mémorisé les visages dans ses aventures du bout du monde, cet homme rare que j'ai connu, admiré, interrogé avait la courtoisie chevillée au cœur, une modestie qu'au début je trouvais orgueilleuse, un humour quelque peu « sauvage ». Dans *Tristes Tropiques*, son chef-d'œuvre, il trace d'entrée ce signe évident : « Je hais les voyages et les explorateurs. » Une façon, m'avait-il dit, « d'agacer les touristes et les affairistes ». Au cours de l'une de nos *Radioscopie*, je m'inquiétai du mot « structuralisme ». Les structures me paraissaient de simples balises pour ordonner les sociétés, il s'était amusé de cette « remarque puérile ».

Pour Claude Lévi-Strauss le structuralisme constituait « une théorie, un langage, la reconnaissance d'une certaine inconscience de l'être, une façon d'envisager l'humain à travers des symboles ». Selon lui, nous ne serions pas maîtres de notre destin, la liberté humaine a ses limites.

Nous aimions à parler de Manaus, de son opéra amazonien, la musique lui faisait oublier la philosophie. J'ai déjà raconté ma visite d'un soir, chez lui, à deux pas de la Maison de la Radio. Il ne m'avait pas vu entrer, j'écoutais, je regardais. La baguette leste, il dirigeait une symphonie de Brahms diffusée par une chaîne à la sonorité parfaite. Un chef d'orchestre des beautés – et des particularités – du monde… cet homme tranquille.

***

Ils sont bien vivants, leur humour est intact, comme leur mordant, je les imagine demain centenaires, ils appartiennent à la toute petite confrérie de ceux dont les œuvres pourraient passer à la postérité. Jean d'Ormesson et Michel Déon que l'on dit « romanciers du bonheur » auront atteint ce statut en se préservant de toute idéologie malséante, en affichant une élégance que certains jugeaient au départ désinvolte et qui ne fut jamais vaniteuse. Le talent les a protégés de la grossière suffisance des médiocres d'une certaine mafia littéraire engloutie dans le copinage. Jean d'Ormesson laisse aux générations futures son *Au Plaisir de Dieu* – longue saga d'une époque quasi contemporaine que Maurice Druon avait déjà réinventée dans *Les Grandes Familles* –, Michel Déon, « jeune homme toujours vert » offre à l'avenir *Les Poneys sauvages* et *Un taxi mauve.*

***

Le communisme fut une espérance avant de devenir un enfer, l'effondrement de l'empire soviétique permet à la Russie d'être enfin elle-même et Berlin est plus que jamais au cœur d'une liberté retrouvée. Vingt ans après, tous sur le Mur ou plus joliment dans ses décombres. La France, bien plus que les autres nations, commémore la chute de cette verrue allemande, subie et acceptée par le monde entier. Cette chute du 9 novembre 1989 autorise la question : que sont les autres murs dressés ailleurs par la folie des hommes et à ce jour regardés tristement mais point encore démontés ?

***

Les collections littéraires sont des rendez-vous singuliers qui peuvent vous accompagner toute une vie, des repères qui signifient une attention particulière. Ce sont des itinéraires que l'on met en pages. Il y a près de quarante ans, j'ai eu ma part de responsabilités dans cette production de thèmes et de confidences. Sous le règne de Marcel Jullian, j'avais créé et dirigé chez Julliard la série « Idée fixe » qui portait en lumière les obsessions des meilleurs écrivains de l'époque. Ils furent cent cinquante à s'amuser de leurs délires mais aussi à témoigner des tourments de l'existence. Quelques noms ? Louise Weiss, Georges Perec, René Fallet, Luis Nucera, Didier Decoin, Jean-Louis Bory.

Une autre collection a marqué mon parcours de lecteur : « Terre humaine ». Conduite par Malaurie elle a permis à des explorateurs, des ethnologues, des historiens de publier leurs savantes recherches. Je veux à titre d'exemple indiquer un seul titre de ces fabuleux voyages dans le temps : *Le Cheval d'orgueil* de Pierre-Jakez Hélias. Un chef-d'œuvre.

Ces rappels rapides pour en venir à ce qui m'occupe aujourd'hui : *Le Dictionnaire amoureux*. Animée – c'est bien le mot – par Jean-Claude Simoën, cette collection partout célébrée, qui a mis en bouteilles les pensées sur le vin de Bernard Pivot ou traduit en images arrêtées le cinéma de Jean Tulard m'est précieuse à cette heure : je suis embarqué dans un fleuve de 1 200 pages d'où j'observe « le ciel et les étoiles ». Un autre dictionnaire amoureux. Un bonheur de lecture. L'auteur, Trinh Xuan Thuan, vietnamien d'origine, passager permanent entre les Amériques et la France, est astrophysicien. Passionné et passionnant. Homme de science, il ne craint pas de déranger ses collègues trop sages, son récit n'obéit pas à un jargon désespérant, il nous délivre de l'embrouillamini habituel des spécialistes. C'est beau, rigoureux et aussi jubilatoire.

***

Voici donc la démonstration parfaite d'un débat indigne au cœur d'une émission qui est un espace reconnu de pleine dignité. Meneur de jeu du désormais célèbre *Ce soir ou jamais* (France 3), carrefour d'intelligences, Frédéric Taddeï a, semble-t-il, voulu faire la preuve qu'un affrontement entre deux idéologues brillants ne pouvait conduire qu'au plus redoutable effet d'incommunicabilité. Deux ennemis qui poussent la vanité jusqu'à se persuader totalement irréconciliables nous ont condamnés à l'ennui, allant jusqu'à provoquer un coupable malaise. Tariq Ramadan qui s'annonce « réformateur de l'Islam » et

Caroline Fourest, analyste rigoureuse des courants funestes de tous les intégrismes religieux, ont l'un et l'autre ce défaut majeur qui freine toute discussion : ils ne s'écoutent pas. Nous avons bien compris dans cette confusion des esprits leurs « intimes convictions », l'homme défendant sa foi, une sorte de fanatisme tranquille, la femme s'époumonant à dénoncer le sectarisme, partout hélas évident. Mais nous ne saurons rien de ce qui les oppose, sauf une haine tenace. Du bruit et même pas de larmes !

***

Deux petits jours dans les Pyrénées. La neige comme cadeau de bienvenue. Je pousse un fauteuil près de la cheminée. Mon bureau illuminé. Les flammes montent haut. Je relis des passages de *Tristes Tropiques*. Je picore, je pénètre les labyrinthes de Claude Lévi-Strauss, j'admire les éclats de son imaginaire, l'opiniâtreté qu'il met à observer les religions. Je me souviens de notre conversation sur le bouddhisme qui lui « paraissait une philosophie tranquille ». Je l'entends se lamenter sur les « continents actuels, si cruels, tellement égoïstes ». J'ai recopié dans l'un de mes carnets son affirmation : « Le monde a commencé sans l'homme et il se terminera sans lui. » Je pense à ce fier centenaire qui était peut-être trop grand pour une fin d'époque si petite. Il aura constamment cherché ce qui le tourmentait, l'écrasait. Et, vraisemblablement, il n'aura pas vécu.

***

Cette confidence d'Albert Camus qui est un site de réflexion : « J'ai le sens du sacré mais je ne crois pas en Dieu. »

***

À lire (ou à relire) le recueil des chroniques (oubliées) de François Mauriac publié chez Bartillat. Le titre est déjà une invite : *On n'est jamais sûr de rien avec la télévision.* 612 pages consacrées à cinq années – 1959-1964 –, de critiques suivies, ardentes, pugnaces, souvent partisanes. Une excellente analyse des programmes, un hommage à la création, une détestation du vulgaire, des colères, des vacheries évidemment. J'avais oublié qu'il n'appréciait pas du tout Desgraupes et Dumayet, prêtres de sa chapelle mais peu honnêtes : Pour *Lectures pour tous*, ils ne lisent que les prières d'insérer. Mauriac se moque aussi de lui-même. Exemple : un soir de 1969 il passe rue Cognacq-Jay, pour voir le montage du portrait-souvenir que lui consacre Roger Stéphane. Il écrit à ce sujet : « On a beau ne pas s'ennuyer en sa propre compagnie, j'avoue que je me trouve encombrant. »

***

La main de Thierry Henry ! Ne vous avisez pas de la demander, elle est déjà prise par tout l'univers qui pétille à son sujet. Cette main, un milliard d'individus l'auront vue... sauf l'arbitre et ses assesseurs, aveugles ou impuissants. Triste fin de barrage cet affrontement France-Irlande qui nous ouvre malhonnêtement la Coupe du Monde du football. Une victoire au goût amer. Et, hélas, trop de phrases assassines pour condamner le coupable. Si peu de mémoire aussi. Pourtant que de fautes commises sur des millions de terrains partout dans le monde. Que de matchs volés dans l'enfer du jeu. L'Irlande elle-même n'échappe pas à quelques rapts inoubliables. Je ne veux me souvenir que d'un champion exemplaire, oui, Thierry Henry, dépassé l'espace d'une seconde par l'importance d'une partie décisive. J'espère qu'il saura résister à la critique de ceux qui ne savent rien du ballon rond, imbéciles patentés. Il aura l'Afrique du Sud pour se rattraper et nous séduire.

***

Drôle d'époque qui sans cesse se plaint, ricane, polémique, pleure sur elle-même, se plaît à détester. Triste monde de tartufes qui a toutefois ses avantages : il fait comédie et amuse les optimistes. Ne plus admirer, ne plus s'émerveiller... comment s'appelle cette maladie !

***

Je lis dans la nuit le nouveau livre de Christine Clerc reçu ce matin. Habituée aux « carnets intimes », elle a tenu celui de Nicolas Sarkozy avec un luxe de détails qui sonnent vrais et qui le sont dans une parfaite chronologie du temps. Du dimanche 22 mai 2005 au dimanche 26 juillet 2009. Sa dédicace me prévient : *À Jacques Chancel qui s'y retrouvera.* Et je retrouve en effet quelques moments-clés d'une ardente complicité d'autrefois avec le président de la République d'aujourd'hui. J'ai déjà dit que je me refusais à écrire notre année 2005, ce passage de la douleur d'un homme promis aux sommets. Je me l'interdis encore. Puisque tant d'ignorants ont déjà tant parlé je puis confirmer qu'il fut particulier cet août au Pyla où nous n'étions que quatre à souffrir l'impromptu Cécilia. Pourtant j'aurais bien des choses à conter de ces journées d'été et des mois d'après qui relèvent, l'oubli étant venu, d'un cruel romanesque. Le récit serait à l'avantage de Nicolas Sarkozy qui fut alors d'une dignité à toute épreuve, masquant la souffrance et poursuivant son « job », gardant ainsi au plus profond ses états d'âme. Mais si la tendance actuelle de tout révéler – surtout le faux – me taraudait, il me faudrait établir la liste de la brigade des lâches, faire la somme des confidences d'une multitude d'ignorants. C'est fou ce que l'on bave lorsqu'on ne sait rien. « Investigation » proclament certains, « inquisition » serait plus à propos.

***

Cette litanie de grands airs dans les beaux contours de *La Bohème.* Mélodiste génial, l'illustre Puccini. L'Opéra Bastille au meilleur de sa programmation, enfin débarrassée de quelques prétentions contemporaines. Un retour aux sources. On connaît le livret de cette œuvre centenaire, on aime à redécouvrir les amours de Mimi et de Rodolphe, la fantaisie de Musette, on se retrouve heureux dans la vie souffreteuse d'une compagnie d'artistes. Félicitations à toute la troupe avec mention spéciale au ténor Stefano Secco (Rodolphe), à la soprano Tamar Iveri (Mimi) et surtout – c'est un jugement personnel – à Nathalie Dessay qui chante divinement bien sûr, mais s'affirme parfaite comédienne. Un dernier mot enfin pour saluer la performance de l'Orchestre de l'Opéra qui, sous la direction de Daniel Oren, donne à cette *Bohême* le bonus attendu : l'émotion.

***

J'étais de cette petite équipe d'optimistes patentés qui, sur la recommandation de Jerry Lewis, ont inventé en France le Téléthon et ainsi déniché, pour la bonne cause, l'île au trésor. Qui aurait pu imaginer à ce commencement de telles rentrées de pure générosité ? Cent millions d'euros offerts désormais chaque année au combat contre la myopathie. Ce qui, selon Pierre Bergé, fait débat, la lutte contre le sida n'en récoltant que six. L'homme d'affaires, collectionneur, amoureux des lettres, grand mécène, s'emporte, s'insurge, son attaque est cruelle : le Téléthon priverait toutes les autres associations de l'essentiel des dons. Il en dit plus encore et de lui, si pondéré, si réfléchi, une telle violence m'étonne. Faudra-t-il subir demain la guerre des bonnes actions ? La révolte serait-elle en marche ? À ce propos on peut rappeler la phrase d'André Gide que Pierre Bergé cite souvent : « Quand j'aurai cessé de m'indigner, j'aurai commencé ma vieillesse ! » Aveu de jeunesse ?

***

Nous avons tous un chiffre fétiche. C'est, ce soir, le sujet d'une discussion tenue dans ce qui se veut un « café littéraire ». Patrick D. m'y conduit, je n'ai même pas retenu l'adresse, au bout de dix minutes je n'en pouvais plus de tant de pédantisme. Une philosophie de basse-cour assénée du très haut d'une désespérante frime. Revenons plus simplement aux chiffres. Le mien c'est le 8, il accompagne chaque saison de ma vie, de la naissance jusqu'à ce lourd brevet d'octogénaire. Il m'arrive à la roulette du casino de lui donner le voisin le plus proche : le 23. Et je fais aussitôt mes comptes : 8 + 2 + 3 = 13. Une sorte de porte-bonheur. Mon copain de sortie, Patrick, s'en amuse. Il est juif et n'obéit qu'à la cabbale. Loin du bistrot, dans les allées des Tuileries, il me fait sa propre arithmétique : « Pour ceux qui suivent chez nous la tradition donnant une interprétation mystique et allégorique de l'ancien testament, le chiffre évident est 70 que je décline à ma manière, après lectures : 10 représente l'enfance, 20 l'adolescence, 40 la résistance, 50 la réflexion, 60 la vieillesse, 70 la retraite. À cet âge il conviendrait de se retirer du monde. Après 80, ce sont les hasards de la survie. » À aucun moment nous n'avons prononcé le mot « mort », qui heurte la bienséance.

***

On aurait pu croire les Bleus en fête à la première mêlée, le pied de Dupuy ouvre la marque, ça panique chez les Blacks curieusement habillés de blanc. On rêve d'un rugby de gala, de folles étreintes entre France et Nouvelle-Zélande. Et puis très vite tout bascule, les diables du bout du monde donnent le tournis, ça fuse, ça tournicote, ça passe, les essais s'enchaînent et c'est d'autant plus cauchemardesque que les nôtres jouent bien, très bien même. Et c'est tout le drame : les tricolores sont dans leur registre. Les autres dans l'exception. Éclaboussés nos rêves de grandeur. Un monde nous sépare. Le score final (12-34) ne reflète pas la différence. Nous étions à nos limites, ils étaient inspirés par le génie.

***

Nous reparlons du match France-All Blacks : « Quel style » me fait remarquer l'ami Serge Kampf. Le style que l'on reconnaît d'abord en littérature et qui s'applique en différents domaines. Le style comme une esthétique de la pensée et du mouvement. Une volupté qui n'a rien à voir avec le clinquant. Une noble attitude. Le style n'obéit pas à de savantes études, c'est de l'inné qui tient au plus profond. S'il n'y a pas intériorité, il n'y a pas style.

DÉCEMBRE 2009

Notre amitié est tenace. Depuis cinquante ans nous déjeunons chaque mois tous les deux, face à face, chez lui, nous abordons tous les sujets, sans nous épargner, mais dans une permanente bonne humeur. Philippe Bouvard que l'on croit cynique est un tendre qui s'amuse de tout pour n'avoir pas à se désespérer de lui-même. On peut connaître quelqu'un et découvrir à tout moment des parcelles d'ombre. L'intimité entre deux êtres a ceci de particulier qu'elle prend souvent les masques de la pudeur et cache l'essentiel. En lisant son dernier livre – le cinquante-deuxième de sa balade humoristique – Philippe me surprend. Par le titre d'abord – *Je suis mort. Et alors ?...* –, par le sujet lui-même – il est dans la tombe et regarde le monde –, par quelques révélations, du moins par des silences qu'il entretenait près de moi. Ainsi nous n'avons jamais parlé de sa part de judéité, de sa peur de l'au-delà, de son désir de reconnaissance. S'il écrit du cimetière où il s'est enterré c'est pour se penser vivant et exorciser ses démons. Ce sont ses Mémoires d'outre-vie.

***

Marrakech approche chaque jour davantage la démesure. L'antique cité dont les magnifiques remparts témoignent d'un illustre passé s'étend désormais bien au-delà des limites raisonnables. Les bâtiments d'accueil poussent partout comme des champignons. Toute rénovation est d'ordre touristique. La mythique Mamounia a changé de peau sans toutefois se compromettre. Les ryads se multiplient jusque dans les quartiers les plus défavorisés. On annonce dix-sept hôtels nouveaux. Des ambitions à la Dubaï... mais sans sa folie. Simplement l'élégance qui convient au royaume du Maroc. J'ai visité deux de ces palaces qui ouvriront leurs portes dans un mois. Ce sont de véritables palais qui doivent leur beauté au talent des artisans de la ville. Architectures savantes, décors fidèles à la tradition, cours intérieures à profusion, palmiers et orangers déjà en fruits. Le Royal-Mansour, propriété de la famille royale, sera sans doute la splendide terre d'asile des amis de Mohammed VI, le Mandarin, aux confins de la Palmeraie, semble avoir été imaginé pour les pétroliers du golfe qui ne lésinent pas sur les dollars. Une citadelle au-dessous de l'Atlas qui pourrait être d'un maharadjah. Alentours, des troupeaux de chameaux, des hordes de moutons, des enfants en liberté. Quel superbe pays. Quelle belle jeunesse !

***

Je ne suis pas ici de la troupe des invités du festival du cinéma, simplement, hasard des dates, notre court voyage coïncide avec cette manifestation. Nous sommes, Martine et moi, les pensionnaires de Dominique Desseigne dans son ryad du Naoura Barrière, l'adresse la plus douce de Marrakech, qui dresse ses tours ocre près du jardin Arsat Moulay Abdessaham où l'on peut retrouver en ce moment, installés sur de grands panneaux, les photographies de Yann Arthus-Bertrand, choisies pour l'exposition *La Terre vue du ciel*.

Puisqu'il y a cinéma, profitons de l'aubaine, du moins pour un soir. Foule au palais des Congrès, tapis rouge, photographes en meute, starlettes de circonstances, notables en cérémonie. On rend hommage à Emir Kusturica, troublé, visiblement ému par l'accueil qui lui est réservé. Sur l'écran, tous applaudis, des extraits de ses films. L'ovation pour *Arizona Dream*. Une salle debout, lorsque le réalisateur quitte la scène et puis, immédiatement après, l'étonnement, notre surprise, sortie massive de mille neuf cents spectateurs ; nous ne serons qu'une petite centaine, trente à la fin, à assister à la projection de *L'Éternel* du réalisateur bengali Rituparno Ghost qui conte l'existence tumultueuse d'une femme trompée. Belle et toujours aimante, elle fait le serment de tout entreprendre pour se venger et se bat pour que leur fils unique devienne le rival de son père, metteur en scène célèbre. C'est beau, émouvant, lumineux. Dommage… personne ne l'aura vu. Si : Edgar Morin et nous !

***

Entendu à la télévision au hasard d'un zapping nocturne : « La chance est le sourire du talent. » Est-ce la bonne définition ?

***

Enfin, Albert Camus semble faire aujourd'hui l'unanimité. Autrefois j'appréciais qu'il ne fût pas inféodé, il me plaisait de lire *L'Homme révolté*, j'aimais sa démarche qui était d'un solitaire, d'un juste. On se prépare à célébrer les cinquante ans de sa mort, on peut se réjouir d'en faire – en suggérant la lecture de son œuvre – un grand vivant. Il nous force à nous interroger sur la folie de la condition humaine, *Le Mythe de Sisyphe* en étant le reflet. Certains esprits chagrins se sont longtemps refusé à le laisser entrer dans l'antre des philosophes mais il les avait malicieusement devancés : « Pourquoi suis-je un artiste et non un philosophe ? C'est que je pense selon les mots et non selon les idées. »

***

Dans son article du *Nouvel Obs* consacré à Camus, Roger-Pol Droit rappelle ce jugement de Paul Éluard : « Le poète est celui qui inspire, bien plus que celui qui est inspiré. »

***

L'Islam, encore l'Islam, toujours l'Islam. On n'en finira donc jamais avec ce malaise entretenu que des maladroits, des inconscients amplifient chaque jour ! Bien sûr qu'elle est possible cette cohabitation avec les musulmans, elle existe d'ailleurs chez les moins ignorants. Mais à force de la considérer comme une peur on l'abîme. La guerre des minarets déclarée par les Suisses n'arrange pas nos affaires car la bêtise passe facilement les frontières et nous égratigne. Plutôt que d'interdire la mise en altitude des mosquées, il eut été plus convenable de construire à Genève des minarets dans les banques qui abritent les immenses richesses des pétroliers arabes. L'architecture – puisque c'est le problème ! – eut été jugée aussitôt acceptable.

***

Tristesse des vernissages où des peintres rêvent de s'évader de la bohême, désolation des grandes ventes où des fortunes s'accrochent aux cimaises : un tableau s'adresse à la sensibilité, pas au compte en banque.

***

Après avoir inondé de ses charmes des dizaines de suffragettes en mal de célébrité – sans doute plus mythomanes que servantes du sexe –, Tiger Woods affronte l'Amérique puritaine qui lui impose d'expier ses fautes et le force à déclarer : « Je dois me concentrer pour être une meilleure personne. » Victime de ses approches dangereuses – que j'estime affectueuses –, le voilà condamné à rester un moment dans le trou !

***

Les étonnements d'un groupe de jeunes Américains interrogés à Los Angeles : « Qui est ce Hallyday que tant de Français viennent rejoindre ici, à l'hôpital ? » Ignorance crasse, indifférence totale à notre inquiétude. Comment peut-on ne pas connaître l'un des trésors de notre patrimoine national !

***

Je connaissais cette magnifique collection de dessins de Delacroix qu'une riche Américaine, Mme Cohen, se propose d'offrir au MET de New York, générosité qui enrichit les États-Unis et appauvrit la France. Je fais de respectueux reproches à cette héritière que j'imagine distinguée : elle aurait pu nous abandonner cette série de chefs-d'œuvre qui ont plutôt leur place rue de Fürstenberg, à Paris, où ils sont nés. L'atelier du peintre en eût été embelli.

***

Les radios, à certaines heures, ne sont plus que des cafés du commerce où l'on caquette à loisir. Les animateurs sont sous contrôle : celui des auditeurs qui fixent désormais les règles du jeu. Tout le monde donne son avis, sur-le-champ, de façon péremptoire, parfois avec des accents de haine. On appelle ça le direct, la grande vérité d'en bas. L'interactivité pour faire chic. L'antenne perd le pouvoir au profit de la rue. C'est le début de la fin.

***

Encore et toujours Cecilia Bartoli. L'unique. Une voix somptueuse, un style gavroche. Je l'écoute cette nuit chez Alain Duault, sur France 3, dernier espace musical des grandes chaînes. Quelle virtuosité. Plénitude du talent absolu.

***

Pagaille habituelle à l'aéroport d'Orly où des foules méritantes sont condamnées à de longues heures d'attente dans une totale absence d'information. On pourrait comprendre s'il s'agissait d'une grève. Même pas cette excuse. Seul un manque d'organisation provoqué par un petit centimètre de neige qui fait les pistes plus belles. Je voulais voir les Pyrénées plein jour, je les devinerai la nuit ! Heureusement, prudent, j'avais glissé dans mon petit bagage à main *Le Dictionnaire amoureux du ciel et des étoiles*. L'évasion pour ne pas avoir à désespérer de la terre.

***

Retour à Miramont pour finir l'année en montagnes. Balades sur les chemins de mes vallées familiales. Beauté des maisons bigourdanes qui ont échappé à l'esprit frimeur de ceux qui auraient voulu en faire des villas. La tradition plus forte que la fausse modernité. La neige au départ de ma course puis, subitement, le soleil et la pluie au retour qui efface le blanc et nous rend au gris du temps. Les saisons redeviendront-elles un jour elles-mêmes ?

***

L'humeur familiale pour célébrer Noël et ma petite-fille Philippine pour en faire la plus rose des guirlandes.

***

Dernière promenade de l'année en Haute Bigorre, au meilleur du Lavedan, mon pays d'avant, d'aujourd'hui, de toujours, la terre de mes ancêtres, mon urgente nécessité. Je dépasse Saint-Savin et sa splendide abbaye, je prends la route du lac d'Estaing, je m'attarde au petit village niché sur la colline et qui est mon étape d'habitude. Je lui trouve en cette fin de 2009 un charme particulier, enrichi sans doute de la lecture d'un article du matin. On annonce en effet, pour le 19 juin prochain, le mariage de la princesse héritière Victoria de Suède avec son roturier choisi, Daniel Westling, on précise également que les festivités culmineront avec la célébration du bicentenaire de la dynastie Bernadotte, d'origine paloise. Que mes amis béarnais ne se vantent pas trop toutefois de posséder un tel trésor dans leurs origines. C'est un petit village qui devrait être fêté et personne ne le sait. Il s'appelle Sireix, il compte une cinquantaine de maisons, et l'une d'entre elles, une ferme, fut aux XVIe et XVIIe siècles le pauvre logis des ancêtres du célèbre Bernadotte, jusqu'au XVIIIe siècle où les parents de celui qui allait devenir roi de Suède descendirent jusqu'à Pau où leur fils allait naître en 1763. Je m'oblige à ce rappel ou plutôt, hélas, à cette révélation car la belle Victoria serait bien inspirée de venir en Bigorre retrouver son vrai lignage.

Janvier 2010

On fait tant de bruit sur des musiciens mineurs portés au pinacle par une cour de fans, mondains et ignorants, que le simple génie d'un interprète majeur pourrait passer inaperçu. La rumeur est souvent plus assourdissante que le talent… et c'est de celui-ci qu'il faut se souvenir. À cette heure, en ce premier jour de 2010, la télé est en fête et le bonheur est total : Georges Prêtre, fier jeune homme de quatre-vingt-cinq ans, choisi par les siens et pour la seconde fois, dirige le concert du Nouvel An à la tête de la Philharmonique de Vienne, dans la ville qui fut la citadelle des Strauss et qui est devenue son refuge. J'aime cet homme, je me flatte d'être de ses proches, nous avons des multitudes d'îles d'ardente complicité. De Georges qui fut le confident, le maestro de Maria Callas, que les plus grandes formations symphoniques mondiales écoutent depuis plus d'un demi-siècle, j'admire, au-delà du don musical, cet absolu, l'intelligence, l'originalité, l'énergie, la rigueur et… la drôlerie. Je le vois plongé dans ses lourds dossiers, feuilles volantes habitées de notes. « Quand j'ouvre une partition, me dit-il, je la lis comme je lirais un roman de Balzac ou d'un autre auteur, et après seulement je pense au côté technique. » Nous n'avons pas, évidemment, les mêmes lectures mais je peux du moins entendre les siennes.

***

J'ai lu Giesbert qui fait de beaux éclats de prostate, Lambron qui parle chiffons, quelques autres échappés de la nébuleuse des habituelles rentrées mais, curieusement – est-ce l'effet du froid ? – je ne retiens qu'un opuscule de 126 pages titré *Euphorismes*, signé Grégoire Lacroix qui me recommande de « consommer ses petites pensées sans modération ». Du rire ou du moins du sourire pour atténuer le grand hiver. Je note au hasard :

Un couple n'est pas fait pour s'entendre, mais pour s'écouter.
Quand on ne promet rien, on a beaucoup de mal à décevoir.
On s'ennuie toujours dans une exposition canine, ya pas un chat.
Le succès n'est pas une preuve de réussite, l'échec non plus d'ailleurs.
Il paraît que quand elles ratent leur cible, les grenades lacrymogènes éclatent en sanglots.
Quand on va à la pêche aux cons, ça mord toujours.
Si Jean-Jacques Rousseau avait été douanier, il se serait sûrement mis à la peinture.

Un dernier (euphorisme) pour la route :

Quand on lui demande : « Pourquoi restes-tu avec ce type odieux ? », elle répond : « Parce queue. »

***

Contrairement à Romain Gary qui s'inventait des origines contradictoires pour se rêver autre, j'ai toujours crié mon appartenance (très ancienne) aux Pyrénées, à la Bigorre, au Lavedan. Et cela malgré la bizarre insistance d'amis proches qui, dans mon adolescence asiatique, racontaient partout que j'étais un enfant de l'amour, un bâtard issu d'une grande et noble famille espagnole ! J'en parlais à mes parents, à mon retour en France. Mon père, sourire ravageur, ironie mordante, m'avait dit : « Et si c'était vrai ! » Il pensait qu'il y a un vrai plaisir à laisser croire que l'on est quelqu'un d'autre. Serait-il à ce point difficile d'être soi-même ? Et pourquoi suis-je en train d'agiter un tel sujet ? Un livre en est la cause. Une biographie de Jean-Marie consacrée à Romain Gary, l'ami des années 60 qui avait eu l'élégance d'accompagner ma première semaine de *Radioscopie*. Gary, par un définitif refus du réel, s'amusait à nous perdre dans ses origines incertaines. Était-il de Lituanie, de Pologne, de Russie, de France ? Il se voulait des naissances multiples. « D'où suis-je ? », m'avait-il demandé un soir où nous faisions ripaille avenue Matignon. J'avais répondu, un peu vite, je l'avoue : « Tu es né du livre et de rien d'autre. » Il n'avait pas apprécié tant le mystère lui était un refuge. Mais j'avais déjà pour me convaincre de la réalité de ma déclaration deux livres de chevet : *Les Racines du ciel* et *La Promesse de l'aube*.

***

Cinquantième anniversaire de la mort d'Albert Camus, l'auteur pour toujours du *Premier Homme*. Que de regrets ! Je l'avais croisé, je ne l'ai pas connu, mais je l'ai lu dans les heures burlesques où une certaine intelligentsia lui offrait l'enfer en guise de logis. J'aimais le révolté, le penseur, le libertaire, le philosophe qui ne fut jamais engoncé dans les dogmes de sa discipline. Il m'arrive de relire *L'Étranger*, *Le Mythe de Sisyphe*, *La Peste*. Ce soir, sur France 5, je le retrouve debout, ressuscité par François Busnuel dans sa *Librairie*. J'aimais sa lucidité, je comprenais son souci de conserver le monde plutôt que de le changer. Comme Michel Onfray, lorsqu'on me demande de choisir entre Sartre et Aron je réponds... Camus.

***

Nous nous rencontrions au parc des Princes, autour d'un verre, à la mi-temps, pour nous plaindre du PSG et croire quand même à sa résurrection. Il aimait le football – il va rater la Coupe du Monde ! – il ne craignait pas les grands éclats de rire, je ne l'ai pas assez fréquenté pour juger de son mauvais caractère. Je ne retiens donc que ses élégances de passage. Force de la nature, Philippe Seguin n'aura été à la vérité qu'un homme d'action, toujours au service de l'État. C'est ce que nous vérifions ce matin, au lendemain de sa disparition inattendue, dans une exceptionnelle unanimité des éloges, droite et gauche confondues dans une même admiration. Et cela parce qu'il était juste, libre et intègre.

***

Alexandre Bompard, président d'Europe 1, ancien complice de Canal Plus, nous fait l'amitié d'une projection privée dans la salle du Grand Palais. Chance de découvrir le dernier film de Clint Eastwood, *Invictus*. Toute la symbolique d'une fulgurance politique. Après vingt-sept années passées en prison, dans une minuscule cellule, élu à la tête de l'Afrique du Sud, Nelson Mandela affronte une haine féroce de tous les clans déchirés par l'apartheid. Mais, par une grâce du ciel, nous sommes en 1995 et la Coupe du Monde de rugby occupe les esprits. L'équipe nationale – les Springboks – ne se présente pas, au cours des rencontres précédant la compétition, dans les meilleures conditions. Elle est composée de Blancs – un seul Noir, Chester Williams –, les politiques nouveaux refusent son ancienne appartenance – la couleur de ses maillots, la configuration, l'hymne – et prônent une révolution de terrain. Mandela n'est pas un adepte de l'ovale mais il a su entendre la déclaration de l'un de ses conseillers : « La Coupe du Monde sera regardée par un milliard de spectateurs. » Homme de pardon et de réflexion, il comprend vite qu'un tel événement peut redonner fierté à tout un pays. Il importe de ne rien changer. « J'impose, dit-il, de soutenir notre équipe. »

Mandela est campé par un extraordinaire Morgan Freeman, le capitaine des Springboks, François Pienaar, a ici les traits de Matt Damon. Couple magnifique qui marque définitivement l'histoire. Le film déroule, par vagues successives, les étapes de la réconciliation, jusqu'à la victoire finale, celle des Spring, celle d'un pays tout entier. Quelle morale tirer d'une telle mêlée ?

Elle est toute simple : le sport rassemble bien mieux que la politique.

***

Maire de Levallois et intime du président, Patrick Balkany tente de mettre de l'ordre dans sa vie en écrivant un livre au titre significatif : *Une autre vérité, la mienne.* Belle déclaration d'amour à soi-même. Astucieuse manière de se porter en première ligne de la République ; on saura tout de ses privilèges élyséens, on s'en amuse, je m'en inquiète. Tant de confidences m'étonnent et m'attristent. N'est-ce pas pour s'autoproclamer ami que l'on conte ces apartés ? Loin de ce déballage je m'en tiendrai toujours à la fidélité qui occulte toute révélation maladroite. J'aurais trop à dire... sur ceux qui parlent si fort de Nicolas Sarkozy.

***

Une jeune femme m'arrête devant Chez Carette, au Trocadéro : « Radio-France aurait dû rediffuser la *Radioscopie* d'Eric Rohmer. Vous devez en être triste. » D'abord, je ne suis triste de rien, ensuite j'avais totalement oublié l'entretien que j'avais eu avec ce cinéaste singulier, à la sortie de *Perceval le Gallois*, en 1979 me semble-t-il. L'homme était si discret qu'il écartait toute approche qui ne fût pas fraternelle. Peut-être m'avait-il jugé lui-même un peu lointain. France 3 nous le donne ce soir à aimer. Je revois *Ma nuit chez Maud*, le quatrième de ses six contes moraux : magnifique face-à-face Françoise Fabian-Jean-Louis Trintignant. Trop bavard diront certains. Je leur réponds : « Si profond. »

***

Il fait froid au Grand Palais où les visiteurs ont revêtu leur uniforme de grand hiver ! J'ai pensé un moment que nous pourrions emprunter un peu de la montagne de vêtements froissés, alignés sur le béton. Il y a là de quoi réchauffer tout un régiment. Le seigneur des lieux, Christian Boltanski, a imaginé ce tintamarre que les mondains du jour trouvent « très intéressant ». On gèle à tous points de vue et certains croient pouvoir dire : « J'y étais. » La rumeur fait frétiller les simples. Et l'enveloppe médiatique s'enflamme. Les journaux sont pleins des images de ce sculpteur du temps, chiffonnier à cette heure, les chaînes de télévision lui font des ponts d'hommages, le vernissage de cette exposition de basse couture passe pour l'un des plus réussis de ce début de siècle. Je m'en veux de ne pas m'extasier ! Décidément je ne comprendrai jamais rien à l'art contemporain.

***

On ne connaîtra pas de si tôt l'ampleur du désastre, la misère habituelle ajoutera au malheur. C'était déjà un exploit de vivre convenablement à Haïti, même d'y vivre tout court. Et voilà que l'enfer s'en mêle avec ce tremblement de terre qui donne corps à la malédiction. Port-au-Prince n'est plus qu'un amas de poussières, un cimetière où l'on ne s'avisera pas de compter les morts. La nature mauvaise a commis ses crimes qui dépassent ceux de la honteuse dynastie des Duvallier, la barbaresque des tontons-macoutes. Les coups d'État successifs, les cyclones ravageurs. Y aura-t-il un jour une embellie au désastre ? Peut-on rêver enfin d'une résurrection ? D'une cité nouvelle ? D'une véritable démocratie ? Le monde est solidaire. J'imagine une renaissance.

***

Chamfort, le moraliste, disait : « Les raisonnables ont duré, les passionnés ont vécu. » Deux constatations personnelles : j'aurai duré au-delà du raisonnable, ce qui à la vérité n'a guère d'importance, mais surtout j'aurai vécu, ce qui est le fruit d'une passion qui ne fut, qui ne sera jamais entamée. Vivre d'espoir n'est pas futilité. On peut gloser d'ailleurs sur cette réflexion de

Camus : « La première espérance suffit à détruire ce que la peur et le désespoir n'avaient su entamer. »

***

Ce sont des événements qui agrémentent la vie politique, si terne d'habitude ! Vincent Peillon que l'on croyait philosophe assez sage au point de vouloir rester « second couteau », fait ce soir sa première boulette officielle, sans dommage pour le téléspectateur, à haut risque pour lui-même. Invité à l'émission *À vous de juger*, le courtois du parti socialiste indique en cours de direct – dans un communiqué très étudié – son refus d'y participer. Boycotter est l'arme nouvelle des impuissants. Mais que s'est-il donc passé ? Il s'agissait, pour ce lâcheur, de débattre avec Éric Besson sur le sujet épineux de l'identité nationale et dans le sillage de Marine Le Pen. On eut pu comprendre sa répulsion à rejoindre cet homme et cette femme. Mais il avait accepté depuis longtemps – et le matin même encore – tout le déroulé du programme. Son numéro d'offensé est un leurre et son retrait soudain une faute. Il passe désormais pour un dissimulateur et comme si cela ne suffisait pas il s'évertue à compliquer son affaire : il croit pouvoir exiger la démission d'Arlette Chabot… pour sa propre maladresse. Les procédés staliniens agitent encore certains esprits.

***

Ils en parlent tous et le plus souvent, dans une confusion extrême. Ce soir, chez Giesbert, l'origine du monde compose le programme. Au minuit des incantations, le « D'où venons-nous ? » trouble la conversation, le nom de Dieu fait sa percée. Dieu ce mystère pour tant d'humains, cette perpétuelle interrogation. Le vrai mystère c'est la relation que l'on entretient avec l'Ailleurs, l'impossible désiré. Dieu ce doit être le chemin, l'exploration, la démarche : arriver n'a pas de sens.

***

Je retrouve de vieux carnets dans une malle d'osier. À la première page de l'un d'entre eux, daté de mars 1950, j'ai bizarrement écrit : « La guerre et la paix sont sœurs… et font chacune leurs ravages. » Je n'avais pas vingt ans !

***

Ils n'ont pas de talent, ils croient délivrer un message, ils s'éclaboussent de haine, sur les antennes on les annonce « chanteurs engagés ». Mais pourquoi donc les engage-t-on ?

***

Cette annonce dans *Le Figaro littéraire* : les Chinois redécouvrent Confucius presque deux millénaires après grâce à un professeur de l'Université de Pékin, Yu Dan. Bonne nouvelle qui me fait revenir aux années 50 lorsque le père Joseph, français, jésuite de son état et gourou de la banque de Hong Kong, m'enseignait dans cette ville de plaisirs les préceptes du philosophe, le respect des usages, de la tradition. La sagesse, la bienveillance, le bonheur, la recherche de l'universalité, s'appliquant à faire l'éloge d'une vertu modérée. J'imaginais alors que les légendes, au cours des siècles, avaient fabriqué cette morale dans le seul but de dénoncer l'obscurantisme impérial. Mon bon père Joseph, mondain à ses heures païennes, m'avait également conseillé la fréquentation de Lao Tseu, fondateur du taoïsme et, comme Confucius, initiateur du bouddhisme. J'ai retenu à tout jamais leur mystique de la bienveillance mais heureusement je me suis écarté de leur croyance en l'immortalité.

***

Dans les années 50-60, me méfiant de l'éphémère des fleurs, j'offrais le livre de Jérôme David Salinger aux maîtresses de maison qui avaient l'élégance de m'accueillir. *L'Attrape-cœurs* était devenu ma petite bible de circonstance. J'avais été séduit par les aventures du héros, Holden, qui incarnait pour notre génération une certaine révolte contre la société, qui m'entraînait aux errances... J'apprends à l'instant la mort, à quatre-vingt-onze ans, de cet écrivain paradoxal qui, épuisé (peut-être) par son chef-d'œuvre, n'eut plus alors pour ambition que de s'arracher au monde. Depuis 1953, il ne publiait plus rien, ne voyait plus personne : l'éloignement a créé le mythe. Salinger, la porte ouverte d'après l'adolescence.

***

Il serait, paraît-il, peu convenable de dire trop de bien de notre pays, de le chanter, d'en faire la promotion. Certains esprits chagrins, pourtant accablés de privilèges, stigmatisent à tout bout de champ ses élans et ses faiblesses. Il est de bon ton de se plaindre (surtout lorsqu'on est heureux), de mener la révolte (principalement lorsqu'on est nanti). Ces permanents de la grogne sont affligeants. Et je les plains parce que je me connais : j'ai été critique moi aussi dans mes premières années, c'est une vertu de jeunesse, ou plutôt une manière d'exister.

Venu de ma Bigorre, je n'ai connu l'ailleurs des Pyrénées qu'à dix-sept ans, et rattrapé trop vite le temps perdu. C'est à des milliers de kilomètres, au plus profond de l'Asie, que j'ai découvert la France et ce fut un éblouissement. Je me plais désormais à souvent m'en éloigner pour avoir le bonheur d'ensuite la retrouver. Que ceux qui veulent définitivement la quitter prennent au moins le risque d'épouser la nationalité du pays par eux choisi. Ce serait de bonne éducation.

FÉVRIER 2010

Il y a une trentaine d'années nos rencontres étaient quasi quotidiennes, puis nos routes se sont écartées, non pas sur une fâcherie mais dans une coupable indifférence. Je ne l'ai pas revu, nous ne nous sommes même pas téléphonés, il n'aura pas eu, à quelques mois près, les quatre-vingt-dix ans qu'il se souhaitait. Georges Wilson passait pour une nature. Il en avait le physique et les outrances. Grand, carré, visage tout en angles, nez ravageur de rapace, il jouait de ses colères, de ses passions avec un talent qui eût mérité de plus grands éloges car il aura marqué l'histoire du théâtre. Et cela dès 1952 lorsqu'il rejoint la troupe de Jean Vilar, cet exceptionnel TNP qu'il aura l'honneur de diriger. Sacré personnage que Jean-Jacques Gautier, le redouté critique du *Figaro*, avait campé en une seule phrase : « Il y a en M. Wilson du Harry Baur et du Raimu. » Un pareil hommage aurait séduit n'importe quel autre comédien. Georges, lui, entrait en furie lorsque je lui rappelais ce mot ! « M. Gautier aurait eu avantage à écrire que l'approche du génie c'est simplement du Wilson. » Je me suis toujours demandé s'il le croyait. À dire vrai, il n'était pas loin de la vérité.

***

Nous nous étions promis de publier tous nos entretiens. « Pour vérifier, me disait-il, s'il y a cohérence entre mon discours d'il y a trente-cinq ans et celui d'aujourd'hui. Contenues dans un même livre les opinions exprimées dans ce long espace du temps seraient facilement vérifiables. » Il lui importait de savoir si l'on pouvait changer d'esprit de combat. Nos bonnes résolutions étant parties en fumée nous avons suivi des routes qui ne se rencontrent plus que très rarement. Bernard-Henri Lévy a choisi d'accorder la philosophie à son propre destin, je me suis paresseusement installé dans le discret éloignement de celui qui se refuse à juger de tout.

Je regrette ce rendez-vous manqué mais je n'en suis pas attristé. En lisant ses deux nouveaux livres, *De la guerre en philosophie*, strict essai de 129 pages et *Pièces d'identité*, lourd recueil de 1 335 pages qui englobe l'essentiel de ses textes, je m'aperçois que la distance qu'imposent entre nous ses voyages et mes errances n'a pas dispersé nos communes visions. Nous sommes convenus de croire que la grande Histoire c'est le rapport à l'autre, aux choses, au monde, qu'il n'est qu'une vérité, celle de se conduire avec droiture, que le nihilisme devenu bizarrement à la mode n'est qu'une ahurissante accoutumance au mal. BHL défend Benoît XVI ! Serait-il plus catholique que moi. Il parle de ses amis, de ses admirations, cite Maurice Clavel et Emmanuel Levinas qui furent si souvent mes invités. Il rappelle à chaque instant le massacre des innocents, où qu'ils soient. Qu'il me soit permis de penser comme toujours à mes chers Cambodgiens. On devrait se battre, plus qu'hier encore, contre une indifférence affirmée à la cruauté et permettre à l'Islam des lumières de bannir l'Islam fondamentaliste.

On me dira : « Vous défendez encore ce dandy ! » Oui, en effet, j'en prends la responsabilité et il en est ainsi depuis la publication de *La Barbarie à visage humain*. Je n'aime pas que l'on déteste gratuitement des intellectuels qui ne dissimulent jamais leurs intentions. De toute manière, rien n'y fera, BHL a trop de défauts : beau, cultivé, riche et... courageux. C'est à tuer.

***

L'audace intellectuelle entraîne parfois de savants dérapages, la haute culture ne résiste pas au canular... et un BHL peut même s'y laisser prendre. Dans son essai *De la guerre en philosophie*, notre normalien surdoué fait référence, à propos de Kant, à un certain Jean-Baptiste Botul qui n'existe que dans l'imagination de Frédéric Pagès, journaliste au *Canard enchaîné* où il tient avec malice le « Journal de Carla B ».

— Oui, c'est vrai, reconnaît Lévy, je frôle le ridicule en citant un auteur inventé par la seule drôlerie d'un confrère. Me voilà atteint de « botulisme ».

***

Le rugby doit tant à Serge Kampf ! Cet homme d'élégance, le plus discret des puissants du CAC 40, créateur de l'empire Capgemini, cent mille salariés, généreux comme on ne l'est plus chez les riches, continue de croire, pour ce monde particulier de l'ovalie, à une éthique et défend la noblesse du jeu. On sait des clubs qui devraient lui élever uns statue à l'entrée du stade. Ce qui me touche c'est l'estime dans laquelle on le tient. Et j'en ai la confirmation, ce soir encore, après la belle rencontre France-Irlande (victime des nôtres) chez Guy Savoy, table de fête, où, seules nous occupent les petites et les grandes histoires de ce sport que nous considérons premier depuis l'enfance. Serge Kampf a eu l'heureuse idée de cette troisième mi-temps d'anciennes amitiés. Il est toujours intéressant, passionnant même, d'écouter Jean-Pierre Rives, Serge Blanco, Bernard Laporte, Denis Charvet, Boniface, Bastia, nous conter leurs exploits, leurs échecs, leurs délires sur tous les terrains du monde. En fin de soirée nous évoquons, nous rêvons plutôt, la possible fusion entre Bayonne et Biarritz, deux Quinze de stricte tradition, que cinq kilomètres à peine et d'absurdes batailles séparent. Les querelles de clochers ont été trop souvent de fâcheux contretemps. Comme au pays basque, ma Bigorre si proche souffre du même mal, de la même adversité jalouse. J'avais proposé, il y a quelques années, afin de retrouver notre lustre d'antan, un rapprochement nécessaire qui aurait permis à Lourdes, Bagnères, Tarbes et Lannemezan de constituer une grande équipe. C'était ne pas compter sur les guerres intestines des politiques du coin, continuellement en rupture avec leurs populations.

***

J'ai revisité cette nuit quelques-uns de mes carnets et j'ai remarqué que j'avais noté à quatre reprises cette réflexion d'Albert Camus : « La vraie générosité envers l'avenir consiste à tout donner au présent. » J'y tiens, c'est mon principe.

***

Mille deux cent douze pages dans la collection « Bouquins ». Vladimir Nabokov, tendre et cruel, fait l'éloge et le procès des écrivains qui ont accompagné ses lectures. Nous avons là une somme de ses cours dans les universités américaines. Il aime Proust, il déteste Dostoïevski mais c'est ce qu'il dit de la littérature qui me séduit : « La littérature est invention. La fiction est fiction. Appeler une histoire, “histoire vraie”, c'est faire injure à la fois à l'art et à la vérité. » Un grand écrivain est toujours un grand magicien.

***

La fortune fait parfois de quelques freluquets des princes et pourtant je pense encore que la réussite n'est jamais gratuite. L'invention d'une broutille donne à quelques-uns des allures de vieux marquis. À côté des grands patrons, créateurs d'entreprises, plastronnent les petits malins. La société se plaît à couronner les nouveaux riches. En revanche, les cerveaux qui tentent de sauver la planète ont toujours autant de mal à faire valoir leurs travaux et leur talent. Les chercheurs ne sont même pas regardés, ni payés évidemment. Les savants sont oubliés au fond de leur laboratoire. L'époque est superbe et sinistre.

***

Dans un manuscrit toujours inachevé et qui conte un peu de mon adolescence, je relis, étonné, ma première ligne : « Je n'aurai jamais réussi à être vraiment malheureux. » Voilà une audace qui, je l'espère, ne me sera pas funeste.

***

Grâce à Georges Prêtre, mon ami maestro, j'ai pu tenir avec Maria Callas – l'ai-je déjà raconté ? – de longues conversations, strictement téléphoniques, nous nous parlions souvent aux dernières années de sa vie, je ne l'ai jamais rencontrée, Michel Glotz qui nous quitte aujourd'hui était au coin de chacun de nos bavardages. Elle l'avait en haute estime : « J'aime Georges de cœur et Michel de raison. M. Glotz m'aura été l'indispensable soutien, le vrai lien avec Karajan, parfois l'insoutenable collaborateur. J'apprécie sa force de conviction, sa pudeur, cette distance fière qu'il met avec lui-même. Il aurait pu être un grand pianiste, il a préféré le service des interprètes, musiciens, chanteurs, auxquels il consacre tout son temps… avec quand même un redoutable sens des affaires. » Callas se demandait s'il s'agissait là d'un sacrifice. Je dirai qu'il y avait dans cet effacement un peu de vanité. Michel m'avait dit un soir de confidence à Vienne, où Karajan enregistrait Turandot : « Bien sûr j'aurais pu faire une tout autre carrière ; élève de Marguerite Long et plutôt doué, j'ai vite compris mes limites. J'aurais voulu être le plus grand pianiste de tous les temps et j'en étais si loin. Je n'aime pas les demi-mesures. J'ai fait une croix sur le clavier et décidé aussitôt de construire une passerelle entre le génie de quelques-uns et les scènes susceptibles de les accueillir. » Il savait aussi, le sage, beau communicant, le pouvoir médiatique que nous représentions.

Herbert von Karajan qui n'aurait pas pu se passer de la scène musicale, ne voulait enregistrer qu'en sa compagnie. Il veillait à tout. J'en ai été souvent le témoin. Musicien à l'oreille absolue, impresario, mécène à sa manière puisque marchand de talents, producteur d'un millier de disques, il aura symbolisé l'âge d'or de la veine classique du XXe siècle, Michel Glotz avait fondé à Paris la célèbre agence Musicaglotz, toujours en activité. Les étoiles de son catalogue brillent sur tous les fronts, réveillent la mémoire. Je songe à Placido Domingo, José Carreras, Montserrat Caballé, Yo-Yo Ma, Maria Callas, Rostropovitch, j'imagine la tristesse des plus proches, Alexis Weissenberg, Anne-Sophie Mutter, je ne le verrai plus à l'Opéra où, au final de son existence, nous fûmes encore ensemble.

***

Dans son dernier livre, *Croire ou Rêver*, André Miquel, spécialiste de littérature arabe classique, nous dit son sentiment de chrétien : Tout homme a le droit de ne pas avoir de religion. Tout homme a le droit de choisir sa religion. Tout homme a le droit le parler partout de sa religion. À la condition toutefois de ne pas vouloir l'imposer. Au mot « religion » j'ai toujours préféré « philosophie ». Au dogme j'oppose la liberté et regarde le soufisme et le bouddhisme avec bienveillance.

***

Escapade au Maroc avec Jenny-Paule et Philippe Carle. Nous arrivons sous la pluie, bienvenue dans ce pays, nous nous réveillons plein soleil sur fond d'Atlas enneigé : j'aime Marrakech mais pas au point de lui sacrifier trop peu de journées ; je la vois belle mais son développement m'inquiète : la ville devient tentaculaire et perd de son mystère, les hôtels seront bientôt plus nombreux que les palais, les touristes y vont en cortège. Heureusement, loin des murailles rouges, remparts qui parlent de siècles de conquêtes, veillent les hautes montagnes. Un ami de rencontre ne voulait pas croire que le mont Toubkat culmine à 4 165 mètres. Pour première balade, avec Philippe, nous avons choisi Oukaïmeden, sur les hauteurs de la vallée de l'Ourika, où des troupes d'enfants skient sur des pistes tranquilles. Notre seconde promenade nous mène au col de

Tichka, à 2 227 m, sur la route de Ouarzazate. Merveilleux voyage en régions berbères, splendeurs des villages accrochés aux versants abrupts ou comme endormis au fond des canyons. Sérénité absolue et premiers signes tout de même d'une modernité en quête de changements dus à la fée électricité : les paraboles commencent à y abîmer l'antique éloignement.

***

Erreur de zapping, j'ai heurté *La Ferme Célébrités*, cette plaie imposée à l'Afrique. Je plains la girafe d'avoir de si mauvaises fréquentations.

***

Jean-Marc Roberts que j'ai accueilli à ses débuts, que je devinais écrivain et qui est devenu éditeur, nous donne à réfléchir sur cette affirmation : « Lorsqu'on est écrivain, véritablement, on n'est que ça et rien d'autre. On ne peut être écrivain et éditeur, écrivain et journaliste, écrivain et professeur. » Le seul véritable écrivain, aujourd'hui, serait donc Marc Lévy.

***

Chroniqueur des deux dernières républiques, Jean Ferniot rassemble sur 314 pages les souvenirs qui l'ont réjoui dans sa longue existence. Le titre de l'ouvrage sonne comme une invitation : *Ah, que la politique était jolie !* C'est un cortège joyeux de perles, de mots, de saillies. Le très distingué journaliste, membre influent du Club des Cent, bonne fourchette et bel esprit, ne résiste pas au bonheur de mentionner un fait connu des experts du pouvoir mais ignoré su grand public : Edmond Giscard, le père de Valéry, avait songé à relever le titre de La Tour Fondue, mais le nom était déjà porté au Canada, il s'était rabattu sur celui de d'Estaing. Valéry aurait-il été président sur le triste vocable de la Tour Fondue ? Tout est possible en France.

Faisant la critique pour *Lire* du livre de Ferniot, l'ami Philippe Alexandre salue l'humour de l'auteur qui permet de « gommer la nostalgie d'une époque où les ministres avaient des lettres et le culte du beau langage, où la politique jouait Feydeau dans les palais nationaux ». Depuis cinquante-deux ans, la république libertine aurait cédé la place à l'empire énarchique ! Bonjour tristesse !

***

Il va falloir oscariser les César. L'Académie des Arts du Cinéma que préside Alain Terzian ne devrait pas être à la traîne d'invités sans enthousiasme que le seul tapis rouge condamne à leur petite vanité. Car la salle fait aussi le spectacle et le Châtelet, ce soir, est presque en tristesse, disons en délicatesse ; on s'affiche du bout des doigts – merci à Harrison Ford qui a réveillé la fourmilière –, on s'observe pour voir d'où pointent les jalousies, on rend grâce tout de même à Valérie Lemercier et Gad Elmaleh qui nous ont régalé dès le départ d'un tango aux pas très étudiés. Gala de prestige ou soirée de bienfaisance ? Soyons simples : remise de récompenses et surcharge pour Jacques Audiard : une brouette de neuf médailles (méritées... mais trop c'est trop !) pour son film *Un prophète*. Un triomphe pour ses deux acteurs dont j'avais salué la performance : le jeune et magnifique Tahar Rahim, le grand Niels Arestrup. On peut, évidemment, moquer la sensibilité exacerbée d'Isabelle Adjani, en larmes, en extase, mais un cinquième César dans une seule carrière, cela vaut un brin de contentement. Je regrette l'absence du *Concert* dans le meilleur du palmarès. On lui a donné, galéjade de tristounets, le César de « la meilleure musique » : Tchaïkovski doit en rire là-haut qui, dans ce film, fait l'essentiel, lui qui n'est même pas cité.

Mélancolique soirée qui me fait revenir trente-cinq ans en arrière, qui me permet de retrouver Marcel Jullian et Georges Cravenne au lancer des premiers César sur Antenne 2.

***

Les Jeux olympiques d'hiver à Vancouver. L'essentiel n'est-il pas de participer ?

***

Je me souviens des Jeux de Grenoble en 1968. Le ski alpin avait alors ses héros devenus des légendes : Jean-Claude Killy, Marielle et Christine Goitschel, Isabelle Mir, Annie Famose. L'or et l'argent brillaient sur leurs médailles, les descentes étaient somptueuses. La neige n'a pas le même éclat, finie la belle glisse… et gloire aux anonymes, tous ces généreux du biathlon, les Marie-Laure Brunet, Marine Dorin, Sandrine Bailly, Vincent Jay, Martin Fourcade, Jason Lamy-Chappuis qui nous auront sauvés du désastre. Avec eux la magie du seul talent.

Mars 2010

Deux journalistes de France 3 sont toujours retenus en otages en Afghanistan et personne ne sait dire ce que sont leurs geôliers ! Ils enquêtaient pour l'émission *Pièces à conviction*. Bizarrement, le pouvoir qui d'habitude se mobilise pour négocier ce genre de libération – rappelons le grand carnaval Betancourt – joue en cette affaire, mystérieuse, la discrétion et manie une forme d'arrogance. On accuse nos confrères d'avoir couru de trop grands risques. Ainsi les politiques voudraient nous fixer des limites. Bêtise de gens de salon. Ignorance des règles qui nous gouvernent. Notre métier nous pousse à forcer l'interdit pour obtenir l'information attendue.

En Indochine, où je fus le plus jeune correspondant de guerre nous étions détachés auprès des forces combattantes, chaque grand reporter choisissait son arme d'accompagnement – j'étais avec la Légion étrangère – mais, heureusement, il nous arrivait, le plus souvent possible, d'oublier nos « protecteurs » pour voler de nos propres ailes et ne pas subir la loi des annonces officielles, les comptes-rendus de l'état-major nous paraissant peu fiables. Notre indépendance était reconnue, nous savions contourner la censure, mais j'imagine volontiers que la France nous considérait alors comme des aventuriers et nous taxait d'imprudence, nous qualifiait même d'irresponsables. Nous faisions simplement et difficilement notre boulot et, pour lui, que d'amis morts, massacrés, blessés, meurtris à jamais ! J'ai connu cette souffrance, j'ai du mal à l'écrire.

***

Depuis un demi-siècle l'énigme est toujours aussi inquiétante, l'impasse inchangée : comment faudrait-il contenir les élans de l'Iran, de la Palestine, d'Israël ? Qui peut désormais imposer la paix ? L'échec est global, on parlait d'espérance, c'est une illusion. On croit savoir, on ne sait plus rien, ce que Claude Imbert résume ainsi : « Si vous avez compris quelque chose au Moyen-Orient, c'est sûrement… qu'on vous a mal expliqué. »

***

En exergue à son nouveau recueil de poésie, Alain Duault note cette réflexion de Rainer Maria Rilke :

Il faut avoir oublié beaucoup
Pour l'amour de l'important.

À méditer et à vivre.

***

Les nus envahissent ses toiles blanches, il n'a pas la moindre pudeur, il se veut exhibitionniste, ses corps alignés dans des positions vulgaires sont monstrueux, il se moque de tout, la règle n'est pas son lot, les convenances ne l'épuiseront jamais. Lucian Freud accepte l'hommage du centre Pompidou qui expose cinquante tableaux qui sont des chefs-d'œuvre. Le petit-fils du grand Sigmund mériterait une psychanalyse tant il y a de la folie dans ses portraits. J'ai découvert l'artiste il y a quelques années, au cours d'une rétrospective à New York, j'étais effrayé alors par l'horreur qu'il invente, et séduit par la force du trait, des couleurs. Je le retrouve, je me suis habitué.

Lucian Freud fut longtemps l'ami de Francis Bacon. Par un heureux concours de circonstances, je l'ai visité en juillet dernier, sur les mêmes cimaises, aux États-Unis. Deux immenses, deux incontournables, sans doute installés pour l'éternité.

***

Trente ans ! Le 6 mars 1980, Marguerite Yourcenar devenait la première femme appelée (désirée ?) à l'Académie française. Enfin une immortelle dans l'antique cercle du quai Conti. Un écrivain, une grande dame, un caractère. J'aimais à l'entendre parler, ponctuant chaque mot, éclairant la phrase qu'elle faisait poétique, nous marchions dans la forêt – « aux Amériques », me disait-elle. Elle était droite, la tête regardait le ciel, on eût cru une statue échappée de son socle. J'aurai passé toute une semaine avec elle, dans cet État du Maine, à Petite Plaisance, d'où nous regardions au loin le Canada.

Aujourd'hui, le Nord, les monts de Flandre où elle fut enfant, Lille, Dunkerque, Bailleul lui rendent hommage. Une nouvelle génération, celle du XXIe siècle, va apprendre à découvrir les multiples talents de cette chercheuse qui me parlait de blues et de jazz, de cette essayiste qui m'a fait aimer Mishima, de ce grand écrivain qui sut imposer *Les Mémoires d'Hadrien* et *Archives du Nord.* Elle fut partout impliquée, dans l'art, l'histoire, la société.

Membre du comité d'honneur de cette célébration je n'ai pu me rendre sur les lieux où Achmy Halley nous avait conviés, mais j'ai jusqu'au 28 novembre pour faire le chemin. Une lettre m'y engage de façon presque impérative : deux longues pages sur papier jaune datées du 5 mars et parties d'Augusta. Joan E. Howard souhaite me rencontrer :

« Je me demande si vous accepteriez de partager avec moi vos réminiscences de Grace Frick ou du couple que Grace formait avec Mme Yourcenar. J'ai écouté des douzaines de fois les cinq heures de la *Radioscopie* avec Marguerite Yourcenar, et surtout l'émouvant échange que vous avez eu avec elle au sujet de Grace diffusé le 13 juin 1979, cinq mois avant la mort de celle-ci. J'ai été touché par votre gentillesse et par l'exceptionnelle bonne volonté que Marguerite Yourcenar a montrée en répondant à vos questions sur Grace, elle qui ne s'est presque jamais montrée sentimentale en public.

Si je m'intéresse tellement à Grace, c'est que j'écris en ce moment sa biographie, après presque dix ans de recherches et d'interviews. J'ai connu Mme Yourcenar à partir de 1982, et j'ai séjourné avec elle à Petite Plaisance pendant plusieurs étés... Mais je n'ai jamais connu Grace. Madame Yourcenar m'a pourtant donné la belle cape en laine qui avait appartenu à Grace dans ses dernières années, et j'ai senti un lien avec elle depuis ce jour... Je m'intéresse particulièrement à ce moment de votre conversation où vous avez eu le courage de reprocher à Marguerite Yourcenar son traitement de Grace pendant votre visite... »

Je rappelle ce petit éclat dans le livre que j'ai consacré à Marguerite Yourcenar aux éditions du Rocher. C'était un après-midi un peu gris, nous regardions la forêt éclatante de cèdres que l'on eût crus en fleur, je lui disais : « J'entends les Indiens et leurs courses folles », elle riait, et puis Grace est arrivée, à petits pas, presque en déséquilibre, un plateau à thé entre ses mains hésitantes, elle tremblait, les tasses chaviraient. Excédée, Marguerite Yourcenar ne put se retenir : « Un peu de discrétion, Grace, votre bruit nous dérange. Reprenez-vous. » Il me semble d'ailleurs que ce fut plus violent encore. J'en étais gêné. La chose m'échappa : « Vous n'avez pas le droit, madame, vous me décevez, Grace est très malade. » Marguerite fut longue avant de reprendre parole. Puis, de sa voix sépulcrale : « Poursuivons notre travail. »

Elle ne m'en aura pas tenu rigueur si du moins je considère cette confidence de Joan E. Howard :

« Le 15 mai 1979, Mme Yourcenar a écrit une lettre à son amie Jeanne Carayon en France qui corrigeait les épreuves de ses livres, où elle parle de vous. Dans cette lettre elle mentionne d'abord un journaliste français qui est venu quelques jours avant vous et qu'elle n'a pas beaucoup apprécié. Mais de vous, elle dit : "Au contraire, Jacques Chancel, en s'y prenant en douceur, et m'assurant sans cesse qu'on s'arrêterait quand je voudrais, a réussi à obtenir de moi dix heures en tout de propos... et je ne semble pas m'en trouver plus mal... J'ai dit et continue à dire dans mes livres ce que je désirais dire... L'une des séquences de ces émissions devrait avoir un certain charme : on entendra un échantillon de mes musiques favorites en commençant et en finissant par Beethoven, avec un chant religieux tibétain... un air de flûte de bambou japonaise, Bob Dylan... Jacques Chancel était fort sympathique et ses techniciens, fort gentils. Grace a fait des prodiges pour être debout, présente et aidante." »

J'accepte bien sûr de rencontrer Mme Howard, actuellement directrice de Petite Plaisance. Le bonheur ce serait de revenir là-bas. Il me faudra lui conter l'un des épisodes de mon séjour. Venu de Portland en voiture, j'étais arrivé toussant et fiévreux. Après une première nuit dans sa maison de bois, plutôt agitée, je m'en voulais de déranger, ma voix était en désordre. Je décidai de m'installer à l'hôtel le plus proche. Quelques jours plus tard, à l'heure du départ, le directeur de l'établissement me retint un instant : « Je vous livre un petit secret et vous demande de ne pas en faire état. Vos deux premières nuits, ici, fort enrhumées, ont été accompagnées. Mme Yourcenar et son amie sont venues écouter à votre porte si vous n'étiez pas en difficulté... »

Ceci, dans une biographie, peut témoigner d'une vraie générosité.

***

L'ouverture de *Rienzi* que j'écoutais chaque matin, à Saigon, m'a fait pénétrer l'univers de Wagner. J'en ai suivi les œuvres, admiré la force, j'ai tenté de ne pas m'endormir au spectacle éprouvant de la *Tétralogie*, je ne comprends toujours pas pourquoi les nazis ont cru reconnaître en lui l'un des leurs, j'ai souvent parlé avec Daniel Barenboim de cette bizarre appropriation.

Wagner donc à l'Opéra-comique. Son *Or du Rhin* comme un prologue, ce temps de la mythologie germanique où les dieux affichent leur imposture et encouragent la duplicité. Difficile à traquer, un public non averti n'y reconnaît pas les siens. Confusion totale. C'est un monde frelaté que l'on met en musique, c'est allemand en diable, la quête obscure du Walhalla, ce séjour des héros morts dans les combats sur lesquels les walkyries, belles vierges, versent l'hydromel. Cet univers ne me fait pas rêver. Alain Duault, mon ami critique, n'aime pas la représentation de ce soir. Preuve qu'il apprécie l'œuvre. J'ai l'avantage, délaissant le livret, de me laisser aller à la seule musique, amusé par une mise en scène quasi Folies Bergère.

***

Il disait : « Nul ne guérit de son enfance. » Il pensait à son père, arrêté, déporté et qui jamais ne revint. Jean Ferrat qui, par nature, aurait dû être indifférent aux passions politiques pour les dominer toutes, croyait au communisme, « jeunesse et avenir de l'humanité », et se voulait aveugle à son déclin. Mais il importait peu de le savoir engagé, ce qui le grandissait c'était son art, sa manière simple de vivre, son exigence, sa fidélité. Sa voix était comme un appel à la prière, ses mélodies entraînaient des vagues de tendresse, souvent appuyées sur des pics de révolte. C'était un passeur. Il aura prolongé, célébré la poésie d'Aragon en la mettant en musique, fait danser les marins de Potemkine, chanté la montagne (si belle), la matinée (avec Christine Sèvres, sa femme), la vie, imposant à des millions de fidèles une beauté des textes, une embellie de la musique. Étonnement à le réentendre, lui, le barde de la vieille école : on retenait chaque mot.

Nous avons fait tant et tant tous les deux. Je me retrouve ce soir sur France 3 où passent des extraits de l'un de nos entretiens

– lequel ? quand ? où ? je ne sais plus. Je le regarde la moustache triomphante, prêt à laisser croire qu'on peut « aimer à perdre la raison ». Jean Ferrat qui avait, comme l'a si bien écrit Louis Aragon, « la pudeur de l'affection ».

***

Il avait ce jour de mars grande, noble allure. Quai Conti, Jean d'Ormesson accueillait Simone Veil. Des yeux bleus parlaient d'opale, regardaient la dame de l'abîme, la rescapée de l'enfer. Nous étions entre nuit et brouillard mais plus encore en pleine lumière. Éblouissant.

***

J'ai trop souffert à l'âge le plus tendre, j'ai tant bluffé pour cacher mes blessures et me montrer exagérément heureux, je m'en suis si bien sorti qu'aujourd'hui encore j'aurais honte d'oser me plaindre. Puis-je dire, écrire, même, que je ne supporte plus tous ceux qui, à la télévision, vantent leurs petits ennuis et pleurent.

***

Ils avaient vaincu l'Italie, le Pays de Galles, l'Écosse, l'Irlande. Il fallait encore gagner contre l'Angleterre. Les valeureux du Quinze de France ont maîtrisé leur affaire dans la souffrance et la peur. Quelle inquiétude au bout de l'ovalie ! Avouons que le destin nous a été favorable car nous sommes passés au plus près de la guillotine, reconnaissons même qu'une défaite n'eût pas été usurpée. Fiers, féroces, nos adversaires attaquaient, perçaient, relançaient, approchaient la dernière ligne… heureusement sans y parvenir. Plus que le panache c'est le courage qui a permis la victoire. Sur les bancs de la tribune du Stade de France nous étions à l'agonie. Ils ont tenu, embrassé enfin le grand chelem et c'est le résultat seul qui compte. Ce succès, indécis jusqu'à l'ultime seconde, aura assuré l'un des derniers triomphes de

Patrick de Carolis qui avait programmé la rencontre en début de soirée : plus de huit millions de téléspectateurs devant l'écran.

***

Dans son excellente chronique du lundi au *Figaro*, Philippe Labro évoque le prochain salon du Livre où deux cent mille curieux chassent l'autographe et parfois aussi la dédicace sur des ouvrages amoureusement achetés. Il rappelle les dérives de ce genre de cérémonie, l'injustice et l'ignorance qui l'accompagnent. Comme lui, j'ai toujours été troublé par la « ruée vers les *auteurs*, chanteurs, acteurs, footballeurs, dont chacun sait qu'ils n'ont pas écrit une ligne des livres qu'ils viennent promouvoir ». Cette fâcheuse cohabitation entre écrivain de pacotille et authentique auteur ne date pas d'hier. Labro cite l'éditeur Olivier Orban qui lui a conté l'un de ses plus forts souvenirs : « Dans les années 70, à la Fête de *l'Huma*, un auteur à la mode, acteur de cinéma à ses heures, physique de play-boy latin (on aurait pu dire encore marquis et grand d'Espagne), José Luis de Vilallonga était assailli alors qu'il dédicaçait son plus récent et médiocre roman. À côté de son stand, un homme aux cheveux argentés, seul, assis, attendait sans qu'on vienne solliciter sa signature. Personne. Pierre Juquin, membre important du PC, apostrophait le public : “Venez ! C'est à lui qu'il faut parler.” Mais les visiteurs n'avaient d'yeux que pour le beau José Luis. L'homme à qui aucun passant n'accordait d'attention n'était autre que l'un des plus grands poètes français : Aragon. »

Sans commentaire. Tout est dit !

***

C'est un mot de Lampedusa, noté dans *Le Guépard*, et qui convient parfaitement au monde d'aujourd'hui : « Si nous voulons que tout reste tel que c'est, il faut que tout change. »

***

Nous aurons été, avec Madeleine Druon, du dernier dîner en l'hôtel du Châtelet, édifié en 1770, et qui était la maison, évidemment provisoire, de Xavier Darcos, ce soir encore ministre du Travail. L'un des hommes les plus cultivés du Gouvernement, envoyé au massacre en Aquitaine, se savait en péril mais faisait noble figure. C'était un mardi d'après premier tour des Municipales, on sait ce que fut la chute du dimanche suivant. Échec annoncé, sacrifice consenti, éviction choquante. Il me semble qu'on doive quelque égard aux talents. Comment peut-on se priver d'une telle intelligence ? D'autres sont restés qui sont bien falots. On me dira que c'est ça la politique : je ne m'y ferai jamais.

***

Quel bonheur de les voir, de les entendre. Ils ont dix-huit, dix-neuf, vingt ans et déjà de belles références. Ils se regardent, se sourient, font des vagues au bord de leur archet, leur jeu est jubilatoire. Mendelssohn peut être heureux de l'hommage qu'ils lui rendent dans ce partage à quatre violons, deux altos, deux violoncelles. Brillantissime partition, aérienne, acrobatique, interprétée sous la remarquable impulsion de Renaud Capuçon, devenu pour un soir maître de musique de la Fondation Singer-Polignac. Cette institution-mécène, présidée par le professeur Yves Pouliquen, compte aujourd'hui cent trente résidents, appelés pour la plupart à une carrière de solistes. J'aime l'exemplarité de ce mode de concert où, dans l'un des plus beaux théâtres privés de Paris, se réunissent chaque mois cent cinquante passionnés, curieux de découvrir des têtes d'affiche de demain. Une merveille, cette jeunesse.

***

Un monde nouveau se lève chaque matin, un univers ancien se dévoile en permanence : les vidéothèques et autres produits de la modernité ne sauraient faire oublier les bibliothèques. Durant des décennies j'ai écouté mes contemporains qui m'ont appris à lire, à relire, insistant sur leurs admirations, me persuadant surtout de ne pas y résister. Très jeune, je me frottais, seul, à Alexandre Dumas, Eugène Sue, Jules Verne, un professeur, Jésuite de son état, me fit approcher Châteaubriand et Proust, ensuite mes milliers d'invités à la radio me persuadèrent de l'importance des écrivains français et russes, j'optais pour Balzac et Tolstoï, bien d'autres... Robert Laffont, mon premier éditeur, se souvient de ma passion pour les grands auteurs de la littérature. Il y a quatre ans, il me proposa un hymne à la lecture pour sa nouvelle collection : « Un livre de cinq cents pages au moins » précisa-t-il. Notre déjeuner, comme toujours, avait un magnifique fumet d'amitié. J'avais promis, je n'ai pas tenu mon engagement et je crains de l'avoir déçu. Peut-être aurait-il été attristé davantage par un travail raté. Je n'ai jamais cru que je pouvais réussir une telle entreprise qui demande un esprit d'analyse et une fidélité aux textes. Je suis passeur, c'est vrai, facteur, comme dit Georges Steiner, je peux distribuer le courrier mais suis-je capable de faire un excellent tri postal ? J'ai manqué d'audace et affirmé une désolante lucidité. Pourtant j'avais, selon Robert, la qualité qui convient à ce genre d'exercice. On ne peut lire que si l'on sait écouter... et je sais écouter. Cela ne devait pas suffire : n'y pensons plus !

***

Nous nous sommes connus chez Nicolas Sarkozy lorsque celui-ci n'était pas encore le haut personnage que l'on connaît aujourd'hui. Jean Réno, déjà, dominait son monde. J'avais été frappé par sa délicatesse, sa discrétion, une pudeur assez rare chez les gens de son espèce. Je le retrouve ce soir dans *L'Immortel* adapté librement du roman de Franz-Olivier Giesbert par Richard Berry, sans doute son meilleur rôle au cinéma. L'histoire d'un homme qui abandonne un temps le côté sombre de sa vie et se laisse rattraper, pour des raisons familiales, par son tumultueux passé. Jean nous montre, avec un égal talent, deux facettes de son jeu. Bandit dans *L'Immortel*, débordant de grâce dans *La Rafle*. D'un côté les couleurs, les fièvres de Marseille, de l'autre, le gris, la honte du Vel d'Hiv. Et toujours ce code de l'honneur, cette politesse de la parole donnée que l'acteur et l'homme respectent.

***

Intéressante discussion avec une cinquantaine d'étudiants au Grand Palais. Une jeune fille questionne :

— Avez-vous peur de la mort ?

Je souris avant de répondre ; elle s'en amuse :

— Du temps de ma propre jeunesse, elle m'avait inquiétée. Mais la vraie question est ailleurs. Demandez-moi plutôt si j'ai peur de la vie.

***

Peut-on croire que les grands monstres ont définitivement disparu ? Doit-on espérer que personne ne viendra après Hitler, Staline, Mao, Pol Pot qui auront conduit le siècle le plus sanglant de l'histoire du monde ? A-t-on retenu la leçon ?

***

Albert Simonin, le malfrat repenti, devenu écrivain et ami, scénariste aussi, qui nous fit apprécier le baroque si léger de *Touchez pas au grisbi*, devait avoir sa rue à Paris dans le XVIIIe. Quelques moralistes de pacotille – idiots de surcroît –, s'en sont inquiétés, affirmant au grand jour (qui est leur nuit) une incroyable ignorance. La peur du scandale a bloqué l'initiative, ce qui permet à Sébastien Lapaque (*Le Figaro littéraire*) de rappeler la repartie offerte par Michel Audiard à Lino Ventura dans

Les Tontons flingueurs : « Les cons ça ose tout, c'est même à ça qu'on les reconnaît. » On ne saurait dire mieux.

***

Dominique Bona nous propose une excellente biographie de Clara Malraux qui fut la première épouse de l'écrivain, ministre et (peut-être) seul ami de Charles de Gaulle. André avait au départ la pauvreté pour toute énergie, Clara était une Goldschmidt, elle jouait des millions qui autorisent l'aventure : Angkor sera le final de leur Eldorado. Là-bas Malraux choisit (plutôt que vole) des bas-reliefs, des têtes arrachées aux temples, petit florilège des beautés de l'ancien royaume khmer. Hélas il est arrêté et je sais l'histoire de cette prise : la simple dénonciation d'un « porteur » qui, par erreur, n'avait pas été payé. Clara mobilise les intellectuels parisiens pour obtenir l'acquittement de son grand homme, parvient à lui éviter un long séjour en prison.

Dans cette merveille du Cambodge où je fus si souvent dans ma jeunesse j'étais devenu l'ami du conservateur, mon cher Jean Laur, toujours vivant entre Marseille et Corse. C'est de lui que je tiens cette affirmation : « André Malraux était bien une sorte de génie. Les pierres "empruntées" à Benteay Srei (le temple des femmes, mon préféré) étaient les plus significatives de cette rose citadelle. Sans elles, il eut été difficile d'en recomposer le mystère. »

Avril 2010

Le meurtre d'un fermier blanc et raciste en Afrique du Sud doit-il nous faire craindre le retour des vieux fantômes ! Fragilisé par son histoire, ce pays qui organisait la ségrégation raciale au seul bénéfice de la minorité blanche est bien loin encore de s'imposer comme une nation « arc-en-ciel ». Il le devrait pourtant à la veille de la Coupe du Monde de football. Fallait-il choisir cette Afrique-là pour une compétition de cette ampleur, n'y aurait-il pas eu plus de sagesse à en confier l'organisation à un peuple totalement amoureux du ballon rond ? J'avoue mon implication dans une autre solution : avec Thierry Roland, Jacques Vendroux, La Fontaine, nous étions intervenus pour que ce soit le Maroc, visitant les sites, appréciant l'enthousiasme. Nous y avons cru, le monde sportif a longtemps encouragé notre démarche mais c'était naïveté d'estimer que la fédération pouvait nous écouter… Ces gens-là ne font que de la politique.

***

Marcel Jullian n'en finissait jamais d'insister : « Il te faudra prendre en charge ton passé, raconter ce que tu as vécu, ce que tu as souffert. N'attends pas des autres qu'ils écrivent ce qu'ils ne savent pas. » J'ai encore quelque difficulté à m'y résoudre mais j'y pense ! L'âge permettra demain cette audace, autorisera cette vanité, choisira bien plus mes amusements que mes douleurs. Suis-je ce que me reprochait tendrement Maurice Druon : « un anarchiste de composition ». J'opterais plutôt pour « un voyeur impénitent »... La perte des valeurs fondatrices que m'enseignait mon père me fait regarder le monde avec d'autres yeux : je plains les nantis sans pour autant les abandonner à leur ignorance, je navigue dans mon enfance pour y retrouver des sources ; le monument bigourdan que je préfère c'est mon école où j'ai très tôt compris que le rêve est une création, que réussir est un leurre et être heureux une possibilité.

***

« J'écrirai demain sur l'ami retrouvé », c'est ce que je notais en 2007 à la fin des *Années turbulentes*. Cela pouvait laisser entendre que j'allais me résoudre enfin à dire mes relations avec le président de la République, à conter certains jours de fortes complicités, à rectifier les erreurs publiées dans certaines gazettes par des témoins qui n'avaient rien vu, à dénoncer les fourbes, les traîtres, les courtisans, on m'y a encouragé, on insiste encore, mais plus on me pousse, mieux je résiste. Je n'écrirai donc pas : les proches des grands de ce monde ont un devoir de silence. Et puis cette question se pose : peut-on vraiment retrouver un ami devenu chef d'État ? La charge, trop lourde, n'accorde plus le moindre espace de liberté.

***

Bernard de Fallois et Olivier Orban se sont associés pour publier les feuillets retrouvés des Mémoires de Maurice Druon, souvenirs interrompus par un départ précipité. Je rends grâce à Madeleine, sa femme, notre amie, qui a su mettre en ordre une montagne de notes, l'analyse pertinente d'une époque tourmentée, douloureusement marquée par la débâcle de 1940, le tragique armistice, l'exode d'un peuple humilié : ce sont des pages sombres que son amour de la France éclaire, on y devine la blessure jamais refermée de ses vingt-deux ans, on y entend sa colère : « Nous fûmes vaincus par l'impréparation, l'impéritie et pour tout dire la nullité, à tous les niveaux, de nos états-majors. » Druon croque de grandes figures de la défaite, brosse les portraits de Daladier, Henri Fresnay, Emmanuel d'Astier de la Vigerie, écrit en cruautés et tendresses. Il conte enfin lui-même la naissance du *Chant des partisans*, l'hymne de la résistance, qu'il imagina avec la complicité de son oncle, Joseph Kessel. C'était, dit-il, « ma guerre, ma France et ma douleur ». Le livre est là mais Maurice me manque.

***

J'écoute, je suis surpris, souvent attristé par cette maladie du malheur que, seuls, les bien portants déclinent à longueur de vie. Ils pleurent. Ils ne sauront jamais habiter le présent, en observer et entendre les beautés, paysages, musiques, livres. Ils ne sont riches de rien, c'est ça la pauvreté.

***

Charge tragique des vieux fantômes c'est encore à Katyn que meurt la Pologne, que l'impensable rejoint l'Histoire que la répétition accable. À quelques verstes de cet enfer où, il y a soixante-dix ans, Staline fit exécuter vingt-cinq mille officiers polonais, le président Lech Kaczynski s'est perdu dans les décombres d'un avion en feu, entraînant dans sa chute une partie de son état-major. Mourir auprès de ses morts expose le thème dramatique d'une réalité d'aujourd'hui. Le romantisme n'est plus de mise. C'est une malédiction. Peut-être le signe du destin. D'un recommencement.

***

Bertrand Méheut, président du groupe Canal Plus, nous fait découvrir ce soir *Les Aventures extraordinaires d'Adèle Blanc-Sec*, le nouveau film de Luc Besson. Nous sommes dans le fantastique, la fantaisie, l'humour, la dérision. Au cœur de la Belle Époque les images de la bande dessinée de Tardi prennent l'écran dans des envolées qui ont un côté Indiana Jones. Adèle, belle aventurière, se fait exploratrice dans le seul but de sauver sa sœur jumelle, immobile et muette depuis une torride partie de tennis qui lui fut funeste, la dernière balle l'ayant foudroyée. Pour cela, il lui faut affronter le désert, les pyramides et ramener ensuite à la vie l'antique momie d'un médecin égyptien. Pour corser l'affaire, un grand oiseau sème le trouble. C'est fou, léger, divertissant, exactement ce qu'il faut à l'époque grise d'aujourd'hui. Louise Bourgoin qui fut Miss Météo et doit sa notoriété au *Grand Journal* de Canal est la révélation de cette divertissante pochade. Luc Besson notre Spielberg !

***

Un an après le départ de Maurice Druon, nous voici encore ensemble, ses plus proches amis, en la chapelle de Jésus-enfant, dans le VIIe arrondissement. Autour de Madeleine les témoins de toujours : Anne d'Ornano, les Chain, Édouard Balladur, Jean Repiquet, Alain Decaux, Micheline, Martine, Pierre Nora, Jean d'Ormesson. Une garde d'honneur d'académiciens. Le père Rougé qui fut à l'écoute des derniers jours du perpétuel conduit affectueusement l'office. Je note ce qu'écrivait Maurice dans ses Mémoires : « J'ai eu de fort bonne heure le sentiment de n'être pas né pour rien… Je crois simplement, mais fermement, que chacun qui a la grâce et l'honneur de venir au jour a charge d'accomplir, le plus souvent à l'insu de soi, une fraction infime, mais toujours irremplaçable, d'un dessein providentiel. C'est une grâce supplémentaire que d'en avoir conscience. »

***

Une œuvre originale appartenant aux collections du musée Carnavalet et toujours en déshérence du côté de Saint-Malo. Il s'agit d'un fixé sur verre réalisé avec les propres cheveux de Chateaubriand par Adolphe Pâques, le coiffeur attitré de l'auteur des *Mémoires d'outre-tombe*. Cette absence nous pèse, ce soir, nous tentons de rendre à cet ensemble architectural remarquable – deux hôtels particuliers du Marais – l'autoportrait qui lui appartient. Par le biais de la littérature. Notre jury du Grand Prix Palatine du Roman historique couronne l'ouvrage de l'excellent écrivain Adrien Goetz qui publie chez Grasset *Le Coiffeur de Chateaubriand*, rocambolesque histoire de cette liaison capillaire. Nous découvrons ainsi l'incroyable épopée de cet artiste coiffeur au service de l'un de nos plus grands romantiques. Le respect, la jalousie et l'ambition intimement mêlés. Cent soixante-quatorze pages d'un style fluide, maîtrisé.

La réception se déroule dans l'une des grandes salles de ce lieu d'exception où, à travers les décors reconstitués du XVIIe au XXe siècle, on peut suivre l'évolution des intérieurs parisiens et imaginer la marquise de Sévigné, assise à son bureau laqué chinois, écrire sa fameuse correspondance ou encore Marcel Proust dans sa chambre, entre son lit de laiton et sa petite table couverte de cahiers. On ne pouvait rêver plus bel endroit pour honorer le roman historique et donner toutes ses lettres de noblesse à ce genre littéraire populaire et épique. Nous avions déjà sacré Jean Teulé pour *Le Montespan* et Irène Frain pour *Les Naufragés de l'île Tromelin*, splendides réussites. Que ferons-nous l'an prochain ?

***

Silences coupables, déclarations maladroites, bêtises accumulées. Tout l'enfer de l'église d'aujourd'hui, en cette cinquième année du pontificat de Benoît XVI. On n'aurait pu imaginer pareille lame de fond sur un Vatican épuisé par la crise pédophile. Il devient de plus en plus urgent de reconnaître ce qui ne va pas dans la vie d'un grand nombre de prêtres, il convient de prendre des initiatives, la repentance ne saurait être le seul remède. Sous les ors du pape on parle trop de théologie, le dogmatisme devient envahissant, un cercle de vieux cardinaux tente d'étouffer les scandales et croyant bien faire avive la perte de crédibilité des pères actuels du catholicisme. Pour retrouver un semblant de confiance il faudra en finir avec les mensonges…

***

Le désamour dans lequel on enferme Claude Allègre n'est pas mon affaire. Je ne sais pas grand-chose du réchauffement climatique, j'ignore si l'ancien ministre est pervers ou simplement provocateur, on peut ou le plaindre, ou l'estimer ou le détester, on peut s'amuser de constater qu'il n'est d'accord avec (presque) personne mais on doit s'étonner de l'exaspération de ses collègues qui ont allègrement franchi la ligne jaune : en effet, dans une lettre-pétition à Valérie Pécresse, ministre de la Recherche, six cents scientifiques dénoncent le trublion et demandent réparation de ses erreurs (ne me demandez pas lesquelles !). Bizarre, puéril et inefficace. Les savants devraient savoir qu'à leur altitude il ne convient jamais de demander un arbitrage politique. Égratignée, l'indépendance n'a plus grande valeur et Allègre s'en tient désormais à cette petite note des *Essais* de Montaigne : « Quand on me contrarie on éveille mon attention et non pas ma colère. » Ne nous étonnons plus de sa bonne humeur.

***

Venus de l'école coranique toute proche une cinquantaine d'enfants traversent l'avenue Georges-Mandel, chaperonnés par une dizaine de femmes ensevelies sous leur burqa, marchant en aveugle. Noire déambulation à laquelle, hier encore, nous n'étions pas habitués, garde masquée très inattendue. Il me semble que les dernières décisions concernant le projet de loi sur le voile intégral ont mobilisé les intégristes d'un quartier pourtant plus disposé à rassembler chrétiens et juifs. Faut-il croire à une évolution, à une révolution ? J'imagine plutôt une transformation, celle que l'on doit à la tolérance, ce que l'on juge impossible peut devenir acceptable.

***

De la femme voilée de Nantes à la « mineure » des Champs-Élysées !... Ces dames mènent la danse. La première va à l'aveugle dans sa longue housse noire, momifiée, la seconde, légère et court-vêtue, convoque à sa couche les impudents et s'en vante : « J'ai été le cadeau d'anniversaire de Ribéry. » Perverse, elle aurait ajouté : « J'étais mineure. » Cocasserie troublante, on la plaint. La bêtise est donc au rendez-vous mais ce n'est pas le footballeur qu'il faut accabler. Plutôt la petite vertu qui mériterait attention. Mais ce serait moins drôle pour un public qui raffole de tourmentes chez les *people*. Heureusement, nos jeunes femmes, l'une comme l'autre, seront vite oubliées. L'anonymat, demain, pour toute gloire.

***

Je l'ai visité une seule fois dans sa « tour » du faubourg Saint-Honoré, son mini jardin, entre magnolias et pommiers. Il m'avait montré ensuite, étage après étage, les trésors de l'empire Hermès. Des chefs-d'œuvre de l'artisanat français. Héritier avec les Guerrand et les Puech de l'illustre fondateur, tous prêts à passer le relais à la sixième génération, Jean-Louis Dumas m'éblouissait plus de ses petites manies que de ses triomphes aux affaires. C'était un artiste et il me laisse d'ailleurs sur un échec : j'aurais voulu éditer ses petits carnets rouges qu'il portait toujours sur lui avec minuscule nappe d'eau, pinceaux et crayons de couleurs. J'admirais son talent à reproduire par le texte et le dessin les petits événements de sa journée, ses pensées, ses trouvailles. Il ne souhaitait pas que fussent publiés de son vivant ces tableaux, perles du temps. Qu'en fera-t-on demain ? Que sont-ils devenus ? Jean-Louis Dumas est parti. Reste pour d'autres siècles encore la panoplie Hermès, véritable musée.

***

Peu de jours avant Jean-Louis, le clan Hermès avait déjà été douloureusement frappé. C'est la loi du tragique dans bien des familles. Son cousin Mathias, trente-huit ans, de la branche Guerrand, le fils de Patrick et Martine, le neveu de Xavier, Hubert et Jérôme, mes amis de longtemps, terminait sa course sur l'autel du temple protestant de l'avenue de la Grande-Armée. Fin, hélas annoncée, d'un brillant et délicat jeune homme qui fut champion d'Europe de polo et abandonne trois enfants à la célèbre dynastie. Gloire d'évidence et destins funestes. Dans un presque même espace, les Guerrand-Hermès auront vu s'évanouir une mère, le jour de ses cent ans, une sœur Myriam... Et aujourd'hui l'exubérant Mathias qui rejoint son frère Lionel...

Cette saison, cette dernière semaine surtout, seraient-elles celles d'un noir quasi familial ? Après Jean-Louis et Mathias, s'en va Jean-Pierre, nommé en littérature Pierre-Jean Rémy. Diplomate et écrivain, il avait exploré les pôles de l'univers, les États-Unis où il fut l'assistant du philosophe Herbert Marcuse, Hongkong où il s'amusait d'un titre de vice-consul, la Chine où on l'avait fait secrétaire d'ambassade, Londres où il occupait le même poste, Florence qui le reçut comme consul général de France. Il était ambassadeur, directeur de la villa Médicis à Rome avant d'assurer la présidence de la Bibliothèque nationale. Serviteur de l'État, formé à l'ENA, il était plus encore homme d'écriture, pressé par le temps et le souci de toucher à tous les sujets pour les transformer en livres. Soixante-dix ouvrages en soixante-treize ans de vie. Il aimait le panache, la gloire, les honneurs, la responsabilité. L'Académie française en 1988 fut son chant du cygne, son épée un titre de noblesse. Je l'avais connu et reçu en 1971 dans une librairie de province où, en direct, je lui consacrai une heure de *Radioscopie*. Il y a deux mois – la maladie lui permettait une dernière sortie –, nous nous rencontrions à l'opéra pour la première de *L'Or du Rhin*. Et, comme à chaque fois, il contait à sa compagne asiatique notre face-à-face : « Je revenais d'un grand périple à l'étranger, je ne connaissais pas Jacques, il m'accueillait pour que nous puissions parler ensemble de mon roman *Le Sac du Palais d'été* et j'étais paniqué. On m'avait prévenu chez Gallimard qu'il allait me laminer à force de questions perfides. Mais ce ne fut pas le cas et je lui dois un peu de mon prix Renaudot. »

Pierre-Jean ou Jean-Pierre – selon le degré de proximité – n'aura pas su profiter d'un vrai bonheur d'existence dont on eût pu le jalouser, la nostalgie lui collait aux basques, le souvenir de ses hautes responsabilités lui était insupportable, l'absence d'un brin de cour – assistants, chauffeur, secrétariat – en faisait trop un personnage ordinaire, ce qu'il n'était pas. Un cancer l'a délivré de ses manques, à l'heure où l'Institut le désignait maître des terres académiques de Chantilly.

***

Foujita revendiquait sa légèreté. Je parlerais plutôt de frivolité : celle d'un funambule toujours rêvant des années folles. L'exposition qui lui est consacrée au Musée des beaux-arts de Reims me fait me souvenir de ce curieux esthète. Nous nous rencontrions souvent dans les années 60. Au premier rendez-vous – c'était au Vieux Gaulois, rue du Faubourg-Montmartre –, il m'avait dit fièrement : « Je suis un samouraï, fils et descendant d'une haute lignée de guerriers. J'ai délaissé le sabre au profit du pinceau qui autorise aussi de belles saignées. » Je souriai. « Tu as ton air moqueur. Tu penses que je me vante. Mon père était général, je suis moi-même en France gardien de l'Empereur. Tiens, regarde... » Prenant à partie une grande nappe de papier-bistrot il dessinait en quelques minutes un magnifique cavalier en armures brandissant l'étendard du monarque. « Je te l'offre. » Cette esquisse et deux autres petits portraits de femmes sont à Miramont, accrochés au mur de l'amitié, dans mon bureau.

Débarqué à Paris en 1913, Foujita s'était voulu aussitôt citoyen de Montparnasse. Gamin dans ses attitudes, farceur – disons lutin –, il aime à épater les journalistes, il se met volontiers en scène, fréquente Mistinguett et Kiki (future Mme Robert Desnos). Il a plus de désirs que de véritables attaches. Cinquante ans après, il aime à en parler : « Ma drôlerie, mon allure, mon côté comique plaisaient aux dames. J'en ai profité beaucoup moins qu'on le dit, mais, tout de même, je n'ai pas été économe. J'ai gardé le meilleur de moi devant le chevalet où j'écoutais Matisse et Picasso, mes maîtres, Soutine mon complice, Chagall mon énigme. » J'appréciais sa gouaille, sa fantaisie, sa malignité quelque peu empruntée. J'ai cru un moment qu'il ne s'était converti au catholicisme que pour effacer les traces d'anciennes débauches : ses motifs religieux en portent témoignage. « La plus sublime des femmes, me disait-il, c'est la Vierge. Je la peins en grand ou en cachette. Aujourd'hui je voudrais brosser le portrait de Marianne car je suis bon Français, excellent citoyen, depuis 1945. J'ai décidé de mon appartenance nouvelle lorsque je suis revenu au Japon en 1933. Il me fallait deux amours : Tokyo et Paris. »

La Coupole et surtout le quartier latin si dévasté aujourd'hui lui étaient indispensables. Là-bas, comme il disait, « nous philosophions ». Foujita est mort en 1968, je ne fus pas de son dernier voyage, je lui ferai visite bientôt à Reims pour découvrir la chapelle Notre-Dame-de-la-Paix qu'il avait illustrée en fresquiste pointilleux.

Mai 2010

Les politiques passent plus de temps à préparer leur élection qu'à travailler leurs dossiers.

***

Dans un recueil de maximes – *Fugacités* (Plon 2001) –, j'écrivais : « J'ai été vieux trop tôt, je suis jeune trop tard. » J'évoquais ainsi, sans plus de précision, mon adolescence indochinoise blessée et le grand âge dont je n'ai pas conscience. Et puis, ce matin de mai, un livre sur Nicolas Sarkozy me confronte à l'exacte réalité. Emmanuel Berretta, l'auteur, me laisse sans illusion dès la première page : « La télé fut l'universalité du savoir du président et c'est à elle qu'il souhaite rendre hommage, en répétant sur tous les tons que France Télévisions ne délivre pas assez de programmes de qualité. Si Jacques Chancel – son ami – n'était pas si vieux, il est certain que la question de la succession de Patrick de Carolis ne se poserait même plus. » Prononcé par d'autres ce mot « vieux » sonne différemment qu'énoncé par moi qui y met un brin de coquetterie. Ce simple « vieux » d'ailleurs ne suffit pas à mon confrère. Il dit « si vieux ». Est-ce hommage ou ironie ? Rudesse en tout cas. Je ne connais pas Berretta, spécialiste reconnu de l'audiovisuel. Je propose de le rencontrer sur les pentes neigeuses du pic du Midi. À skis, sa jeune réflexion glissera mieux. Pourra-t-il me suivre ?

***

Ce n'est pas encore « La Pléiade » mais c'est déjà « Bouquins », ce qui n'est pas si mal. Le risque est désormais évident : Frédéric Dard s'inscrit au rang des classiques et là-haut il doit en rigoler. San Antonio porte en ce printemps humide la jaquette d'une collection fameuse. Le voilà encensé, réduit à la postérité, honoré enfin par les beaux esprits qui l'accablaient à ses débuts d'une sinistre indifférence. Je l'ai souvent accompagné dans ses délires, à la radio, à la télévision, j'entends les commentaires de ceux qui prétendent avoir été ses amis, je m'amuse de la dévotion qui l'entoure. Dix ans après son départ, je me réjouis de constater que sa petite centaine de romans baroques tient toujours la rampe aux couleurs de littérature : Bérurier résiste au temps. Chez lui, en Suisse, où nous nous étions rencontrés pour *Radioscopie* je lui avais demandé de dresser sa liste de « complices du premier cercle ». Il ne s'était pas donné le temps de réfléchir : « Robert Hossein et Albert Cohen ». Le premier lui était indéfectiblement attaché, le second admirait autant sa générosité que sa réussite. Au cours d'un entretien, Cohen m'avait confié que Frédéric assurait la tranquillité de ses fins de mois. J'avais informé Dard de cette confidence, il avait souri : « Albert, disait-il, n'en finit pas de rêver sa vie. Il voudrait qu'on le croit aux abois. Je ne l'ai aidé que de quelques conseils. » Il mentait mais c'était toute sa délicatesse.

***

Quatre cents ans après sa mort, Henri IV fait encore la une des journaux. Tristesse de mai, rappel de ce 1610 sinistre. Un tournant de l'Histoire qui aura donné au fou Ravaillac, l'homme au poignard, l'assassin, ses lettres de faiblesse inscrites à jamais. Prince de Navarre dont le profil, barbe et fraise, est immédiatement repérable dans la galerie des rois, notre cher Pyrénéen, baptisé au Jurançon, ce qui est déjà signe de panache, est aujourd'hui célébré par tous ceux qui vantent sa réputation de bon vivant autant que de grand politique. Les historiens observent encore son implication dans la guerre des religions, les chroniqueurs, eux, s'épuisent à recenser ses maîtresses. La rumeur, qui n'est pas faite pour nous déplaire, laisse entendre que chez mes voisins, en Béarn, tous seraient bâtards du fier monarque qui aura offert à la postérité des formules magiques : « Paris vaut bien une messe »... « Ralliez-vous à mon panache blanc »... « Je veux pour tous la poule au pot tous les dimanches. » Que retiendra-t-on des « princes » d'aujourd'hui ?

***

Je l'avais admiré dans le film de Gérard Corbiau *Le Maître de musique*, j'appréciai son *Don Quichotte*, son Leporello m'avait ému, je l'ai enfin découvert au cours d'une très longue conversation à Genève. On me dit aujourd'hui qu'il prépare ses adieux. Le poids des années ! Le génie aurait-il aussi de l'âge ? José van Dam, plus discret que ses collègues, plus lointain – est-ce orgueil ? – mais si disponible à ses proches, aura, pendant un demi-siècle, offert sa voix grave, riche, maîtrisée, sur tous les continents. C'est sans doute à Bruxelles qu'il nous conviera à l'entendre une dernière fois... en 2011. José, l'honnête homme de la dynastie lyrique.

***

Un nombre incroyable d'incultes (sur le plan sportif) pestent violemment contre les Bleus du football à un mois de la Coupe du Monde. Stupide et inefficace. Quoi que l'on pense de Domenech et des siens, bagarres épuisées, il faut aujourd'hui leur rendre doux et profitable le périlleux séjour en Afrique du Sud. Je parie pour une belle performance de la France.

***

Déjà trois ans – encore deux – et toute une volière de prétendants qui se déchaînent, jurent qu'ils auraient fait mieux, qu'ils ont la solution et s'offrent si pauvres dans leur guenille de propositions étriquées. Nicolas Sarkozy que l'on dit « en chute », et qui l'est dans les sondages, n'a rien à craindre de ces fanfarons attablés à leurs petits privilèges partisans, enchaînés depuis toujours aux oraisons funèbres. Les vents mauvais qui soufflent sur l'Élysée viennent et de gauche et de droite, d'une galaxie jalouse qui se contredit en permanence. La critique est de l'art lorsqu'elle est bien conduite, aujourd'hui elle tient plutôt du café du commerce. On demande au président de faire peau neuve. C'est oublier l'essentiel. Il ne peut être, comme nous tous, que lui-même et nous avoir sortis de la grande crise n'est pas son moindre mérite. Pour le reste on peut discuter, encore faudrait-il avancer de bons arguments. Mais c'est la politique qui fait son cirque et la presse qui le presse et l'oppresse. Aujourd'hui, on juge à tout-va, la rumeur est détestable, on finit par croire que la France ne peut pas être gouvernée, oubliant qu'il en fut toujours ainsi. Vite, un peu de sérénité et de rigueur. Celle que, d'ailleurs, Sarkozy nous impose dans les dangereuses effervescences de la Grèce.

***

Vagabondage de fin de semaine, mon tour des galeries, habituel périple depuis des années. Saint-Germain-des-Prés, toujours revisité, nostalgie d'un quartier abandonné aux fringues, un petit peu gardé tout de même par des enseignes mythiques, librairies, ateliers et bistrots. Malgré quelques frustrations, j'y trouve le rêve plus accessible que sur l'avenue Matignon qui n'invente guère ! Manière de ne pas tuer le souvenir, chance de croire que l'on peut aller à la découverte. Hier, je trouvais encore, je dénichais, il m'arrivait de m'enthousiasmer pour une œuvre à bas prix que j'emportais. Aujourd'hui, je me contente d'observer. Le vrai moteur d'un achat ne peut être que le plaisir, la rencontre. Apprendre à connaître l'artiste, son environnement, est pur bonheur. Et il n'y a plus que des vendeurs qui se veulent branchés. Heureusement, Ladislas Kijno, grand peintre que Beaubourg néglige, m'a appris qu'il ne fallait jamais se fier à la mode, que la qualité l'emporte sur la valeur, que des réseaux manipulent le marché, que l'État décide des copinages du moment. Je ne désespère pas pourtant de me résoudre à comprendre un jour l'art dit contemporain. Je ne voudrais pas passer à côté du réel !

***

En vitrine à La Hune, une biographie de Philippe Soupault signée Béatrice Mousli. J'entre ; le temps de demander et une jeune femme, très belle d'ailleurs, me souffle le livre. Je n'ai plus, pour aujourd'hui, que le souvenir de deux belles rencontres. La première à *Radioscopie*, la seconde au Flore. J'aimais la tranquillité de cet homme qui se souciait peu d'une possible postérité. Il parlait avec admiration d'Apollinaire, de Marcel Proust, sans pour autant se vanter de leur amitié – « Je n'étais que de passage. » Il appréciait que je sois de Bigorre, le pays de Lautréamont – « Je l'ai découvert en 1918, secoué par la lecture des *Chants de Maldoror*. Le vrai surréaliste c'est lui. » Il ne se flattait jamais d'avoir tout vécu : les bonheurs de l'après-Grande Guerre, les effervescences de la création littéraire, ses propres succès salués par François Mauriac qui avait encensé son premier roman, *Le Bon Apôtre*, la solitude après son exclusion du groupe surréaliste pour « fréquentation abusive des attributs bourgeois », ce qui est un comble lorsqu'on lit *Le Grand Homme* où il vilipende les riches. Mais de ce temps, il gardait une infinie tristesse. Je demandai : « Est-ce d'André Breton que vous avez reçu la plus cruelle blessure ? » Je me souviens de son sourire qui était la pudique manière de masquer sa colère : « J'ai été chassé, c'est vrai, et c'est un titre de noblesse. Je n'ai pas été surpris. Déjà, lorsque nous avions publié *Les Champs magnétiques*, manifeste écrit par nous deux, je savais qu'il prendrait notre œuvre commune à son compte dans le seul but de m'effacer. » Il semble ressusciter et c'est l'une des bonnes nouvelles de ce printemps.

***

Mieux qu'un entretien, c'est une confession. Qui ne s'entend pas dans ses mots, mais qui tient à l'attitude. Suffisante pour ne pas dire méprisante. Et, peut-être, intelligemment assumée. Raymond Domenech, tout en ironie, en cynisme maîtrisé, agressif parce que en mal de tendresse, donne sur TF1 sa liste de sélectionnés pour l'Afrique du Sud. Ils sont trente. Il en retiendra vingt-trois. On peut critiquer ses décisions – je regrette l'absence de Samir Nasri –, moquer son comportement de gladiateur, s'amuser de ses phrases couperets à la conférence de presse, il n'en a cure. Son impassibilité guerrière, cette sorte d'indifférence qui éteint son regard, cet ennui qu'il porte comme une armure composent un personnage dont l'existence tangue à haute altitude. Mais ne nous y trompons pas : le maître du onze de France a une sacrée dimension et ceux qui ont voulu le lyncher pourraient en être pour leurs frais. Souvenons-nous du martyre imposé à Aimé Jacquet en 1998 ! Domenech que l'on dit pervers aura souffert sans doute d'une enfance étouffée, d'une timidité maladive relevée par un fol orgueil. L'homme aime à provoquer la passion et la dirige le plus souvent contre lui-même, les parfums du combat lui donnent du piquant et aujourd'hui, après l'avoir écouté, un nouveau sentiment me taraude : il me semble que notre football peut faire une très belle Coupe du Monde… Mes amis, eux, jurent que ce sera un désastre !

***

Étonnement d'une dame rencontrée rue de Seine : « Comment, vous n'êtes pas à Cannes ? Pourquoi donc ? » J'ai dû lui répondre d'un à-peu-près courtois pour cacher de véritables raisons : je ne voudrais pas faire du mal à mes souvenirs. Le festival qui fut souvent l'embellie de l'année – travail et débauche compris – me semble de loin aujourd'hui terre d'esclavage où le marché tient lieu de spectacle. Dans le flot des images je n'y vois plus le moindre tremblement de folie, le bruit y fait office de musique.

***

L'ineffable sapeur Camember, au meilleur de sa forme, creusait des trous pour combler d'autres trous. C'était belle et louable anticipation sur le plan de sauvetage européen d'aujourd'hui.

***

Il est 23 heures ; j'apprends la nouvelle : Robert Laffont est mort. Radios et télévisions me demandent de témoigner. Je parle encore de lui au-delà de minuit. Bien sûr la tristesse m'éprouve mais je me rassure en pensant qu'il fut un beau, un grand vivant. Ce long chemin de quatre-vingt-treize ans aura fait de lui l'un des maîtres de l'édition française – dix mille titres sur ses rayons –, le passeur de livres essentiels – *L'Attrape-cœurs* de Salinger, *Le Désert des Tartares* de Buzzati, l'initiateur de best-sellers — *Papillon* d'Henri Charrière, *Paris brûle-t-il ?* de Lapierre et Collins, le compagnon de Graham Greene, Kleber Haedens, Gilbert Cesbron, Bernard Clavel. Notre amitié couvre quatre décennies. C'est en 1970 qu'il publiait les premiers entretiens de *Radioscopie*. Avec succès. Nous aurions pu faire plus encore, Robert aurait souhaité éditer un ouvrage chaque trimestre afin de créer un vrai rendez-vous avec mes invités. Je refusai estimant que c'était exploiter un filon. Je fus idiot. Il en fut désolé. Autre déconvenue : je n'ai pas répondu à sa dernière invitation, cinq cents pages sur les « bonheurs de la lecture » qu'il me priait d'écrire. Peu importe ; je l'ai tant aimé.

***

Les procureurs du Festival de Cannes ont cru bon de ne pas inscrire *Carlos* dans la sélection française, au prétexte que « ce n'était pas du cinéma, mais de la télé ». Toujours ce même refrain bredouillé sur tous les tons par les sans-talents du septième art qui s'éblouissent du plus banal et cultivent l'ennui. Le film d'Assayas – enfin un vrai film qui ne retient aucune des recettes éculées de la production actuelle – doit beaucoup à Canal Plus et à Rodolphe Belmer. L'histoire de Ilich Ramirez

Sanchez, devenu Carlos, star du terrorisme international, faux Guevara et vrai mercenaire, étrange personnage que l'on s'abîme à comprendre, que l'on plaint tant son côté révolutionnaire est douteux et ses actions de gangster évidentes. L'œuvre est remarquable, intelligemment mise en rythme sans saccades, haletante, il n'y a pas de parti pris, simplement les faits, la cruelle réalité. Dans une interprétation si précise qu'elle installe le spectateur lui-même au cœur du récit.

Imaginons maintenant que *Carlos*, présenté officiellement sur la Croisette, ait obtenu le grand Prix ! C'eût été, jugé par les sots, scandaleux.

***

Les veuves des grands hommes sont parfois démoniaques. Elles s'imaginent avoir autant de talent qu'eux, elles estiment qu'ils ont interrompu leur propre carrière, elles ont souvent le mérite de les avoir supportés, ce qui n'était pas une mince affaire. Je n'ai pas connu Maria Kodoma, la dernière épouse de Jorge Luis Borgès, qui avait eu l'insolence d'interrompre l'édition de référence de son œuvre à la Pléiade et qui est aujourd'hui déboutée. Que vais-je relire ? D'abord et comme toujours *Fictions* et *L'Aleph*. Pour rappeler notre semaine à Buenos Aires où il m'inventait des contes, déclamait des poèmes dans toutes les langues, me laissait le guider dans la rue où j'avais l'impression qu'il voyait aussi bien que moi. Il s'amusait de ce proverbe latino-américain que j'ai retrouvé récemment dans un magazine : « Les Mexicains descendent des Aztèques, les Péruviens, des Incas, et les Argentins, du bateau. » Ce qui, d'après lui, devait les condamner à une certaine modestie. Il riait, les yeux au ciel, droit, la tête haute, la main ferme sur le pommeau de sa canne. Je n'avais pas à lui poser ma fameuse question devenue un rituel : « Quels sont les trois poètes français nés à Montevideo ? » Nous en avions déjà parlé à Paris, il connaissait la réponse mais il aimait à me faire répéter et je me prêtais à la comédie : il s'agissait évidemment de Jules Laforgue, Jules Supervielle et Lautréamont. Borges ajoutait alors : « Et ils sont tous de Bigorre, de chez vous. J'aurais été pleinement heureux si Paul-Jean Toulet avait fait partie de ce groupe. » Je précisai : « Lui, il était du Béarn. » Et il concluait : « Mais nous sommes amoureux tous les deux des *Contre-rimes* qui sont universelles. »

***

Il eût suffi d'un drop après l'essai miracle (le seul) des dernières minutes. J'y ai cru mais Biarritz n'a pas trouvé l'ouverture et perd l'Europe-Rugby devant Toulouse... de quelques points minuscules. Je connaissais la force-Capitole des compagnons de Dusautoir que j'admire mais je supportais les guerriers de Blanco, allégeance d'un Bigourdan au pays Basque – miracle des 3B (Bigorre, Béarn, Basque) –, déclaration surtout de grande amitié. Cela ne fait aucun doute : dans la mêlée du jour, le Stade a justement gagné et je partage la tristesse des deux Serge si affectueusement unis (Blanco et Kampf). Le feu d'artifice ce sera pour 2011.

***

Est-ce parce que la Thaïlande est revenue dans sa zone d'ombres que le Festival de Cannes a mis son cinéma en lumière ? Je ne vois pas d'autre raison au couronnement scandaleux d'*Oncle Boonmee*, monument d'ennui et de prétention, taxé d'une palme d'or inattendue. Et personne dans la salle, au soir de l'annonce, pour crier sa colère. Terrible signe de fin d'époque. Seulement de l'indifférence mais en habit de soirée. Absent des habituelles festivités de mai sur la Croisette j'ai vu ce film avec un peu de retard, je me suis amusé à l'apparition d'un fantôme, celui d'une femme disparue, à la métamorphose d'un fils, devenu gorille, aux caresses d'un poisson-chat sur une princesse défigurée. Rodé aux mystères de l'Asie je pensais pouvoir faire voyage jusqu'aux rivages de la réincarnation. Ce ne sont que stupidités... qui permettront aux faux intellos – chargés de la programmation – de vanter leur choix d'un cinéma difficile, pour eux ambitieux. Par la faute de Tim Burton le symbolisme thaïlandais, tombé en quenouille, est reconnu comme étranger à la spiritualité.

Disons-le tout net. C'est à Xavier Beauvois – grand prix tout de même –, qu'il eût fallu remettre la palme d'or. Son film *Des hommes et des dieux* qui conte, avec dignité, le destin tragique des moines de Tibérine lâchement assassinés, méritait de monter sur la plus haute marche. On lui a préféré un exotisme de pacotille ! La vraie spiritualité était du côté de nos cisterciens ardents de charité en terre musulmane. Le public, je le sais, ne se trompera pas d'histoire.

***

Je n'ai pas de colère, simplement de la déception, un peu d'irritation. Sans doute ai-je dû ruminer cette affirmation d'André Gide : « Quand j'aurai cessé de m'indigner, j'aurai commencé ma vieillesse. »

***

Quelques mots, pas plus, sur le concours Eurovision de la chanson, sinistre parade de vingt-cinq candidats accablés du même mal, l'absence de talent, totalement perdus dans un espace de paillettes et sous l'effet d'un bruit de ménagerie. Qu'avons-nous retenu ? Une cavalcade effrénée de chorégraphies, tristes alibis qui masquaient la banalité des textes, des musiques et une seule langue, l'anglais, pour porter de petites ambitions. En face, les Bleus du football affrontaient la Tunisie. Et c'était aussi carnaval.

***

Ses belles fantaisies : l'attaque, la bagarre, la folie. Avec en prime une sérénité à toute épreuve. Et un esprit de sérieux qu'il réserve à ses activités très officielles. Nous sommes tous les deux de Bigorre et d'anciennes traditions. Jean Gachassin, l'ami retrouvé à une altitude que je ne pouvais pas prévoir, président de la Fédération française de tennis, général d'une armée de près de deux millions de licenciés. Il était « le petit », « Pitchounet », « Peter Pan » mais si grand sur les terrains de la planète rugby. Je le retrouve ce midi à Roland Garros dans les salons où m'accueillait autrefois Philippe Chatrier, sur les gradins où, il y a trente ans, nous étions peu nombreux. Nadal est sur le court et Federer rôde. Deux champions d'exception. Ont-ils vu les déboulés savants de leur président du jour ? Ils ont en commun le génie du geste et l'honnête battement du cœur. « Jeannot », mon vieux compagnon pyrénéen.

Juin 2010

Que dira-t-on demain des gouvernants d'Israël ? Que retiendra l'Histoire de cette dernière bévue ? Comment peut-on prendre le risque d'abîmer l'image d'un État qui a tout construit avec tellement de génie ? Que de questions ! Attaquer dans les eaux internationales un convoi naval humanitaire à destination de Gaza relève de l'absurde, cela n'a pas de sens, nous sommes là dans les pires zones de l'aveuglement. J'en connais qui vont profiter de cette faute pour relancer d'affreuses fièvres antisémites. Et pourtant je ne désespère pas. Je me souviens, avec émotion, du *Grand Échiquier* que j'avais consacré, en 1988, au quarantième anniversaire de la création de l'État d'Israël. Nous étions dans la mystérieuse Jérusalem, j'avais autour de moi, avec le chef Zubin Mehta, quelques-uns des meilleurs musiciens du monde, nous avions engagé un entretien très courtois entre Israéliens et Palestiniens, il y avait dans l'air une idée de partage. Je ne saurais oublier…

***

J'ai longtemps refusé, car il n'est pas bon de jouer à l'arroseur arrosé. Et puis, séduit par sa jeunesse, j'ai accepté la proposition de Florian Zeller, Pierre-Antoine Capton avait réussi à me convaincre. Me voilà donc, pour un prochain « soixante minutes », l'invité de l'émission *Empreintes*, magnifique collection de France 5 dont je suis, chaque vendredi, le téléspectateur attentif. L'enregistrement commence ce matin dans le désordre (organisé !) de mon bureau. Bientôt viendra le voyage au Vietnam, pays de mon adolescence. Le grand retour, cinquante ans après !

***

Florian m'oblige à remonter à la source, à parler un peu de moi, à conter quelques épisodes de *Radioscopie* ou du *Grand Échiquier*. Il m'entraîne ce matin, à la Closerie des lilas que j'ai cessé de fréquenter à la mort de mon ami, compagnon de chaîne, parfait complice : Marcel Jullian, en effet, s'est effondré dans cette auberge de l'intelligentsia au cours d'un débat, à la première minute de son intervention. Je l'ai cherché sur les tables où sont inscrits les noms des écrivains de passage. Hélas, pas la moindre trace ! La place que j'occupe aujourd'hui est dédiée à Max Jacob et André Breton. On m'a promis de penser à Marcel…

***

Une troisième fois, et c'était trois fois de trop, l'inspiration les avait désertés. Les Bleus rôdaient sur un terrain que l'on trouvait de grisaille. Le Costa Rica, la Tunisie et la Chine en sont sortis roses de pur bonheur. Trois matchs de préparation avant le Mondial et pas le moindre but d'Anelka, d'Henry, de Malouda, de Gourcuff ou de Ribéry ! Ils ont le pied bien sûr mais ces derniers jours ils n'avaient pas de cœur. Sans doute vont-ils s'économiser pour affronter l'Uruguay.

***

À l'aéroport, tout en haut du panneau « Départs », ce nom qui fut celui d'un prophète de la révolution asiatique – Hô Chi Minh – et que je traduis aussitôt « Saigon », pour fixer les souvenirs. Deux appellations pour une seule ville et – là-bas – une musique dont je ne suis pas sûr qu'elle me sera encore familière.

Tant de jours se sont évanouis ! Le son du mot est différent : on romantise à entendre Saigon, on pénètre la réalité à prononcer Hô Chi Minh, on s'effraye du temps à compter les décennies. Je suis depuis toujours fâché avec les dates mais je suis capable de mesurer ce matin la distance qui me sépare de ma première expédition, une traversée maritime (en 1948) de cinquante jours sur un rafiot *Le Sontay* qu'on voulait faire passer pour un bateau de plaisance ! Je n'ai jamais volé sur la compagnie « Vietnam Airlines ». Douze heures pour rejoindre le pays de ma seconde naissance, ce lointain qui a secoué mon adolescence.

***

Voyage sans histoire, excellent service à bord, hôtesses délicieuses, fines dans leur tunique rouge et bleu, vietnamiennes jusqu'au bout d'un choix délibéré ; le français et l'anglais leur sont inconnus. Arrivée sans problème. Première impression : la chaleur retrouvée qui ne saurait me surprendre mais surtout la moiteur que j'avais oubliée. Étouffante aux premiers pas mais je me réhabitue très vite. L'aéroport de Tan Son Nhut qui était l'un de nos postes avancés pour l'exploration du pays, plus une base de guerre qu'une terre de tourisme, m'apparaît gigantesque, totalement étranger, j'ai perdu tous mes repères. Évidemment, je ne prétends pas reconnaître mes îles de conquêtes, souvent incroyables, parfois désastreuses, mais, tout de même, le choc est rude. Pas la moindre trace de pelouses, d'arbres, autour du tarmac. Que sont les immenses espaces verts devenus ? Il n'est plus de zones d'agrément entre les extrêmes et le centre : la ville, on le devine en débarquant, est tentaculaire, comprimée par ses huit millions et demi d'habitants.

Je ne vois qu'eux, flottant au vent, en passant la porte du grand hall, direction la cité : deux drapeaux rouges, sur de hauts mâts, l'un marqué de l'étoile, l'autre de la faucille et du marteau. Drôle d'effet, pénible retour en arrière et constatation immédiate : le communisme s'habille des oripeaux du capitalisme, tout est chic dans l'environnement qui nous accueille, les hôtels sont des palaces, les voitures fleurent bon le luxe, je crains de ne plus trouver le dépaysement souhaité.

***

J'avais un temps occupé la propriété de mes amis Bazé, sur l'avenue du Général-de-Gaulle, qui, de l'aéroport, descend vers Saigon. Je n'ai même pas à me soucier de la chercher, les parcs des belles maisons ont disparu, ce ne sont plus que bâtiments de béton en enfilade, la tradition des constructions en bois semble défunte. Cet aspect d'aujourd'hui n'aide pas à me souvenir mais il y a dans mon cœur tellement d'amour pour ce peuple que mes réalités d'hier réussissent à porter l'inaccessible rêve : revivre toute une adolescence.

Je ne reconnais Saigon qu'à hauteur de la cathédrale, toujours rouge, encore protégée. Je passe l'avenue Norodom où le palais de l'empereur et le jardin botanique souvent me retenaient, j'aborde la rue Catinat – aujourd'hui Dong Khoï – et, enfin, j'ai l'impression d'être chez moi. Je vais au Continental comme autrefois, je monte les marches du théâtre, je me hasarde sur la Grand-place offerte maintenant à la fureur des scooters. Il était là notre quartier, ce petit lopin de bitume niché au cœur de la ville rassemblait les journalistes du monde entier, nous accueillait, nous les correspondants de guerre. Ici nous étions en poste et non pas de passage. Au Continental qui n'est plus le palace le plus luxueux mais qui reste à toujours l'hôtel symbolique, chargé d'histoires, j'ai retrouvé mon appartement au-dessus du jardin aux arbres noueux où les dalles hélas ont remplacé les fleurs. Je me suis aussitôt souvenu de nos échanges matinaux avec Max Clos – alors du *Monde*, ensuite directeur du *Figaro* – qui occupait le salon d'en face. Dans une chambre un peu plus reculée passait Graham Greene, au rez-de-chaussée Lucien Bodard et Jean Lartéguy veillaient. Nous partions de là à toute heure, selon les circonstances, en avion, en hélicoptère, toujours prêts à rejoindre les terrains de combats.

***

Alain Decaux, ministre de la Francophonie, et plus tard Canal Plus, qui est installé désormais au Vietnam, m'avaient proposé de revisiter l'Indochine de ma jeunesse. Je me refusai à ce retour, la nostalgie ne me paraissant guère fréquentable. Et puis est venu Florian Zeller auquel je n'ai pas su résister : « Faisons *Empreintes* ensemble. » Je l'ai dit, j'aime cette collection, j'accorde ma confiance à l'excellent auteur de théâtre qui se propose de me forcer aux souvenirs, nous voilà donc embarqués pour un retour aux sources avec Sidonie, Mathieu, Antoine qui, caméra au poing, ont décidé de ne plus me quitter trois jours durant. Leur discrétion est remarquable, je finis par les oublier, repris par toutes mes curiosités. Au théâtre on joue *Les Quatre Saisons* de Vivaldi. Ici c'est la saison des pluies avec un soleil de tous les diables, il fait 42 degrés. Je lis *Le Courrier du Vietnam*, le seul quotidien français, rédigé par le service d'information du gouvernement vietnamien et j'écoute TV5 Monde où William Leymergie me donne des nouvelles du jour.

Tout m'est occasion de revenir loin en arrière. Je passe devant la brasserie Givral – rue Catinat – en réfection, remise à neuf, toujours en place, inaugurée en 1949 par un Français, Charriglione, célibataire endurci mais séducteur impénitent qui en avait fait « le paradis des glaces et des laitages ». Ce rendez-vous des petits matins, lorsque le soleil ne brise pas encore les enthousiasmes, m'est particulièrement cher et ravive à l'instant l'émotion. Un jour de 1950 j'y fus convoqué – c'était le mot employé – par Nguyen Huong, mon ami, mon confident, fils de lettré, descendant d'une des plus vieilles familles de mandarins, étudiant brillant qui préparait Normale Sup. Il m'avait prévenu au téléphone : « La rencontre est importante, j'ai peu à te dire, mais ce peu est tout. »

À l'heure fixée il était déjà là, le *Journal d'Extrême-Orient* traînait sur la table. Il m'apparaissait soudain moins élégant que d'habitude et plus sombre. Il m'avait serré la main, longuement.

— Ne perdons pas de temps, me dit-il, c'est assez dur comme ça. Nous ne nous reverrons plus. Je quitte ma famille, mes amis, je t'abandonne, je deviens aujourd'hui ton ennemi. Je rejoins les troupes de Hô Chi Minh, ce n'est pas le communisme qui me guide mais un nationalisme d'évidence. Ma culture est essentiellement française mais ma vraie patrie c'est le Vietnam et je ne voudrais pas me reprocher ma lâcheté.

Je pouvais le comprendre mais je ne voulais pas l'admettre. L'amitié me semblait plus forte que le patriotisme. Je tentai une parade.

— De qui veux-tu te venger ?

Son sourire triste plaidait pour une décision mûrement réfléchie.

— Je tiens simplement à libérer mon pays des occupations étrangères. Et je te rappelle cette observation de Confucius : « On a inventé la justice pour épouvanter la vengeance. » Ma cause est seulement juste.

J'ai appris, bien plus tard, l'itinéraire chahuté de l'ami Nguyen. Un soir en 1980, avenue Montaigne, dans le hall d'Antenne 2, l'hôtesse d'accueil me prévenait d'une visite : « On vous attend. L'homme qui vient d'arriver m'affirme que vous serez surpris. » Je descendis aussitôt. Vieilli mais facilement reconnaissable, costume noir trois pièces, cravate blanche, Nguyen fixait la porte de l'ascenseur. Je n'ai rien oublié de cette seconde de grand bonheur. Je l'entraînai au bar du Théâtre. Il était pressé de parler.

— Laisse-moi te raconter et je vais le faire vite en peu de mots. Lorsque je t'ai quitté chez Givral je me suis immédiatement rendu à Hanoi où j'ai rencontré le général Giap. J'ai fait mes classes, combattu au Nord, gravi les échelons, j'ai reçu mes étoiles à Diên Biên Phu, je suis devenu général de l'armée vietminh, je croyais avoir gagné en vous chassant mais il nous a fallu livrer bataille contre les Américains. J'étais de ceux qui ont libéré Saigon, je me pensais héros de la Nation mais les déceptions se sont vite accumulées. Pour faire court je te dirai que j'ai tout perdu, notre maison, nos propriétés, ma famille. Je suis l'un de ces boat-people qui cherchaient une sortie honorable. Nous sommes partis, mon père, ma mère, mes deux sœurs et moi sur une embarcation de fortune, nous avons coulé, j'ai été repêché par un bateau anglais. Je suis le seul survivant, je vis désormais aux États-Unis où j'enseigne dans une petite école... la littérature française... Et maintenant, parle-moi de toi.

Nous avons passé la soirée ensemble. Il repartait le lendemain, je ne l'ai plus revu. Où est-il ?

***

À Saigon, dans ces années d'errances, je me partageais entre *Match* où m'avait engagé Raymond Cartier et Radio-France Asie, satellite de la RDF, qui façonnait mon initiation audiovisuelle. Il me fallait donc retrouver à tout prix l'antique maison de mes premiers « exploits », mes chers studios où j'ai présenté tant d'émissions. Nous avons cherché, nous nous sommes perdus dans un labyrinthe de rues nouvelles, dans un fatras de constructions baroques. Total échec... mais je ne démissionne pas aussi facilement. Retour le lendemain. Subitement, j'ai l'idée de reprendre à pied le chemin que je faisais depuis le Continental, au carrefour d'une grande avenue. J'avais pris pour base d'orientation la citadelle de mon ami Lou Hui Bon Hoa qui existe toujours derrière de hautes grilles et comprend trois palais. Mon bureau était là, à moins de deux cents mètres. Persévérance récompensée. Au-delà d'un écheveau de palissades dissimulant des travaux de restauration, j'ai enfin déniché la façade de ce qui fut mon lieu d'apprentissage. La façade seulement, car à l'intérieur plus rien n'existe. Mais je me forçai à être heureux tout de même.

***

Juin 2010

Je reviens un instant à la citadelle de mon ami Lou, devenue aujourd'hui un musée dans lequel, hélas, nous n'avons pas pu entrer. J'y avais mes habitudes et même une petite chambre. Les bâtiments, toujours debout, mériteraient d'être restaurés. C'est une exception unique au centre de Saigon, un passé aristocratique bizarrement protégé. Là vivait une grande famille chinoise, un clan de mandarins, gardiens des plus vieilles traditions. Je me demande ce qu'il reste des trésors autrefois ici amassés. L'ensemble comprenait (comprend encore) trois palais, celui des propriétaires, les fiers Hui Bon Hoa, celui du personnel et le troisième, mystérieux, celui de l'autel des ancêtres qui excitait ma curiosité. Je m'en suis inspiré d'ailleurs pour mon roman *Le Prince ou le Festin des fous*. Des salles souterraines croulaient alors sous les chefs-d'œuvre, une multitude d'objets hérités de tous les siècles depuis le XIIIe, souvenirs des anciennes dynasties de Pékin dont la famille prétendait descendre. J'avais eu le privilège d'admirer cette caverne d'Ali Baba que l'on ouvrait par une porte de fer à même le sol, dissimulée sous les lourds tapis. Il fallait quatre énormes clés, celle du père et celles des trois fils, pour pénétrer cette sublime cave. Plaidant pour moi auprès des siens, Lou avait autorisé cette visite, interdite aux femmes du clan. J'ai, à cette heure, une pensée très tendre pour la mère de Lou, à l'admirable visage, dont je fus souvent l'accompagnateur ; les mâles du clan s'occupaient fort peu de sa faiblesse. Elle était affligée en effet d'un cruel handicap, voulu par la noblesse de ses origines : ses pieds serrés à la naissance par des bandelettes l'empêchaient au grand âge de marcher ; je la soutenais dans nos promenades.

J'ai perdu toute trace et de Lou et des autres. Mais j'ai l'avantage de revoir ce dont ils sont, eux, à jamais privés.

***

Florian Zeller aurait voulu reconstituer l'épisode dramatique qui, paradoxalement, allait, au lieu de la détruire, armer toute ma vie, ce saut dans l'inconnu sur un pont miné de Khanh Hoï, au cours d'une reconnaissance dans un repaire viet, où nous explosâmes et qui, des mois durant, me fit pensionnaire de l'hôpital de Gia Dinh. Mes yeux s'étaient mis en sommeil, je ne pensais qu'à eux, les autres coups sur mon corps ne comptaient guère. J'envisageai, dans toutes mes nuits, une fin possible ; j'ai glissé depuis dans mes carnets cette note du poète Rilke : « Il y a de la mort dans la vie et cela m'étonne qu'on prétende l'ignorer ; il faut apprendre à mourir : voilà toute la vie. »

J'ai le regard (assez) clair aujourd'hui pour bien observer. Il ne reste rien de ces rizières, de ces terres désertiques, à quelques dizaines de kilomètres de Saigon, ce ne sont que bâtiments, autoroutes, la banlieue maintenant va loin et je n'ai pas tellement le cœur à m'attarder en ces lieux où les deux officiers qui m'accompagnaient furent, eux aussi, cruellement frappés. Il me suffit de songer au grand noir que le destin, ce jour-là, m'imposa. Voir est vraiment la plus belle chose du monde. Et puis, est-ce vanité, je n'ai pas de penchant pour ce genre de récit.

***

Mes huit années au Sud-Est asiatique ont illuminé – malgré tout – mon existence si longue. Du Japon, de la Chine, de la Thaïlande, du Cambodge, je conserve dans mes yeux retrouvés des images superbes. Du Vietnam que j'aime je garde avec un soin jaloux le meilleur d'une adolescence tourmentée, évitant de m'apitoyer sur le pire qui pourtant m'aura enlevé tant de proches.

Le temps nous est compté, je n'irai pas jusqu'à Dalat, je ne reverrai pas La Palkeï, au Cambodge, notre territoire de grands animaux, je ne foulerai pas les allées de la cité impériale de Hué, et Hanoi, au Nord, qui était notre escapade hebdomadaire au camp de presse m'est également interdite. Je ne reviendrai plus, j'en fais le sacrifice mais je voudrais montrer un peu de la campagne vietnamienne à mes camarades. Je décide d'une sortie jusqu'à Tây Ninh, à une centaine de kilomètres, dans une région où le Vietminh avait creusé des tunnels pour acheminer ses troupes, organisé des espaces de repos, construit sous terre des hôpitaux. Mais ce ne sont pas ces « caches » du combat nationaliste qui m'occupent ; on les visite, paraît-il, mais il y a plus anecdotique dans notre petit voyage. Je mène notre équipe jusqu'au temple caodaïste où souvent m'accueillait l'un des grands maîtres de la secte, le dangereux Pham Cong Tac. Au milieu d'une vraie cité entourée de murs multicolores une importante communauté qui associe dans sa foi particulière, bouddhisme, taoïsme, confucianisme et christianisme, remplit son office de non-violence depuis 1920.

Nous arrivons à la fin d'une cérémonie très belle où des centaines d'adeptes habillés de blanc – majorité de femmes – prient en gestes gracieux et ordonnés, en chants mélodieux, douces mélopées. Le lieu, étonnant, incroyablement baroque, se veut cathédrale, il en a la dimension et, dans la démesure la plus totale, les artifices. Ici, on vénère des saints qui surprennent, le plus inattendu étant… Victor Hugo. Dans mes jeunes années, j'avais suggéré que l'on ajoutât à la liste Jean Cocteau et Lautréamont. Ce ne fut pas accepté. Les deux écrivains avaient été jugés « trop sulfureux ». Quelques grands dignitaires de la secte avaient retenu plus sérieusement Jeanne d'Arc et Churchill mais j'ai cherché en vain leurs noms sur les colonnes. Le père des *Misérables* est en revanche bien présent sur le tableau d'entrée.

J'ai toujours apprécié ces endroits où l'originalité l'emporte sur l'habituelle rigueur, où de mystérieux signes guident des créations inattendues. Il y a de par le monde des sites privilégiés qui doivent leur existence à d'étonnantes générosités. Ainsi au Brésil, dans le Minas Geirais, à Ouro Preto très précisément, où m'avait entraîné Jorge Amado pour son *Grand Échiquier*, des églises – douze me disait-on – avaient été bâties grâce à l'astuce de milliers d'esclaves noirs qui n'avaient pour tout outil qu'un peigne. Chaque soir, en revenant dans leurs cases, ils tiraient de leurs cheveux crépus la poussière d'or de la mine qu'ils y avaient dissimulée et qu'ils déposaient dans des paniers. Au bout de plusieurs années ils avaient amassé une fortune dont ils firent profiter une foi chrétienne qu'ils venaient de découvrir et qu'ils appelaient candomblé. L'une des chapelles de cette ville – la San Francisco – porte également témoignage d'une noble histoire qui semble inventée par la légende et qui est pourtant exacte, ses fresques, ses statues sont l'œuvre d'un infirme – Aleijadinho – dont la lèpre avait rongé les doigts et que l'on montait sur les échafaudages. Ses moignons, prolongés par des pinceaux, des burins, attachés, serrés, par de petites cordes. Ce massacré de la vie sera célébré un jour en état de sainteté.

Encore à Saigon, j'y reviens, une autre secte, celle-là composée de gangsters, essentiellement mafieuse, honorait un carnaval des animaux. Dirigée par Baï Vien sur un territoire près de la Rivière, menée au combat par cet homme violent dont la France devait faire un commandant de la sécurité, elle accueillait des éléphants, des tigres, des buffles, des cervidés et toute une flottille de crocodiles. Étrange et dangereux !

Je m'aperçois qu'échappant aux Mémoires que l'on ne cesse de me demander et qui ne m'intéressent guère, je conte quand même ici, par petites touches, un peu de mon Indochine choisie. Je laisse dans ce pays promis à un bel avenir ma modeste « empreinte », beaucoup de mon cœur fort agité à l'époque, un supplément d'âme. Vivre tout cela lorsqu'on n'a pas vingt ans n'est pas une mince affaire.

Je longe une dernière fois la rue Catinat, j'abandonne le Continental qui fut longtemps notre point d'observation, notre phare, je reprends l'avion, direction Paris. La Coupe du Monde de football est au bout de la route.

***

« C'est déjà ça », titre *L'Équipe*. Pour ce premier match contre l'Uruguay on ne pouvait pas s'attendre à mieux. Le nul n'est pas heureux mais convenable, ceux qui proclamaient la fragilité de l'adversaire ne devaient pas connaître la force de Forlan. Les Bleus vont monter en puissance. Contre le Mexique – si Thierry Henry est aligné dès le départ – nous devons gagner. Mais l'important n'est-il pas de participer ?

***

À l'heure de la Coupe du Monde de football qui nous fait (presque) oublier les tourments de la politique, on doit se réjouir de citer Nietzsche : « La fête est la meilleure des polices. »

***

La fête est finie, le rêve évanoui, le désastre accompli. Il fallait des seigneurs, nous n'avons eu que des valets, les vrais mousquetaires piétinaient sur le banc. Le Mexique, en nous humiliant, nous fait tard comprendre que l'on ne devrait pas confier nos couleurs à n'importe qui. Les parvenus sont toujours de mauvaise éducation. Quelles saillies d'évidence faut-il retenir de cette lamentable Coupe du Monde de football ? L'impuissance, la bêtise (crasse), la malhonnêteté, la vanité là où on attendait de l'orgueil. J'ai de la peine pour Thierry Henry qui eût pu, seul, rendre un peu de dignité à cette assemblée de notables apeurés. Arrêtons là ! Le monde peut tourner sans eux.

***

Je l'avais connu en Indochine, je ne sais plus en quelles circonstances, sans doute une contribution de Lily, sa compagne ; nous avons partagé une petite décennie de très profonde amitié, nous nous retrouvions souvent dans sa vieille demeure de Saint-Benin-d'Azy, dans la Nièvre, et puis on m'a dit, un jour, j'étais à Shanghai, qu'il avait disparu. Bizarreries de l'existence, *Le Figaro* m'apprend ce matin qu'il vient de mourir. J'aurai ainsi passé une quarantaine d'années à le croire dans ses nuages désirés, peut-être même au ciel. Il vivait et je ne le savais pas.

Jacques, marquis de Saint-Phalle, gentilhomme d'aujourd'hui était la discrétion même, poussée jusqu'à l'extrême. Ses silences dans nos conversations de groupe, débridées, étaient ce que l'on retenait de mieux. La frime lui faisait horreur, de la pudeur et du recul il avait fait un art. C'est seulement dix mois après notre rencontre que j'avais appris ses états de résistance, son passé héroïque dont jamais il ne parlait. Il avait été en effet l'un des pilotes de la fameuse escadrille Normandie-Niemen. Il s'en va au beau rappel du 18 juin, comme le général Bigeard, un autre de mes rendez-vous asiatiques. Les légendes n'ont pas tellement de temps à vivre !

***

Une insulte depuis longtemps répertoriée dans le dictionnaire contrarié du football fait s'éclater la planète. Anelka aurait dit à Domenech : « Va te faire enculer sale fils de pute. » On est loin de Montaigne pour le texte et de Mozart pour la musique. Mais peut-on attendre autre chose du prince d'un cénacle gavé de toutes les scories du plein confort ? Le football (tricolore) n'est plus aujourd'hui qu'un terrain de fausses notes. Et cela va bien au-delà de l'échec sportif. Côté relations humaines c'est une descente aux enfers. Bien sûr, j'ai éprouvé de la tristesse et puis de la honte. Maintenant je décide d'en rire pour n'avoir pas à me préoccuper de la bêtise qui passe sur les écrans à marches forcées. Chaque heure a désormais sa part de scandale, chaque pouce d'Afrique du Sud sent le soufre, les joueurs ne sont plus que des sales gosses pervertis parce que sans éducation. Et le sélectionneur dans tout ça ? Mais qui est donc ce Raymond ? Ce serait, à mon humble avis, un personnage de comédie voué malgré lui au tragique. À défaut de l'aimer on finira par le plaindre.

***

Ils ne méritaient pas d'en être, il est logique qu'ils en soient sortis. Il n'y aura pas eu la moindre éclaircie dans leur parcours grotesque. La Coupe du Monde leur était un mirage, le sable a recouvert leurs absurdes prétentions, leur bêtise assumée, la victoire sur l'Afrique du Sud n'y aurait rien changé : ils s'étaient condamnés eux-mêmes au ridicule ! Indifférence et mépris pour ces gens-là. Tous les joueurs, tous, pas d'exception, doivent quitter le terrain où ils avaient rôle d'ambassadeurs. Tous ne souhaitaient pas cette grève burlesque de l'entraînement mais tous furent lâches. De grâce, que l'on ne nous parle pas de solidarité. Ce déshonneur tient à une ignorance crasse, ces messieurs du ballon rond ne sont pas mieux que des déserteurs. Vive le rugby !

***

Des jets et des bus sur le tarmac du Bourget. Quarante-cinq minutes d'images grotesques retransmises avec force commentaires surréalistes par les chaînes d'information en continu. L'ivresse envolée nous voilà saoulés de ridicule. Le baroque, qui aura couvert chaque épisode du long crépuscule des Bleus est, cette fois, magnifié par les médias qui, par esprit de complicité sans doute, affichent une stupidité inquiétante. Pour quelles mauvaises raisons a-t-on célébré l'arrivée de nos pingouins chassés de l'Afrique du Sud ? Il eût fallu – question de respect – absence et silence. Fermons le ban sur cette équipe de branquignols. Pas un mot de plus.

Juillet 2010

Pour accompagner la sortie du dernier livre d'Alain Decaux, *Le Dictionnaire amoureux de Sacha Guitry*, l'éditeur Jean-Claude Simoën – directeur de cette fameuse collection – et Micheline Pelletier, la femme de l'académicien, ont eu l'excellente idée d'offrir à notre cher Alain un petit *Dictionnaire de l'amitié*. Nous avions toute liberté pour choisir notre lettre. J'ai retenu le F, comme « Fâcherie » :

Comme des millions de Français j'ai accompagné Alain Decaux sur les chemins de l'Histoire et assisté de très près à la mise sur images de ses récits. Sa science du « Raconte » au rythme d'une parole libre, dans une gestuelle savante, aura longtemps épousé les mystères des siècles. J'avais eu le privilège de vivre son entrée en télévision. Une déjà vieille amitié nous faisait complices. J'aimais ses turbulences. La recherche, l'errance dans les archives, l'écriture, lui accordaient une indépendance que sa fonction inattendue – ministre de la Francophonie – pouvait lui enlever. Je lui en fis reproche, il en fut étonné.

Cette nomination allait nous rapprocher plus encore… et nous entraîner à la… fâcherie, alors qu'elle aurait dû fortifier notre position de compagnons. Alain m'avait en effet proposé la présidence de TV5. Dans un réflexe orgueilleux, j'acceptai, touché par cet élan de confiance dont je mesure l'intensité affectueuse. Hélas ! Au même moment, Philippe Guilhaume – sans m'avoir consulté – me nommait directeur général des programmes de

France 3. La chose faisait désordre, j'en conviens, et Michel Rocard s'en mêla. « Deux postes prestigieux et un seul bonhomme pour les habiter voilà qui n'est pas convenable. Puisqu'il faut choisir, donnons à Jacques la Trois. » J'étais piégé... Alain était furieux. Je ne l'avais jamais entendu aussi déterminé dans l'invective, les mots, définitifs : « Tu m'as trahi. » C'était sec et sans appel. Je fis front : « On ne m'a pas laissé le choix. Tu ferais mieux de t'en prendre à ton Premier ministre... » Un peu plus tard, au téléphone, plus serein, il m'invitait à trouver vite un remplaçant pour TV5. Je proposai Patrick Imhaus qui fut aussitôt nommé. Je n'ai jamais conté cette dispute, c'était notre jardin secret.

Une amitié sans fâcherie est cruellement infirme. C'était il y a vingt ans. Et bizarrement, nous n'en avons plus jamais parlé. Est-ce oubli ? Fâcheux souvenir ? Ou malignité ?

***

Ils vont au pied du rocher comme on va aux pieds de la Vierge. Ce sont des pèlerins de passage, parfois de grands-prêtres, quelques novices, plus souvent des salonnards. Les grands festivals sont devenus des rendez-vous mondains. Depuis la mort de Karajan, je néglige mes anciennes expéditions à Salzbourg, qui n'existe plus que dans mes souvenirs. J'aime trop la musique pour l'écouter souffrir de la prétendue modernité de ce que l'on peut considérer comme un snobisme. J'éprouve le même sentiment pour Aix-en-Provence où l'on nous laisse croire que *Don Giovanni* doit être réinventé.

***

Une tête d'ange à ses débuts, un port de prophète à son final. La beauté et la grâce. Avec la droiture comme colonne vertébrale : Laurent Terzieff revendiquait l'excellence, refusait les honneurs, exigeait la reconnaissance. Jamais il ne s'était senti digne de jouer, il ne s'intéressait pas, seul le passionnait l'amour des textes ou classiques ou inattendus. Notre première rencontre à *Radioscopie* fut aussi la dernière. Bizarrerie de la vie. Je le revoyais (assez rarement) sur le petit écran où, au cours des *Molière 2010*, il se fit applaudir par un public debout, enthousiaste, respectueux. Homme de lumière, il m'était apparu tel un personnage condamné à l'ascèse, grand mais courbé, visage émacié, pommettes hautes, l'œil brillant, la voix superbe. J'aimais à l'écouter, tribun de nature, passeur de mots. Les années avaient bousculé son physique, mais non pas éprouvé cette beauté que l'on jugeait autrefois insolente, ni rien ôté de son charme mystique. Je me suis souvenu, apprenant son définitif départ, de ce qu'il me disait : « On est ce qu'on fait » ; « Seule doit être regardée la réalité des choses » ; « L'autre est mon unique préoccupation » ; « Je vis en bonne harmonie parce que je suis hanté par la mort. »

***

Dernier éclat en Afrique du Sud : l'Espagne remporte la Coupe du Monde de football face aux dangereux bretteurs des Pays-Bas. Que nos voisins pyrénéens soient remerciés pour leur jeu où passent talent, enthousiasme, inspiration et noblesse. Il n'est pas de plus éblouissante équipe dans l'univers. Autrefois on s'efforçait de jouer comme le Brésil, aujourd'hui c'est l'Espagne qu'il faut tenter d'imiter. Que le bonheur fut grand à voir heureux ce pays. Était-ce consolation après notre cauchemar ? L'Afrique n'a pas démérité, organisation parfaite, sécurité totale, performances remarquées : celles du Ghana et de l'Uruguay. Déceptions en tristes litanies : le Brésil, l'Argentine, l'Angleterre et l'Italie ont été renvoyés dans leurs foyers désolés, avec toutefois les honneurs d'une participation exemplaire. Seule ombre au tableau : nos Bleus à l'âme grise. Les vingt-trois de la honte ne méritent même pas notre colère. L'indifférence suffit.

***

Nous n'aurons pas de sitôt un Français en tête aux Champs-Élysées mais nous tenons tout de même de fiers combattants à chaque étape du Tour de France : Chavanel, Moreau, Pineau, Charteau, Casar. Qui pourra détrôner demain Schleck ou Contador ? Seulement un incident majeur, ces diables sont inatteignables.

***

Ils étaient quatre à pouvoir prétendre à la présidence de France Télévisions : Rodolphe Belmer, Alexandre Bompard, Emmanuel Hoog, Rémy Pflimlin. Quatre grands responsables que je connais bien et estime. Le temps imposé par l'attente a clarifié la situation. Rodolphe, directeur général de Canal Plus ne se résignait pas à abandonner son patron, Bertrand Méheut... Alexandre se retrouvait défait par Alain Minc qui s'était autorisé à annoncer sa nomination (parfait exemple de la morgue d'un conseiller)... Emmanuel prenait, à contrecœur, du moins au départ, la présidence de l'AFP. Il fallait un vainqueur et ce fut Rémy. Il était temps. Serré dans les filets des tourmentes politiques, énervé par la prétention d'autres candidats (très nombreux) qui se vantaient d'avoir été appelés, Nicolas Sarkozy se devait de régler – avant le 14 juillet comme il l'avait promis – le cas France Télévisions. Voilà qui est fait, voilà un président nouveau qui ne lui attirera aucun désagrément. Toute la presse souligne la qualité de Rémy Pflimlin, sa force d'honnête homme, son professionnalisme, sa connaissance des embarras de la Maison (il a été déjà directeur général de France 3). Je sais ses enthousiasmes, je devine ses ambitions, nous nous sommes frottés aux mêmes passions – la musique, la littérature, l'information –, je l'ai vu au lendemain même de sa nomination – déjeuner de soleil au Flandrin –, le navire aux multiples chaînes est entre de bonnes mains. Les journaux annoncent que je pourrais être son conseiller très privé : il n'en a jamais été question. Après quarante ans de belles complicités avec le service public, je suis et reste à Canal Plus.

***

Lumineuses Pyrénées… J'attends Florian Zeller. Après l'Indochine, la Bigorre, les sources magnifiques de mon enfance. Je reconnais mes vieux parcours. Je revisite pour la millième fois mes paysages préférés, ce matin, le lac d'Estaing, à quelques kilomètres de ma maison de Miramont. L'eau y est d'un bleu inhabituel, l'or du soleil. Moutons et chevaux courent le long des rives. Si j'avais les audaces d'autrefois, je monterais plus haut, nos montagnes sont riches de dizaines d'autres lacs que mon père me forçait à approcher et je songe à Stendhal : « Pour jouir pleinement de la beauté des lacs il faut aimer et être malheureux. » Aimer évidemment mais dans un bonheur désiré. Ici, comme Giono, je suis un « grand écouteur d'oiseaux ». De quels mondes Florian va-t-il me faire encore parler ? N'aurai-je pas dit l'essentiel ?

***

Troublante époque, mieux observée loin de Paris. Un populisme nouveau, hérité des peurs savamment orchestrées par les adversaires du pouvoir, voudrait faire croire à la décomposition des institutions d'aujourd'hui. Il y a, c'est vrai, un affaissement moral. L'affaire Bettencourt – ce fameux « argent de la vieille » – prolongée par l'embarras des Woerth, la délinquance hélas grandissante, les magouilles des puissants, les querelles incessantes imaginées par quelques politicards d'une gauche-caviar comble les prétendants à un désordre moderne. L'opposition doit être forte. La critique est nécessaire mais il importe que l'analyse soit juste. Prenons en exemple la dernière intervention télévisée du président de la République : celui-ci n'avait pas la prétention de séduire en une petite heure ses ennemis irréductibles mais beaucoup se plaisent à constater qu'il fut digne dans son propos. Jean Daniel, belle conscience de notre temps, qui n'est pas de son clan, en porte témoignage. Le plus souvent la rumeur mauvaise prend la place d'une pensée absente. Il en aura toujours été ainsi à l'endroit des chefs d'État. Le très amusant de l'histoire : on dit partout sur les tréteaux, dans les officines, que Nicolas Sarkozy contrôle toute la presse. Jamais président ne fut autant griffé par elle. Insulté même. La fonction seule n'est même plus respectée. Va-t-on enfin comprendre que la liberté ce n'est pas l'explosion d'une haine fabriquée ! Balzac se plairait aujourd'hui à écrire une suite de *La Comédie humaine*...

***

Tout ce parcours du Tour de France cycliste avec ses encorbellements propres à une certaine mythologie, ses enchaînements de repères sacrés, chacun y a laissé un peu de son histoire. Mes souvenirs d'enfance sont aux Pyrénées, sur les routes de l'Aubisque et du Tourmalet, que je grimpais sur mon petit vélo rouge, devançant mon père. Premières amours de la grande boucle. Je n'imaginais pas alors que je serais un jour si près des coureurs... trente-cinq années durant, je n'aurai pas pu rêver de plus ardent compagnonnage. J'étais derrière Luis Ocana lorsqu'il s'est fracassé dans la rocaille du col de Mente, je suivais le peloton et Fabio Casartelli à l'instant où celui-ci laissait la vie dans la descente du Portet d'Aspet. J'aurai été de toutes les joies (et de toutes les peines) de cette étrange épopée, avec Robert Chapatte, Patrick Chêne, Christian Prudhomme, Jean-Paul Olivier...

En cet été 2010 je regarde passer la Ronde devant notre maison, et par deux fois : c'est l'hommage au centenaire du premier Tour dans les Pyrénées, le 19 juillet 1910. Deux fois le Tourmalet pour se souvenir.

Au cours de ces journées festives le vélo aura bloqué les nationales sans pour autant provoquer la moindre mauvaise humeur. Ils étaient cinq cent mille sur les cols. Superbes d'enthousiasme mais encombrés d'affreuses caravanes. Il m'a fallu, à différentes reprises, répondre à la presse, j'étais le régional des deux étapes. Que dire ? Je rappelle le nom de Lapize qui fut le premier à franchir le Tourmalet en 1910, je parle de l'épreuve, de bout en bout intéressante, des Français qui enfin se montrent, du duel Contador-Schleck qui aurait dû être bien plus violent à ses débuts, du bonheur qu'offrent les retransmissions à la télévision, de Jean-Paul Olivier qui nous montre la France comme autrefois Alain Decaux nous contait l'Histoire...

***

Lu dans la presse de ce matin : « Reconnu coupable de plus de douze mille meurtres dans la prison S 21 à Phnom Penh, l'ancien tortionnaire Kaing Quek Eav, alias "Douch", soixante-sept ans, a été condamné hier à trente-cinq ans de prison. Compte tenu de ses onze années de détention préventive et d'un allègement pour bonne conduite le bourreau, grand inquisiteur des Khmers rouges pourrait être libéré avant son quatre-vingtième anniversaire. » Je n'ai pas à juger la justice cambodgienne... mais je me souviens d'un ami très cher, Sisovath Maï Peng, rencontré à Angkor dans les années 55 lorsque je fouillais les temples sous la houlette de Jean Laur. Nous fûmes complices une année durant, il fut même de mon dernier voyage à Shanghai. Nous nous étions perdus de vue jusqu'à ce soir de 1980 où il vint me surprendre, avenue Montaigne. Il n'était plus qu'un squelette en marche, les os à fleur de peau, le crâne lisse, le regard absent : « Je voulais te revoir, on ne me donne plus que quelques mois à vivre. Je dois te parler. Il me faut témoigner, nous ne pouvons pas être lâches plus longtemps. »

Sisovath m'avait alors raconté sa tragique aventure :

— Arrêté sans raison dans ma classe où j'enseignais le français à mes élèves, j'ai subi en 76 et 77 les tortures les plus barbares de la prison de Tuoi Seng où officiait l'ignoble « Douch », ancien professeur de mathématiques, tyran de la pire espèce, assassin scrupuleux. C'est par lui que j'ai été brisé. Seul, toute une nuit, il a fait de moi un pantin. Il m'avait attaché à une colonne de marbre, des cordes de marin enserraient mon corps, j'étais interdit du moindre geste, il souriait... regarde mes mains... Patiemment, à l'aide de fines tenailles, il m'a enlevé tous les ongles, pieds compris et tous les jours suivants, il s'est mis à me fouetter – à nous fouetter car nous étions une dizaine dans ma cellule. Je devinais dans ses yeux le rare plaisir qu'il y prenait. Voilà donc ce que je suis devenu. Une loque.

Nous avons dîné au Dôme. Il ne voulait pas en dire plus. Je citais « Douch », j'entendais une plainte : Sisovath a tenu un an de plus, il est mort en 1981 à New York où sa qualité d'agrégé de français lui laissait espérer une place. Mais c'est son corps qui n'a pas tenu.

En songeant à lui, en apprenant ce jour la condamnation du tortionnaire « Douch » – l'affreux nom ! – je peste une fois encore contre la France qui, au moment du génocide, ne fit pas grand cas des deux millions de morts cambodgiens

***

Me revient en mémoire ce mot prêté à Catherine de Médicis le matin de la Saint-Barthélemy : « Le crime ne serait pas plus grand pour mille huguenots trucidés que pour deux ou trois. » C'est ce qu'a dû également penser l'horrible Douch… inspiré par Pol Pot !

***

Marie-Claire Margossian me fait parvenir dans les Pyrénées le DVD du film qu'elle consacre à Arthur Rubinstein et dans lequel elle m'a appelé à témoigner. Je revois une litanie d'images, nos propres rencontres, j'entends son rire de beau comédien, je m'amuse de son humour, surtout lorsqu'il parle de sa complicité avec Picasso qui lui demandait sans cesse de jouer des fandangos et questionnait aussitôt :

— Arthur, tu joues comme un Espagnol, comment fais-tu ?
— Naturellement, mon cher Pablo… ça vient de l'estomac. Toute musique vient de l'estomac.
— Nous sommes pareils, moi aussi j'ai la même impression : ma peinture vient de l'estomac.

Et Rubinstein de conclure :

— On sait maintenant que la musique et la peinture viennent de l'estomac. Intéressant pour l'Histoire.

Je retrouve Arthur en famille, un peu Charlot, un peu Tati auprès de ses enfants faisant le pitre (comme toujours) et puis statue de marbre blanc à son piano, inspiré, ailleurs. « Il était dans l'espace » déclare Zubin Mehta. « C'était un artiste de la vie » affirme Daniel Barenboim. Je n'oublie pas le seul conseil qu'il ait voulu me donner : « Tu dois aimer la vie sans condition. »

***

Passent les cervidés, planent les vautours. Bonheurs de la nature, absolue pureté de la montagne. Ma Bigorre tout autour, vue d'en haut, comme un jardin de paradis. Au-dessus du Hautacam, j'observe au loin le lac d'Isaby, je rêve du lac bleu où j'allais adolescent, je reçois la beauté, nécessaire à mon existence. Je me souviens de Dostoïevski : « La beauté sauvera le monde. » L'idéal sans doute d'une innocence. J'ai dans mon sac le magnifique essai de François Cheng, mon voisin du Haut Conseil de la Francophonie, *Cinq Méditations sur la beauté*, sorte de bréviaire qui insiste sur le sens du divin : le sacré se trouve lié à la beauté. Et la beauté est toujours une épiphanie. À cette altitude je la ressens à, l'instant, plus profondément et je songe à Musset :

Rien n'est vrai que le beau,
Rien n'est vrai sans beauté.

André Lacrampe, archevêque de Besançon, mon ami de toujours, me rejoint à Miramont. Je lui rappelle ce mot d'Anna de Noailles adressé à Jean Cocteau : « Si Dieu existe j'en serais tout de même la première informée. »

***

Merci à Jean-Pierre Bernès qui nous donne enfin, dans la Pléiade, les œuvres complètes de Jorge Luis Borgès, tenues un long moment dans l'ombre par Maria Kodama, sorte de duègne que je n'avais pas souhaité rencontrer. De lui, je n'ai rien oublié, ni ma semaine, dans son appartement de Buenos Aires, ni nos promenades à Paris, ni notre voyage à Genève. J'aimais son humour, la distance que la nuit avait installée dans sa vie : les aveugles me sont encore proches. Lorsque je lui parlais de son écriture, il me répondait : « Ce sont mes grimaces. » La dérision lui était une vanité. De son œuvre qu'il jugeait avec ironie il ne voulait retenir que *Le Livre de sable.* Nous n'étions pas d'accord, je mets *Fictions* au-dessus de tout. Aux générations nouvelles d'aller vers lui, c'était un prince en littérature. Il considérait que la politique était la forme ultime de l'ennui. Un bon maître en vérité.

***

Je n'aurai donc rien dit de l'affaire Bettencourt et si j'en glisse un mot c'est parce que dans *Libération*, Yvon Toussaint m'y engage. L'écrivain bruxellois nous rappelle une confidence faite par Alain Caillol, impliqué dans le kidnapping du baron Empain : « L'équipe qui avait imaginé l'enlèvement avait hésité entre trois proies possibles : le baron Empain, l'industriel Marcel Dassault et la propriétaire de L'Oréal. » Voilà des gens qui inspirent !

***

Aux débuts de *Radioscopie*, les savants que j'invitais, prudents ou peureux, évitaient de parler de Dieu, considéré comme une hypothèse et même par beaucoup comme une « hypothèse inutile ». Je voulais tout savoir du miracle de la vie, de la création de notre monde, j'en avais assez des religions qui ne répondent à aucune attente, je m'en tenais à Leibniz dont Jacques Monod m'avait soufflé l'interrogation : « Pourquoi y a-t-il quelque chose plutôt que rien ? » J'aurais dû me souvenir de l'embarras que pose une telle question. Adolescent, chez les « bons pères », à Saint-Pé-de-Bigorre, j'avais été privé de deux jours de vacances pour avoir osé demander : « Quelle est l'origine de Dieu ? » Aujourd'hui comme hier, comme demain, dans les magazines, « l'inquiétude » revient : « Dieu existe-t-il ? » Aucune certitude. L'infinie ignorance. Je m'en tiens au mystère, cette sublime dimension, notre lumineuse spiritualité.

***

Le plus grand malheur d'un homme de lettres, écrit Voltaire, n'est peut-être pas d'être l'objet de la jalousie de ses confrères, la victime de la cabale, le mépris des puissants du monde : c'est d'être jugé par des sots. Mais n'est-ce pas ce que nous pensons tous !

***

Drôle d'idée de rejoindre Dubrovnik par Francfort ! Évidemment, retenu depuis des mois, mon billet visait Zagreb mais les tours de passe-passe d'Air France, liés au fameux surbooking, ont bousculé mon parcours. On n'est plus sûr de rien désormais question horaires : il convient de confirmer son voyage à tout moment. Privilégié par mes cartes-club j'aurais pu prendre la correspondance convenable (et fixée). Mais seul ! Goujaterie suprême, une dame bon genre me proposait de laisser ma femme… à terre. Délices du progrès.

***

J'ignorais qu'à l'aéroport de Francfort il y a un casino avec roulette et black-jack. Bizarres ces Allemands !

Dubrovnik enfin ! Ma belle ville portuaire sur la côte croate où j'ai tant de souvenirs. En particulier, ce *Grand Échiquier* de splendides musiques avant la déferlante yougoslave. Je n'y retrouverai plus mon cher Ibriza Jusic, l'une des plus belles voix des années 80 – avec l'Italien Angelo Branduardi, impliqué dans la résistance aux fascistes et victime – m'a-t-on dit de leur folie.

Dans les siècles de son âge d'or qui remonte à 1037, à l'heure des combats de l'Empire byzantin contre les Arabes, cette cité représente politiquement une république typiquement aristocratique qui, vers 1550, comptera quatre mille navigateurs. Défaite par un tremblement de terre en 1667, reconstruite, sacrifiée à la fin du XXe siècle par des guerres intestines, aujourd'hui magnifiquement restaurée, elle brille d'éclats nouveaux et s'illumine derrière de hauts remparts. Je la regarde de loin, à bord du voilier *Roxane*, sans doute la plus belle goélette privée des temps modernes.

***

Qu'ils paraissent empressés, ridicules, prétentieux, frimeurs, ces yachts à plusieurs ponts, lorsque passe près d'eux, toutes voiles dehors, « notre » pirogue de rêve – longue de 48 m tout de même – armée pour la découverte à hauteur d'homme, fringante, fendant les eaux. Il n'est rien de plus beau, de plus émouvant, que cette création des ateliers turcs, dessinée et voulue par Monique P.d.B., qui en a fait sa résidence secondaire. Je ne suis en rien un homme de la mer, mais sensible à la grâce, je m'y trouve bien sous couvert d'étoiles.

Un chapelet d'îles. Nous nous arrêtons à Mljet qui me parle d'Ulysse, à Hvar où domine encore la cathédrale Saint-Étienne (XVIIe siècle), où une *Mise au tombeau* du Tintoret éclaire le couvent dominicain, à Pula qui conserve son magnifique amphithéâtre romain, à Rovigno qui se souvient du maréchal Tito, nous sommes au carrefour des civilisations d'Europe centrale et de Méditerranée. Toute une semaine de sublimes vagabondages « agrémentés » d'une terrible tempête nocturne qui n'aura que caressé notre embarcation. Au bout de la course, la Sérénissime.

***

Venise, cette part d'éternité imaginée par les dieux, le grand canal et ses palais, le carnaval des gondoles, la douane de mer, la Fondation Pinault que nous visitons, où je ne m'attarde pas, les mondains en ont déjà fait l'inventaire. Et surtout la rencontre que j'espérais : mes amis Serge Kampf et Serge Blanco m'attendent devant la Salute. Quelques heures de plein bonheur.

***

Je reprends mes vieilles habitudes, je repars sur mes routes d'adolescence, à la recherche de mes parents disparus. J'aurai mis tant d'années à les retrouver, après une décennie passée si loin d'eux, au plus extrême de l'Asie, oubliant que ma mère pouvait en mourir. Inconscience d'une jeunesse trop ardente.

***

Il s'était toujours refusé à donner la becquée aux misérables rubriques de la presse *people*. S'il n'avait pas été le formidable Maigret de l'imposante série de la 2, Bruno Cremer n'aurait vraisemblablement pas retenu l'attention du plus grand nombre. Pudique, effacé, il aimait à cultiver l'anonymat dans un milieu qu'il jugeait ostentatoire. On retiendra que, redevable d'un rôle majeur à Simenon, il avait aussi joué Supervielle, Anouilh et Becket. Nous avons revu aujourd'hui *Noce blanche*, nous reverrons demain un épisode de Maigret mais le bon choix, pour aimer ce grand comédien, est ailleurs. C'est *La 317e section* de Pierre Schoendoerffer qu'il faut programmer au plus vite. Superbe film. Bien plus profond qu'*Apocalypse Now* qui tentait de faire de la guerre d'Indochine un opéra baroque. Cremer y est à son meilleur. J'aimais la lenteur qu'il imposait à son pas, ses silences, sa manière élégante d'ordonner les bouffées de sa pipe. Il devait être bon d'être l'ami d'un tel homme.

***

Tout se bouscule. Tous ces cahiers ! Il y a bien là l'amorce d'une dizaine de romans et de pièces de théâtre (un genre que je n'ai jamais réalisé). Les périls de l'écriture sont dans la dispersion. J'imagine, je note, je lance un brouillon, je l'oublie, je passe à autre chose. Comment ai-je pu, quand même, aller jusqu'au bout d'une quarantaine de livres. Tout est donc possible. Même les dérapages !

***

Dans une allée du parc d'Argelès-Gazost dévasté par la dernière tempête (de printemps), et heureusement remis à neuf, un vieil homme très élégant mais courbé, cassé, soutenu par deux jeunes femmes, lève vers moi un regard bienveillant, sourit : « Bonjour, Jacques. » Je ne le connais pas mais je devine vite qu'il est cambodgien. Je sais encore ce que sont les différents visages de l'Asie.

— Permettez-moi de vous présenter mes petites-filles, elles ont tenu à ce que je prenne les eaux dans votre région. Je ne pensais pas vous rencontrer mais je l'avais espéré. Grâce à la télévision, je n'ai jamais perdu votre trace. Mon visage ne vous est pas familier et pourtant... Nous nous sommes vus très souvent au palais royal de Phnom Penh où j'ai été un temps chambellan. J'étais là lorsque Sihanouk vous a reçu à la veille de sa première abdication. Je vous ai même accompagné à Angkor. Rappelez-vous : Dong Tbaï dit « le Poète ».

Le nom ne m'aurait rien dit, le « pseudonyme » en revanche me fait souvenir aussitôt :

— Accordez-moi deux petites minutes.

Évidemment j'accepte. Nous prenons deux chaises devant le casino.

— J'ai passionnément aimé la France qui m'a cruellement déçu. Vous vous souvenez sans doute de ces titres détestables dans votre grande presse : « Un vent de liberté souffle sur le Cambodge » ; « Enfin une révolution bienheureuse. » J'ai été la victime de cette liberté et de cette révolution. Deux longues années les Khmers Rouges m'ont torturé. Ma faute ? J'étais considéré comme un intellectuel. J'ai subi personnellement les pressions physiques et morales de Pol Pot qui voulait détruire notre peuple pour en créer un nouveau. Je ne suis pas du cortège des deux millions de morts mais j'appartiens au million de sacrifiés, perdus à jamais. Je ne compte plus dans ce monde mais je vous demande de ne rien oublier de ce temps de l'horreur : le communisme aura été le pire des fascismes. Et le procès que l'on fait chez moi à cette heure n'est qu'une mascarade. « Douch », l'ignoble ne méritait pas cette célébrité. Pardon de vous avoir ennuyé.

L'homme a fait un geste, ses petites filles se sont précipitées, il m'a tendu la main. Il est mort « le poète ». Mort vivant.

***

Je reviens un instant à l'art contemporain que le monde d'aujourd'hui nous impose… d'aimer. L'ignorance est telle que l'on ne peut plus oser un regard critique sur la prétendue modernité de certaines créations. Ceux qui en prennent le risque sont désormais traités de « réacs ». Dans les meilleures sociétés on finit par admirer le pire.

***

Étonnante cette énorme couverture médiatique ! On annonce pour cette semaine la sortie de sept cents romans dont on ne saurait dire l'intérêt. L'essentiel de l'automne littéraire est tenu par Michel Houellebecq qui propulse *La Carte et le Territoire* au plus haut des piles des libraires. Preuve évidente que depuis *L'Extension du domaine de la lutte* l'écrivain ne laisse pas indifférent. Les critiques acerbes et les éloges démesurés n'ont pas entamé le personnage, célébré pour ses provocations, haï pour ses anciennes outrances, apprécié (parfois) pour ses saines colères. De ce dernier opus – qui ne m'a pas rejoint dans les Pyrénées – j'ignore tout, je n'en entends que le bruit qu'il fait déjà en tombant. Le lirai-je ? Pas sûr. Je me méfie trop de la mode. Je manquerais donc de curiosité ! Non, je me protège. Et puis j'ai tant d'autres bonheurs sur mon bureau. En particulier ce petit diamant de Jean d'Ormesson au titre séduisant – *C'est une chose étrange à la fin que le monde* – où l'auteur, académicien et homme d'esprit, se joue de la philosophie sans prétendre vouloir l'enseigner. Appelé (par lui-même) à poser les questions fondamentales sur les origines du monde, il arrive à nous persuader que la vie a un sens. Pas si mal !

***

Les Bleuets – moins de dix-neuf ans – remportent la Coupe d'Europe de Football, nos athlètes s'offrent dix-huit médailles, nos nageurs forcent la note avec 21, une belle jeunesse triomphe et l'on finit par oublier les tristes-ringards-milliardaires de l'Afrique du Sud.

***

Elle m'avait reçu à i>Télé, je la rencontrai à France Inter, elle s'est glissée en écriture : Colombe Schneck publie son quatrième roman et fait hommage à Denise Glaser, grande prêtresse des années 60 à la télévision, sur l'autel de *Discorama*, célébrée puis humiliée par ceux qu'elle avait inventés, belles voix, misérables cœurs, à la fin oubliée de tous, morte dans la plus extrême solitude. Colombe qui semble ébranlée par sa propre expérience médiatique amorce un constat très négatif : « On est tous au bord du précipice. À la télé on est tous jetables… il faut savoir courtiser, intriguer, se traîner aux pieds des gens. » Reprenons ces deux considérations. La première :

que l'on soit « jetable » n'est pas de l'ordre du scandale. Il importe de comprendre que personne ne saurait être propriétaire d'un programme... La seconde : courtiser n'est pas de bonne politique. On reconnaît les médiocres à leurs génuflexions.

Août 2010

Comme Pierre Moinot qui nous donnait en 2007 un petit bijou champêtre de 92 pages – *La Saint-Jean d'été* – j'aime la fin des vacances, l'annonce de l'automne, l'inattendu d'une rentrée. Une fois encore je cours mes chemins bigourdans pour faire mon plein d'images entre monts et pics, fermes et gaves, je revisite le pont d'Espagne, le lac d'Isaby, le col de Couraduc, la Fruitière, je recherche mes chers compagnons, isards et chevreuils, coqs de bruyère et marmottes… Je tente d'oublier les travaux du retour qui s'approche, je dis « non » à une nouvelle proposition, on m'a redemandé hier d'écrire mes Mémoires, mais j'ai tant de souci à préserver la mienne. La plus intime, j'appartiens aux Pyrénées qui ont développé mon imaginaire. J'y retrouve mes amis de toujours, André en particulier, archevêque de Besançon, que je titille pour son dévouement à Dieu : il s'amuse de mes insolences profanes, surtout lorsque je lui rappelle la belle formule juive : « L'important c'est Dieu, qu'il existe ou pas. » Pour ne pas être en reste, notre bon prélat, avec une certaine perfidie, me renvoie le mot de Barbey d'Aurevilly : « Pour le climat je préfère le ciel ; mais pour la compagnie je préfère l'enfer. » Manière de me faire comprendre que mes frères d'aventures ne furent pas tous des prix de vertu ! Il n'a pas tort, j'aurai toujours eu une tendresse excessive pour les marginaux, les femmes en quête d'abandon, pour ceux qui n'ont peur de rien. Je sais mes routes et mes doutes et j'y réponds par un proverbe soufi de mon ami

Faouzi Scali : « Quand tu ne sais pas où tu vas, regarde d'où tu viens. »

***

Patrick de Carolis passe ce matin les flambeaux de France Télévisions à Rémy Pflimlin. Mon ancienne maison change de pilote, une nouvelle aventure commence, je ne puis m'empêcher de penser aux années 75 lorsqu'avec Marcel Jullian nous inventions Antenne 2 en partant de zéro : ce fut notre chance. Les équipes d'aujourd'hui ne me sont pas inconnues, une vieille amitié me lie au président Pflimlin avec lequel, bien avant sa nomination officielle, j'ai eu d'ardentes discussions, je sais ses intentions, la première étant de donner l'indépendance aux antennes afin de renforcer l'identité propre de chaque chaîne. Encore une page qui se tourne dans cette entreprise publique devenue enfin unique. Mon rôle n'est pas à cette heure d'analyser la situation d'un groupe auquel j'ai consacré quarante années de ma vie et qu'actuellement j'aime à considérer comme un rival. Une heureuse concurrence. En poste à Canal Plus j'observerai de loin – et même de près – ses montées au combat.

***

Dernier jour de mon été 2010 en Bigorre. Les montagnes sont lumineuses, le ciel est bleu, il fait 32 degrés à l'ombre. J'ai poursuivi ce matin l'écriture de mon *Dictionnaire amoureux de la télévision* puis abandonné mon bureau pour prendre un peu de hauteur : un petit 1 300 mètres au-dessus du lac d'Estaing. J'aime et j'ai le cœur joyeux, les eaux profondes des lacs de montagne me sont espaces de sérénité. J'engrange des images. Par le col de Bordères qui m'ouvre la route de l'Aubisque je rejoins Aucun, grimpe jusqu'au col de Couraduc – ai-je précisé que je roule en 4 × 4 – et suis une longue piste à travers la forêt. Là encore, comme toujours, et comme Giono, je me sens grand écouteur d'oiseaux.

Septembre 2010

Jean-Claude Simoën n'a pas encore fixé la date de sortie mais ce sera sans doute dans la seconde moitié de 2011... Je ne suis pas précisément en avance, mes prochaines nuits promettent d'être agitées : l'écriture d'un *Dictionnaire amoureux* répond à différents critères, le premier étant de coller à ses propres souvenirs, le second de raconter son histoire plutôt que l'Histoire. Il s'agit de témoigner, de se mettre en accord avec Virginia Woolf qui disait : « Il ne s'est rien passé aussi longtemps qu'on ne l'a pas écrit. »

***

J'entends de plus en plus des mots étranges – Apple, Ipad, Ipod, Iphone, Blackberry, Google, Reader –, je suis incapable de fouler ce champ sémantique, je me hasarde à écouter mon portable, je me refuse à lire un texto, je plains Gutenberg que l'on égratigne, je m'étrangle à la seule vue de ces désespérés partout bloqués sur leur clavier de poche, je m'étonne que l'on puisse juger modernes ces procédés barbares. Que chacun prenne ses risques, il est interdit d'interdire ! Allez-y mes amis du grand dévergondage médiatique, numérisez toutes les bibliothèques, faites que tout livre soit lisible sur l'écran, battez froid la vieille imprimerie. Nous, on ne bouge pas, on protège le papier, comme des fous, des insensés, des retardataires. Serai-je l'un des derniers à prendre mes quartiers de solitude avec un livre pour compagnon, dans le silence, avec la lenteur qui convient, la réflexion qui s'impose, le plaisir pareil à une forme d'érotisme. Qu'on le sache : lire, c'est un vice.

***

Sur France Culture la question-piège : « Quels sont pour vous les trois grands peintres, encore vivants, qui auront marqué notre époque ? » Nous sommes en fin de programme, j'ai dix secondes pour répondre, je me risque : « Soulages, Kijno, Zao Wou-Ki ». C'est dit et je ne suis pas inquiet. Seul l'avenir décidera de ce qui a compté. Et personne ne pourra me juger dans un siècle : il n'y aura plus de ce monde la moindre ligne écrite.

***

Un vieil ami, Patrice B., s'est suicidé, c'est triste mais il y a pire encore, il n'aura jamais vécu. Il avait tout, pourtant, la fortune, une femme admirable, des enfants magnifiques. Il en voulait toujours plus, il lui aurait fallu la gloire. Insoutenable bêtise. Au fait, qu'est-ce que vivre ? C'est profiter du possible, accomplir sa tache, rêver bien sûr mais en sachant que l'on ne peut réaliser chaque chimère, c'est accorder de l'intérêt à l'autre, courir le monde pour oser des comparaisons, comprendre qu'au-delà d'un peuple, il y a un autre peuple, une autre langue, ne pas se lamenter outre-mesure. Lorsque je plains l'instant qui me fait malheureux je pense aussitôt à mon cher Perce-Neige-Pyrénées où vivent des handicapés profonds. Et, aussitôt, je ne m'attarde plus à mes petits soucis, je reprends ma furieuse envie de vivre.

***

Son échec en 1989, ce Tour de France perdu pour huit secondes, fut sans aucun doute, paradoxalement, le vrai coup d'éclat de son exceptionnelle carrière. Ce jour-là un destin malicieux privait Laurent Fignon d'un troisième succès et le portait enfin à la popularité. Des années durant, dans les soleils de juillet, nous aurons fait assaut de batailles, de bons mots… jamais de querelles. Il était mon invité privilégié à l'arrivée de chaque étape. J'aimais son franc-parler, sa parole orgueilleuse, son humour. Il m'avait dit : « Je suis sur les routes l'intello de service. Je brille par mes humanités : j'ai bac plus six. » Je m'étonnai. Il en riait : « Oui, j'ai fait… six semaines d'université. » Je le revois si blond, affrontant la lumière, bigleux et voyeur, constamment guerrier, je l'appelais Fébus, ce prince de Béarn, qui comme lui avait aimé et choisi la Bigorre. Il était des nôtres à deux pas de chez moi, à Bagnères, j'avais visité son « centre sportif » et écouté son diagnostic qui ne fut jamais une plainte : « Je ne serai plus ni jeune ni insouciant. On ne me laisse aucun espoir. »

De Laurent que retiendra-t-on ? Son foutu caractère évidemment qui éloignait toute hypocrisie, son esprit critique, sa force de conviction, ses victoires bien sûr mais est-il besoin de rappeler qu'il fut un immense champion, parfois suffisant, toujours rebelle. Mon fils Gautier qui avait dix ans à l'époque l'admirait. Sa marginalité lui faisait une armure de héros. Je ne veux me souvenir que de l'épicurien qui se saoulait de tous les petits bonheurs de l'existence, qui aura su vivre avant de rencontrer sa douleur, qui aura tenté un dernier combat contre la montre, résisté jusqu'au bout avec panache. Aux commentaires, sur France 2, sa voix brisée, évidente déchirure, était comme l'expression d'une infinie souffrance. Une épitaphe sonore.

***

Aux portes de Paris, la Normandie dans les derniers feux de l'été. Douceur d'une rentrée dédiée au cinéma américain : Deauville semble vouloir changer de couleurs au meilleur de sa semaine festivalière. Moins de stars hollywoodiennes, en revanche une litanie de héros célébrés par le petit écran. C'est la grande nouveauté de cette 36e édition : Bruno Barde a surpris son monde en créant une section consacrée aux séries télévisées américaines. Un coup d'audace qui met du même coup la télévision à égalité avec le cinéma et qui rompt enfin avec le mépris qu'a toujours manifesté ce dernier à l'égard de son (jeune) concurrent. Nous avons pu rencontrer les producteurs et les scénaristes qui aujourd'hui dament le pion aux vieux routiers du septième art condamnés à intensifier leur folle poursuite du spectaculaire, à multiplier les effets spéciaux, à se perdre dans la BD. David Chase (*Les Sopranos*), Clyde Philipps (*Dexter*), Glenn Kesler (*Damages*) sont intimement persuadés que les séries sont aujourd'hui plus inventives que les grandes fictions cinématographiques. Ils n'ont pas tort, c'est un tournant dans la production des années 2000-2010. En France aussi, Canal Plus, avec *Braquo*, *Pigalle*, *Carlos*, *Mafiosa*, *Pacific*, *Maison close* (bientôt *Les Borgia*), fait la preuve d'une évidente domination. La multiplication des épisodes – entre six et huit – permet d'aller jusqu'au bout d'une histoire et d'en entretenir l'intérêt… du moins s'il y a talent.

***

Ancienne fée de Gallimard, aujourd'hui maître d'œuvre chez Flammarion, Teresa Cremisi me confie le roman de Michel Houellebecq, *La Carte et le Territoire*, sur lequel la presse s'époumone à longueur d'articles. L'écrivain français vivant, le plus célèbre au monde, le plus admiré, le plus controversé, fait le plein des curiosités : 120 000 exemplaires pour la première sortie, encore une trentaine de milliers en réédition pour ne pas désespérer une clientèle à l'affût. Ma petite nourriture pour le dimanche qui vient.

***

Elie Wiesel, dans son dernier livre *Otage*, se veut romanesque, s'affirme humaniste, et mieux encore, mystique. Ce qu'il nous conte (à merveille) : l'enlèvement d'un juif américain, en plein jour à Brooklyn, par des terroristes. Seule dans sa cave, les yeux bandés, la victime laisse ses souvenirs venir à elle. Et la question se pose qu'avec Elie, depuis trente ans, nous ressassons : l'Éternel aurait-il créé l'homme pour qu'il soit humilié ? Le Nobel de la Paix rappelle souvent cette anecdote qui est le pire de l'horreur : les geôliers de Dreyfus à l'île du Diable avaient construit un mur pour qu'il ne puisse pas voir la mer. Un complot contre l'imaginaire !

***

Je n'y croyais pas, je suis enthousiaste, le bougre a vraiment du talent. Jusqu'à cette récente lecture – et malgré l'intérêt qu'avaient éveillé ses *Particules élémentaires* –, je n'accordais à Michel Houellebecq, que je ne connais pas, qu'une vague attention : celle que l'on prête à des personnages portés par la rumeur qui fausse tout jugement. *La Carte et le Territoire* qui aura accompagné mon dimanche normand est le livre parfait pour temps de farniente : il séduit, il agace, il accroche. Le thème ? L'histoire d'un certain Jed Martin, un artiste qui devient une star de la peinture et du même coup observe l'univers. Un homme seul qui joue de toute sa mélancolie, qui se parle, peste contre les élites, comprend que tout nous échappe – la politique, l'économie –, nous impose une représentation du monde. Écrivain de style, Houellebecq témoigne que le récit lui importe moins que ses analyses sur l'art, sur le capitalisme, l'argent, la force provinciale de notre ancien royaume. Pour ce dernier et particulier regard il réinvente la voix du 13 heures sur TF1, Jean-Pierre Pernaut. C'est sa manière de revenir à la vocation initiale de la France en célébrant un animateur qui, chaque jour, vante nos paysages, nos artisans, nos traditions, c'est bien vu. Un seul défaut mais d'importance : M. H. noie le lecteur dans un galimatias de fiches techniques qui ont la prétention de coller à la réalité du temps et pèsent sur l'écriture. Oublions. J'ai lu ce roman d'une traite, tenu par une sorte de délire enfin maîtrisé. J'ai le sentiment, en fin de lecture, que Houellebecq ne croit pas au bonheur mais qu'il aime quand même à vivre heureux.

***

Je revenais d'Indochine, depuis dix ans je ne savais plus grand-chose de la France, c'était en 1960. Jean-Claude Brialy m'avait invité à rencontrer le metteur en scène du *Beau Serge* et des *Cousins*. Ce jour-là, nous sommes restés deux heures ensemble au Café de Paris, sur les Champs-Élysées. Mon environnement au Sud-Est asiatique était fait d'étranges personnages, certains en marge de toute société ; avec Claude Chabrol je découvrais un sage qui me semblait pouvoir embellir la folie. Curieux de ce que j'avais vécu, on eut dit un enquêteur, il voulait tout savoir des « charmes asiatiques ».

« J'aime bien, me disait-il, l'élégance des Vietnamiennes, leurs tuniques fendues jusqu'au haut de la cuisse. Il y a là un côté érotique vertueux. »

Nous n'avions pas tellement parlé de cinéma, juste une évocation de circonstance. Les années passaient, nous nous sommes croisés, sans plus ; heureusement il y a eu *Radioscopie* et cette déclaration qu'il avait dû emprunter à Flaubert, qu'évidemment il faisait sienne, n'était pas seulement du domaine de la plaisanterie, elle signifie aujourd'hui la ligne éditoriale de son œuvre. Qu'on en juge : « La bêtise est beaucoup plus fascinante que l'intelligence car celle-ci est limitée tandis que la bêtise, elle, est sans limite. » J'aimais sa manière de rendre ridicule la prétention, de camper les travers d'une certaine bourgeoisie, de mettre en scène l'absurdité, de traquer les petitesses de l'âme. Mettre en scène des « atroces » de la vie ordinaire lui était une gourmandise.

Les films de Claude Chabrol n'étaient pas tous de la même veine et pourtant je les regardais tous avec le même bonheur. C'est que le drôle abusait d'une malignité communicative, magnifiant l'insolence, insultant les honneurs : il revendiquait la camaraderie comme vertu essentielle. Là-haut, il trouvera du monde et je sais qu'il aura plaisir à se mettre à table.

***

J'ai rencontré tant de gens, j'en ai connu si peu. Mais ils étaient de taille, ils m'auront comblé. Nombreux de ceux que j'aimais ont laissé leurs déchirures au seuil de l'existence, sur le dernier versant du temps, comme délivrés. J'ai déjà perdu dans le grand âge tout un cortège d'âmes nobles. La mort au combat, pour certains en pleine jeunesse, leur avait du moins interdit de vieillir. Mes années asiatiques ont laissé des traces terribles et, paradoxalement, entretenu une furieuse joie de vivre. Le hasard et ma passion – nom que je préfère à « métier » – ont toujours favorisé ma boulimie exploratrice. Aux commencements, il me fallait être partout et je le fus parfois avec n'importe qui alors que je recherchais l'exception. Plus tard, entouré des meilleurs, je me suis retrouvé dans l'abondance. « Choisir c'est éliminer », disait Marcel Jullian qui me recommandait de faire une sélection dans les milliers de personnes qui furent mes invités. « Autrement, ajoutait-il, ton Journal fera à chaque fois mille pages. » Une sélection ? Impossible et qu'y puis-je ? Secouez-moi, je suis plein de gens. Il est vrai que, par oubli, je passe à côté de certains d'entre eux, ce qui limite le souvenir. Mais je continue de faire mes gammes.

C'est en me confrontant à l'autre que j'ai réussi à me deviner. C'est en répondant à la curiosité des plus jeunes que je m'abandonne à quelques souvenirs. Hier, à Deauville, où des étudiants avaient été rassemblés pour une discussion sur les séries télévisées, j'ai été sollicité de la manière la plus amicale pour évoquer mes années *Radioscopie* et *Grand Échiquier*, sujets sur lesquels ils avaient travaillé, qu'on leur avait imposés évidemment et qu'ils avaient regardés sur DVD avec intérêt. Interlocuteurs passionnés ils souhaitaient connaître les raisons de mes choix, l'un d'entre eux insistait pour que je dresse « la liste des plus brillants invités qui avaient enthousiasmé auditeurs ou téléspectateurs ». Je suis bien incapable de m'atteler à un tel hit-parade, je n'apprécie pas le dérisoire de ces classifications, j'ai donc cité dans le désordre quelques-uns de ceux qui me venaient en mémoire à la seconde même. Et bizarrement, sans doute parce qu'ils ont été essentiels à mon itinéraire, les noms de Borgès, Yourcenar, Cohen (Albert) se retrouvent tout au début de ma réponse.

Borgès, que sa cécité me rendait si proche, m'installait dans ses *Fictions*, Yourcenar qui m'offrait sa voix de cathédrale,

Cohen que je tentais de comprendre dans sa solitude de fin de vie. Je parle aussi de Maurice Genevoix, de sa prise d'amitié avec Georges Brassens sur mon plateau à la télévision, de Julien Green qu'ils ne connaissent pas, d'Aragon qu'ils aiment grâce à Jean Ferrat. Les questions se bousculent, souvent drôles, toujours précises. Une adolescente, elle doit avoir seize ans, m'interrompt dans ma période consacrée à la célébrité comparée à la notoriété : « Dans une note écrite, notre professeur nous demande de réfléchir sur cette déclaration faite par Montherlant à *Radioscopie* : “On mesure le succès au nombre de gens qui vous restent fidèles.” Quel est votre sentiment ? » Sur ce thème mieux vaut répondre en peu de mots. Le succès est éphémère, la jalousie peut abîmer la fidélité. Une autre question me permet de m'en tenir là : « Qui préférez-vous ? Jean-Paul Sartre ou Raymond Aron ? » Je ne partage pas les emballements politiques du premier, je suis sensible à la lucidité du second. Mais chez Sartre j'aime l'homme, avec Aron je m'ennuie. Ce ne sont là que des impressions d'écoute.

Des garçons, au dernier rang, encouragent une certaine Brigitte à poser sa question : « La question qui tue », disent-ils. Elle est devant moi, belle, blonde, minijupe, talons de dix centimètres, allure mutine : « Vous vous êtes offert des milliers de rencontres. Avez-vous tenté d'avoir une aventure avec l'une de vos invitées ? » Je souris, elle s'amuse. Je fais court : il convient de ne jamais mélanger les genres, on peut imaginer bien sûr une rêverie romanesque, mais l'étreinte est préférable à la coucherie. On pourrait en rester là mais j'accepte la toute dernière interrogation : « Quelle définition donnez-vous des journaux intimes ? » Je ne m'attarde pas : ce sont des œuvres baroques et inclassables… « Vous savez admirer ? » C'est mon péché mignon. L'amour, dit Stendhal, découle de l'admiration.

***

Les orties auraient-elles défrisé les fleurs ? Les espérances du début sont désormais piétinées par les turbulences d'aujourd'hui.

Les acharnés de l'opposition décèlent un champ de ruines dans les prairies de la République, organisent l'impopularité du président, sacrifient à l'insulte. Héritier des trente fâcheuses qui ont laissé le pays en jachère, Nicolas Sarkozy plonge dans les sondages pour avoir voulu faire aboutir des réformes nécessaires, pour tenter de mettre en place ce que ses prédécesseurs, au cours de leur règne, auraient dû oser. Les broutilles des commencements reviennent en litanie, on reparle à tout propos de l'absurde soirée du Fouquet's, de la croisière Bolloré, des fulgurances de sa vie privée. S'il avait été touché de la sorte, François Mitterrand aurait cruellement réagi. Les temps ont changé, les détracteurs n'ont plus de mémoire.

Le comble de l'ignominie taquine les sommets dans l'affaire Bettencourt. D'une folie romanesque qu'on eût pu appeler *La Milliardaire et le Voyou*, on a fait un scandale politique, avec ramifications multiples, qui signale les accommodements de l'argent et du pouvoir. On se croirait revenu à l'Ancien Régime, lorsque le collier de la reine faisait bruire les corridors de la Cour !

***

Florian Zeller achève le montage de l'*Empreinte* qu'il me consacre. Il souhaite des photos d'enfance. Je suis très peu conservateur. Mon grenier est un véritable cabinet de curiosités. Un désordre achevé où ma femme déniche tout de même un antique document : ma mère, mon père, un vieux Pyrénéen à béret et un bambin, moi. Douce nostalgie. J'aimais – évidemment – mes parents mais j'étais au bout du monde au moment où, enfin adulte, j'aurais pu le leur dire sans m'obliger à une étrange pudeur. J'avais dix-huit ans. Je pense m'être rattrapé par la suite sans pour autant m'astreindre à trop de concessions familiales. Mon père, à mon retour en France, fut à la fois le phare et le guide de ma reconstruction. Pour parler librement il lui fallait de grands espaces, il m'entraînait alors vers les sommets et c'est du côté de lac Bleu, au-dessus du Hautacam, en

Bigorre, qu'il me fit un matin sa leçon inaugurale. Un rappel du passé. Peu de mots, mais l'embellie : « J'ai perdu mes trois frères à la grande guerre, j'ai été blessé trois fois entre 14 et 18, je me suis retrouvé prisonnier en Prusse orientale à l'armistice, nous sommes tous sortis d'un enfer mais je n'ai jamais été en perte d'espérance... Quoi qu'il puisse arriver, garde ton enthousiasme, sois curieux de tout, ne t'économise pas, considère que l'autre est plus important que toi – ainsi tu le domineras –, dérape s'il le faut mais sans nuire à autrui, fais la somme de tous tes désirs, n'oublie jamais de vivre. »

***

Cette réflexion de Nicolas Kugel, le galeriste, à laquelle je souscris volontiers : « L'art contemporain provoque des pulsions, l'art antique des émotions. »

***

J'en connais un qui ce matin doit faire reproche à Saint-Pierre, coupable de ne pas lui avoir donné la même clé de sortie : César peste contre l'hommage que le Centre Pompidou rend à son ami Arman. Ce n'est pas fureur mais réel agacement, affectueuse dispute. Un duel continué entre deux figures majeures de ce dernier demi-siècle qui ne confondaient pas modernisme et contemporaineïté, qui obéissaient seulement à une volonté de création. « Comme eux, me disait Restany, Picasso et Matisse, deux générations plus tôt, avaient cassé le moule des travaux classiques. »

Par pure forfanterie, Arman paraissait se réjouir de son vivant d'une disparition que, dans le même temps, il ne voulait pas envisager. Pour épitaphe, au Père-Lachaise, il a choisi *Enfin seul*, ce qu'il n'a jamais été, ce qu'il n'est pas dans cette rétrospective remarquable, cinq ans après sa mort. Arman (comme César) aura été mon compagnon médiatique des dernières décennies. Je l'ai accueilli à la radio et à la télévision, je le rejoignais fréquemment à

New York où son loft, au bout de Washington Street, sur l'Hudson, faisait plus musée que résidence principale. Pour y aller, il y a vingt ans, il fallait s'armer de courage. C'était un endroit mal famé que le taxi se refusait à traverser : nous avions été largués deux cents mètres en amont. La découverte en était d'ailleurs amusante. La maison, un bloc de quatre étages, était totalement taguée sur sa façade. On pouvait hésiter à sonner à la haute porte. Courte attente toutefois, un serviteur noir au franc sourire, vêtu de blanc, souhaitait aussitôt la bienvenue et le maître n'était pas loin : lunettes rondes, combinaison bleue, chaussures de tennis. Ne manquait que le casque. Je me souviens des premiers mots : « D'abord on visite. » Quelle boutique ! Au rez-de-chaussée ses voitures : une Rolls, une Jaguar, deux 4 x 4. Ensuite, en montant, son atelier de ferrailleur, sa collection d'art premier – à l'époque la plus complète au monde –, sa galerie d'armures japonaises. Enfin, dominant le fleuve, ses salons particuliers où s'accrochaient un superbe Picasso, des Ernst, une ribambelle de Klein (Yves), huit Andy Warhol – des portraits, lui, sa femme Corice, ses enfants –, des Lichtenstein, des Raushenberg, j'en oublie.

J'aimais nos promenades dans Soho, nos longs bavardages, son talent pour se raconter : « Qui suis-je ? Artiste ? Non. Artisan… Voyeur ? Non. Voyant. Je me veux briseur d'idoles, empêcheur de tourner en rond au royaume des dogmes. Je m'étonne de la peur qu'inspire l'avenir à beaucoup. La crainte de manquer les oppresse, ils entassent et moi je suis, je sers l'obsession du temps, j'accumule, je casse des violons, des violoncelles pour les faire revivre. Mon entassement de chars d'assaut à Beyrouth est le signe d'un espoir de paix, mon petit Guernica. » Curieux de tout, déçu de ne pas pouvoir s'enrichir de plusieurs vies – « Nous devrions revenir sur terre, par intervalles réguliers, tous les deux siècles » –, Arman cherche éperdument le graal, attend l'inattendu. Il voulait posséder le monde, il en a capté les rêves.

***

Trop de malentendus, trop de crises, trop de haines, on souffre de toutes ces turbulences. Je ne sais plus si j'aime mon époque mais je suis assez fou pour la vivre et même furieusement et aussi du plus lointain. De toute manière, depuis l'Indochine et mon passage dans un noir absolu, l'ailleurs m'est une espérance.

***

Sur France 2, on nous parle ce matin de Jacques Berque qui aurait eu cent ans cette année. Professeur au Collège de France, historien de l'Islam, auteur d'un essai de traduction du Coran, il fut tout au long de sa vie l'humaniste qui lançait des passerelles entre Orient et Occident. Il y a une trentaine d'années je le recevais à la radio. Je retiens deux de ses « confidences » :

L'avenir du monde musulman se trouve dans une nouvelle Andalousie que les sages du XXIe siècle sauront inventer.

Ne parlons pas d'intelligence – elle est mal distribuée –, seule la curiosité peut enrichir et nous sauver.

***

Bouleversant ! Il n'est pas d'autre mot. Une leçon de vie. Je sors à l'instant d'une petite salle de Passy, je suis toujours sous le coup de l'émotion, le film de Xavier Beauvois, *Des hommes et des dieux* est mieux qu'un chef-d'œuvre : un bréviaire d'humanisme. Ce récit du parcours dramatique des moines français de Tibérine (Algérie) assassinés en 1996 doit être entendu comme un message universel, écrasant par sa sincérité les habituelles bigoteries. Nous ne sommes plus ici corsetés par les dogmes et les rituels de la religion, exercices vieillots qui étouffent la foi, nous pénétrons un espace devenu essentiel, celui de la spiritualité. Le magnifique du film tient au remarquable échange entre religieux catholiques et paysans musulmans, chrétienté et Islam. Que nous voilà loin des stupides débats à propos du choc des civilisations. Poignantes ces deux heures. À la fin de la projection

– midi, public de quartier – c'est le silence absolu tandis que tourne le générique. Personne ne bouge. On participe de la lenteur magnifiée par la sérénité des moines, et le génie des comédiens, on voudrait prolonger l'écoute des chants, aller sur la neige vers un destin que l'on devine, dont on ne sait rien. Et qu'importe. Bizarrement ce n'est pas la mort des moines que je pleure, c'est leur vie que je jalouse.

***

Après *Le Souffle du jasmin* – premier volume d'*Inch'Allah* –, Gilbert Sinoué poursuit son enquête romanesque, sur fond de vérité historique, dans un Moyen-Orient plus embrasé que jamais. L'intrigue, audacieuse, intelligemment menée, met en scène la destinée de quatre familles, juive, palestinienne, irakienne, égyptienne. La guerre, s'interroge-t-il, laissera-t-elle une place à l'amour ? Sur 370 pages les notations sont nombreuses, les réflexions profondes, la lucidité violente, j'ai beaucoup souligné pour mieux retenir. Cette injonction, entre autres, de l'un des personnages : « N'oublie jamais : tu es le maître des paroles que tu n'as pas prononcées ; tu es l'esclave de celles que tu laisses échapper. » Ce mot, qui m'émeut, d'une jeune femme : « Dieu aima les oiseaux et inventa les arbres. L'homme aima les oiseaux et inventa les cages. »

Octobre 2010

On me demande d'écrire quelques mots sur la page de garde du coffret que l'Institut national de l'Audiovisuel édite en fin d'année, et où sont rassemblées vingt *Radioscopie*. J'en ai tant dit déjà sur tous mes entretiens, mais on insiste, je m'exécute.

Dans le cours heureux de mes rencontres avec les jeunes, exercice de communication que je pratique régulièrement, il me faut répondre sans cesse à deux questions qui leur paraissent d'importance. La première : « La radio est-elle le média premier ? » La seconde : « Tout prétendant à la télévision doit-il d'abord passer par la radio ? » Historiquement, la radio a été la première à dessiner son jardin des ondes. A-t-elle plus de pouvoir que la télévision ? Je le crois. Du moins dans l'instantanéité de l'information. Est-elle la bonne école pour se hisser aux images ? J'en suis persuadé. Elle apprend les rudiments de la grammaire audiovisuelle. Je me souviens de mes débuts, lorsque, correspondant de guerre en Indochine, je trimballais, dans les rizières et les forêts, ma lourde valise d'enregistrement dont l'aiguille – que nous appelions saphir – creusait des sillons sur un disque de cire, cette affreuse résine, qui ne permettait pas la moindre erreur. Bel apprentissage en vérité.

J'aurai fréquenté les studios dès mon adolescence et couru les sentiers de reportages. C'est assez dire que ce monde est le mien et s'il ne me fait pas oublier les fastes du petit écran il m'autorise à lui accorder ma préférence. En 1968, la création de *Radioscopie* devait embellir ma passion en permettant l'exploration d'un nouveau continent : celui des grands personnages de l'époque mais aussi celui des glorieux inconnus. Ce fut un cadeau et ma chance. Au premier jour, Romain Gary m'avait dit : « Ton galop quotidien durera deux mois au maximum... nous ne sommes pas plus de cinquante à pouvoir enrichir une heure de conversation. » Il fut mon deuxième invité – après Roger Vadim – et je n'ai rien oublié de son extrême brillance, de sa désespérance souriante. Ils furent tant et tant ensuite, des milliers qui, peut-être, témoigneront encore dans les siècles à venir. Quelle joie d'avoir pu les accueillir, comme j'aurais aimé entrer en conversation avec Hugo, Chateaubriand, Maupassant, qu'il nous plairait d'entendre leur voix. Je les rêve parfois, et m'en tiens à aujourd'hui. Je ne saurais dresser la liste d'un cortège que j'aurai suivi vingt années durant sur France Inter. J'ai nette souvenance de nos grands moments : les géniaux bredouillements de Malraux, le phrasé de Sartre, le panache de Yourcenar, les adorables roueries de Delteil, le talent-voyeur de Borgès l'aveugle... J'oublie sans doute les meilleurs.

Je reconnais mon privilège. Par simple curiosité, gourmandise, fiévreuse appétence de nouveautés, j'ai reçu leçon des plus grands écrivains, écouté la petite musique des politiques, accompagné les débuts, les succès des artistes, je ne me suis jamais limité. Je dois reconnaissance aux différentes directions de la radio publique qui m'ont permis d'user mes fonds de culotte sur les bancs de la renommée des autres, dans la solitude de ceux qui jamais ne parlaient aux commencements d'une carrière que l'on n'aurait pu prévoir. Dans le choix que fait ici l'INA je retrouve le Johnny Hallyday d'il y a quarante ans, le Coluche d'avant la gloire et quelques chers disparus qui auront marqué leur siècle et ensoleillé ma vie. Contraint au direct par volonté personnelle, je n'ai jamais réécouté par la suite mes cassettes *Radioscopie.* Je passais si rapidement d'un personnage l'autre... mais le souvenir et la mémoire de tout et de tous sont restés intacts. Je me prépare à entendre ces voix qui me furent tant familières, entre autres, parce qu'elles ont pris le chemin des ailleurs, celles de Karajan, Menuhin, Rubinstein, César, Devos...

Il n'était pas facile d'oser une telle sélection, peut-être même y a-t-il quelque malhonnêteté à privilégier cette liste-là ! Je me rassure en pensant que mes autres invités prendront le relais. Ils sont 6 826.

***

On m'invite à participer à un débat sur « les journaux télévisés ». J'accepte mais à la condition de m'y comporter comme un simple téléspectateur. Je n'ai jamais sacrifié à cette discipline, très exigeante, qui est devenue spécifiquement informative. Le commentaire, les prises de position ont déserté le vingt heures. Comme sont devenus rares les grands face-à-face qui opposaient hier les leaders des groupes politiques. Nos champions d'aujourd'hui se plaisent au soliloque et se refusent à l'affrontement. Trop risqué !

***

Le voyage comme une nécessité, un essentiel, ce besoin de me frotter à d'autres continents, cette gourmandise de vivre, donc d'apprendre, de rencontrer, d'écouter d'autres musiques, ce permanent envol dans les soleils et les brumes d'ailleurs, des aéroports comme sources d'arrivées, une certaine poésie de la fuite. Habiter un pays étranger pour le comparer à ma géographie d'habitude m'est une passion dévorante. Je retrouve dans cet octobre remuant de manifestations multiples et Venise et Saint-Pétersbourg et Angkor où dans la jungle la plus dense m'émerveillent encore les apsaras, belles endormies, nées au XIe siècle, toujours jeunes et mystérieuses. La beauté est contagieuse. Avec elle je veux bien être souffrant.

***

Je quitte un instant Miramont, ma vieille maison bigourdane, je passe à Saint-Sauveur : deux refuges qui furent doux à George Sand, amoureuse, chez nous, d'Aurélien de Sèze, jeune magistrat toulousain. Je monte au Tourmalet, il fait gris, un temps de bel éloignement. Loin de Paris où s'échinent les ambitieux, j'aime à me souvenir de la confidence de l'ardente dame : « J'aspire toujours à l'absence. » Absence, cela veut dire oubli du dérisoire, refus du n'importe quoi qui agite les imbéciles, cela suppose aussi solitude choisie et désirée.

***

Je n'avais pas revu Les Parcs de Saint-Tropez depuis dix ans, j'avais trop de souvenirs dans cette magnifique maison qui a accueilli les derniers jours de Roland Pozzo di Borgo, mon grand ami, j'avais rompu les amarres avec l'immense baie qui n'était plus pour moi que l'espace d'un pénible départ. Monique, son épouse, m'a convaincu de venir assister, sur son voilier, aux régates qui rassemblent des centaines de bateaux. Je ne sais rien de la mer, en dehors de quelques escapades imposées, mais ici, dans le vent et les vagues, tout est beauté.

***

Par groupes de vingt – ici, essentiellement, des trentenaires –, ils vont vers le Sénat, où l'on débat sur les retraites, brandissant à bout de bras leurs slogans : « Aujourd'hui, préparons demain », « Soixante c'est déjà trop » ! Je les croise et les observe. Ils ne seront jamais jeunes, ils ne l'ont jamais été. J'aurais envie de leur souffler la recommandation de mon père : « N'oubliez pas de vivre. » Hélas, ils sont déjà sourds.

***

Le hasard d'une rencontre nous entraîne à regarder ce matin, sur Planète, un documentaire consacré au Cambodge et plus particulièrement au génocide perpétré par les Khmers rouges.

J'avais déjà vu le déroulé en images de cette horreur qu'un ami m'engage à revisiter chez lui, en compagnie de deux de ses invités qui en furent les victimes : Anh et Kim avaient six et huit ans lorsque, au fameux centre 21 de Phnom Penh, leurs parents furent exécutés à coups de hache. Épargnés pour d'obscures raisons, ils devaient se retrouver un peu plus tard en 1980, en Thaïlande, dans un camp de réfugiés. Aujourd'hui ils vivent à New York. Je les observe. Ils écoutent Kieu Samphan crier son innocence et défendre Pol Pot. Les déclarations de ce salaud – reçu autrefois à Paris avec tous les honneurs – les laissent de marbre. Pas le moindre murmure, aucun haussement d'épaules, le silence, une froideur qui fait mal, ce qu'ils ont vécu a effacé toute émotion. J'ai tant aimé leur pays, j'en ai si bien connu les matins calmes, je voudrais dire ma colère au souvenir des deux millions de morts mais je comprends vite qu'il me faut respecter leur deuil, leur histoire. L'Amérique ne leur fait rien oublier. À les voir ainsi, je pense en les quittant à tous ces Français, belles consciences de gauche, qui trouvaient à l'époque du charme à la révolution !

***

Je revenais de loin – c'était dans les années 60 –, Graham Greene m'avait présenté à Robert Laffont et, ensemble, nous avions rejoint Bernard Clavel au Dôme. Celui-ci, timide ou bougon, comment savoir, avait posé sur la table son dernier roman *L'Espagnol*.

— C'est pour vous, monsieur Greene. Je me suis autorisé un brin de dédicace.

Graham souriait, amusé, curieux :

— Quel écrivain êtes-vous ?

La promptitude de Clavel, je me souviens, nous avait séduits :

— Je suis un apprenti et un apprenti ça n'en finit pas d'apprendre.

Cent livres lui auront permis d'accumuler des connaissances sur les malheurs et les dérives du monde, sur son cher Canada, sur le dérisoire des honneurs. Il se méfiait des récompenses mais, en 1968, il ne put refuser le Goncourt pour *Les Fruits de l'hiver*. Il en fut apaisé, je le revois bien droit à l'annonce du prix. Une carrure pareille à son œuvre d'aujourd'hui : du chêne habité.

***

La rue, ce remuant terrain de revendications multiples. On y manifeste à toute berzingue, on s'y installe gaiement comme on prend des vacances, on y pleure le temps qui passe, la difficulté de vivre. J'entends des voix : les pessimistes annoncent la fin du monde, les optimistes croient à la naissance d'un nouveau monde. Dans ce galop de l'absurde, heureusement, rôde le rêve qui est une création.

***

Je me sais en route pour un parcours nouveau. Je rêve d'un autre livre, d'un journal qui ne dit pas son nom, où l'écriture réveille de vieux souvenirs, dévidant un fil rouge jusqu'en Asie, tentant d'établir un parallèle avec aujourd'hui. Plutôt un exercice de mémoire que des Mémoires. Le temps est venu : la sérénité de maintenant peut s'étonner de la folie d'hier !

***

Toute ma vie j'ai voulu être libre et je l'ai été, du moins à ma manière. La liberté est une sorte d'ascèse qui conduit à accepter de petits riens et à refuser de grands honneurs. Elle est intérieure et je la voudrais plus distante encore, elle ne peut être sous la coupe de meneurs de foires. Rien de plus beau que le peuple, rien de plus trouble que la foule : cessons de ruminer le passé, goûtons au temps qui passe, ne demandons pas l'impossible à l'avenir.

***

Mon vieux copain David B. s'en retourne, désespéré, à Jérusalem. Il y a trente ans, il a décidé de vivre là-bas ce qu'il croyait être un retour aux sources et qui était aussi la promesse faite aux âmes errantes de ses parents sacrifiés dans les camps nazis. Il ne se force même plus à imaginer la paix pour laquelle il a tant combattu : « J'ai habité Gaza, osant des rencontres quotidiennes avec ceux que les plus fous des miens appellent "l'ennemi". Pour quelques-uns je suis le traître alors que seule l'alliance m'occupe. Il n'y a plus rien à faire. »

Les extrémistes israéliens et palestiniens sont en train de pourrir la situation au Proche-Orient. Or, à cette heure, nous devons considérer que l'avenir des deux pays ne dépend plus que de la seule intelligence de leur peuple. Un État palestinien en communion – fût-elle de façade – avec l'État israélien est-ce encore possible ? Demain ce ne sera plus l'Amérique reléguée au troisième rang, après la Chine et l'Inde, qui pourra régler le problème. Dans vingt ou trente ans, la diaspora juive, de l'autre côté de l'Atlantique, gardera vraisemblablement ses traditions mais ne se souciera plus des cruels affrontements d'aujourd'hui. L'audace, au mépris des obstacles et des dangers, c'est maintenant qu'il convient de l'envisager.

***

Ils sont trente-trois qui ont idéalisé ce chiffre… promis à de brillants et lucratifs lendemains. Les bas-fonds de la mine auraient pu devenir leur sépulture, la solidarité d'un peuple les a enlevés à l'enfer. Le Chili est en fête, les évadés retrouvent le ciel après 69 jours de prison, le président Piñera qui les accueille fait des bonds dans les sondages. Tout pourrait être au beau fixe mais déjà l'inquiétude, discrètement, s'en mêle. À partir de quel moment seront-ils totalement oubliés ?

***

Florian Zeller n'a pas son pareil pour déceler nos propres zones d'ombre. Il le fait avec élégance, autorité, malignité. Écrivain, homme de théâtre, cet auteur de trente ans donne à Catherine Hiegel l'occasion de jouer un rôle à la mesure de son immense talent : celui d'une mère, étrange, possessive, solitaire, qui, à la cinquantaine, ne supporte plus la froideur des siens. C'est violent, cruel, secoué de courants contraires, ballotté par un vertige de variations, comme un engagement à la réflexion. Pour l'ex-sociétaire de la Comédie-Française, c'est une entrée en fanfare sur la scène privée.

***

On se souvient de la réflexion de cette dame quelque peu ignorante, devant une toile de Picasso : « Mon enfant ferait bien mieux ! » Aura-t-on la surprise d'entendre même idiotie au musée d'Art moderne qui expose Jean-Michel Basquiat ? Ce n'est pas impossible tant la culture picturale est encore mal appréhendée. De ce marginal en tunique de génie, né aux États-Unis d'un père haïtien et d'une mère portoricaine, mort à vingt-sept ans d'une overdose, on sait désormais les bonheurs et la désespérance. Je l'avais croisé à New York dans les années 80, Leo Castelli, le fameux galeriste, m'avait engagé à le radioscoper, il ne fut pas à mon rendez-vous de travail, retardé par un incident de circulation. Il ne devait arriver que quelques minutes… après la fermeture du studio : « Prenons un verre », avait-il dit. Ce que nous fîmes, mais sans enthousiasme. J'avais rêvé cette rencontre, elle m'échappait. Et le voilà qui nous rejoint en cet octobre pluvieux, à Paris, en phénix absolu.

Toute la rumeur médiatique s'étale autour de son nom. Basquiat en majesté, célébré, adoré jusque dans des cercles plutôt conservateurs. Une image toujours si vivante, une posture de poète, un œil égaré, une main ferme. Un style unique qui casse les conventions, se défait de l'académisme, se moque des modes et va son chemin solitaire. J'aime cet homme comme j'admire Rimbaud. On me demande d'en parler ce soir sur Paris-Première, je dis mon enthousiasme devant tant de signes à décrypter, de mots à comprendre, de personnages à découvrir. Un enchantement. Rien à voir avec les guignols qui s'exposent à Versailles !

***

On aurait pu s'attendre à les voir manifester pour changer le monde, lutter contre l'injustice, apporter un soutien aux malheureux de la planète, j'aurais aimé qu'ils sachent se mettre en danger, qu'ils s'engagent dans de nobles causes, qu'ils prônent l'aventure. Hélas ! Ces jeunes de seize ans qui passent dans la rue crient, hurlent et jouent à « sauver leur retraite ». Tristesse d'automne !

***

Joan Sutherland est morte, elle avait quatre-vingt-huit ans, elle aura été la diva absolue au même titre que Maria Callas qu'elle avait accompagnée dans *Norma*. Elle était stupéfiante de virtuosité, on la célébrait pour sa perfection technique, elle portait le « bel canto » à la plus haute altitude. J'aurais voulu l'accueillir à New York au cours de l'*Échiquier* consacré à Kiri Te Kanawa qui l'admirait mais elle m'avait dit se « trouver en déshérence ». Kiri en fut attristée. « Joan, me disait-elle, est unique. C'est la voix la plus incroyable, la mieux ciselée. » On ne lui fait pas à son départ des arcs de triomphe. Les plumitifs ont souvent plus d'égards pour les besogneux que pour le grand talent.

***

Mon vieux copain Régis de T. qui maintient sans effort une réputation de fouineur me demande l'autorisation de feuilleter mon carnet de rendez-vous. Je n'ai rien à cacher. « Tu ne t'arrêteras donc jamais », me dit-il. Il voit juste. Toujours bouger, c'est mon obsession et les ans n'y font rien. Mes déplacements continuels l'étonnent, j'observe à mon tour ; il y a, j'en conviens, surcharge. C'est le prix de ma curiosité, de ma gourmandise de vivre et à celle-ci je ne donne aucune limite. Comment refuser d'aller à Saint-Pétersbourg où Youri Temirkanov m'invite à son concert consacré à Tchaïkovski, puis-je ne pas répondre positivement à la Philharmonie de Berlin qui me demande de participer à un colloque sur Herbert von Karajan, devrais-je dire non à des anonymes de Brest qui me prient à un « Festival de la radio et de l'écoute », suis-je capable de rester devant mon écran plutôt que de me rendre en Irlande soutenir le Biarritz de Serge Blanco, aurais-je l'inélégance de bouder Cabourg où l'Adami – société qui veille aux droits des artistes et des musiciens – a décidé de me remettre son prix décerné par les musiciens eux-mêmes. C'est assez dire que ces six prochaines semaines sont riches de promesses : je ne résiste pas à l'imprévu qu'elles peuvent procurer.

Il y aura, bien sûr, pour couronner le tout, le Noël familial dans mes Pyrénées, autour du sapin de ma petite fille Philippine, et puis, au 31 décembre, notre expédition à Bali, mon île d'autrefois, celle des Dieux, en Indonésie, où je vais peut-être retrouver de vieux fantômes.

***

Accro aux débats, je m'efforce de suivre à la télévision des face-à-face fiévreux – sur l'économie surtout – auxquels je ne comprends rien. Il n'est pas de langage plus obscur que celui des experts qui font le monde. Cultivez le flou, on y verra des lumières. Et souvenons-nous de Maurice Blanchot : « Si l'on parvenait à me comprendre, c'est alors que je me serais mal exprimé. »

***

Le terrible défaut du président : il parle trop, trop vite, trop franchement. Il dit ce qu'il pense : impardonnable.

***

Je devine une princesse endormie qu'André Azoulay, voici quelques années, a décidé de réveiller et qui désormais nous éblouit de toutes ses fêtes, aux accents de partage et de culture. Perle du Maroc, si différente des autres cités, refuge de nostalgies et éminemment moderne, Essaouira, l'ancienne Mogador, tisse son mystère, célèbre la beauté du métissage, orchestre l'échange. Essaouira c'est une couleur, c'est le vent, c'est l'heure bleue et parfois grise lorsque les embruns voilent le temps. Ici, la parole, la poétique, la musique, le chant, l'écriture ressuscitent la mémoire, décident de l'avenir. Le sens de la quête est dans l'esprit du Festival des Andalousies Atlantiques qui, autour d'André, l'inventeur de ces moments uniques, nous rassemble en cette fin d'octobre. La broderie est au cœur de la rencontre, cette merveille qui alterne dans une mélodique de la tradition, un vers en hébreu, un vers en arabe, alliance parfaite d'un sacré partage. Les éclats lumineux du désert que l'on imagine au-delà de l'océan, dans ce paradis, planifient le métissage. Musulmans, juifs et chrétiens vont ensemble au cœur d'un monde de voix concordantes, celles des orchestres de Fès, Tanger, Meknès, de la chorale du Roi David venue de Strasbourg, de la magnifique Françoise Atlan, du tonitruant rabbin de Los Angeles, Haïm Louk, du poète palestinien Monein Adwan. Comme il serait simple de faire la paix au Proche-Orient si les politiques épousaient la sagesse de toutes ces âmes en communion, seulement occupées du respect de tant de cultures différentes, armées pour la résistance à l'archaïsme et à la régression. Ces musiques entrecroisées sont au carrefour du sacré et du profane, c'est toute l'Andalousie pluriculturelle, un chant d'espoir. Je retiens « la parole d'Essaouira », Edgar Morin, lui, vante « le miracle d'Essaouira ».

***

Octobre 2010

Promenade avant départ dans les ruelles d'Essaouira. Je cherche ma route. Un vieil homme à barbe blanche sourit, s'amuse de mes hésitations : « Je suis juif, mes ancêtres étaient ici, il y a déjà deux millénaires, j'aimerais avoir hérité leur sagesse ; je n'ai pas la force d'être votre guide mais je peux vous aider d'une seule réflexion, celle du rabbi Nachman de Bratslav, notre maître : "Ne demande ton chemin à personne, tu risquerais de ne plus pouvoir te perdre." » Se perdre pour se retrouver, voilà l'autre miracle.

NOVEMBRE 2010

Pour lui, un novembre de froidure. L'homme n'a plus la superbe qu'il affichait à son triomphe, sur les marches de la Maison-Blanche. Il a encore le pas leste, une silhouette bondissante mais le sourire est figé, la parole mesurée, la promesse plus retenue. Barak Obama, au lendemain de ces dangereuses élections de mi-mandat, s'arme désormais de propos volontairement hésitants. La défaite d'aujourd'hui le délivre d'un orgueil qui ne fut jamais toutefois vanité. La reprise économique qui se fait attendre handicape sa démarche mais on aurait tort de trop l'accabler, de l'imaginer fini. Il serait malhonnête et stupide de lui reprocher d'avoir voulu un changement de système de santé, de l'accuser d'un délabrement de l'Amérique, qu'il tente de relever. L'occasion est trop belle pour ses adversaires qui n'ont jamais accepté l'entrée d'un Noir au plus haut de l'Institution. Obama, malgré l'échec, est bien à sa place. Ce ne sont pas les conservateurs et les bataillons d'illuminés qui pourront, d'un coup de baguette, métamorphoser le pays profond. On ne saurait oublier que ce président offre un renouveau. Je retiens qu'il a fait rêver le monde.

***

Je reviens sans cesse à l'injonction de Joseph Delteil : « Jouis de tout et au jour le jour. »

***

Des conseils : il faut se défendre parfois d'en donner. Du moins sur le plan privé. On s'abîme toujours à persuader l'autre de ce que l'on ne sait pas soi-même assumer.

***

De chaque roman il aura fait un événement, de chaque échec une victoire. *Les Particules élémentaires*, *Plateforme*, *La Possibilité d'une île* auront été les marches de son triomphe. Oubliés ses attaques contre l'Islam, son côté facteur de mauvaises nouvelles, son mépris pour la société. Obligation cette fois de ne pas choquer. Michel Houellebecq donne raison à la rumeur. On le disait partout favori du Goncourt, il l'obtient ce lundi en excellent élève : sept voix sur neuf. Affaire conclue en moins de deux minutes, au premier tour évidemment. Lauréat d'excellente tenue, déjà consacré par les lecteurs, aujourd'hui couronné par des experts, il trouvera d'évidence la vie moins décevante, et l'amour possible. *La Carte et le Territoire*, cette histoire d'un peintre solitaire, le fait entrer dans la saga littéraire du temps, celle des Prix qui honorent autant l'éditeur que l'auteur. Succès complet, en effet, pour Flammarion et Teresa Cremisi que l'on attendait à ce sommet. Belle journée pour le livre. Depuis 13 heures, Houellebecq occupe tous les écrans, je le regarde, il arrive chez Drouant, hagard, mal fagoté, goûte à la folie, prend aussitôt la mesure de sa réussite et change immédiatement d'attitude. « Je suis heureux », dit-il. Il sourit, il fait des phrases. Un homme nouveau nous est né.

***

Il aura couvert les années essentielles du XXe siècle. Quarante ans après sa mort il occupe encore tous les esprits, il est de France pour toujours. Charles de Gaulle fait, en ce 9 novembre, la une de l'actualité. Radios, télés et journaux content son aventure, dissèquent ses mots, vantent son courage, sa constance, son honnêteté. On aurait pu aussi parler d'un mystère qu'il entretenait jalousement. C'était un homme pour l'Histoire, une race aujourd'hui éteinte. D'outre-tombe il semble prévenir les hésitants de sa caste : « Parfois, le chef, inapte à se décider, consume en interventions accessoires et désordonnées son désir d'influer quand même sur les événements. » Le chef a-t-il entendu ?

***

Tant d'amis qui partent. La maladie bien plus cruelle que le grand âge. Une mission à Londres m'empêche d'accompagner à Toulouse la dernière course de Raymond Bielsa. Il fut résistant, il était docteur, à l'origine de la médecine de groupe, et puis peintre dans ses anciens jours. Je n'ai rien oublié de nos aventures pyrénéennes, de nos balades dans le haut pays. Anne, sa fille, ma filleule, m'adresse le poème de Stevenson qui a été lu à la chapelle du centre funéraire :

> Ne restez pas à pleurer autour de ma tombe.
> Je ne m'y trouve pas – je ne dors pas
> Je suis un millier de vents qui soufflent
> ...
> Je suis l'envol hâtif
> ...
> Je suis le prompt essor
> ...
> Ne restez pas à vous lamenter devant ma tombe
> Je n'y suis pas : je ne suis pas mort.

***

Il y a trente-six ans, chez lui, à Arès, en Gironde, un personnage singulier, Michel Potay, recevait une visite inattendue : Jésus, oui, le vrai Jésus, celui du commencement, le choisissait comme passeur d'un message de fraternité que j'ai du mal à entendre. C'est avec cet homme, béni de Dieu, que je m'entretiens pour laisser de lui une trace. Soixante minutes face à cinq caméras, dans un grand studio, devant une dizaine de techniciens, un échange strictement professionnel qui, pourtant, ne sera jamais diffusé sur une chaîne de télévision. Seulement un document pour les milliers de fidèles – dois-je les appeler ainsi – qui croient à « l'apparition ». Il me faut être franc et précis, je préviens d'entrée :

— Pardonnez mon incrédulité que vous pouvez considérer comme un manque de foi mais je refuse d'être dupe. La visite que vous dites avoir reçue me paraît être du domaine du rêve.

— Je ne suis pas surpris, je peux vous comprendre, ne pas croire est une facilité, beaucoup d'autres ont eu la même réaction mais vous, du moins, vous acceptez de m'écouter.

— Je fais toujours confiance à ma curiosité. Potay, racontez-nous…

— Je n'invente rien, je ne souhaite pas vous convaincre, je veux simplement témoigner et cette fois très officiellement. Il faut que l'on sache ce qui m'est arrivé. Je ne suis pas un homme de tapage, seulement un passeur. Du 15 janvier au 13 avril 1974, dans un endroit de ma maison, éloigné de ma chambre, appelé, je me suis trouvé face à Jésus, lumineux mais non spectral. Pendant cette période je l'aurai vu quarante fois.

— Comment était-il ?

— Robuste, très grand. Il doit avoisiner 1 m 90. Il porte une tunique qui lui colle au corps, comme mouillée, son faciès est oriental, sa barbe, sombre, est assez courte, c'est en apercevant les stigmates que je réalise qu'il est Jésus.

— Vous parlez de lui au présent et pourtant il n'est pas revenu depuis 1974. Auriez-vous été abandonné ?

— Il est là, il comble ma vie depuis cette date.

— Il vous parlait ?

— Oui, en français, d'une voix normale.

J'accable Michel Potay de mon scepticisme mais comment pourrais-je croire à une telle visite ! Comment, dans le même temps, puis-je désespérer mon interlocuteur ! Je l'épie, je l'écoute, je sais son itinéraire, il n'est pas d'homme plus convenable, ses quatre-vingts ans ne pèsent pas sur son visage, ses yeux sont d'un enfant. Il fut ingénieur, il a été communiste, puis prêtre orthodoxe (sous le nom de frère Michel) – « un commun des mortels, dit-il, jusqu'à l'apparition ». Nous parlons depuis vingt minutes, je m'interroge encore, ai-je affaire à un illuminé ? Je m'en veux d'établir ce parallèle mais j'ai le souvenir de ma rencontre avec Claude Vorilhon, devenu Raël, qui, à la radio et à la télévision, me racontait il y a des années son voyage chez les extraterrestres, à bord d'une soucoupe volante. Il serait absurde de comparer. Un fossé sépare ces deux personnages. Raël, pervers, taquine la folie, Potay, généreux, paraît inspiré. Le premier a sa cour de nymphettes affolées, le second est tendrement soutenu par sa femme et ses trois filles qui sont du cénacle des croyants de la « Révélation d'Arès ».

Je m'abîme à poser des questions. Je parle d'ésotérisme, j'évoque la puissance des rêves, je divague en tous sens pour n'avoir pas à laisser entendre que je suis dupe. Évidemment, je ne crois pas à cette « apparition » mais bizarrement, je le crois, lui. Il sourit ; peut-être me plaint-il.

— Vous ne pouvez pas imaginer qu'il y ait eu, chez moi, une visite de l'Ange. J'ai écrit toute mon histoire, un livre de plusieurs centaines de pages, j'y note le mot à mot de toutes mes conversations avec Jésus, j'ai des troupes de fidèles mais je n'ai pas réussi à convaincre mon Église dont je suis la bête noire. À aucun moment je n'ai souhaité installer une église, encore moins une secte. Jésus, d'ailleurs, me l'a interdit. Je ne suis que pénitent. Les pèlerins d'Arès forment une fraternité non dogmatique. Je suis le témoin de cette Révélation qualifiée d'évangile, parce que son messager est Jésus, corporellement éternisé, je me trouve dans la ligne de pensée de Matthieu, Marc et Luc.

— Jésus vous a-t-il confié de particulières lignes de force ?

— Il m'a enseigné l'amour, le pardon, la paix, la liberté absolue de tout préjugé, l'intelligence du cœur.

— Ce n'est pas si nouveau !

— Peut-être mais c'est à moi qu'il l'a dit et vous comprenez ce que fut mon effroi. Je passe sur le bouleversement personnel comme social, que cet événement causa à mon existence. Plus simplement cette rencontre est une voie vers la lumière.

La Révélation d'Arès faite à Michel Potay ne fonde pas de religion. Ce témoignage, étonnant, lourd de paroles et de signes, engage aussi à lire les autres Livres. À la fin de l'entretien je suis toujours incrédule, je n'arrive pas à imaginer une telle visite, cette descente de Jésus en Gironde, je peste de ne pas avoir la grâce, je voudrais lui dire à quel point son récit m'a transformé mais je ne puis mentir. Il n'empêche que je suis touché par chaque mot de ce qui m'est raconté. Serait-ce de la poésie ?

Michel Potay a le sens de l'humour.

— Que diriez-vous, monsieur Chancel, si Jésus vous flattait d'une visite ?

Je n'ose y penser.

***

L'effet d'annonce n'est rien moins que le recul d'une arme déglinguée. Donc un pur renvoi en arrière. On promet mais on n'avance pas. Insoutenable attente ! Nous aurons patienté quatre mois, nous aurons été épatés pendant une semaine et désorientés un jour durant. Le remaniement promis avant l'été n'était plus la surprise espérée. On croyait l'Élysée en passe d'accoucher de Borloo et ce fut le Fillon nouveau qui vint. Avec, dans des rôles différents, Copé et Juppé, désormais muselés de l'intérieur. Il eut suffi de nommer Villepin et la prise aurait été meilleure. Les centristes, humiliés, divisés, se pensent en liberté et ne sont qu'aux abois. Pour tenter d'affaiblir le pouvoir ils joueront demain de toute leur vanité. À la vérité les vrais alliés de Sarkozy se trouvent aujourd'hui dans l'opposition. C'est la gauche en débandade qui lui tend un tapis rouge. J'en veux pour preuve sa violence à l'issue de cet entretien télévisé de novembre, sa haine à l'égard du président, cruellement maladroite. Les Aubry, Royal et consorts finiront par en faire un martyr qui les coiffera en 2012. Il n'est rien de plus détestable que la politique. Ces gens-là ne savent plus vivre.

***

Comme Alex Fergusson, l'entraîneur de Manchester, je suis trop vieux pour prendre ma retraite, je laisse ça aux jeunes.

***

Comment, avec lui, ai-je pu passer, trente années durant, à côté de ce sujet idéal de conversation : le rugby. J'apprends, par sa chronique du *Point*, que Bernard-Henri Lévy aime cette branche fière du sport d'équipe. Il a vu les All Blacks à Dublin et s'en délecte, il parle de religion : celle de la fraternité et de la fratrie, il analyse la complexité diabolique du jeu, s'enthousiasme pour sa différence : « Entre football et rugby, c'est comme entre Corneille et Racine, ou entre les Stones et les Beatles, ou entre Mac et PC. C'est deux partis. Deux religions. Et, entre les deux, il faut choisir. Pour ce qui me concerne, mon siège est fait. Aujourd'hui, comme hier, le style, la beauté, le fairplay du rugby. » Tout est dit. J'acquiesce.

***

Courte expédition à Cabourg où les jurys de l'Adami remettaient leurs Prix 2010. L'ami Costa Gavras avait été désigné par les comédiens, les interprètes classiques m'avaient choisi. Vingt-quatre heures de convivialité, présidées par notre « Rouletabille » préféré, Philippe Ogouz, sous la neige et dans le vent du large. J'ai cru apercevoir Marcel Proust qui, de 1907 à 1914, de juillet à octobre, occupait au Grand Hôtel la chambre proche de la mienne. Il y écrivait alors *À la recherche*. C'est du temps retrouvé.

***

Conversations ininterrompues, manière d'explorer le monde, querelles dérisoires, accords majeurs… C'est tout cela l'amitié. Jeune, j'avais imaginé d'inscrire sur ma carte d'identité, à la case profession : ami. Une invitation à s'accoupler. Ami de… plutôt que copain. La différence est de taille. Il importe de savoir choisir ses environnements : l'intime et le lointain. Le privé ne se dit pas, l'ailleurs se conquiert. J'ai toujours cherché d'autres sources, d'autres voix, d'autres regards. J'avais décidé très tôt de ne pas nager dans le sens du courant. Une certaine marginalité, le refus des dogmes d'habitude, ma gourmandise des bouts du monde m'auront permis d'entendre des multitudes de battements de vie. C'est en partant et en comparant que je me suis découvert. Au contact des sages de l'Orient j'ai compris que l'humilité est la seule forme de courtoisie.

***

Le vide français et le plein australien. Pour nous la pire des défaites. Pour eux le panache d'un rugby-champagne. Pareil à celui que pratiquaient hier Gachassin, Rives, Sella, Blanco. Humiliés sur la pelouse du Stade de France nos Bleus prétendument nouveaux pleurent leur désarroi. Normal. Rien à redire. Incompréhensible mais bien venu : l'urgence est là, il importe de tout changer, d'appeler la jeunesse, de forcer l'enthousiasme. À neuf mois de la Coupe du Monde il faut repartir de zéro, ne plus s'en tenir à des exploits sporadiques. Le plus étonnant dans cette froideur de novembre c'est le grand bonheur que nous avons eu : le meilleur du rugby. Il était australien. Nous étions jaunes.

DÉCEMBRE 2010

De la très bonne télévision à la première minute de ce douzième mois de l'année, comme s'il s'agissait de dire : « Nous allons terminer en beauté. » Frédéric Taddeï reçoit Alain Delon. Une heure de vérité sans chichis ni langue de bois. Parcours d'un homme libre dont certains contesteront les amitiés et qui, honnêtement, s'affiche. Apaisé, serein, drôle, l'homme aux presque cent films, dernier dinosaure debout du cinéma, dans un précis de sémantique, tient à ne pas confondre les mots et les genres : « Je ne suis pas comédien, je me flatte d'être acteur. Je n'ai rien appris, je suis un accident. Le comédien joue un rôle. L'acteur incarne un personnage. » On le voit, on se souvient, personne n'a oublié *Plein Soleil*, *Rocco et ses frères*, *Le Guépard*, surtout, qu'un jeune public va découvrir demain sur grand écran. Avec cet ordre en leitmotiv : « Il faut que tout change pour que rien ne change. » Delon se plaît, s'amuse, ne s'étonne de rien. À l'écouter, évoquant Saigon, je m'aperçois que dans toutes nos conversations nous n'avons jamais parlé de l'Indochine. Il y est arrivé après moi mais nous y étions aux mêmes dates. En 1953, j'aurais dû le rencontrer. Aurions-nous tous les deux quelque chose à cacher ?

***

J'ai retrouvé ce matin une lettre de Renaud Matignon qui fut, trois étés durant, mon compagnon d'équipée sur les routes du

Tour de France cycliste : « Jacques, je t'annonce officiellement que je vais t'étriller gaillardement jeudi dans *Le Figaro*, pour un trop-plein de succès. Et je le fais parce que je t'aime. » Et il le fit avec la verve qu'on lui connaissait. Renaud avait un talent fou, il aurait dû être l'un des grands écrivains de sa génération, il n'en était que le pamphlétaire, il s'évertuait sans cesse à passer à côté de lui-même. Il me disait : « J'ai réussi dans l'ironie mais j'ai raté ma vie. »

***

Jean-Luc Hees, président de Radio-France et Rémy Pflimlin, président de France Télévisions, me font souffrir ce soir un hommage qui, s'il n'était pas amical, affectueux même, pourrait être considéré comme une mise au tombeau. Trois cents invités parmi lesquels je reconnais de nombreuses têtes couronnées, entre autres celles de mes compagnons Bertrand Méheut et Rodolphe Belmer de Canal Plus, ma maison d'aujourd'hui, ainsi que mon ardent complice, Serge Kampf, sont conviés à visiter l'*Empreinte* que me consacrent Florian Zeller et Pierre-Antoine Capton, deux trentenaires de bonne qualité, qui ont réussi à piéger un peu de ma vie.

Vingt heures de conversation pour cinquante-quatre minutes de télévision. Et, au final, l'acuité d'un regard, celui que Florian pose sur moi, sur les chemins de mon long voyage dont il a fixé quelques étapes : les Pyrénées, évidemment, les Buttes-Chaumont – l'antique temple du septième art, aujourd'hui dévasté – l'Indochine où je reviens, déboussolé, cinquante-cinq ans après. Je n'ai rien voulu voir du montage, je lui ai laissé toute liberté, il ne m'a pas trahi, il a su éviter l'impudeur qui s'attache à ce genre d'exercice – style « merci à ma femme », qui est pléonasme –, curieusement mais intelligemment il me montre plus homme de radio que de petit écran. De mon parcours agité il a tiré des pépites, homme de théâtre il joue avec les images, c'est son clin d'œil au cinéma. J'étais le sujet et je n'ai pas eu à craindre qu'il pèse sur le drame de mon adolescence, sur ce noir qui me fut imposé, cette longue errance de mes yeux. Il a simplement retenu la petite phrase (échappée) sur la mort qui m'avait approché avant ma vingtième année. Me trouble dans ce document – *Empreinte* est l'une des plus belles inventions de France 5 – l'embarras que me procure mon propre moi. Je ne réécoute jamais mes *Radioscopie*, je ne visionne pas *Le Grand Échiquier*. Je ne supporte pas de me regarder.

***

Le film de Florian Zeller suscite, me dit-on, l'émotion, je ne comprends pas comment, pourquoi, sans doute faudrait-il que je m'analyse, ce qui est au-dessus de mes forces. L'opinion de Serge Kampf que j'admire, que je considère comme le grand patron le plus rigoureux (je dirais même vertueux) – il a créé Capgemini, plus de 100 000 salariés – m'a particulièrement touché : « Tu nous donnes le plus difficile. Tu es toi. »

***

Membre du Conseil supérieur de l'audiovisuel, retenue au Maroc par une mission de son groupe, Sylvie Genevoix, qui fut aux commencements d'Antenne 2, m'écrit pour excuser son absence à la présentation privée d'*Empreinte*. Elle me parle surtout de son papa que j'aimais et qui est aujourd'hui l'objet de toutes les attentions : Maurice Genevoix, ancien secrétaire perpétuel de l'Académie française, auteur d'un magnifique ouvrage sur la grande guerre *Ceux de 14*, pourrait être en 2014, cent ans après, le nouveau pensionnaire du Panthéon où des historiens souhaiteraient qu'y soit transférée sa dépouille, ce serait l'émouvante manière d'honorer tous les combattants de ce temps de l'horreur. Je pense à mon père qui était de ceux-là.

***

La quête du sacré me paraît être le seul chemin convenable pour négliger les braillards qui partout exhibent un populisme échevelé. Le sacré n'a rien à voir avec la religion, c'est une transcendance, une qualité éminente, une vérité immuable indépendante des faits. Un élan particulier qui assure la liberté individuelle. Face au présent qui dit n'importe quoi il convient de protéger notre stock de mémoire. À raconter le quotidien on finit par radoter, plus exaltant pourrait être le récit de ce que nous avons su faire dans toute l'existence, passionnante est la découverte de l'autre. Je tiens mon Journal depuis l'adolescence, j'en risque la publication depuis 1978, je pense qu'il est temps de passer à autre chose. Il me semble que 2011 va me permettre de revisiter les longues marches d'hier, mon récent voyage à Saigon m'a fait retrouver un passé que je croyais évanoui, une vie que j'ai voulu oublier tant elle fut folle et hasardeuse. Mais est-ce bien raisonnable ?

***

Encore une année qui s'en va et j'ai de ce côté-là quelque expérience. Tout va trop vite. Je n'aurai pas vu le temps passer. J'ai la funeste inconscience du funambule qui croit ne pas devoir trembler sur son fil. Je n'arrive pas à mettre un point final à l'habituelle flambée de mes courses autour du monde. Je voyage, j'écris, je conseille, Canal Plus occupe mon esprit – je donne aussi le conseil de ne pas en donner –, j'entends les jérémiades des adolescents dans la rue, j'en suis attristé, je fonctionne, j'ai un rejet absolu de la mélancolie, l'enthousiasme me délivre des miasmes de l'âge, j'apprends chaque jour davantage et j'installe mon dogme : à force de tendre vers l'autre on finit par se rencontrer soi-même. S'offrir une véritable liberté intérieure est le seul luxe qui compte. Vivre est un art. Notre bonheur dépend de ce que nous sommes, de notre exigence à n'en pas vouloir plus, à tout bouleverser. Marguerite Yourcenar m'avait écrit, sur un bristol, cette petite phrase : « On ne change jamais, on s'approfondit. »

Abuser de concessions pour arriver à tout prix, s'échiner sur le but à atteindre relève de l'absurde : le lumineux c'est le chemin. Les neiges de décembre habillent mes Pyrénées, la grâce de ma petite fille Philippine m'émeut à chaque seconde, je serai demain le père Noël – à trois ans elle y croit encore –, nous illuminerons le sapin en famille, puis j'irai pour la millième fois, sur les sentiers de Bigorre qui sont mes points d'eau, je penserai à Arthur Rubinstein qui disait à tout propos : « Merci la vie » et sur la tombe de mon père j'aurai le loisir de me convaincre que j'ai été fidèle à la promesse. Il doit là-haut être comblé, je ne me suis jamais économisé. Il y a un post-scriptum pour chaque existence. Je me suis toujours souvenu de ce précepte révélé par un ami, prince en Géorgie :

Ce que tu donnes reste tien,
Ce que tu gardes tu le perds.

***

Me voilà reparti. Cette fin d'année 2010 je la vivrai à Bali dont j'avais fait, il y a un demi-siècle, la destination privilégiée de mes fugues. Mon prochain journal n'aura plus rien à voir avec la fréquentation exacerbée du quotidien. Je me décide enfin à revisiter mes terres d'adolescence, à reprendre les routes du Vietnam, du Cambodge, du Japon et de la Chine. Mon quartier général d'où s'éveillaient toutes nos aventures sera encore Saigon. Et très précisément l'hôtel Continental.

Œuvres de Jacques Chancel suite...

Radioscopie II (entretiens avec Georges Mathé, Madame Simone, Jeanne Moreau, Jacques Monod, Jacques Duclos, Chagall, Edgar Faure, Me Albert Naud, Roger Peyrefitte, Maurice Mességué, Marcel Dassault), Robert Laffont, 1971.

Radioscopie III (entretiens avec Abel Gance, Max-Pol Fouchet, Jean Guéhenno, Pr Jacques Ruffié, Mme Paul Fort, Léon Zitrone, Pr Jean Bernard, Jean Lecanuet, Jean-Paul Sartre, Raymond Devos), Robert Laffont, 1973.

Radioscopie IV (entretiens avec Maurice Genevoix, Jacques Lebreton, Gustave Thibon, Régis Debray, le général Bigeard, Roland Barthes, Pr Jean-Paul Escande, Alain Mimoun, Pr Maurice Marois, Valéry Giscard d'Estaing), Robert Laffont, 1976.

Radioscopie V, Les Giboulées de mars (entretiens avec Jacques Attali, Jean-Pierre Chevènement, Jacques Chirac, Robert Fabre, Jean-Pierre Fourcade, Alain Krivine, Brice Lalonde, Jean Lecanuet, Georges Marchais, Michel Poniatowski, Michel Rocard, Jean-Pierre Soissons), Robert Laffont, 1978.

Radioscopie VI, Des jeunes par milliers, écrit en collaboration avec Monique Alié, Robert Laffont, 1982.

Marguerite Yourcenar, Éditions du Rocher, 1999.

Jorge Luis Borges, Éditions du Rocher, 1999.

Albert Cohen, Éditions Rocher, 1999.

Albums illustrés

Le Guide et l'enfant, Nathan, 1975.

Le Grand Échiquier, Éditions du Chêne, 1983.

Cet ouvrage a été imprimé
en février 2011 par

CPI
FIRMIN-DIDOT

27650 Mesnil-sur-l'Estrée
N° d'édition : L.01ELKN000359.N001
N° d'impression : 103822
Dépôt légal : mars 2011

Imprimé en France

Composition et mise en page

NORD COMPO
multimédia